EXISTENCE ET VALEURS

I

L'urgence de la philosophie

5-7, rue de l'École-Polytechnique ; 75005 Paris

http://www.librairieharmattan.com
diffusion.harmattan@wanadoo.fr
harmattan1@wanadoo.fr

ISBN : 978-2-296-09127-6
EAN : 9782296091276

Pius Ondoua

EXISTENCE ET VALEURS

I

L'urgence de la philosophie

Préface du Professeur Jean-Marc Gabaude

L'HARMATTAN

COLLECTION « PENSÉE AFRICAINE »

dirigée par François Manga-Akoa

En ce début du XXIe siècle, les sociétés africaines sont secouées par une crise des fondements. Elle met en cause tous les secteurs de la vie. Les structures économiques, les institutions politiques tels que les Etats et les partis politiques, la cellule fondamentale de la société qu'est la famille, les valeurs et les normes socioculturelles s'effondrent. La crise qui les traverse les met en cause et au défi de rendre compte de leur raison d'être aujourd'hui.

L'histoire des civilisations nous fait constater que c'est en période de crise que les peuples donnent et expriment le meilleur d'eux-mêmes afin de contrer la disparition, la mort et le néant qui les menacent. Pour relever ce défi dont l'enjeu est la vie et la nécessité d'ouvrir de nouveaux horizons aux peuples africains, la Collection « **PENSEE AFRICAINE** » participe à la quête et à la création du sens pour fonder de nouveaux espaces institutionnels de vie africaine.

Déjà parus

Pius ONDOUA, *Technoscience et Humanisme*, 2009.
Doumbia S. MAJOR, *Le manifeste pour l'Afrique. Pourquoi le continent noir souffre-t-il ?*, 2009.
Abdoul Aziz DIOP, *Une succession en démocratie. Les Sénégalais face à l'inattendu*, 2009.
Manga KUOH, *Palabre africaine sur le socialisme*, 2009.
Basile-Juléat FOUDA, *Sur l'esthétique littéraire négro-africaine*, 2008.
Antoine NGUIDJOL, *Repenser l'héritage de Jules Ferry en Afrique noire*, 2008.
Abdoul Aziz DIOP, *Sarkozy au Sénégal. Le rendez-vous manqué avec l'Afrique*, 2008.
Antoine NGUIDJOL, *Platon : le procès de la démocratie africaine*, 2008.
Arona MOREAU, *Pour refaire l'Afrique... par où commencer ?*, 2008.
Lucien AYISSI, *Corruption et gouvernance,* 2007.
Lucien AYISSI, *Corruption et pauvreté,* 2007.
Simon MOUGNOL, *Pour sauver l'Occident*, 2007.
Marcel BIVEGHE MEZUI, *La rencontre des rationalités : cultures négro-africaines et idéal occidental*, 2007.
Jean-Baptiste KABISA BULAR PAWEN, *Singularité des traditions et universalisme de la démocratie,* 2007.
Joël MYSSE, *Mondialisation, cultures et éthique*, 2007.
Samuel SAME KOLLE, *Naissance et paradoxes du discours anthropologique africain*, 2007.
André Julien MBEM, *Mythes et réalités de l'identité culturelle africaine*, 2006.

A notre Maître,

Le Professeur Jean-Marc Gabaude.

En témoignage de respectueuse gratitude.

PREFACE

Pius Ondoua Olinga, philosophe africain, a entrepris une œuvre importante, à savoir une élucidation critique du concept de philosophie et de la mission du philosophe, et une mise au point de ce que doit devenir la philosophie, loin du piège ethnophilosophique, dans le contexte africain. Car la philosophie n'est pas seulement un jeu d'abstraction et une idéalité ; elle est surtout à la fois une expression socioculturelle de la réalité et une contribution à l'activité transformatrice.

Réfléchissant sur la rationalité, à la suite de l'Ecole de Francfort, surtout de Herbert Marcuse, Pius Ondoua Olinga a préparé sous ma direction et soutenu en février 1977, devant l'Université de Toulouse-le Mirail, une thèse de doctorat de IIIème cycle : *Rationalité technologique et problématique africaine du développemen*t, thèse qui aurait mérité d'être publiée immédiatement et qui, je l'espère, est sur le point d'être enfin publiée ; car l'évolution historique, loin d'avoir dévalué son intérêt et la pertinence de ses analyses et de ses positions, a confirmé sa justesse. Il s'agissait d'une étude critique de la rationalité technologique qui, aliénante, envahit le monde contemporain, et de la recherche d'une nouvelle voie philosophique, humaniste, valable notamment pour des pays du Tiers-monde en quête d'une libération.

L'auteur a souligné l'articulation entre le technoscientifique et l'idéologique. La rationalité technologique est une philosophie de la productivité et elle prend acte du fait que l'homme n'est qu'un moyen. L'enfermement de cette rationalité et la rationalisation de l'enfermement s'entre-causent. N'y aurait-il pas quelque irrationalité de cette rationalité ? Pius Ondoua Olinga se garde du rationalisme de l'effectivité d'aujourd'hui, effectivité (**Wirklichkeit**) qui est à la fois réalité effectuée et efficacité-pouvoir, et qui prétend hypostasier la seule possibilisation qu'elle fait advenir.

Il n'est pas inutile, dans le cadre des luttes menées actuellement sur le plan idéologique, d'insister avec Pius Ondoua Olinga, sur quelques critiques.

a) - Critique du mythe de la neutralité et de l'autonomie de la science et de la technologie. Toute science et toute la science sont socialisées et plus ou moins idéologisées. La science se constitue et progresse en tant que pratique sociale.

b) - Critique du mythe de l'unité méthodologique de la science. Critique du mythe connexe d'une connaissance scientifique plus idéale que réelle, régie par une épistémologie normative qui est construction de l'esprit. Point ne faut concevoir la recherche scientifique comme la seule éthique rationnelle.

c) - Critique de l'usage instrumental et fonctionnaliste de la raison. Le rationalisme moderne, depuis Descartes, et ensuite la tendance scientiste, avaient regardé la méthode scientifique dans la mesure où elle se mathématise, comme le modèle de la recherche de la vérité. Et pour le scientisme, la méthode scientifique est la seule capable de garantir une expérience de la vérité. Or, la science, la scientificité et donc la vérité, ne tendent-elles pas à éclater aujourd'hui ? La nouvelle rationalité de la science se dialectise davantage et s'éloigne tant du rationalisme classique que du positivisme. C'est ainsi que, selon Ilya Prigogine, la thermodynamique enseigne qu'il y a non-proportionalité entre cause et effet. A l'encontre du rationalisme classique, les sciences soulignent la complexification et l'auto-organisation de la réalité.

Science, scientificité et vérité sont-elles pareilles dans les sciences dites « dures » et dans les autres sciences ? L'extension scientifique souligne les différences, par exemple entre le champ des sciences humaines et celui de la microphysique. Psychologie clinique et psychologie sociale ne relèvent point de la même critériologie que la physique des particules.

La positivité scientifique - tant dans les sciences dures que dans les sciences humaines et sociales - ne relève pas plus du rationalisme classique que du positivisme idéologique. Elle s'éloigne tant de l'unitotalité doctrinale que de la parcellisation des savoirs. En économie politique par exemple, il convient de se garder tant de la doctrine macro-économique, qui nous parait de fond en comble simplificatrice, que de l'approche micro-économique, qui est analytique certes, mais au « coup par coup ». Il faut reconnaître l'unité de la matérialité en même temps que ses différences, démarche dialectique.

Comme le constate Dominique Janicaud, aux quatre points stratégiques que sont individualité, Etat, technoscience et souveraineté philosophique, « Le rationalisme intégral est en échec. »[1] Aussi bien est-il devenu impossible « d'organiser la connaissance et l'action à partir d'une prétendue omnipotence de la rationalité » ;[2] d'où l'indispensabilité d'une ordonnance de la raison. La raison ne peut **ordonner** (dans les deux sens du mot, enjoindre et ranger) que si elle est ordonnée en elle-même et subordonnée au réel et à la finalisation du réel, équivalente à la finalité de l'humanité. La raison est elle-même une conquête socio-historique progressive des hommes, les porteurs de la rationalisation étant les personnes et le patrimoine socio-historique de l'humanité, en premier lieu le langage et le travail. L'ordonnance de la raison se résume dans une tri-fonctionnalité :

a) - Rationalité à la fois analytique, fonctionnelle, instrumentale, calculatrice, prévisionnelle, technoscientifique et fonction théorétique d'explication, d'interprétation, d'organisation, de domination, d'arraisonnement ;[3]

b) - Rationalité à la fois philosophique, dialectique, interrogatrice, critique, diacritique et fonction de compréhension, de *praxis* sociale, de dépassement, **d'à-venir** (sommation) et d'ouverture à la vérité future ;

c) – Rationalisation et raisonnabilité communicationnelles, éthico-axiologique, et fonction de communicabilité, d'évaluation éthique et de finalisation personnaliste.

La première forme de rationalité, analytique, qui s'absorbe en immanence dans l'objet, devrait trouver sa fin dans la seconde forme, dialectique, laquelle devrait trouver sa fin dans la troisième forme, qui a sa fin en elle-même. Cependant, les trois offices/figures de la rationalité sont l'œuvre et la manifestation de la même raison, à la fois diversifiée et tendanciellement une.

Le travail du rationalisme scientifique n'aura de sens que dialectisé et porté par un idéal de la raison, par une volonté de rationalisation. Dialectique et idéalité se conjoindront pour dépasser le donné et s'ouvrir à la transcendance de l'avenir.

---

[1] Dominique Janicaud. *La puissance du rationnel*. Paris. Gallimard. 1985. p. 9.
[2] *Ibid.* p. 9.
[3] Cf. Heidegger. « La question de la technique » in *Essais et conférences*. Paris. Gallimard. 1958. pp. 26 et sq.

Toutefois, alors que la rationalité classique privilégiait continuité logique, cohérence formelle et totalisation explicative, la rationalité contemporaine apparaît historicisée et de plus en plus discontinue et traversée de failles et de ruptures. Le rationalisme s'ouvre, se questionne, se dialectise et s'autocritique. Les formes de la rationalité sont sociales et elles se diversifient de plus en plus. Ouverte et plurielle, la rationalité accueille les singularités, l'aléatoire et les contradictions, faisant peut-être reculer l'irrationnel.

La création de l'avenir est aussi création d'une rationalité dans l'unité dialectique des deux contraires que sont diversification croissante et universalisation, éclatement et englobement. La création de l'avenir s'opère dans le va-et-vient entre « rationalité du multiple »[4] et multirationalité.

Cependant, si les deux premières formes de rationalité s'extrapolaient et prétendaient à une rationalisation intégrale, cela conduirait à la confusion de l'hyper-rationalisme et de l'irrationalité. La finalité critériologique revient aux valeurs du raisonnable et à l'éthico-axiologie. Ainsi, créer l'avenir africain, c'est construire raisonnablement, prudemment, ce qui est humain, social et socialiste, sans exagération technologiste. Toute non-rationalité doit stimuler une autocritique de la raison plutôt qu'une surcompensation provocatrice. La création de l'avenir, notamment africain, ne saurait être création de raison pure ; elle doit devenir création d'humanitude complexe et diversifiée. Elle doit éviter *l'hybris* de rationalité calculatrice qui engendre déraisonnablement de l'incalculable risque. La raison n'est point **robotisable**. Toute création et la création de l'avenir requièrent une dose d'artisanal, d'esthétique et de sympathie.

Une telle mutation de la rationalité aiguise le besoin de sens ; par-delà le savoir, il y a toujours un **métalangage**, ce qui confirme la thèse que la science, pas plus que la politique, n'épuise le réel et n'épuise la richesse de ce qui est humain.

Pour nous, comme pour Pius Ondoua Olinga, le sens est sens éthico-axiologique de l'avenir, c'est-à-dire sens de la création humaine ou sens de la création de l'essence humaine qui, socio-historique, est *causa sui*. Ainsi une anthropologie philosophique peut-elle être à la fois

---

[4] Gaston Bachelard. *Le matérialisme rationnel*. Paris. PUF. 1952. p. 224.

source, norme et fin des sciences humaines et sociales. C'est la direction des recherches de Pius Ondoua Olinga.

Ces recherches s'inscrivent dans le contexte et dans les problématiques du monde mutant d'aujourd'hui pris dans sa globalité aussi bien que dans sa spécificité africaine. Et les défis, ici, sont multiples.

D'abord le **défi du développement**. Y a-t-il une linéarité unique du procès de déploiement historique des formations économico-sociales, procès unidirectionnel dont les sociétés occidentales auraient réalisé le modèle ? N'y aurait-il point plutôt multilinéarité, diversité, pluralité, polyvalence ? Ce qui nécessiterait pour des pays idéologiquement classés comme sous-développés, de concevoir leur propre processus de déploiement dans l'histoire d'une manière originale avec, comme fin, une **hominisation intégrale**.

En même temps le **défi de la libération**. Les rapports actuels de l'Afrique, simple Périphérie, avec le Centre, ne sont que des rapports de domination et d'exploitation. Comment briser ce cercle de la domination et de la surexploitation ? Question globale/englobante, qui se pose au niveau tant de l'économique et du politique que de l'idéologique.

Il y a aussi le **défi des rapports à la technoscience**. Rapports obligés, pensent certains, l'Afrique n'ayant qu'à reproduire le modèle dominant de scientificité et de technostructuration du réel. Mais c'est là occulter la menace de décréation[5] de l'humanité et de l'humain que font planer la technoscience de même aussi que sa rationalité.

Enfin le **défi de l'avenir** à créer. Quelle(s) voie(s) pour l'Afrique ? Loin d'en proposer **une seule**, ce qui relèverait du dogmatisme et du totalitarisme idéologique, Pius Ondoua Olinga se contente de poser le problème. Il se demande toutefois si la voie la plus appropriée ne serait pas celle - qui pourrait d'ailleurs revêtir bien des formes - où l'humanité nécessairement socialisée se déploierait plénièrement dans le cadre d'une socialité humanisante. Que **l'hominisation** de chacun et de tous devienne la fin de la société. La société et la socialisation sont des moyens et elles ne doivent point prétendre au rôle de fin.

---

[5] Cf. Conférence « La création de l'avenir ». *Actes du XXIème Congrès de l'Association des Sociétés de Philosophie de Langue Française. L'Avenir*. Paris. Vrin. 1987. pp. 19-28.

Ainsi les recherches épistémo-éthiques de Pius Ondoua Olinga concourent-elles à repenser et à redéfinir la philosophie de notre époque et à exprimer son universalité historique présente à travers l'expérience tant du monde dans son ensemble que de la particularité africaine. L'œuvre de Pius Ondoua Olinga répond tant à une demande épistémologique des sciences humaines qu'au problème éthico-axiologique du besoin de sens. La pensée de Pius Ondoua Olinga est à la fois socio-historiciste, épistémologique, éthico-axiologique, éthico-politique et philosophique, ce qui la préserve d'être unilatérale, dogmatique et partiale, et ce d'autant plus que l'auteur recherche les conditions de l'articulation philosophique de la théorie et de la *praxis*. La transformation du sujet doit toujours aller de pair avec la transformation de sa formation économique et sociale.

Jean-Marc GABAUDE
Professeur à l'Université de Toulouse-Le Mirail.

AVERTISSEMENT

Les textes de cet ouvrage peuvent chacun être pris comme une unité, une totalité. Ce sont soit des articles, publiés ou non, soit des communications, elles aussi publiées ou non. On peut comprendre à partir de là que certains d'entre eux reprennent des thématiques déjà examinées dans d'autres : la thématique des rapports entre la philosophie et l'idéologie, celle du développement, celle des rapports à la technoscience… Ces reprises marquent en même temps une insistance sur ces thèmes toujours actuels, même si, par ailleurs, d'un texte à l'autre, on observe des évolutions, des recentrations, des déplacements.

Leur caractéristique commune est d'avoir été écrits pour la plupart entre 1979 et 1997, et, par souci d'authenticité, nous ne les avons pas fondamentalement modifiés, puisqu'il faut les lire dans le contexte qui a présidé à leur écriture.

Leur publication actuelle, tardive peut-être, est faite sur insistance des collègues, des amis ainsi que des étudiants, qui les ont lus ou en ont entendu parler : ils souhaitaient ainsi avoir un recueil exploitable, servant de plate-forme pour un débat philosophique que nous voulons permanent et plein de vitalité.

Cette publication renvoie aussi à notre conviction ferme que les problèmes traités, leurs thématisations et d'une manière générale, les esquisses de solutions formulées, demeurent d'actualité, les différents défis (développement, technoscience, avenir, humanisme) continuant de nourrir nos réflexions, pour leur solution, urgente, en cette heure où la mondialisation triomphante semble avoir anesthésié la réflexion.

Nous avons organisé leur présentation en trois parties. La première porte essentiellement sur le statut de la philosophie. La seconde est une prise en charge de l'examen théorique de certains défis, africains (défi du développement, défi du rapport à la technoscience) ou mondiaux. La troisième est un examen des rapports de la philosophie et de la création de l'avenir, une création qui se veut, en urgence, humaniste.

Enfin, cette publication réalise le vœu du professeur Jean-Marc Gabaude, notre Directeur de recherches (Doctorat de IIIème cycle, Doctorat d'Etat) et qui, dès 1988, avait rédigé la préface qui suit, de même que celles d'autres ouvrages à paraître, et que nous intitulerons :

1. *Un développement « humain ». Réflexions éthiques et politiques sur le développement ;*

2. *Libération et développement chez K. Nkrumah et L. S. Senghor.*

Pour le Professeur Gabaude, comme pour nous-mêmes, la mission du philosophe, et spécifiquement du philosophe africain, est de critiquer radicalement le **rationalisme de l'effectivité**, générateur d'aliénation et de perte de l'essence de l'homme à l'intérieur d'une mondialisation technologisée. Une telle critique doit pouvoir servir de socle théorique à la promotion pratique de **l'effectivisation humaniste de l'essence de l'homme**, c'est-à-dire de la réalisation au mieux de ce que l'homme est fondamentalement, ceci dans le cadre d'une histoire où cet homme resterait acteur privilégié.

LIMINAIRE

PHILOSOPHER AU PRÉSENT

ITINÉRAIRE D'UN HUMANISME DU PRÉSENT [...] POUR L'AVENIR

« Eclairer de raison l'existence et charger d'existence la raison »...

« Ce n'est pas seulement l'existence que nous cherchons, mais une existence qui vaille en toute certitude ».

Georges Bastide
Méditations pour une éthique de la personne. p. 74

Liminaire. Philosopher au présent

Le liminaire qui suit est constitué, essentiellement, des entretiens que nous avons eus avec un jeune collègue du département de Philosophie de la Faculté des Arts, Lettres et Sciences Humaines, de l'Université de Yaoundé I, Monsieur Jean Bertrand Amougou.[6] Ces entretiens ont été organisés autour de neuf thèmes principalement, chaque thème étant examiné lors d'un entretien spécifique, au cours de la période allant de Janvier à Mars 2005 :

- le fil conducteur de nos diverses recherches ;
- la nature et le statut de la philosophie, hier et aujourd'hui ;
- les rapports entre la philosophie politique et la politique ;
- les rapports de la philosophie et de la technoscience ;
- la dialectique de la raison ;
- le questionnement de la pensée de Marx et des marxismes divers (et successifs) ;
- les rapports de la philosophie et de la religion ;
- les rapports du christianisme et du marxisme ;
- le dégagement des lignes directrices pour un humanisme du présent et de l'avenir.

La lecture de ce liminaire permet de suivre, en élaboration, une pensée humaniste, et de mieux percevoir la vision que nous avons de la philosophie, de sa nature, de son rôle et même de son urgence, en cette heure où la réaffirmation de la valeur essentielle de l'homme interpelle cette discipline, pour qu'elle continue de permettre, aujourd'hui comme hier, la « **signification** » de la vie et aussi, la « **création** (réussie) **de l'avenir**. »

THEME N° I : L'HUMANISME, FIL CONDUCTEUR

Jean-Bertrand Amougou : *Toute votre réflexion se présente comme, essentiellement, un* ***humanisme****. Mais que veut dire humanisme aujourd'hui ?*

---

[6] Jean-Bertrand Amougou, assistant, a préparé sous notre direction une thèse de Doctorat/Ph.D. (Histoire de la philosophie et de la métaphysique) intitulée : *La rationalité chez P. M. Hebga. Herméneutique et dialectique*, où il montre l'enracinement culturel de la rationalité ainsi que les apories du triomphe de la seule forme analytique/instrumentale/opératoire de la rationalité, de même que l'urgence du dépassement de cette **rationalité instrumentale/expérimentale** vers la raison exponentielle porteuse de **pression du sens** et de **l'exigence d'humanisme**.

Pius Ondoua Olinga : Dire que toute ma réflexion est essentiellement un humanisme, c'est reconnaître qu'elle est réflexion d'un homme, sur l'homme et les hommes et surtout, pour l'homme.

a) - C'est tout d'abord la réflexion d'un homme, spatialement et temporellement situé, qui veut philosopher, en se rappelant d'ailleurs que toute philosophie est, comme le dit Marx, « fille de son temps ». Cette réflexion s'inscrit donc dans cette contemporanéité, dans cette historicité qui est la mienne, et se trouve déterminée par elle, dans sa structure, ses ruptures, ses évolutions, ses insistances et même ses silences.

b) - Mais c'est une réflexion sur l'homme, sur les hommes, sur la société ; non pas seulement au plan phénoménologique et descriptif : les sciences de l'homme sont d'ailleurs plus outillées pour cela ; que ce soit l'Histoire, que ce soit aussi la Sociologie ou l'Anthropologie, que ce soit enfin le Droit ou encore les Sciences Economiques. Ma réflexion porte sur l'essentiel : l'essence de l'homme, sa nature générique, et aussi sur la réalisation ou non de cet essentiel, de cette essence de l'homme.

Mais qu'est donc cette essence de l'homme ? **C'est la liberté.** L'être humain est un être de liberté, une subjectivité, une valeur. Devenant ce qu'il est, et étant ce qu'il est devenu, il se crée, se réalise, en créant et réalisant, plus ou moins totalement, les conditions mêmes de son déploiement. C'est dire qu'il est loin d'être un donné simplement figé, déjà là. S'il se pose et s'expose, c'est en s'opposant au réel, à la nature, à la société, et en les modifiant de manière à réaliser sa propre essence.

c) - Le peut-il ? Et comment ? C'est à ce niveau que ma réflexion est, sur un plan global, réflexion pour l'homme, **parti pris pour l'homme** et donc humanisme, le sujet humain, historique, étant rappelé à son essence qui implique un impératif : **celui de devenir ce qu'il est**, comme le dirait Nietzsche. C'est d'ailleurs à ce niveau que peuvent se trouver, conjointes, **ontologie**, **éthique** et **politique**.

d) - Que serait donc l'humanisme, aujourd'hui ? J'ai peut-être eu tort de ne pas donner de définition préliminaire de l'Humanisme, et de ne pas situer génétiquement cette vision de l'homme.

Jean-Bertrand Amougou : *Un retour à cette définition préliminaire et générale semble s'imposer donc...*

Pius Ondoua Olinga : Assurément. Sur un plan général, l'humanisme renvoie à la position de l'homme, de l'être humain, comme centre des intérêts tant de la connaissance que de l'action. Mais l'on peut déjà relever l'ambivalence du concept de centre, **centrifuge** parce que c'est de l'homme que l'on part (à l'exclusion dans un premier temps de la transcendance extérieure qui occulterait le sujet) et **centripète** parce que c'est à l'homme que l'on revient, comme finalité.

La vision philosophique de l'humanisme reprend donc cette affirmation fondamentale, en posant la nature humaine comme valeur absolue. Il en découle une conséquence **gnoséologique** (dans le domaine de la connaissance), celle de la dérivation de la science, de la connaissance, à partir de l'expérience et non à partir d'une quelconque révélation), et une conséquence **éthique**, qui consiste dans la nécessité de développer en **soi, chez les autres** et **dans la société**, la spécificité humaine.

Jean-Bertrand Amougou : *Nous sommes effectivement mieux éclairés, maintenant, tout au moins pour ce qui concerne la définition du terme humanisme. Encore faudrait-il pouvoir suivre sa constitution, son émergence.*

Pius Ondoua Olinga : Effectivement. La Renaissance occidentale (XVIème siècle) est habituellement présentée comme cadre historique et social d'émergence de l'humanisme. Celui-ci s'est révélé être, du fait de la montée de la bourgeoisie au sein du mode de production féodal dominant, un **bien idéologique** commun à la noblesse éclairée et à la bourgeoisie en instance de devenir régente de l'histoire. Si l'humanisme s'est voulu retour aux antiquités gréco-latines, il faut néanmoins reconnaître l'existence d'un pré-humanisme gréco-romain repérable dans l'épicurisme comme dans le stoïcisme. Certains éléments importants issus de ces deux systèmes vont être repris, sélectivement, dans l'humanisme de la Renaissance.

Jean-Bertrand Amougou : *Que peut-on, à votre avis, retenir par exemple d'Epicure, sur le plan de l'humanisme à proprement parler ?*

Pius Ondoua Olinga : Beaucoup de choses, assurément. Je citerai de manière non systématique, la négation du surnaturel, ou encore des arrière-mondes, et de la Providence, négation corrélée à une prise en considération de l'homme total (corps, désir, affectivité, esprit), et à une subordination de la science à l'humain, à l'homme, dont le plaisir et le bonheur, conditions d'épanouissement, sont posés au sommet de l'échelle des valeurs. Permettez-moi de vous lire ici ce court passage de De Witt : « Le tableau des valeurs établi par Epicure reposait sur cette doctrine que chaque vie humaine doit être entièrement soumise à une seule fin, l'obtention du bonheur ».[7] Qu'est-ce à dire, sinon :

a) - que l'homme est quelque chose de grand, de précieux (et c'est là une idée de base reprise par l'humanisme de la Renaissance) ;

b) - que le recours aux dieux pour expliquer les phénomènes de la nature, de la vie, est inutile. C'est bien là un rationalisme intégral, précédant le positivisme. Sur ce plan, Jean-Marc Gabaude peut alors affirmer à ce niveau : « Epicure renverse et détruit radicalement téléologie, providence, astrologie, divination, superstition, animisme, vitalisme, mythologie, astrothéologie, astrobiologie, cosmothéologie, ontothéologie, métaproblématique, eschatologie, sacralisation, surnaturel, etc […] ».[8]

c) - qu'à supposer qu'il faille affirmer l'existence des dieux « *oisifs, honoris causa* », il faut dire que de tels dieux n'interviennent « ni dans notre monde, ni dans le multivers »[9] ; ils ne sauraient être que des paradigmes du sage ;

d) - que la société doit être au service de l'humain (et non le contraire), d'où une condamnation énergique de la violence et de la guerre, et l'affirmation forte du pacifisme ;

e) - que l'homme est liberté, et qu'il doit accorder une attention particulière à la vie et non à la mort, maîtriser le temps et toute son existence, tout soi-même ;

f) - que l'étude et la culture doivent être en tous points privilégiées ;

g) - qu'enfin, en conjurant la peur et l'angoisse d'une vie traversée par le besoin de sens et de sécurité, l'homme doit faire l'effort de susciter en lui la conscience de vivre en sécurité, parce qu'il vit en humanité, humainement.

---

[7] De Witt. *Epicurus and his philosophy.* Minneapolis. 1954. p. 315.
[8] *Le Jeune Marx et le matérialisme antique.* Toulouse. Privat. 1970. p. 168.
[9] J. M. Gabaude. *Ibidem.* p. 176.

Jean-Bertrand Amougou : *Vous nous donnez là une image nouvelle d'Epicure, une image contraire à celle qui est habituellement présentée et dans laquelle on ne voit en Epicure que le matérialiste, le sensualiste, attelé à faire du plaisir la finalité de l'existence.*

Pius Ondoua Olinga : Cette image que je donne n'est pas si nouvelle. En tout cas elle est plus conforme à la pensée d'Epicure, une pensée réellement attrayante.

Comment ne pas citer ici ce passage d'I. Povarkov : « On ne peut qu'éprouver de la sympathie pour le penseur qui a voulu montrer à l'homme de son temps la possibilité d'arriver au bonheur [...] et qui a formulé pour lui [...] une stratégie de l'espérance ».[10]

Dans ces conditions, si les hommes n'attendent rien des dieux, si le monde, l'univers, se trouve expliqué non par une référence à la Transcendance, mais par figures et par mouvements, l'homme n'est-il pas ramené à une dimension haute, forte, faite de liberté et de responsabilité, annonciatrice de celle où l'humanisme le situera ? Comment ne pas s'abreuver à cette source épicurienne ?

Jean-Bertrand Amougou : *Mais au-delà d'Epicure dont vous venez d'examiner la pensée, vous avez mentionné les stoïciens. Cette référence à la pensée stoïcienne n'est-elle pas véritablement problématique ?*

Pius Ondoua Olinga : Même si le stoïcisme ne peut être affirmé comme un humanisme *stricto sensu*, on doit reconnaître qu'il contient de nombreux éléments pré-humanistes. Comme premier élément pré-humaniste, nous citerons l'accent mis sur l'intentionnalité, sur la subjectivité, sur le présent de l'intention, puisque seule l'intention du moment est en notre pouvoir. Comme autre élément, nous signalerons l'affirmation de la dignité de la personne ou de la volonté, compte tenu du caractère inaliénable de la personne et de la volonté qui le caractérise.

Jean-Bertrand Amougou : *Ces deux éléments suffisent-ils pour que l'on puisse dire qu'il y a un pré-humanisme dans le stoïcisme ? N'y a-t-il pas dans ce courant philosophique une série de contradictions internes, notamment entre* ***idéalité du sage*** *et* ***réalité sociale de l'humain****, entre toute connaissance et toute-puissance du sage idéal*

---

[10] Les quatre problèmes posés par l'épicurisme. *La Pensée.* Février 1967. p. 84.

d'une part et faiblesse de l'humain réel d'autre part, entre le primat, accordé au ***tout,*** *et la position seconde de l'homme portant en lui le* ***tout*** *qu'il représente ?*

Pius Ondoua Olinga : Votre question me paraît véritablement importante. Y répondre me permettra de faire pratiquement le tour de la philosophie du stoïcisme qui, soit dit de manière préliminaire, est une philosophie des valeurs, permettant à l'homme de se conduire divinement → sagement → raisonnablement → naturellement → harmonieusement.

Certes, l'affirmation du **destin,** une sorte de nécessité impersonnelle exprimant la loi immanente au réel, l'ordre, la mesure, la règle en même temps que la source du vrai (puisque le destin est ***Logos*****, vérité, cause, nature** (*physis*) et **nécessité**), semble minorer la liberté du sujet, au regard de la fatalité et de l'inéluctabilité du futur. Mais il faut dire ici que la liberté consiste à se comporter selon ce que l'on est, selon la nature : « **Etre libre, ce n'est pas être par soi, ni pour soi, mais selon soi** ».

Etre selon soi renvoie donc à la maîtrise de soi, et si la liberté est la caractéristique essentielle et exclusive de l'homme, elle renvoie à l'assentiment (libre) de l'homme au monde et à la nécessité, car l'homme est libre à l'intérieur du **destin** : l'homme est libre d'être ou de devenir libre ; **l'homme est libre du fait de son vouloir inaliénable qui est simultanément pouvoir de libération morale et individuelle.**

Jean-Bertrand Amougou : *Je vous interromps probablement dans vos développements. Que peut donc être une liberté qui est consentement à la nécessité ?*

Pius Ondoua Olinga : La nécessité existe, en tant que légalité immanente au réel certes, et Emile Bréhier, peut dire, en présentant le stoïcisme : « *Logos*, vérité, cause, nature, nécessité, ne sont que des démonstrations multiples du Destin qui s'appliquent au même être pris sous des aspects différents ».[11]

L'assentiment stoïcien au monde tel qu'il est n'est pourtant pas une démission, mais un acte libre relevant de la conscience réaliste/morale du réel à l'intérieur duquel je situe la volonté et la possibilité. Il s'agit donc d'une auto-détermination rationnelle, c'est-à-dire d'une détermination du

[11] *Histoire de la philosophie*. Tome I. Fascicule 1. Paris. PUF. p. 178.

sujet en harmonie avec lui-même et avec la nature. Jean-Marc Gabaude développe dans les lignes suivantes cet assentiment : « Je consens à l'être dont je suis, au **Tout** dont je suis, au divin infus et prégnant dont je suis. Se libérer, c'est se diviniser, c'est faire coïncider mon vouloir subjectif et la nécessitation théocosmique ».[12] Il y a donc dans le stoïcisme liberté/libération, émergence/génération du dedans du sujet, avec accès à la sagesse, vertu souveraine procurant le **Souverain Bien,** du fait de la conformité de la raison individuelle à la raison totale.

Jean-Bertrand Amougou : *Des conséquences éthiques et politiques peuvent alors être dégagées à ce niveau...*

Pius Ondoua Olinga : Assurément. Il y a dans le stoïcisme un réel cosmopolitisme puisque nous sommes tous les citoyens du monde. De même, l'idée d'un **droit naturel**, d'un droit **rationnel** fondant les droits positifs (droit naturel/rationnel inclus dans la nature et dans la raison théocosmique) dérive du stoïcisme : il existe dans ce système une **Loi suprême** présente à la nature, norme et origine de toute législation. Cette idée est très concrètement soutenue par Cicéron, parlant de cette **Loi suprême** « commune à tous les siècles [...] née avant qu'il existât aucune loi écrite ou que fût constitué nulle part aucun Etat ».[13] Pour Cicéron : « Il n'y a qu'un droit unique, qui astreint la société humaine et que fonde une loi unique : loi qui est la juste raison dans ce qu'elle commande et dans ce qu'elle défend ».[14]

Par ailleurs, le consentement à la nature dont il y a lieu de respecter les lois et qui fonde le droit naturel, débouche sur une aspiration véritable à la liberté, à l'égalité et à la fraternité, avec, corrélativement, souci d'humanisation de la société (articulation de la liberté individuelle et de la liberté collective). C'est dire qu'il y a dans le stoïcisme **un progressisme** et **un universalisme** fondés sur l'universalité de la raison et de la nature humaine, sur l'unité et la solidarité du genre humain.

Jean Bertrand Amougou : *Ces conséquences, à la fois éthiques et politiques, sont, pour nous, tout à fait actuelles, en cette heure où la problématique des droits, qui ouvre sur celle des devoirs humains, renforce cette conscience de l'unité et de la solidarité du genre humain...*

---

[12] *Cours de philosophie.* UTM (inédit).
[13] Cicéron. *Des lois.* I. VI. 19.
[14] *Idem.*

Pius Ondoua Olinga : Le stoïcisme doit effectivement être relu, revisité. Certes, le stoïcisme distingue deux cités : la cité de Zeus, et la cité de Cécrops, qui correspond d'ailleurs à la **Respublica.** Mais la cité de Zeus est immanente à la cité de Cécrops, notamment par la présence du droit naturel, rationnel et universel dont nous avons parlé. Ce qui renvoie à une unicité des deux cités, unicité fondée en raison et en nature. Nous le voyons chez Cicéron : « Il faut regarder tout cet ensemble du monde comme une cité unique appartenant en commun aux dieux et aux hommes ».[15] C'est dire que la **Respublica** stoïcienne est une **unité éthique**, et le droit naturel, universel, sert de ciment à la société et à l'humanité, et, si les hommes sont unis aux dieux, ils sont indissolublement unis entre eux, compte tenu de leur lien au divin, foyer de Raison cosmique immanente…

Parler de pré-humanisme dans le stoïcisme renvoie donc au privilège d'une raison sage qui, grâce au jugement, reste au diapason de la raison théocosmique et confrère sens et signification à une existence qu'il faut organiser en harmonie avec l'ordre universel.

Jean-Bertrand Amougou : *Il y a donc pour conclure à ce niveau, **primauté absolue de la raison**…*

Pius Ondoua Olinga : La raison est en effet à elle-même sa propre norme ; elle peut aussi, dans le même temps, juger tout le reste. Grâce à cette primauté de la raison, la personne morale est posée comme **fin en soi :** la moralité devient valeur absolue, de même aussi que la personne humaine elle-même.

Jean-Bertrand Amougou : *L'humanisme de la Renaissance a donc récupéré les éléments pré-humanistes de l'épicurisme et du stoïcisme que nous venons d'examiner. Mais rien n'est dit sur certains apports du christianisme, pourtant récupérés eux aussi…*

Pius Ondoua Olinga : Votre remarque est tout à fait pertinente. Même si, pour André Lalande, le retour de l'humanisme aux antiquités gréco-latines « ne tendrait à rien de moins qu'à supprimer le phénomène chrétien »[16], il faut reconnaître que l'humanisme aura récupéré du christianisme quelques éléments d'importance :

---

[15] *Ibidem.* I. VII. 23.

[16] *Vocabulaire Technique et Critique de la Philosophie.* Paris. PUF. 1968. p. 421.

1. L'insistance sur l'égalité des hommes ;

2. L'instauration d'une éthique de l'amour universel entre tous les hommes ;

3. La dignité de toute personne humaine ;

4. La liberté et la responsabilité de la personne, invitée au progrès moral ...

Jean-Bertrand Amougou : *Revenons donc à notre question de départ. Au-delà de toutes ces récupérations et de toutes ces références, que peut donc signifier, fondamentalement, l'humanisme aujourd'hui ?*

Pius Ondoua Olinga : Aujourd'hui, l'humanisme consiste, nous le savons, essentiellement en trois choses : un décryptage du réel et de son sens, un rejet de l'inhumain, et un projet de réalisation de l'humain de manière tendanciellement maximale.

Je parle d'un décryptage du réel et de son sens. Qu'est-ce à dire sinon l'analyse de la figure actuelle de l'histoire, la figure du présent, caractérisée comme on le sait par la triple unidimensionnalisation du monde, de la société et de la pensée ; ce qui signifie que le sujet humain, qui est pourtant valeur essentielle, n'est plus (sinon que formellement) l'horizon téléologique de la pratique individuelle et de l'organisation du social, avec en prime la rationalisation de l'absence de liberté de l'homme, le refoulement de la moralité, et l'enfermement (mondialisation oblige) dans l'opérationnalisme théorique et pratique.

Jean-Bertrand Amougou : *Votre décryptage de la réalité peut-il être considéré comme neutre et n'impliquer aucune conséquence au niveau de la* ***praxis*** *de transformation de la réalité ?*

Pius Ondoua Olinga : Il n'y a aucune neutralité à ce niveau. Si la figure actuelle du réel a comme sens la négation de l'humain, le **rejet** de cette figure, le rejet de l'inhumain s'impose dès lors, et se mue en **projet**, celui de rétablir l'homme comme sa propre fin, comme valeur essentielle, pour le présent et l'avenir.

Jean Bertrand Amougou : *Votre réflexion est donc humaniste en ce sens qu'elle est portée par le souci de l'homme, par votre volonté de redonner à l'homme sa dimension essentielle d'être* ***valeur****, dans un contexte social modelé en fonction de cet objectif. Comment s'est-elle donc constituée, comment a-t-elle été élaborée ?*

Pius Ondoua Olinga : C'est en fait très progressivement que j'ai acquis la pleine conscience de la nécessité de voir l'affirmation pour ainsi dire transcendantale de la dignité de l'Homme, de sa valeur et de ses droits, prendre corps, et ainsi, orienter décisivement l'histoire pour en redevenir le sens.

Cette conscience, qui naît de ma formation (dans les Humanités), s'exprime dans mes diverses productions. Les productions académiques d'abord. Le choix de Platon, pour la Maîtrise en Philosophie[17], n'est pas étranger à ce souci des valeurs, à ce souci de l'homme-valeur. L'important dialogue de Platon, *La République*, a été relu, revisité, dans la double perspective d'une saisie de la déchéance de la cité athénienne (aux plans politique, moral, religieux, idéologique…) et de la nécessaire négation théorique et pratique de cette déchéance, l'itinéraire platonicien vers la Cité Idéale annonçant d'une certaine manière le nôtre propre, du dépassement de la réalité unidimensionnelle pour une réalité autre, dans la pleine conscience d'ailleurs des résistances mêmes du réel à toute activité de sa transformation. Ce souci des valeurs et de l'Homme-valeur se renforce définitivement dans notre recherche de Doctorat d'Etat que nous avons intitulée : *Positivité scientifique et positivisme idéologique. Une analyse épistémo-politique du fétichisme de la science*, après sa ferme expression quelques années plus tôt dans le travail soutenu comme thèse de Doctorat de IIIème cycle et qui avait pour titre : *Rationalité technologique et problématique africaine du développement.*

Jean-Bertrand Amougou : *Qu'avez vous voulu examiner dans ces deux importantes œuvres ?*

Pius Ondoua Olinga : Ces deux œuvres, « **de la maturation** »[18] pour la première et « **de la maturité** »[19] pour la seconde, développent plusieurs choses assurément.

La première : La liaison ontologique du développement et du sous-développement, deux réalités historiques, sans prétention à l'éternité, même s'il y a prétention à la durée ; des réalités qui expriment,

[17] *Principes éducatifs et insertion politique dans la République de Platon.* Université de Toulouse-le-Mirail. Juin 1974.
[18] La thèse de Doctorat de IIIème cycle. Février 1977.
[19] La thèse de Doctorat d'Etat. Avril 1989.

au plan local comme au plan mondial, la prégnance de l'exploitation et donc, de la négation tendancielle de l'homme.

La seconde : Le développement de la technoscience comme condition *a priori* de cette exploitation, expression d'un rapport de forces favorable à l'impérialisme et condition aussi d'une situation d'aliénation de l'homme et des sociétés qu'il faudrait cesser de poser comme moment nécessaire de la trajectoire d'une **raison** se réalisant dans l'**histoire**.

La troisième : L'urgence d'une rupture qualitative du *statu quo* de la domination, au Centre comme à la Périphérie, dans le cadre d'une stratégie globale d'auto-création et d'auto-émancipation. Mais cette rupture qualitative, fruit de la *praxis* de l'homme, ne se situerait pas d'abord et seulement au niveau de la figure politique du social ; elle se situerait au niveau même du concept de rationalité, avec une raison qui ne serait plus essentiellement **arraisonnement**, **exploitation, économie**, selon les termes d'Edgar Morin. Cette rupture qualitative serait donc refus de la **nécessitarisation** et de **l'unilinéarisation** du devenir historique dans le cadre de la figure sociale qui a réalisé et continue de réaliser le maximum possible de développement technoscientifique et donc de rationalité instrumentale.

La quatrième : L'urgence de réaffirmation de l'Homme comme **but transcendant** et simultanément **acteur principal** de l'évolution historique. Réaffirmation de l'Homme, prévention d'une évolution catastrophique propre à modifier de fond en comble le statut ontologique de la personne, réanthropocentration de la technoscience, ouverture à l'avenir et à l'Universel dans le cadre de ce que j'ai nommé **convergence panhumaine**, voilà comment se traduit dans ces œuvres académiques, le souci de l'homme-valeur.

Jean-Bertrand Amougou : *Il y a donc une véritable unité entre tous ces textes même si l'on peut remarquer entre l'un ou l'autre une évolution ou un déplacement...*

Pius Ondoua Olinga : Cette unité existe en effet et dans les productions consécutives, qu'elles portent sur Nkrumah, Senghor, Marx ou Marcuse, ou qu'elles portent sur des thèmes comme la mondialisation, l'humanisme de l'avenir, l'idéologie, le souci de l'homme demeure constant. C'est un souci fondamentalement éthique. Sur quoi se fonder, à partir de quoi normer, d'ailleurs, le politique, si ce n'est sur une vision éthique de l'homme, de la vie, de l'avenir ? N'est-ce pas là la preuve que l'éthique définit la personne qui ne peut se réaliser dans l'authenticité qu'à partir d'une recherche éthique ?

THEME N° II : ETRE PHILOSOPHE AUJOURD'HUI

Jean-Bertrand Amougou *: Philosopher aujourd'hui, qu'est-ce que c'est ? Et à quoi bon, d'ailleurs ? Le développement prodigieux des sciences et des techniques, l'émergence des sciences de l'homme et des sociétés n'impliquent-ils pas, nécessairement, la désuétude de la philosophie ?*

Pius Ondoua Olinga : Personnellement, je ne crois pas que la philosophie soit vouée à la disparition, à la désuétude, du fait des développements prodigieux des sciences et des techniques, du fait aussi de l'émergence des sciences humaines. Je dirais au contraire, même si cela peut paraître paradoxal, que la philosophie est désormais plus que nécessaire, plus nécessaire que jamais. Mais pourquoi cela ? Parce que la philosophie, dès l'origine, est simultanément réflexion sur l'être, réflexion sur la connaissance, réflexion sur la pratique (morale et politique) et réflexion sur le devenir et l'histoire (le problème des fins).

Jean Bertrand Amougou : *Pourquoi ne pas reprendre ici de manière systématique, chacun de ces aspects ?*

Pius Ondoua Olinga : Reprenons les donc. La philosophie est **réflexion sur l'être.** Elle continue de remplir cet office, même s'il ne s'agit plus de revenir seulement à l'épineux problème de l'origine de l'être que la science paléontologique peut avoir passablement élucidé, ou de revenir sur le plan du comment y a-t-il quelque chose, et du pourquoi y a-t-il quelque chose plutôt que rien ! La réponse de l'évolutionnisme redevient, après coup, une question à laquelle la science ne donne aucune réponse. Mais cette réflexion sur l'être concerne la nature, le monde.

Et l'homme alors ? La réponse de la philosophie, en tant qu'elle est une **ontologie**, est que l'homme est **subjectivité, sujet, liberté**. Cette réponse confère **valeur absolue** et **statut** de **transcendance** au sujet. Cette liberté, cette transcendance sont-elles vécues, dans l'actualité, où les menaces sont multiples et diverses : uniformisation du cadre conceptuel (totalitarisme à la fois théorique et idéologique), uniformisation du cadre existentiel (totalitaritarisme aussi bien politique et économique), autoritarismes répressifs divers, hypothèques multiples sur le devenir individuel et sur le devenir-ensemble, finalisation inhumaine de l'histoire ?... Comment alors ne pas philosopher face à ces menaces sur l'essence de l'homme ? Au contraire, **il faudrait, plus que jamais, philosopher**.

Jean-Bertrand Amougou : *La réflexion sur la coïncidence entre ce que l'on est (ontologie, métaphysique) et la manière dont on vit cela (politique, structuration du social) sont liées...*

Pius Ondoua Olinga : Bien évidemment. La philosophie se présente par ailleurs comme **une réflexion sur la connaissance**. Certes, le champ de la science s'élargit, indéfiniment, quotidiennement. Ce qui ne veut pas dire que le champ de la philosophie se rétrécit inexorablement. Bien au contraire ! Outre le fait que les productions des sciences et des techniques élargissent la matière de la réflexion philosophique, qui porte sur le processus de production de ces sciences et de ces techniques, elles interpellent le philosophe sur ce qu'elles permettent, ou provoquent, ou bloquent.

Comment donc, dès lors, ne pas philosopher, pour remettre fondamentalement en cause l'impératif déontique traditionnel de la technoscience, invitant à la réalisation indéfinie de tout le possible technologique, et aussi, introduire grâce à ce que j'appellerais une **anticipation axiologique**, le principe de la limitation et de la sélection des seuls possibles qui ne provoqueraient aucune négation de l'humain, ni *a fortiori*, aucune modification, aucune manipulation de l'essence humaine ? Comment ne pas interroger cet outil, la **raison**, qui définit l'homme et lui confère son statut et sa dignité, pour ce que cet outil, cet instrument, permet, provoque, crée ? Comment ne pas s'interroger sur cette totalisation technique et pratique de la raison, sur son absolutisation, sur le vertige qu'elle crée ? Au contraire, nous en avons acquis la ferme conviction, **il faudrait, pour nous, plus que jamais, philosopher**.

Jean-Bertrand Amougou : *Les prétentions triomphalistes du scientisme et du positivisme sont donc battues en brèche !*

Pius Ondoua Olinga : C'est évident. En plus d'être une réflexion sur la connaissance (sa pratique et sa finalité), la philosophie se présente aussi comme **une réflexion sur la pratique** (morale et politique). Même si les sciences exhibent leurs vérités (qui sont toujours partielles, parcellaires et toujours à remettre en cause), même si les techniques exhibent leur efficacité sans cesse grandissante et plus que jamais redoutable, aucune connaissance, aucune technique ne peut tenir lieu de morale et de philosophie.

A quelles valeurs arrimer la vie ? En fonction de quelles normes organiser l'existence sociale, collective ? N'est-ce pas à la philosophie d'esquisser une réponse à ces questions ? N'est-ce pas à la philosophie de rappeler la nécessité de ce **vivre mieux** qui a pour nom **sagesse**, dans un monde ouvert, transformé, aux défis multiples, aux urgences contradictoires ? Dans quelle figure du social être véritablement homme, c'est-à-dire liberté et raison, à l'heure des totalitarismes les plus négateurs de l'humain, à l'heure où plus que jamais, se fait sentir l'urgence du respect de l'homme et de ses droits ? **Une fois de plus, il faut, plus que jamais, philosopher.**

Jean-Bertrand Amougou : *On comprend donc ici la signification fondamentale de l'articulation que vous faites de* ***l'existence*** *et des* ***valeurs****...*

Pius Ondoua Olinga : C'est cette articulation qui donne sens à la vie. Et c'est pour cette raison que la philosophie est en fin de compte, **une réflexion sur l'histoire et l'avenir.**

Comment, de façon dialoguée, « communicationnelle », créer notre avenir, orienter notre histoire de manière à ce qu'elle soit une véritable phénoménologie de l'homme-valeur, source de valorisation et de sens ? Comment devenir réellement homme dans ce monde, avec autrui, en évitant simultanément d'hypothéquer l'avenir des générations futures qui ont autant ou même plus que nous, droit à un monde dispensateur des possibilités propres à leur hominisation maximale, intégrale ? Peut-on alors esquiver cette entreprise fondamentalement humaine, humaniste, de redonner la dignité à l'homme et une plénitude de sens à sa vie ? Comment répondre à la question essentielle de l'homme, de l'être, de la vie, de l'avenir, si ce n'est en philosophant ? Pour tout dire, **il faudrait désormais et plus que jamais, philosopher.**

Jean-Bertrand Amougou : *Il faut philosopher, certes, et c'est une urgence. Il faut pourtant philosopher non pas à partir du réel seul, mais bien à partir des philosophes, passés ou actuels, à partir des œuvres* *philosophiques. Quel est donc votre rapport à la philosophie qui s'est faite, c'est-à-dire à l'histoire de la philosophie ?*

Pius Ondoua Olinga : Je vais essayer de donner quelques éléments de réponse à votre question, sur deux plans : le plan de la méthode d'une part, et le plan du contenu d'autre part.

Jean-Bertrand Amougou : *Commençons donc par la méthode !*

Pius Ondoua Olinga : Nous le savons, on ne peut pas comprendre une philosophie en se plaçant seulement à l'intérieur d'elle-même, du dedans, en se limitant seulement à son texte, à la systématicité de ce texte, parce qu'il n'y a pas une histoire de la philosophie internaliste, c'est-à-dire coupée de l'histoire réelle. Une telle démarche relève du mythe de l'intériorisme, mais c'est là un mythe anti-historique et parfaitement idéaliste. Plutôt qu'une méthode idéaliste et subjectiviste, ou alors simplement formaliste, c'est une méthode objective et dialectique que nous préférons, une méthode qui tient compte de l'histoire et met clairement en lumière l'interaction **sujet–texte–contexte.**

Jean-Bertrand Amougou : *Pouvez-vous nous donner une illustration de l'utilisation de votre méthode pour comprendre tel ou tel autre auteur de votre choix ?*

Pius Ondoua Olinga : Ceci est tout à fait aisé ; je vais donc pouvoir illustrer mon affirmation en choisissant deux auteurs importants pour l'histoire de la philosophie : Descartes et Marx. Pour pouvoir comprendre le cartésianisme, il convient, comme le montre J. M. Gabaude, de resituer Descartes dans son contexte historique, marqué par l'affrontement de la féodalité (classe encore dominante) et de la bourgeoisie (classe montante) ; mais ces deux classes, dans la crainte de la résurgence des désordres antérieurement enregistrés, aboutissent à un compromis : l'arbitrage de la monarchie absolue et centralisatrice, et la fortification de l'Etat.

Jean-Bertrand Amougou : *L'émergence de la pensée par rapport au réel et la modification du réel à partir de la pensée sont liées ?*

Pius Ondoua Olinga : Assurément. L'impact sur l'organisation du social est ici visible. Les deux aspects de la structuration de la pensée et de la transformation des circonstances interagissent. Descartes recherchera donc le même compromis sur le plan proprement philosophique, par **l'affirmation de la prépotence divine** (Dieu servant de fondement à l'ordre social réel) **et par celle de la primauté de la liberté humaine** puisque pour Descartes, le problème de la liberté est le problème fondamental qui donne la clé des autres problèmes. On peut avoir une idée de ce compromis en lisant ce texte de Jean-Marc Gabaude : « La métaphysique, issue de la liberté du *dubito* et du *cogito*, est une méditation sur l'esprit humain, image de la liberté divine ; elle unit ainsi un souci humaniste à une doctrine de la transcendance ».[20]

Descartes assume donc l'idéal révolutionnaire de la classe bourgeoise : individualisme, développement de la science et de la technique, essor du mécanisme. Mais en même temps, la philosophie de Descartes est le reflet de la contradiction antagonique qui oppose noblesse et bourgeoisie. Si la bourgeoisie cherche à maîtriser le réel et à le fonder théoriquement (nouvelle approche du monde, promotion du mécanisme, de la science et de la technique, et ceci est en fait un produit des conditions économiques et sociales), Descartes va masquer dans sa métaphysique la détermination des nouveaux rapports de forces sur le réel ; il universalisera le **sujet pensant**, (sujet seulement possible et non sujet réel) et affirmera l'identité et l'égalité formelle de tous les sujets pensants, affirmation qui se place au niveau de l'universalité abstraite et qui est le reflet de l'idéologie bourgeoise de **l'égalité de droit** des sujets, une fois masquées les **inégalités de fait** ainsi que la caution théonomique apportée au réel, car les évolutions enregistrées au niveau de la maîtrise de la connaissance et du réel ne devraient en rien bouleverser la société.

Jean-Bertrand Amougou : *N' y a-t-il pas dès lors une véritable contradiction à l'intérieur de la pensée de Descartes ?*

Pius Ondoua Olinga : Cette contradiction existe et la philosophie de Descartes apparaît alors comme une philosophie de l'ordre (**méthode**), reflétant le besoin de l'ordre social et politique que souhaite la classe montante, la bourgeoisie. Elle est à la fois traduction et occultation de cette situation, à partir de son spiritualisme qu'il fonde et établit sur le plan métaphysique et qu'il universalise et rationalise pour l'adapter à l'universalisation idéologique du sujet bourgeois.

---

[20] *Liberté et raison.* Tome I. p. 37.

Lire de manière contextuelle et historique le cartésianisme, c'est comme le montre J. M. Gabaude, reconnaître en lui le reflet du besoin de conciliation du réel, c'est-à-dire des classes antagonistes bourgeoise et féodale ; c'est y reconnaître aussi la conciliation du **matérialisme** (à travers le mécanisme) et de **l'idéalisme** par l'affirmation que le système des lois naturelles est l'œuvre d'un Dieu transcendant et créateur), cette deuxième conciliation permettant de défendre Dieu et la religion en même temps que la révolution scientifique et technique en émergence.

Jean-Bertrand Amougou : *Après Descartes, nous pourrions donc passer à Marx et à votre lecture de son système.*

Pius Ondoua Olinga : Oui. Pour comprendre Marx, il convient de voir comment s'est formée historiquement sa pensée ; il convient de la resituer dans le contexte de l'Europe capitaliste de la première moitié du XIXème siècle, avec pour principaux indicateurs de la transformation économico-sociale en cours : - l'ascension rapide de la grande bourgeoisie industrielle en lutte contre l'aristocratie foncière, - la décadence des couches moyennes, - l'extension du prolétariat. Trois choses? peuvent être observées en Allemagne spécialement : a) - l'existence d'un mouvement libéral bourgeois, b) - celle d'un mouvement démocratique et social soutenu par les éléments progressistes des couches moyennes, c) - celle enfin du mouvement socialiste avec la formation de la **Ligue des Justes** en 1836.

Jean-Bertrand Amougou : *Voilà donc, clairement campé, le contexte d'émergence de la pensée de Marx !*

Pius Ondoua Olinga : C'est cela. La pensée de Marx, qui se structure dans ce contexte, est une solution au moins théorique des problèmes économiques, sociaux, politiques et idéologiques qui se posent. Marx commence donc à évoluer dans un cadre hégélien/jeune hégélien (cadre à l'intérieur duquel il critique Hegel au nom du démocratisme social, puisque Hegel transposait sur le plan idéologique l'action profonde que le déploiement du mode de production capitaliste permettait à l'homme d'exercer sur le milieu, et résolvait ainsi philosophiquement les problèmes de l'exploitation et de l'aliénation ; de même Marx décelait-il à l'intérieur du système hégélien une contradiction entre une **méthode dialectique** épousant le mouvement du réel et un **système métaphysique idéaliste** justifiant le *statu quo*.

Cette critique démocratiste/sociale de l'absolutisme féodal et même du libéralisme bourgeois a été faite d'abord au niveau théorique. A partir de 1842-1843, Marx la mène activement (collaboration à la *Gazette Rhénane* notamment) et tourne donc le dos au subjectivisme et à l'utopisme caractéristiques des jeunes hégéliens (mise en lumière de l'importance des faits économico-sociaux dans la constitution du droit, de la société et de l'Etat). C'est donc dire qu'à ce moment, Marx conçoit la tâche de la philosophie comme critique transformatrice, au nom d'une raison à la fois libre et libératrice, l'homme étant lui-même **liberté** et **raison**.

Jean-Bertrand Amougou : *L'articulation de la théorie et de la* ***praxis*** *s'amorce donc déjà dans la pensée de Marx. N'y a-t-il pas là une évolution significative de la conception même de la philosophie, passant de l'interprétation du monde à sa transformation ?*

Pius Ondoua Olinga : N'anticipons pas trop à ce niveau et notons encore comme étape de la formation de la pensée de Marx, dictée par l'histoire elle-même, le passage du démocratisme social au communisme (1943) et plus tard vers l'Internationalisme prolétarien au regard des impasses du démocratisme politique et de l'exploitation de plus en plus grande des couches prolétariennes, par la classe bourgeoise. Désormais l'essence même de l'homme pour Marx est conçue comme fondant **l'histoire** et la **politique**, ainsi qu'un humanisme qui n'est plus métaphysique, essentialiste et anhistorique comme celui de Feuerbach.

Nous noterons enfin la coupure de 1845-1846 (sur laquelle le débat est toujours ouvert) ainsi que l'apport décisif d'Engels avec qui Marx pourra écrire *L'Idéologie allemande,* qui marque la jonction définitive de la **théorie** avec la **pratique** et la **politique** (élimination de plus en plus systématique de l'idéalisme, de l'humanisme métaphysique et de l'utopisme, explication des lois générales de l'histoire à partir de l'histoire elle-même, union de la théorie et de la pratique…).

Jean-Bertrand Amougou : *Ne ne pourrait-on pas illustrer cette méthode d'analyse chez d'autres philosophes encore ?*

Pius Ondoua Olinga : A quoi bon multiplier les exemples ? Je dirai seulement que j'ai avec l'histoire de la philosophie un rapport critique, dans le cadre d'une lecture non point seulement systémique et systématique des systèmes, mais historique et contextuelle. C'est une lecture qui met en lumière la détermination du contexte sur la genèse et la finalité des systèmes, en tant que reflets (non mécaniques) de la réalité, et cette finalité est la transformation même du réel, c'est-à-dire du contexte.

Jean-Bertrand Amougou : *Passons maintenant au contenu.*

Pius Ondoua Olinga : Oui, il est temps d'aborder cet aspect. Mon rapport au contenu des œuvres de philosophie est non un rapport **mimétique** de simple **reproduction/réduplication,** (ce qui laisserait croire qu'on a affaire à des systèmes figés, **vrais** éternellement alors que ce n'est pourtant pas le cas, et fait perdre de vue la dialectique même de leur mise au point), mais un rapport **critique/praxique :** quelles intuitions fondamentales retenir d'un système, qui est simultanément systématisation de représentations du réel et réponse aux problèmes posés par ce réel et aussi, pratique résolue de cette systématisation au double plan éthique et politique ? Voilà la question.

Jean-Bertrand Amougou : *Quels nouveaux auteurs choisirez-vous cette fois ci ?*

Pius Ondoua Olinga : Je me référerai une fois encore à Marx et j'ajouterai en complément Marcuse.

En s'intéressant au contenu de l'œuvre de Marx, ce qui est important, c'est l'intentionnalité originaire : le triomphe de l'essence humaine par une humanisation des conditions. D'où, la récupération possible de la critique théorique et transformatrice de l'aliénation, par une anatomie de la société civile (mise en lumière de la corrélation entre le développement des forces productives et la structure sociale, entre rapports sociaux de production et systématisation des représentations). De même, cette récupération permettrait de mettre en lumière la dimension de la *praxis* comme catégorie première, le réel étant fruit de la *praxis*, l'avenir lui-même devant être créé par une *praxis* appropriée. Ceci redonne au sujet humain un statut de première importance : il redevient acteur historique privilégié et le monde redevient **son monde**.

Si donc je m'intéresse ainsi à certains aspects de la pensée de Marx, (la dialectique, la *praxis* ou mieux l'unité théorie/pratique, l'anthropogenèse dans et par le travail humain et social, la lutte pour l'humanisation maximale des conditions, la création d'avenir...), il s'en faut pourtant de beaucoup que cet intérêt soit une adhésion non critique à un dogme : il s'agit toujours de la récupération d'une méthode au moyen de laquelle je mets en question le système même (comme tout système).

Jean-Bertrand Amougou : *Vous annoncez donc là, de sérieuses critiques à la pensée de Marx ?*

Pius Ondoua Olinga : Au niveau où nous en sommes, je me contenterai d'abord des questions. Ces questions sont multiples : celle de la technique comme moyen obligé de l'extériorisation de l'essence de l'homme (affirmation marxienne pouvant servir de caution à la mondialisation devenue effective d'une forme unique et hypostasiée de rapport au monde, avec la technicisation consécutive de l'essence humaine…) ; celle de l'Internationalisme prolétarien et de sa pertinence théorique et historique, pertinence théorique et historique que l'on peut mettre en question si l'on observe d'une part l'intégration tendancielle du prolétariat au système dominant et d'autre part la montée des nationalismes et le triomphe d'une logique essentiellement impérialiste chez les prolétaires du Centre ; celle enfin de la mort de la dialectique dans la société sans classes qui est **fin** de l'histoire pour Marx, et qui peut devenir fin de l'histoire c'est-à-dire achèvement de toute histoire pour nous, du fait de notre propre anéantissement…

Jean-Bertrand Amougou : *Une thématique de la fin de l'histoire est tout à fait d'actualité et, au-delà de Hegel et de Marx, cette thématique est présente chez Francis Fukuyama, à partir de son ouvrage qui s'intitule précisément* ***La fin de l'histoire et le dernier homme****. Est ce que vous nous en direz quelques mots ?*

Pius Ondoua Olinga : Certes, je ne souhaite pas allonger mon propos. Il faut déjà dire que la thématique de la fin de l'histoire chez Fukuyama renvoie à deux convictions de cet auteur : la première : le triomphe quasi définitif de la démocratie libérale comme système de gouvernement (notamment depuis l'effondrement du système communiste), la deuxième : le système libéral serait simultanément fin de l'évolution idéologique de l'humanité et forme finale de tout gouvernement des hommes. J'avais déjà examiné cette thématique de la fin de l'Histoire dans un article intitulé : *Rationalité et finalité historiques. Au-delà de Hegel et de Marx.*[21] Je me posais la question,

[21] *Annales de la Faculté de Lettres et Sciences Humaines.* Série Sciences Humaines. Vol. V. N° 2. Juillet 1989.

dans ce bref texte, de savoir s'il y avait une fin de l'histoire, un sens à l'histoire, une raison à l'œuvre dans l'histoire, de manière à mieux saisir la place et le rôle du sujet humain dans le déroulement de cette histoire.

Dépassant la problématique de Hegel et celle de Marx, problématiques auxquelles s'est par ailleurs référé Fukuyama, j'aboutissais à la conclusion que la fin de l'histoire ne pouvait être finition ou achèvement, mais bien plutôt but et finalité : un but et une finalité ne s'imposant pas de l'extérieur au sujet (et n'étant ni immanents, ni transcendants par rapport à l'histoire elle-même), mais étant signification, par le sujet, d'une histoire dont il devenait acteur privilégié. L'affirmation du progrès infini était donc possible, de même que celle de l'indétermination du possible, condition transcendantale de l'humanisme.

Jean Bertrand Amougou : *Peut-être développerez-vous cette problématique dans un ouvrage spécifique, tellement elle est intéressante... Mais pour ne pas nous égarer, revenons maintenant à Marcuse, après Marx.*

Pius Ondoua Olinga : Passons donc à **Marcuse.** En s'intéressant à l'œuvre de Marcuse, l'on peut récupérer ses catégories de **rationalité technologique**, de **pensée positive,** de **pensée unidimensionnelle,** catégories qui permettent de voir comment la nouvelle société industrielle se légitime en vue de sa reproduction indéfinie, par une occultation de sa négativité interne, par la création de pensées et de comportements conformes chez les agents sociaux, et par l'occultation consécutive de toute perspective historique autre. Ces catégories peuvent être reprises pour questionner notre propre devenir et penser l'advenir de possibles historiques différents, transcendants. Il s'en faut pourtant de beaucoup, encore une fois, que j'aie pu, dans cette reprise, adopter aveuglément la pensée marcusienne.

Jean-Bertrand Amougou : *Marcuse fera donc aussi l'objet de nombreuses critiques comme cela a été le cas pour Marx ?*

Pius Ondoua Olinga : Marcuse peut effectivement être interrogé, voire critiqué. Quelle **figure concrète** donner à cette civilisation esthético-érotique dont Marcuse prévoit l'avènement assuré à la place de la civilisation unidimensionnelle et technocratique ? Est-ce une civilisation des loisirs, sans travail ? Que devient alors l'auto-création/effectuation de l'homme dans et par le travail dont parle Marx dans les *Manuscrits de 1844 ?*

Quel **moyen** de **passage**, quelle *praxis* pour la réalisation de cette civilisation esthético-érotique, quand on sait d'une part que Marcuse soutient que le système est bloqué (pessimisme ! et insuffisante exploitation de la négativité et de la contradiction), et d'autre part que l'action de transformation qualitative échoit non au prolétariat (désormais intégré au système) mais à des couches marginales (étudiants, chômeurs, déviants, la jeunesse en général chez qui permane le rêve, l'espoir, l'esprit révolutionnaire…) dont l'efficacité dans la *praxis* et l'organisation sont elles-mêmes sujettes à caution ? N'y a-t-il pas fondamentalement **utopie marcusienne ?**

Ces deux questions ne ramènent-elles pas à la question de savoir quel humanisme se retrouve dans la pensée marcusienne, pour autant que la dimension proprement morale du sujet est minorée, l'homme étant soustrait à ce que Pierre Masset nomme « la judication suprême de la raison », qui est par ailleurs réduite principalement au rôle de raison technicienne ?

Inutile donc de multiplier les exemples : on aurait pu ici parler de Kant, de Platon et d'autres. Qu'il me suffise de signaler Marx et Marcuse, et de dire pour récapituler sur cette importante question que mon rapport à l'histoire de la philosophie est un rapport **critique**, essentiellement.

Jean-Bertrand Amougou : *Dans ces conditions, est-ce à dire que vous êtes aussi créateur d'un système de philosophie ? Et votre système, c'est lequel ? Quelle est votre philosophie de l'histoire ?*

Pius Ondoua Olinga : Je n'oserai évidemment pas prétendre au statut de créateur d'un système de philosophie. Je me contente de philosopher, c'est-à-dire, de penser rationnellement, d'un point de vue axiologique et politique à la fois, les questions et défis du monde présent. Plusieurs questions se posent donc et il s'agit de s'atteler à y trouver des esquisses de solution.

La première, archéologique, d'où dérivent toutes les autres : **qui suis-je** ? Quel est le sens de mon existence et de l'histoire ? Comment par exemple être ce que je suis, être liberté et raison, une fois arraisonné et enfermé dans la rationalité instrumentale ? Comment être malgré tout sujet, au-delà de toutes les aliénations et de toute objectivation ?

De cette question dérivent les autres, qui suivent :

- la question des droits de l'homme (l'homme aurait-il des droits s'il n'était pas une valeur, s'il n'était pas absolu de valeur ?) ;

- la question de la démocratie et des institutions qui l'incarnent, par-delà les dérives totalitaires ;

- la question des usages et des mésusages inhumains d'une technoscience initialement conçue pour le progrès de l'homme, mais désormais potentiellement productrice de catastrophes pour l'univers dans son ensemble comme pour le sujet individuel et son essence ;

- la question connexe des médias ainsi que de la « **dictature communicationnelle** » en cette heure où le pouvoir des médias, en expansion exponentielle, modèle les sujets et les sociétés au gré d'intérêts sujets à caution ;

- celle du rapport à la Transcendance, en cette heure où la négation de Dieu s'appuie simultanément sur une critique de plus en plus radicale de la religion (sur la base des travaux de Feuerbach et Marx) et sur la dérivation des consciences sur la réalité et sur une existentialité évacuant principiellement son au-delà ?...

Jean-Bertrand Amougou : *Vous n'avez peut-être pas élaboré un système, mais vous reprenez de manière systématique chacun des volets constitutifs de tout système de philosophie !*

Pius Ondoua Olinga : Je me contente de philosopher, de m'interroger, sans prétendre donner aux esquisses de réponses que j'ai formulées le statut de système. Ces esquisses de réponses indiquent pourtant, *grosso modo*, une vision de l'histoire, une philosophie de l'histoire.

Jean-Bertrand Amougou : *Quelle est-elle ?*

Pius Ondoua Olinga : Sans décrire une société paradisiaque et idyllique, située par définition devant nous et au terme d'une histoire, la nôtre, dont il n'est même pas sûr qu'elle soit le terme de toute histoire, une conviction m'anime : nous aurons atteint notre plénitude d'être seulement dans un contexte qui précisément nous pose pour ce que nous sommes, ontologiquement, à savoir, des **valeurs**, et si les uns et les autres s'engagent décisivement dans l'itinéraire de la réalisation de l'authenticité. Cela peut être ici et maintenant, si nous créons justement le contexte social et humain adéquat à cette fin.

Jean-Bertrand Amougou : *Vous êtes philosophe africain, en Afrique, actuellement. Qu'est-ce que cela implique ? Quelle philosophie africaine faites-vous ? Quel est votre rapport à l'Ethnophilosophie ?*

Pius Ondoua Olinga : C'est vrai que chaque philosophie, comme le note Marx, et nous l'avons déjà vu, est fille de son temps. Aucune philosophie ne tombe toute faite du ciel. Chaque philosophie est l'œuvre d'un philosophe, historiquement et géographiquement situé. Je voudrais donc être un philosophe africain situé, *hic et nunc*, ici et maintenant. Qu'est-ce que cela implique, et quelle est la philosophie africaine que je fais ?

La réponse à ce niveau est tout à fait simple. Philosopher, pour moi, renvoie à la prise en compte de la réalité africaine du point de vue de sa réalisation ou non de l'essence humaine. Mais cette réalité africaine est examinée dans une perspective qui embrasse le passé, le présent et l'avenir.

Jean Bertrand Amougou : *Ces trois séquences existentielles offrent effectivement une matière à la réflexion philosophique. Quelle philosophie africaine du passé dès lors ?*

Pius Ondoua Olinga : C'est la première interrogation. Pour y répondre, il est nécessaire de se resituer dans le sillage des travaux qui auront permis de fonder l'existence même de cette philosophie africaine, dont l'objectif aura été double : d'une part réaffirmer la rationalité de l'africain, identique à celle de tout homme, face à la négation de son humanité, cette réaffirmation de la rationalité fondant elle-même la **possibilité,** au moins théorique, d'une philosophie africaine ; d'autre part effectiviser la possibilité, à partir d'enquêtes historiques fondant elles-mêmes **l'existence** effective de cette philosophie.

Les travaux scientifiques de Cheik Anta Diop et de Théophile Obenga peuvent être ici consultés en appui à cette affirmation. On peut aussi revenir, de manière plus critique assurément, sur les travaux dits ethnophilosophiques.

Mais peut-on en rester là ? Peut-on seulement se complaire dans cette affirmation fondamentalement positive en tant que négation de la négation ? Il semble bien que non.

Jean-Bertrand Amougou : *Quelle philosophie africaine du présent, puisqu'il n'y a pas lieu de reproduire mécaniquement notre philosophie africaine du passé ?*

Pius Ondoua Olinga : C'est la deuxième interrogation. Quelle philosophie africaine du présent ? Mais quelle figure africaine du présent ? Assurément celle que l'histoire passée et présente ont produite : une Afrique dominée, **essentiellement**, par le colonialisme et le néocolonialisme, une Afrique aliénée, sans repères ni identité, reproduisant dans le cadre des rapports dominants son non-être ou mieux, son être-pour-autrui, son être-pour-l'impérialisme.

Quelle philosophie africaine faire, sans cet ancrage dans une réalité qui est celle de l'inhumain ? C'est d'ailleurs de ce point de vue que la philosophie africaine à élaborer se doit d'être à la fois analytique, critique et axiologique, soucieuse de modeler l'être en réaffirmant les valeurs, mais aussi et surtout soucieuse de modeler le réel, c'est-à-dire le contexte effectif. Y a-t-il pourtant ici, clôture dans la réalité seulement présente, donnée ?

Jean-Bertrand Amougou : *Vous annoncez maintenant une autre interrogation, portant sur l'avenir !*

Pius Ondoua Olinga : Certainement. Cette troisième interrogation consiste à nous demander quelle philosophie africaine de l'avenir, dans et pour quel monde. Cette philosophie est, comme toute philosophie, pensée de l'homme dans le monde et pensée du monde de l'homme. Elle s'ouvre à l'Universel, puisqu'elle pense les défis de l'homme, les dérives dans l'inhumain (dans et par la technoscience), les valeurs à réinstaurer, pour l'**homme**, le monde à créer de manière co-responsable. Elle est, essentiellement, **urgence d'humanité**, et de ce point de vue, **authentiquement philosophie**.

Jean-Bertrand Amougou : *Vous n'avez guère manifesté de l'intérêt pour l'ethnophilosophie. Est-ce parce que vous la rejetez ?*

Pius Ondoua Olinga : S'il faut dire maintenant un mot sur mon rapport à l'Ethnophilosophie, je serai très bref. Je dirai qu'il convient de saluer, sur le plan de l'histoire, l'émergence de l'Ethnophilosophie, dans le contexte de la négation de la négation rappelé plus haut. Comment d'ailleurs faire grief aux ethnophilosophes sur ce plan, comme si leur démarche ne relevait pas essentiellement de l'urgence de l'affirmation de l'humanité totale, pour l'africain, face à la dénégation de cette humanité à ce dernier ?

Jean-Bertrand Amougou : *L'ethnophilosophie peut donc être digne d'un certain intérêt !*

Pius Ondoua Olinga : Assurément. Il s'agit d'une **démarche positive de reconstitution** de la vérité de notre aptitude à philosopher, et de l'effectivité de cette philosophie dans l'histoire, malgré son occultation par l'idéologie dominante.

Que certains des tenants de l'ethnophilosophie aient pu croire qu'ils avaient exhibé la philosophie africaine éternelle, indépassable, à reproduire indéfiniment, de génération en génération, voilà, possiblement, l'erreur qui a pu être faite, et qui porte sur la décontextualisation des systèmes, sur leur clôture et sur le peu de cas fait aux contextes en évolution constante et à l'avenir, contextes qu'il convient, en urgence et du point de vue de l'homme, de **configurer**. Plutôt que d'organiser des diatribes contre l'Ethnophilosophie, nous avons comme mission et devoir, urgents, de philosopher. **Philosophons donc, pour le présent en vue de l'avenir**.

Jean-Bertrand Amougou : *Vous voulez philosopher, en Africain et pour l'Afrique. Et pourtant, votre rapport à la pensée de Marx est un rapport constant, permanent. Comment expliquer un tel rapport, au moment même où vous affirmez votre africanité ?*

Pius Ondoua Olinga : Certes, c'est désormais un lieu commun de dire que le marxisme est mort, sur le plan théorique, et que la pensée libérale a définitivement triomphé ; c'est un lieu commun aussi, de dire que les sociétés socialistes ou communistes du bloc de l'Est, dont l'objectif initial aura été la réalisation concrète de la pensée de Marx, ont échoué, au regard des contradictions internes qu'elles ont entretenues et vu l'irrépressible mondialisation qui n'est rien d'autre que le triomphe hypostatique du libéral. Pourtant, le retour à Marx peut se révéler éclairant, voire salutaire et dès lors, qui pourrait m'interdire le retour à Marx, la relecture de Marx ?

Jean-Bertrand Amougou : *Mais en fait, que peut-on encore retrouver, d'essentiel, d'important, dans Marx ?*

Pius Ondoua Olinga : Je vais essayer de développer, dans les paragraphes qui suivent, les apports de Marx, et ce, sur deux principaux plans : sur le plan des apports conceptuels et donc théoriques dans un premier temps, et sur le plan des apports au niveau stratégique dans un deuxième temps.

Au plan des apports conceptuels. Certes, il existe un rejet massif de la pensée de Marx, vu son matérialisme, et vu, à la limite, son athéisme, c'est-à-dire son rejet de toute Transcendance et le sort qu'il fait à la religion qu'il critique. Mais il faut se rappeler à ce niveau que chez Marx, critique de la religion, critique philosophique de l'idéalisme et critique politique de l'Etat vont de pair, dans cette vision nouvelle, dialectique, que Marx veut structurer, thématiser, mettre en place, vision qui, en un sens, pense substituer à une religion illusoire, aliénante, la religion vraie, celle de l'amour et de la réconciliation universelle.

Jean-Bertrand Amougou : *Vous entendez donc dépasser ce rejet ?*

Pius Ondoua Olinga : Bien sûr. Il convient de relire Marx, pour y découvrir, entre autres :

- **le matérialisme des circonstances** : c'est-à-dire la mise en lumière de la détermination des circonstances et des conditions, sur le sujet, sur le social, sur l'histoire, et la détermination en retour du sujet, du social, de l'histoire, sur les circonstances et les conditions ;

- **le passage à l'illimitation et à l'ouverture sur l'avenir**, à partir de la détermination réaffirmatrice de liberté et de transcendance du sujet, dans une histoire qui ne saurait être close, figée, déjà fixée par une autre transcendance que l'homme lui-même ;

- **la critique proprement scientifique de la connaissance**, qui met en lumière la genèse, la dialectique et la téléologie de l'idéologie. Cette mise en lumière permet le passage de l'idéologie à la science, science du réel et de l'histoire, avec, corrélativement, la démystification de l'ensemble des rapports matériels dominants : l'impérialisme, la mondialisation, le libéralisme, dans l'occultation de l'aliénation des hommes et des sociétés qu'il provoque…

Comment donc se priver de ces apports théoriques qui de façon fondamentale, développent tout en le permettant, un véritable **humanisme**, un **humanisme de la** *praxis* **?** Et c'est justement ici que l'on peut passer au second plan : le plan des apports au niveau stratégique, au niveau de la *praxis*.

Jean-Bertrand Amougou : *Et sur le plan de la stratégie et de la praxis ?*

Pius Ondoua Olinga : Le plan de la stratégie et de la *praxis* nous offre lui aussi quelques apports. Certes, ici aussi, on reproche à la révolution que prône Marx la violence, porteuse simultanément d'inhumanité, dans sa phase pratique, et de totalitarisme en émergence, pour le devenir ultérieur de la société. Il ne faudrait pourtant pas oublier plusieurs choses.

- **la première :** la réalité du *statu quo* de la domination, faite essentiellement de violence et d'aliénation de l'humain, pour autant que le sujet peut se retrouver, comme nous l'avons vu, dessaisi de sa propre essence ;

- **la seconde :** le caractère historique de ce *statu quo*, fruit d'une *praxis* déterminée, conformément à des objectifs eux-mêmes déterminés ;

- **la troisième :** la mission historique de l'homme-sujet de se réaliser par l'abolition pratique des conditions qui produisent sa non-réalisation. N'y a-t-il pas là, véritablement, une **éthique**, que l'on peut faire dériver de ce que j'appelle par ailleurs **ontologie de l'être-valeur ?**

Dans ces conditions, mon rapport à Marx est un rapport critique, comme c'est le cas pour tous les philosophes par rapport auxquels je me situe : rejet et adéquation peuvent donc se suivre, s'alterner, le tout dans la perspective de l'émergence libre d'une pensée personnelle située mais véritablement philosophique en tant que position et affirmation de la transcendance de l'homme.

Jean-Bertrand Amougou : *Une interrogation demeure malgré tout : quel est l'avenir du marxisme, l'avenir de la dialectique matérialiste, dont il est bien clair qu'elle a échoué et le verdict de l'histoire n'est-il pas, ici, cruel ?*

Pius Ondoua Olinga : Je ne pense pas, pour ma part, que le marxisme, ou mieux, la dialectique historique de Marx, soit désormais sans avenir. Au risque de nous répéter, revenons encore un instant sur certains aspects importants de cette pensée.

Le **premier** aspect est la trajectoire de l'idéologie à la science, à partir de la critique gnoséologique des conditions de la connaissance et aussi à partir de la pratique révolutionnaire qui est critique pratique du réel et des conditions, c'est-à-dire de la base matérielle. On le voit concrètement dans *L'Idéologie allemande.*

Le **second** aspect est le statut du sujet et de la subjectivité. Marx permet, par la redéfinition de l'essence et de l'originalité du sujet, de saisir la complexité même de l'être. D'où dérivent : - la conception du sujet comme auto-création et facticité (découlant d'une *praxis* déterminée) ; - l'insistance de la détermination de la vie, des conditions, sur la conscience, et vice-versa ; - la production de l'histoire par une *praxis* à laquelle on peut imposer comme téléologisation, la réalisation de l'homme. Ce qui fait acquérir au sujet historique un statut de véritable transcendance.

Le **troisième** aspect est la vision de la philosophie et celle de la science. Qu'est-ce que la philosophie, pour Marx ? Certes relèvent traditionnellement de la réflexion philosophique la réflexion sur l'origine, sur Dieu, sur le bien et le mal, sur l'être, la recherche de la sagesse, du bonheur, de la liberté... Le risque est pourtant grand, à ce niveau : celui de la solitude et de l'irréalisme d'une philosophie détachée de la vie quotidienne, sans que pour autant elle atteigne la certitude (même provisoire) que permettent les sciences.

Jean-Bertrand Amougou : *La pensée de Marx fonctionne donc comme un véritable* ***révélateur*** *?*

Pius Ondoua Olinga : Evidemment. Marx nous aide à retrouver dans la philosophie, nécessairement issue du réel, une réflexion de caractère global, totalisant et humanisant. On peut d'ailleurs dire avec Henri Lefebvre que la philosophie vise le total, la totalité du savoir et le monde comme totalité, et retenir à la fois cette tendance vers la totalité et le caractère critique de la philosophie.

Qu'est-ce que la science, pour Marx ? Certainement un langage précis, qui dit le vécu, ou plus globalement, le réel ; une connaissance des lois des phénomènes, qui n'a pas moins besoin de philosophie tout en n'étant pas philosophie…

Jean-Bertrand Amougou : *Apports positifs et interrogations récurrentes se retrouvent donc ici chez Marx ?*

Pius Ondoua Olinga : Evidemment. Plusieurs questions continuent de se poser, s'agissant du marxisme :

- La transcendance du sujet historique de Marx n'est elle pas problématique, et la détermination des conditions ne fait-elle pas évanouir la liberté même de ce sujet et rendre marginale sa propre détermination sur les conditions et sur l'histoire ?

- La « **ruse du sujet collectif** », la société, n'est-elle pas, elle aussi, annonciatrice de la genèse d'un antihumanisme effectif et d'une négation consécutive de la subjectivité et de la valeur de l'être ?

- Que penser de la thématique de la fin de l'histoire, face à celle, plus soutenable, de l'illimitation ? Sauf à redonner à la fin un contenu plutôt téléologique ! Que penser de l'effondrement du Bloc de l'Est et de sa résorption par une mondialisation désormais triomphante, comme **pensée unique et marché unique ?**

Toutes ces questions se posent, elles continuent de se poser. Elles n'en rendent pas moins urgente la relecture globale de la pensée de Marx, elles ne réduisent en rien la pertinence de certaines avancées théoriques et pratiques que le marxisme a pu permettre.

En tout état de cause, il n'y a aucune raison que le philosophe africain actuel fasse l'économie d'une réflexion sérieuse, profonde, sur le marxisme, pour l'Afrique et pour le monde en devenir.

THEME N° III : SUR LA PHILOSOPHIE POLITIQUE : SUR LA PHILOSOPHIE ET LA POLITIQUE

Jean-Bertrand Amougou : *Votre intérêt semble se concentrer exclusivement sur la philosophie politique. Vous faites même de la philosophie politique l'essentiel de la réflexion philosophique. Et les autres volets ? L'Epistémologie ? L'Ethique ? La Métaphysique ?*

Pius Ondoua Olinga : Vous constatez, avec raison, que ma réflexion est essentiellement politique, une réflexion de philosophie politique. Elle est donc, avant tout, une réflexion philosophique. Au risque de me répéter, je dirai que toute réflexion philosophique s'origine dans cette interrogation récurrente : quelle est donc la nature de ce qui est, de ce qui se donne à voir, à sentir, de ce que l'on est soi-même ? Et corrélative, il y a cette autre interrogation : quel est le statut des choses ou mieux, des réalités qui ne se donnent pas à voir, à sentir, qui ne tombent pas sous nos sens et pourtant, sont, ou mieux ne peuvent pas ne pas être : l'âme, Dieu ?

Il y a là, corrélées, deux questions, en une seule : si les sciences physiques permettent de connaître ce qui est accessible à nos sens, et à nos instruments, la vraie nature de ce qui est, et la recherche de la connaissance même de ce qui ressortit de l'au-delà de la nature, du monde tel qu'il est en soi, relève donc de la métaphysique. Vouloir connaître la nature et s'interroger néanmoins sur ce qui est au-delà de la nature, même s'il ne peut y avoir à ce sujet ni connaissance certaine, ni science, constitue un souci majeur, permanent, de l'homme, et *a fortiori*, du philosophe.

Jean-Bertrand Amougou : *Si donc l'on ne peut aboutir à aucune connaissance certaine et permanente à ce niveau, à quoi bon s'atteler à cette réflexion ?*

Pius Ondoua Olinga : L'absence d'une réponse définitive n'éteint en rien la question. Il s'agit d'un souci majeur et ce souci, on le repère bien évidemment chez Platon, avec sa théorie des Idées (qui sont pour lui sources et modèles de toutes choses) ; on le repère aussi chez Descartes ou chez Hegel, chez Aristote ou chez Kant.

De ce souci relève par exemple l'affirmation aristotélicienne des premiers principes, le souci véritable de l'être, annonciateur d'une science qui porterait sur l'être en tant qu'être, sur l'être en tant que tel, en tant que fait de puissance et d'acte, de matière et de forme, même si par ailleurs la conciliation de l'unité de l'être et de la multiplicité des étants continue de poser problème. De ce souci relève aussi l'intention fondamentale des *Méditations métaphysiques* de Descartes, qui entend démontrer l'existence de Dieu et celle de l'immortalité de l'âme. Mais n'est-ce pas là une volonté de conserver, vivante, cette science des réalités transphysiques, invisibles, volonté qui pourtant ne tourne en rien le dos aux réalités visibles, mais bien plutôt les fonde ?

Jean-Bertrand Amougou : *La démarche n'est-elle pas, chez Kant, fondamentalement différente ?*

Pius Ondoua Olinga : Certes, la démarche de Kant n'aura été que la critique ferme de toute métaphysique voulant se poser comme science, et si Kant a pu opposer le phénoménal (accessible du fait de nos capacités liées à l'Esthétique et à l'Analytique transcendantales) au nouménal, postulé, mais qui ne saurait donner lieu à une connaissance de même type que celle de la science, le souci métaphysique demeure, en tant que retour à l'origine, en tant que questionnement sur l'origine.

Mais un tel questionnement a-t-il son sens en lui-même ? Ce questionnement, n'est-il pas fondamentalement ouverture à d'autres, aux autres questionnements, qui portent non plus sur ce qu'est l'être, mais sur le comment du déploiement de cet être, notamment humain, et sur les conditions sociales et historiques d'un tel déploiement ? Ne sommes nous pas naturellement orientés vers l'interrogation éthique, d'une part, et vers l'interrogation politique, d'autre part ? Mais l'interrogation éthique, morale, est-elle autre chose que la nécessaire affirmation de la normativité, qui montre bien que la morale, qui dérive de la moralité en tant que dimension essentielle de la personne, n'est en rien le simple produit nécessaire de conditions biologiques et sociales, elle est plutôt position de normes régulatrices des conditions, pour l'épanouissement plénier de la personne humaine elle-même, avec, au centre de tout, la liberté, qui est **initiative humaine,** certes, mais surtout, **valorisation de l'homme**.

Jean-Bertrand Amougou : *C'est une problématique kantienne que vous développez ici !*

Pius Ondoua Olinga : Nous sommes en effet ramenés à Kant, et à l'homme de devoir dont la source du mouvement à l'infini est sa conscience morale, preuve de notre nature et de notre destination surnaturelles, « au-delà du déterminisme », puisque notre conscience ne saurait se réduire à la seule détermination de la nature Ne sommes-nous pas renvoyés à ce sujet appelé à agir non pas seulement par spontanéité immédiate ni par inclination, mais par **devoir**, c'est-à-dire par nécessité d'accomplir toute action par respect de la loi morale ? N'est-ce pas être renvoyés à une nécessaire réflexion sur les postulats de la raison pratique de Kant, à savoir la liberté, l'immortalité de l'âme, l'existence de Dieu, et même fondamentalement à une réflexion sur la valeur inconditionnée de la loi morale ?

Jean Bertrand Amougou : *Métaphysique, éthique et politique sont donc liées dans toute philosophie...*

Pius Ondoua Olinga : Il faut le redire : l'interrogation métaphysique n'oriente pas seulement vers l'interrogation éthique : elle oriente aussi vers l'interrogation politique, celle, nécessaire, d'un sujet inséré dans la cité, un sujet social, essentiellement.

En parlant de sujet nécessairement social, je renvoie à cette détermination de l'essence du sujet par Marx dans une de ses thèses devenues célèbres : « l'essence de l'homme n'est pas une abstraction inhérente à l'individu isolé ; dans la réalité, elle est l'ensemble des rapports sociaux ». Qu'est-ce à dire sinon que, au-delà même de toute dérivation de cette essence de l'homme (liberté et raison) par rapport à une Transcendance originaire et créatrice, (que l'on peut accepter ou non), elle se construit, se produit et se reproduit en contexte social, hominisé et plus ou moins hominisant. Et c'est là que surgit le problème : le problème du caractère plus ou moins hominisant des conditions du contexte, qu'il s'agit, *a priori*, de réorienter vers le maximum d'hominisation en tant qu'horizon téléologique.

Aucun philosophe ne me paraît avoir fait l'impasse d'une réflexion de fond sur cet horizon, qu'il s'agisse de Platon, d'Aristote, de Spinoza, de Leibniz, de Kant ou de Marx...

Jean-Bertrand Amougou : *Pouvez-vous donc nous donner quelques illustrations ?*

Pius Ondoua Olinga : Certainement. Je donnerai une fois de plus comme exemples Descartes et Marx.

Descartes prend acte de la distance qu'il y a entre la nature de l'homme, libre-arbitre, et la liberté effective, puisque cet homme vit en permanence une situation d'asservissement ; ce qui montre si besoin était, l'antériorité de l'aliénation qu'il faut toujours transcender pour réaffirmer la primauté éthique et politique de la liberté, et aussi, que **l'ordre du fait** (l'aliénation), premier chronologiquement, ne saurait annuler **l'ordre du droit,** premier (primauté), sur le plan proprement axiologique et éthique.

On le voit bien : Descartes va s'atteler à une promotion et à une incarnation de la liberté humaine par un effort permanent de désaliénation et de libération, effort qui débouche sur une **morale du politique,** faite de solidarité (dévouement pour la communauté, pour la liberté d'autrui) ; de solidarité pour la famille, pour la patrie, pour l'Etat, pour la société, pour l'univers entier…

Jean-Bertrand Amougou : *Cette pensée de Descartes ne pose-t-elle pas problème ?*

Pius Ondoua Olinga : On peut certes critiquer certains aspects de la pensée de Descartes dans ce domaine : - le non-questionnement de la légitimité du pouvoir, qui paradoxalement, peut fournir une **caution théonomique** (selon la terminologie de Jean-Marc Gabaude) à l'ordre établi, au *statu quo* - la justification de la raison d'Etat, justification considérée comme **morale** (en tant que « substitut de l'Etat de raison ») et **gnoséologique** (en tant que « substitut d'évidence et de raisons de l'Etat dans l'action politique). Mais il n'y a pas moins chez Descartes, moralisation de la politique et politisation de la morale, toutes deux corrélatives de la réalité du souci politique de sa pensée.

Jean-Bertrand Amougou : *Au-delà de Descartes, que peut-on dire sur Marx ?*

Pius Ondoua Olinga : Nous retrouvons chez Marx cette idée fondamentale que le mouvement de la philosophie est le mouvement de la vie réelle elle-même. A partir de là, le dépassement qu'introduit le matérialisme historique prend toute son importance, en posant la nécessaire articulation de la théorie et de la pratique. A partir de là aussi, le départ nécessaire du sujet réel saisi dans les formes et institutions figées et aliénées qui le produisent et le déterminent, formes et institutions qu'il a charge de modifier fondamentalement dans le cadre d'une sociogenèse nouvelle consécutive à leur abolition par la *praxis*, en vue de l'émergence de la communauté véritablement humaine…

Pourquoi d'ailleurs multiplier les exemples ? Le souci politique, le souci du politique est présent plus ou moins clairement dans toute philosophie. Et si j'ai pu affirmer, de manière constante, que la philosophie était nécessairement politique, c'est pour insister corrélativement d'une part sur l'émergence nécessaire de l'humain à partir de la socialité, d'autre part sur la nécessaire *praxis* de l'homme, pour l'émergence d'une socialité humanisante. La formule que j'ai utilisée, à savoir que la philosophie est une **axiologie instauratrice de**

socialité humanisante, renvoie elle-même à cette vision[22], qui fait de la **philosophie politique** ou mieux **axio-politique, la philosophie première**, en primauté, et non en antériorité.

Jean Bertrand Amougou. *Au-delà de votre intérêt intellectuel théorique, pour la philosophie politique, vous êtes engagé en politique, vous faites de la politique, à des niveaux de responsabilité divers. Votre action est guidée par quels principes, par quelles valeurs ? Est-ce parce que, comme on le lit chez Platon, le roi doit devenir philosophe, ou alors que le philosophe doit devenir roi ?*

Pius Ondoua Olinga : Vous faites référence à Platon. Mais avant de revenir à Platon, je réaffirme que le philosophe ne peut pas ne pas être engagé, politiquement, à des niveaux divers et sous des formes diverses ; mais c'est essentiellement pour l'homme, pour le triomphe de la transcendance de l'homme, dans des conditions spatio-temporelles précises, qu'il s'agit de modifier à cet effet.

Revenons donc à Platon ou plus précisément, à sa **morale** qui indique la nécessité pour l'homme de réaliser **en soi**, c'est-à-dire en lui-même, la bonne hiérarchie, le désir se soumettant au courage, et le courage à la raison, en vue de la libération de la partie divine de l'âme. Mais cette **bonne hiérarchie** au niveau de l'individu trouve son pendant au niveau social, ceci pour deux séries de raisons. **La première :** la réalisation de l'ordre individuel ne devient effective qu'à l'intérieur du cadre social, à l'intérieur de la cité. Autant organiser rationnellement cette société, cette socialité, pour effectiviser les potentialités rationnelles de chaque sujet. **La seconde** : la modification (politique) de la cité s'ouvre sur la réalisation (salut théorique et moral) de l'individu, sauvegardé en tant que liberté.

C'est donc à l'intérieur de ce cadre théorique qu'il faut comprendre votre allusion car, la *Cité Idéale*, ou encore *Callipolis*, ne peut advenir que si le pouvoir est donné à qui a l'idée et les moyens de la réaliser : le philosophe, qui connaît au plus haut point l'essence de l'Etat et peut donc organiser rationnellement les moyens de cette réalisation : « Il faut, comme nous le dit Platon, que le philosophe soit souverain, ou que le souverain naisse philosophe ».

---

[22] Proposée par Jean-Marc Gabaude.

Jean-Bertrand Amougou : *Ce retour à Platon ne soulève-t-il pas d'importants problèmes ?*

Pius Ondoua Olinga : En fait de problèmes ou d'interrogations, je n'en citerai que deux : **Le premier :** le caractère problématique et idéologique à la fois, de la *Cité Idéale*, Cité qui, tout en reconnaissant les contradictions et antagonismes internes en l'homme concret et en la Cité concrète, postule leur anéantissement potentiel, sans qu'aucune pratique concrète de la transition n'ait pu être indiquée, à l'exclusion de l'éducation à conférer à ceux qui auraient déjà **le naturel philosophe**. N'a-t-on d'ailleurs pas parlé à satiété du caractère idéaliste (construction imaginaire !) du schéma de la *Cité Idéale* ? N'a-t-on pas parlé à ce propos de l'utopie platonicienne ?

Le deuxième : comment être platonicien, aujourd'hui ? Cette dernière question reçoit en fait une réponse simple. Platon doit être perçu comme exemple d'intérêt pour le politique, pour l'homme, pour la Cité. D'ailleurs, **comment ne pas être platonicien** ?

Jean-Bertrand Amougou : *Être platonicien à l'heure actuelle ?*

Pius Ondoua Olinga : Être platonicien, cela renvoie, dans le monde contemporain, essentiellement :

- à la critique de la société actuelle et de son aliénation ;

- à la réaffirmation de la primauté de la raison, essence même de l'homme ;

- à la nécessité de la création de conditions (sociales) qui permettent la réalisation de cette essence de l'homme. Je suis donc, d'une certaine façon, platonicien.

Jean-Bertrand Amougou : *Dans ces conditions, quelle différence mettez-vous entre philosophie et idéologie ? Etes-vous plus philosophe qu'idéologue ?*

Pius Ondoua Olinga : Je me suis déjà intéressé à plusieurs reprises à ce qui fait la différence entre l'idéologie, *stricto sensu*, et la philosophie, *stricto sensu.*

Je ne m'étendrai donc pas beaucoup sur cette question ici.

Deux affirmations doivent cependant être formulées à ce niveau. **La première** : toute philosophie est idéologisée, c'est-à-dire qu'elle reflète plus ou moins consciemment pour son auteur, les contradictions sociales effectives de son milieu d'émergence, sans que pour autant sa **volonté de rationalité et d'universalité** puisse être remise en cause. Ceci se comprend aisément vu le caractère nécessairement contextuel et historique de toute philosophie. **La deuxième :** bien que toute philosophie soit ainsi idéologisée, aucune philosophie n'est en tant que telle, réductible au simple statut d'idéologie, ne serait-ce qu'à partir de deux différenciations : **l'idéologie** est rationalisation ou légitimation du *statu quo*, du *hic et nunc* et du *post*, alors que la philosophie est promotion transcendantale de la raison ; l'idéologie est grevée de normativité programmatique alors que la philosophie se veut mue par une normativité transcendantale.

Je reste donc philosophe, essentiellement, même si l'on retrouve des traces d'infiltration idéologique au sein de ma réflexion, située, engagée et qui reste pourtant soucieuse autant de l'Homme que de son accès à l'Universel.

THEME N° IV. PHILOSOPHIE ET TECHNOSCIENCE

Jean-Bertrand Amougou : *Vos deux travaux majeurs, la thèse de Doctorat de IIIème Cycle et la thèse de Doctorat d'Etat, sont une réflexion sur les rapports entre la philosophie, les sciences et les techniques. Pourquoi un tel intérêt du philosophe que vous êtes pour les sciences et les techniques, alors même que vous n'êtes ni scientifique, ni technicien ?*

Pius Ondoua Olinga : Vous nous ramenez là à une réflexion importante, peut-être insuffisamment développée plus haut : la question des rapports entre philosophie, sciences et techniques. Mes réponses à ce niveau seront donc relativement brèves. Elles sont constituées essentiellement d'affirmations fondamentales.

Première affirmation : Aussi bien chez Platon que chez Aristote ; aussi bien chez Bacon que chez Descartes ; aussi bien chez Kant que chez Marx, nous retrouvons ce souci philosophique d'une réflexion sur la science et la technique. Réflexion génétique chez certains, réflexion critique/praxique chez d'autres.

Quoiqu'il en soit, la philosophie ne peut faire l'économie d'une réflexion de fond sur le rapport au réel médié par la raison (rationalisation du réel) qu'introduisent la science et la technique, après avoir cerné et déterminé leur objet : la nature, l'homme ; en un mot, le réel et l'histoire ; la philosophie ne peut faire l'économie d'une réflexion, axiologique celle-là, sur les productions scientifiques et techniques ; ce que ces productions permettent ou interdisent ; leurs orientations fondamentales...

Seconde affirmation *:* Plus que jamais, pouvons-nous évacuer toute cette réflexion qui constitue ce que l'on pourrait appeler avec André Comte-Sponville et Luc Ferry, *La sagesse des modernes*, et qui porte, d'un point de vue éthique :

- sur les rapports philosophie/sciences de la vie (neurologie et biotechnologies notamment), avec la possibilité de la négation de la liberté et de la transcendance de l'homme, et l'abolition dès lors de ce qui constitue la spécificité même de l'humain ;

- sur l'humanisme à partir de la bioéthique, qui met en lumière simultanément la grandeur et la misère même de l'homme, possiblement soumis à toutes les manipulations envisageables, alors même que fondamentalement, la foi en l'homme, en sa valeur essentielle, doit en permanence être affirmée en tant qu'affirmation de sa transcendance ;

- sur la quête de sens, puisque la technologie moderne n'indique pas par elle-même des fins de façon normative, et qu'il appartient dès lors au sujet humain qui produit la technoscience ou qui l'utilise, de donner sens au réel, à la vie, à l'histoire ;

- sur les avatars de la société médiatique, informationnelle, dont les dérives imposent de mettre en œuvre une déontologie permettant à ces médias de devenir des **hérauts du vrai**, garants inconditionnels de la transcendance des sujets humains…

La philosophie ne peut donc faire l'économie d'une réflexion sur la technologie, sur sa logique, sur ses effets, sur l'idéologie scientiste et positiviste, sur la rationalité instrumentale, sur la rationalité communicationnelle. Mes travaux manifestent ainsi ce souci.

Jean-Bertrand Amougou : *Que cette réflexion que mène la philosophie sur les sciences et les techniques soit nécessaire, urgente même, on peut en convenir, mais quels en sont, fondamentalement, les enjeux ?*

Pius Ondoua Olinga : Je m'efforcerai, en évitant les redites, de répondre à votre question, sur un double plan : le plan de la connaissance tout d'abord ; le plan de la pratique et des conséquences d'autre part.

Sur le plan de la connaissance, comment ne pas interroger cette raison, cette rationalité, qui permet simultanément la maîtrise théorique et l'emprise pratique sur le réel, sur l'homme, sur l'histoire ? Comment l'esprit de la rationalité explique-t-il la domination technico-économique, et est-ce que cette volonté d'objectivité est elle-même rationnelle ? L'on a pu parler du **basculement du rationnel vers l'objectif**, avec Bacon et Descartes notamment, mais la question continue de se poser, à savoir si cette maîtrise technoscientifique, productrice de puissance, correspond avec tout le possible de la rationalité. Les travaux de Dominique Janicaud et d'Edgar Morin sont éclairants à ce sujet, tout au moins au niveau de leur remise en cause des rationalisations totalitaires.

Sur le plan de la pratique et des conséquences technoscientifiques, comment ne pas inscrire notre réflexion dans le sillage de toutes celles qui, **ontologiques** (soucieuses de l'essence de l'homme menacée par la technoscience), **éthiques** (soucieuses de réaffirmer l'essence morale de l'homme et le triomphe nécessaire des valeurs transcendantales de **Vrai** et de **Bien**), **politiques** (soucieuses de la création par l'homme et pour l'homme d'un cadre véritablement adéquat pour l'hominisation), rappellent l'urgence de la philosophie, l'urgence de l'homme, l'urgence des valeurs ?

Je pourrais d'ailleurs clore ma réponse en rappelant que ces trois volets de ma réflexion constituent les trois axes de mon travail de Doctorat d'Etat, *Positivité scientifique et positivisme idéologique- Une analyse épistémo-politique du fétichisme de la science*. J'interroge dans ce travail non pas seulement la science et la technique dans leur absence de conscience postulée (par principe,) et réelle, mais encore et surtout le destin, l'avenir de cette puissance de la technoscience, de même que le statut du sujet humain, désormais, devant cette puissance, face à cette puissance dont il s'agit de conjurer et même d'anéantir les menaces et les pratiques d'anéantissement possibles de l'homme.

Jean-Bertrand Amougou : *Une dernière question à ce niveau : quelle place, désormais, pour la philosophie face aux sciences de l'homme et du social ?*

Pius Ondoua Olinga : Je serai vraiment très bref, pour répondre à votre question. Les sciences de l'homme et du social existent, se développent, volent de conquêtes en conquêtes sur le plan de la maîtrise de leur objet : l'homme, la société, l'histoire, l'économie… L'on a pu penser à un rétrécissement inéluctable de l'objet de la philosophie, les différentes sciences de l'homme et du social ayant pris leur indépendance par rapport à elle. L'on a même pu, vu le triomphalisme de ces sciences diverses de l'homme, prédire avec assurance, annoncer, voire décréter la mort de la philosophie.

Pourtant, aussi paradoxal que cela puisse paraître, plutôt que de se rétrécir, la philosophie a vu son champ s'élargir : elle réintègre le champ des sciences humaines (dissidentes par rapport à elle), non point évidemment sous le même angle et d'un même point de vue, mais essentiellement du point de vue du **sens**, principiellement évité par les sciences. Encore que la restriction méthodologique positiviste soit en ce moment battue en brèche pour certaines de ces sciences, où la réintroduction du sujet et du sens (Herméneutique) intervient, ce qui les resitue aux horizons mêmes de la philosophie, avec laquelle les relations sont devenues plus cordiales et moins agonistiques.

En un mot, la philosophie n'a rien perdu de sa vitalité, de son champ, de son urgence. Dans le « cybermonde » où nous vivons, face à la rationalisation instrumentale, face à la mondialisation arraisonnante, face au vide de sens, **comment faire pour ne pas philosopher ?**…

THEME N° V : LA DIALECTIQUE DE LA RAISON

Jean-Bertrand Amougou : *Vous parlez de raison, de rationalité, de rationalisation. Vous parlez de rationalité technologique, de rationalité instrumentale, d'arraisonnement... Ces concepts méritent à coup sûr quelques précisions.*

Pius Ondoua Olinga : Vous avez parfaitement raison de me demander quelques éclaircissements sur les concepts de raison, de rationalité, d'arraisonnement… Déjà, d'ailleurs, nous définissons l'homme en philosophie comme **liberté** et **raison**. Mais qu'est-ce que la raison ? Pour faire court, et tout en faisant de la raison une dimension essentielle de l'humanité, je dirai que la raison est simultanément une **attitude, une méthode** et **un idéal.** Et c'est chez la plupart des philosophes que l'on retrouve ces trois aspects. En tant qu'**idéal**, la raison renvoie à ce que l'individu doit être (avec reconnaissance implicite de l'inadéquation de ce qu'il est avec ce qu'il doit être, notamment lorsque triomphent les passions) ; en tant que **méthode**, la raison renvoie à une conduite de la pensée dans son cheminement vers la connaissance vraie, certaine, et vers l'action juste ; et en tant qu'**attitude**, elle renvoie à une manière, pour l'homme, de penser sa situation humaine, son rapport au réel, à son histoire, passée ou à venir.

Jean-Bertrand Amougou : *La raison est donc à la fois idéal et instrument ? Ne pouvez-vous pas développer sur ce point ?*

Pius Ondoua Olinga : Dimension de l'homme, la raison est simultanément technique, principe, ou mieux ensemble de principes, valeur ; elle doit être questionnée, revisitée à partir même de sa genèse, de même aussi que la rationalité que nous pouvons définir comme la conformité aux principes et normes de la raison.

Jean-Bertrand Amougou : *Revenons donc sur la genèse de la raison, de la rationalité !*

Pius Ondoua Olinga : En revenant à la genèse et à la trajectoire historique de la raison, on retrouve en elle, chez les Grecs surtout, la notion de liaison (**λογος**) ou alors de calcul, de décompte (*ratio*), chez les latins, les deux volets étant liés ou corrélés, et convergeant vers la pensée, selon la double linéarité : relier → parler → penser (linéarité A) et calculer → mesurer → penser (linéarité B). D'où dès sa genèse, le fait que la raison soit **fonction de pensée correcte** (opposition à l'illusion, à la simple opinion), avec comme visée **l'Universel**, comportant les degrés suivants : **νοησις** : raison intuitive, et **διανοια :** raison discursive, mais passant de fonction de connaissance à pratique en vue de **la vertu**, qui est la forme pratique de l'Universel, c'est-à-dire, de la sagesse.

Ce qui est sûr, c'est la permanence de cette vision de la raison, à travers les fluctuations historiques, chez les médiévaux, chez **Descartes** (où cette raison s'ouvre au monde pour le conquérir, pour que l'homme devienne maître et possesseur de la nature), chez **Kant** (bien que Kant soit soucieux essentiellement de délimiter le domaine de la raison elle-même, en marquant ses bornes, pour que la connaissance scientifique puisse être possible, et aussi, de dégager les cadres même de la connaissance, l'esprit du sujet n'étant rien d'autre que la faculté de connaître), chez **Hegel**, découvrant le caractère essentiellement historique de la raison, dont l'histoire universelle est la manifestation, la raison étant la prise de conscience d'une harmonie entre vérité objective **(le réel)** et nos pensées subjectives **(le sujet)**.

Jean-Bertrand Amougou : *Une étude systématique, diachronique et comparative, nous paraît s'imposer et d'ailleurs l'étude de la rationalité est une thématique tout à fait d'actualité.*

Pius Ondoua Olinga : Cela est vrai et mériterait des travaux spécifiques, notamment pour saisir les différentes visions et les différentes conceptions de la rationalité, par exemple en Afrique.

Dans tous les cas, les concepts de raison et de rationalité renvoient à des **lois régissant tant la pensée que l'action** (même si avec Kant, on peut se poser la question de leur antériorité tout autant que de leur indépendance par rapport à l'expérience que mène le sujet) ; ils renvoient aussi à un ordre donné, j'allais dire, idéal des choses, dont le champ de réalisation est l'histoire elle-même.

Dans ces conditions, sont minorés, voire marginalisés, l'intuition, le mysticisme (pour autant que les états mystiques sont ineffables), la magie et les mythes (puisque l'attitude magico-mythique est présentée comme l'autre même de l'attitude proprement rationnelle), les passions (dont il faut pourtant reconnaître qu'elles sont une dimension de la personne), les puissances surréalistes ou transréalistes émergeant de la créativité de l'imaginaire (même s'il faut admettre que cette spontanéité est une manifestation de la vie de l'esprit)…

Jean-Bertrand Amougou : *Que dire de la raison dans les sciences et les techniques ? Les sciences et les techniques n'apparaissent-elles pas comme l'épuisement (en termes de réalisation) même de la raison, en acte dans la connaissance et dans la pratique, en acte sur le réel et sur la vie ?*

Pius Ondoua Olinga : Les sciences et les techniques sont, on peut en convenir, **la raison en acte**. Bien qu'ils aient eu des précurseurs en Aristote par exemple, Bacon, Descartes, Galilée, Newton, peuvent être cités à l'origine d'une science se fondant sur l'expérience d'une raison appliquée à la connaissance de la nature.

On le voit bien avec l'idéal de rationalité chez Newton, pour qui les lois de la physique, concernant des forces et des rapports de forces, sont essentiellement mécaniques, les phénomènes eux-mêmes se déployant dans les cadres universels, absolus, transcendantaux, que sont l'espace et le temps. Par ailleurs, chez Newton, il y a une séparation totale entre l'observateur d'une part, les moyens qu'il utilise dans ses observations ensuite, les propriétés physiques des objets observés enfin. C'est la double transcendantalité de l'objet et du sujet, grâce à laquelle l'on pensait devoir expliquer l'évolution du réel de manière systématique ou mieux à partir des lois du système physique. Mais on sait que cette double transcendantalité est désormais abandonnée. Nous le verrons. C'est toute la rationalité scientifique classique qui a été remise en cause.

Malgré cette évolution normale de la raison, de la rationalité, nous pouvons relever la puissance et les effets de cette rationalité dans la vie, dans le réel, c'est-à-dire le pouvoir, pratiquement exponentiel, de l'homme sur les choses, et surtout, sur lui-même. C'est un peu ce que Dominique Janicaud nomme **opérativité mondiale,** d'où dérivent la rationalisation et l'administration totales du monde. Au point où le rationnel devient **idéologie**, c'est-à-dire modèle de l'ordre universel, modèle du sens de la vie. Comment ne pas, dès lors, remettre en cause cette rationalisation ?

Jean-Bertrand Amougou : *Précisément, on semble passer là de la rationalisation à la genèse de l'inhumain !*

Pius Ondoua Olinga : Vous avez entièrement raison, et l'on comprend donc les notions de **rationalité technologique** marcusienne, de **rationalité instrumentale** harbermassienne, ou d'**arraisonnement** morinien. Rappelons très brièvement le contenu de ces concepts chez leurs auteurs.

Pour Marcuse, parler de **rationalité technologique** renvoie donc à :

- la liaison, sous les formes du contrôle social, de la rationalité technique et scientifique et de l'exploitation de l'homme ;

- l'anéantissement possible, comme tribut du progrès, avec occultation de toute autre alternative, présentée comme **utopie** ;

- l'approche de toute réalité (homme, nature) en tant que système d'instrumentalités (opérationnalisme), d'où le fait que l'attitude qui est conforme à cette instrumentalité soit l'attitude technique, qui débouche sur le contrôle et la domination.

On se trouve alors à l'intérieur d'un univers technologique rationalisé (arraisonnement concomitant de la liberté de l'homme) où la détermination et le manque d'autonomie sont occultés, où la domination est légitimée et où la société globale devient rationnellement totalitaire ! Je pourrai citer ici ces lignes de Marcuse : « La dynamique du progrès technique s'est sans cesse imprégnée de contenu politique, le *logos* de la technique est devenu le *logos* de la servitude prolongée. La force de la technologie pouvait être libératrice : - par l'instrumentalisation des choses ; elle est devenue une entrave à la libération, – par l'instrumentalisation des hommes ».[23]

Jean-Bertrand Amougou : *De Marcuse à Habermas, quelles constantes, quelles similitudes ?*

Pius Ondoua Olinga : Chez Habermas, l'on retrouve cette interpénétration de la technologie et du pouvoir, à travers le concept de **rationalisation instrumentale** qui signifie : « 1. Une adaptation passive de toutes les institutions au secteur économique de pointe de l'innovation et aux contrôles d'Etat qui y sont associés. 2. L'acceptation forcée par tous les groupes sociaux des buts érigés en système d'évitement du conflit, dans les systèmes économiques et internationaux. 3. L'acceptation culturelle du principe de l'efficacité et de la calculabilité, l'élévation des exigences de rôles, etc… ».[24]

Il y a, désormais, constitution de la conscience technocratique où « les modèles de la rationalité sont devenus une matrice prescriptive s'auto-réalisant et s'auto- renforçant dans le guidage de la politique sociale…».[25] Nous nous situons là dans le cadre d'une révélation de la rationalité instrumentale en tant que réification.

Jean-Bertrand Amougou : *Et de Habermas à Edgar Morin ?*

Pius Ondoua Olinga : Il y a évolution et développement. Et, pour dire un mot sur le concept d'arraisonnement chez Edgar Morin, c'est à

[23] *L'homme unidimensionnel.* p. 183.
[24] Trent Schroyer. *Critique de la domination.* p. 210.
[25] *Ibidem.* p. 211.

Science avec conscience que je me réfère. Edgar Morin y développe plusieurs idées.

La première : l'utilisation des règles et des principes de la rationalisation dans le cadre de la technologisation globale de la société, avec comme conséquences « la manipulation sociale, la manipulation des individus traités comme des choses au profit des principes d'ordre, d'économie, d'efficacité ».[26] Bien évidemment, cette rationalisation a déferlé au Centre comme à la Périphérie, et c'est à ce niveau que Edgar Morin montre que : « Alors que la raison humaniste était libérale, la rationalisation technique apparaît comme une violence, un "arraisonnement " ».[27]

La seconde : l'itinéraire qui va de la rationalisation à la dictature et de la dictature à l'anéantissement potentiel du sujet humain. Mais ce totalitarisme n'est-il pas lui-même idéologie, reflux vers un irrationnel occulté qui précisément, dévoie la raison ? C'est en tout cas l'idée développée ici : « La raison devient folle lorsqu'elle devient à la fois pur instrument de pouvoir, des puissances et de l'ordre et, en même temps, fin du pouvoir et des puissances, c'est-à-dire lorsque la rationalisation devient non seulement l'instrument des processus barbares de la domination, mais lorsqu'elle est en même temps elle-même vouée à l'instauration d'un ordre rationalisateur, où tout ce qui perturbe cet ordre devient dément ou criminel ».[28]

Au total, et pour répondre à votre question, on est bien en face d'une genèse et d'une reproduction de l'inhumain.

Jean-Bertrand Amougou : *On pourrait alors parler d'une ambivalence de la raison, vu cette trajectoire que vous venez de dresser, de la libération de l'homme à sa domination et même, à son anéantissement tendanciel ?*

Pius Ondoua Olinga : C'est bien cela. La raison, dimension essentielle de l'homme, était une **raison libératrice**, qui devait permettre à l'homme d'être et de se réaliser pour ce qu'il est. Nous l'avons vu plus haut. Mais dès lors que cette raison, attelée à connaître le réel, a secrété les principes de la maîtrise et de la domination de ce réel, et que l'homme

[26] *Op. cit.* p. 260.
[27] *Idem.* p. 260.
[28] Edgar Morin. *Op. cit.* p. 262.

lui-même n'a plus été vu que comme **élément** du réel, à connaître et aussi à dominer, on est donc passé de cette domination même à la négation du sujet, **arraisonné** dans une société « rationnellement totalitaire », comme le dirait Marcuse, ou encore Habermas.

Si la raison a permis la connaissance, les sciences et les techniques, Edgar Morin relève pourtant le caractère paradoxal de cette connaissance, « progrès inouï des connaissances, corrélatif à un progrès incroyable de l'ignorance ; progrès des aspects bénéfiques de la connaissance scientifique, corrélatif au progrès de ses caractères nocifs et mortifères ; progrès accru des pouvoirs de la science et impotence accrue des scientifiques dans la société à l'égard des pouvoirs de la science elle-même ».[29]

Jean-Bertrand Amougou : *Mais que faire dans ces conditions ? L'urgence d'une résurrection de l'homme n'est-elle pas au rendez-vous ?*

Pius Ondoua Olinga : Effectivement, il faudrait réaffirmer l'homme, en un mot, le recréer. Qu'est ce à dire ? Plusieurs choses assurément. Je ne développerai pas outre mesure cette idée, puisque je l'ai déjà fait plus haut. Reconnaissons au moins l'urgence de **délégitimer** la réalité actuelle et la domination qui la constitue, notamment la domination de l'homme. Ceci grâce à une prise de conscience critique ramenant au conjoncturel ce que l'idéologie dominante scientiste et techniciste naturalise en l'essentialisant.

C'est bien d'une prise de conscience de nature éthique qu'il s'agit, qui met en lumière la dérive qui va de l'émancipation à la manipulation asservissante de l'homme, à l'assujettissement (occulté aux yeux de l'assujetti lui-même) du sujet. Reconnaissons aussi l'urgence d'une réflexion de fond à mener sur la raison elle-même, pour échapper à l'enfermement de la raison close, technicienne, technocratique, asservissante, néantisante, et aussi s'ouvrir à « la raison ouverte »[30] qui, loin d'être refoulement et occultation programmatique de l'irrationnel, est essentiellement, « dialogue avec l'irrationnel ». Vaste programme, engagé par Edgar Morin et d'autres, et qui nous interpelle. Lisons plutôt : « La raison ouverte peut et doit reconnaître l'a-rationnel. Pierre Auger a fait remarquer qu'on ne pouvait se borner au diptyque rationnel –

---

[29] *Science avec conscience*. p. 79.
[30] Terminologie d'Edgar Morin.

irrationnel. Il faut ajouter l'a-rationnel : l'être et l'existence ne sont ni absurdes, ni rationnels ; ils sont. Elle peut et doit reconnaître également le sur-rationnel ».[31]

Reconnaissons enfin, comme nous l'avons d'ailleurs fait plus haut, l'urgence de la philosophie qui est, pourquoi pas, résurrection de l'homme, réaffirmation de l'homme. Seule une telle résurrection redonne à l'homme son statut véritable de transcendance et lui procure les principes du balisage du présent, de l'avenir, en un mot, de l'histoire.

Jean-Bertrand Amougou : *Il y a tout de même un problème qui demeure : cette ambivalence de la raison n'implique-t- elle pas une résurgence de l'irrationnel, avec toutes les menaces que comporte une telle résurgence ?*

Pius Ondoua Olinga : Il n'y a pas là véritablement problème. Il s'agit d'abord de revenir à la nature essentielle de l'homme qui n'est, comme le dirait Pascal, ni ange, ni bête, tout étant simultanément les deux. Que programmatiquement on tente d'occulter l'un des volets, le volet irrationnel, ne peut que produire le **retour du refoulé**. C'est dans cette perspective que nous venons de voir l'urgence d'une **raison ouverte**. Mais il y a dans cette affirmation de la raison ouverte :

- la reconnaissance de la raison comme phénomène à l'évolution discontinue et pas forcément linéaire. Cette reconnaissance **déréifie** la raison ;

- la reconnaissance corrélative de la liaison raison–organisation biologique.[32] « L'hominisation de la connaissance fait émerger l'humanité de la connaissance. La pensée humaine passe de **l'Umwelt** – l'environnement – au **Welt** – le monde. Le mouvement qui crée le monde de la pensée est celui-là même qui ouvre la pensée sur le monde »[33], note Morin.

Que la réalité de l'homme soit, simultanément, rationalité et irrationalité, avec dominance alternative de l'un ou de l'autre volet, rien de plus normal ; rien de plus humain, à la condition que les excroissances potentiellement totalitaires de l'un ne viennent en rien hypothéquer la

[31] *Ibidem.*
[32] Edgar Morin est particulièrement édifiant à cet égard, dans son ouvrage : *La Méthode. Tome III. La connaissance de la connaissance. /1.*
[33] *La Méthode. Tome III.* p. 67.

réalité humaine globale, qui ne pourrait se concevoir, comme totalité, sans l'articulation ambivalente de la raison et de l'irraison, de l'ordre et du désordre, du hasard et de la nécessité…

Ce qui est dangereux, c'est la récupération de l'irrationnel au service des idéologies et du politique, tout autant que le rationnel occultant son statut idéologique et se mettant au service de la négation même de l'homme. « La raison complexe ne conçoit plus en opposition absolue, mais en opposition relative, c'est-à-dire aussi en complémentarité, en communication, en échanges, les termes jusqu'alors antinomiques : intelligence et affectivité, raison et déraison. *Homo* n'est pas seulement *sapiens*, mais *sapiens/demens* », note Edgar Morin.[34]

Jean-Bertrand Amougou : *Quelle raison donc, du présent à l'avenir ?*

Pius Ondoua Olinga : Assurément celle qui relève du statut de l'homme et de la subjectivité, qui pose l'homme et son être comme valeur (éthique), qui assure sa maîtrise du réel et de l'histoire (technique), sans que sa propre négation soit au rendez-vous ; en un mot, une raison qui ouvre réellement sur un avenir dont nous sommes tous « co-responsables », et dont la gestation n'est possible que grâce à un présent bien géré (politique).

THEME N° VI. RETOUR À MARX ET AU MARXISME

Jean-Bertrand Amougou : *Vous excuserez notre retour à Marx et à sa pensée, prise non pas seulement du point de vue de sa systématique théorique, mais surtout sur le plan de son articulation théorie – pratique. Qu'est-ce donc que le marxisme : une science ? Une idéologie ? Une religion ?*

Pius Ondoua Olinga : Merci de revenir un peu sur Marx et sur le marxisme. Je continue à soutenir que la lecture des textes de Marx est tout à fait éclairante, dans la compréhension du réel, de sa structuration, de sa trajectoire, de ses succès et de ses ratés. De ce point de vue, les textes de Marx sont à situer au double niveau de la science et de l'idéologie, et non point tellement à celui de la religion, même s'il faut convenir que le marxisme a pu fonctionner, ici ou là, comme **religion**

[34] *Science avec conscience*. p. 266.

d'Etat, sans remise en cause théorique ou pratique possible. Nous répondrons donc aux deux volets de votre question.

Oui, le marxisme est une science. En tout cas, il se veut tel. En fait, le contenu essentiel du marxisme est d'être une critique de l'économie politique bourgeoise, une étude scientifique du mode de production capitaliste. On peut déjà le voir à partir des *Manuscrits de 1844*, où Marx critique, du point de vue matérialiste, l'aliénation, économique d'abord, politique ensuite, essentiellement à partir de l'aliénation du travail.

Jean-Bertrand Amougou : *Vous avez abondamment parlé de l'aliénation. Pouvez-vous une fois encore la définir ?*

Pius Ondoua Olinga : Nous l'avons vu, par aliénation du travail, il faut entendre :

- la dépossession du travailleur du produit de son travail : son travail et les produits de ce travail deviennent un monde objectif, extérieur, étranger, qui le domine, qui l'écrase ;

- le dessaisissement du produit du travail et du travail lui-même, devenu non point extériorisation/manifestation de l'essence humaine, mais renoncement à cette essence ;

- le processus par lequel l'être humain devient étranger à lui-même et à son semblable, l'homme, avec la genèse consécutive des oppositions producteur/propriétaire, bourgeois/prolétaire…

A partir de cette critique de l'aliénation, on peut passer à un autre aspect, scientifique, de la théorie de Marx : le fait que les rapports sociaux de production deviennent le moteur de l'histoire, avec la dynamique et la dialectique des rapports conflictuels des classes. Dans *Le Capital,* Marx analyse :

- la recherche exponentielle du profit par le capitalisme ;

- la lutte des classes et son impact sur l'expansion ou sur le freinage du développement des forces productives ;

- la manière dont les rapports de production orientent le cours de l'histoire, le fait ici étant que les forces productives ne sont pas **techniquement neutres** (ou forces productives en soi) ou de simples incarnations techniques de la science, mais qu'elles sont au contraire expression/matérialisation des rapports de classes, avec prépondérance de la classe dominante, de la classe possédante.

Jean-Bertrand Amougou : *Quelle synthèse faites-vous de ces apports scientifiques de la pensée de Marx ?*

Pius Ondoua Olinga : Sur ce plan scientifique, l'apport de Marx consiste en plusieurs choses :

- une anatomie, voire une phénoménologie de la société civile ;

- une analyse serrée de la dynamique de la production et de la dialectique des rapports sociaux de production ;

- la détermination du travail et de ses conditions sur la structure du social, celle de l'individu, et sur ses représentations ;

- l'urgence de révolutionner les forces productives avec l'abolition de la division du travail préalable à la mise en place d'une société sans antagonismes de classes.

Jean-Bertrand Amougou : *De la science à l'idéologie...*

Pius Ondoua Olinga : Oui, le marxisme est aussi une idéologie. Il est devenu surtout une idéologie, essentiellement. Je prends le concept d'idéologie en un sens plural : comme conscience des rapports des individus à leurs conditions d'existence effectives (conscience inconsciemment inversée selon Marx) ; et comme système d'idées, *corpus* théorique, expression de la vision de classe ; d'où l'on comprend que la lutte des systèmes au niveau théorique (idéologique), soit elle-même expression de la lutte économique et politique des classes désireuses d'asseoir et de conforter leur dominance.

Le marxisme est donc une idéologie : à partir de la compréhension du monde fondée sur l'analyse des rapports de propriété et de classes, le marxisme se veut négation de la négation, et si le capitalisme est négation de l'unité primitive (producteur–conditions de production–propriété des produits de la production) et développement de la propriété privée des moyens de production, le marxisme/communisme en devient la négation, par la libération du progrès historique fait prisonnier par le capital.

Lucien Sève peut alors dire : « Ainsi, le système de l'économie bourgeoise, qui niait l'unité primitive du producteur avec ses conditions de production, développe sa propre négation comme "résultat ultime" ».[35]

La systématique théorique de cette idéologie marxiste se retrouve donc dans l'accès à cette « **unité supérieure** » (à partir de la négation de la négation) qui est « appropriation collective de leurs conditions de production et de vie par les travailleurs associés ».[36]

Jean-Bertrand Amougou : *Idéologie et **praxis** sont liés !*

Pius Ondoua Olinga : Toute idéologie implique une pratique : le marxisme appelle donc à une *praxis*, puisque cet accès à une **unité supérieure**, le communisme, ne peut être obtenu que grâce à une activité sociale, humaine, de transformation matérielle des conditions, en un mot, de transformation matérielle du monde et de l'histoire. On pense ici à la XIème thèse sur Feuerbach, à partir de laquelle l'on voit bien l'innovation de la conception matérialiste de l'histoire : le développement historique est déterminé par la pratique humaine et non par un destin quelconque.

Jean-Bertrand Amougou : *Certes, le marxisme est donc simultanément, science et idéologie. Mais que de déficits théoriques et historiques ! Que pouvez-vous nous dire sur ces déficits ?*

Pius Ondoua Olinga : J'ai peut-être dans mes développements précédents, insisté surtout sur les apports, occultant, disons-le, involontairement, les déficits. Je reviendrai donc sur ces déficits, non sans avoir redit, en une phrase, que la théorie de Marx a voulu, essentiellement, permettre de réaliser un **modelage alternatif du monde**, où la négation de l'homme serait elle même niée. Cette négation de la négation a-t-elle été au rendez-vous ? Pas si sûr !

Jean-Bertrand Amougou : *Revenons donc, de manière plus systématique sur ces déficits (théoriques et pratiques) du marxisme.*

Pius Ondoua Olinga : Parler de déficits théoriques et pratiques signifie dès le départ qu'il faut les comprendre soit comme liés à la théorie de Marx elle-même, soit comme dérives ultérieures à attribuer à son effectuation dans l'histoire.

---

[35] *Une introduction à la philosophie marxiste.* p.218.

[36] *Ibidem.* p. 218.

- **Déficit n° 1**. Le marxisme, d'intention humaniste, s'est dogmatisé, totalisé, comme une religion, en posant la société communiste (imaginaire) comme libération de l'homme, destination de l'être humain, exercice plénier de son être, au-delà de la dictature de l'avoir. Et pourtant, l'histoire des sociétés communistes réelles infirme la réalisation de cette intention humaniste.

- **Déficit n° 2**. Le messianisme de Marx. Pour lui, le salut de l'humanité doit être réalisé par le prolétariat, un prolétariat quelque peu idéalisé. Mais, comment penser à une quelconque pertinence de l'internationalisme prolétarien, si le prolétariat a intégré la logique du système dominant et assume désormais, aux côtés de la classe bourgeoise, l'objectif d'une extension mondiale du libéralisme capitaliste et aussi celui d'une logique mondiale des rapports entre l'homme et la nature et entre l'homme et l'homme, dans le cadre d'une structure sociale unique/uniforme ?

- **Déficit n° 3**. La permanence de l'aliénation. Effectivement, comment l'aliénation pourrait-elle disparaître, si elle est reproduite dans les rapports sociaux conflictuels de production ; si elle s'occulte dans un présent qui ne coïncide point avec l'idéal, même s'il y tend bien maladroitement ; si ce présent se réalise comme identification à l'absolu, avec restriction progressive/programmée de l'autonomie individuelle et escamotage (même provisoire) de certaines grandes interrogations fondamentalement humaines : le sens de la vie, le sens de l'histoire… ?

- **Déficit n° 4**. Le rôle de la violence dans les rapports sociaux et dans l'histoire. N'y a-t-il pas, occultée, une idéalisation même de la volonté de puissance, exploitée autant par les classes dominantes que par les classes dominées ? Que de dérapages possibles ! Et que penser de la **déviation absolutisante et sacralisante** chez Marx : absolutisation réelle de la société communiste, absolutisation du **Progrès** et de **l'Histoire**, même si la médiation de la violence est mise au service de ce but devenu transcendant ; absolutisation du Parti communiste pris comme avant-garde du prolétariat… ?

- **Déficit n° 5**. Le rapport à la Transcendance est escamoté, une fois la religion prise pour aliénation. Mais la religion n'est-elle pas autre chose qu'une simple aliénation ? N'est-elle pas besoin d'explication d'une existence **constatée** mais non **justifiée** ou plutôt, qui ne se justifie pas par elle-même ? N'implique-t-elle pas un appel à la plénitude d'existence et de sens, à partir du constat existentiel d'incomplétude ? N'implique-t-elle pas un appel de l'Ethique à partir du besoin de sens et de normativité ?

Jean-Bertrand Amougou : *Vous venez de relever cinq déficits fondamentaux du marxisme, déficits dérivant autant de sa systématique théorique que de sa réalisation historique. Vous auriez pu développer à ce niveau...*

Pius Ondoua Olinga : Bien volontiers. A titre complémentaire, je parlerai d'abord de la terreur consécutive à la Révolution de 1917 en URSS, compte tenu de l'exacerbation du fanatisme idéologique et politique. Une telle terreur s'est nourrie du syndrome de la destruction des ennemis de la partie et s'est muée en mode exclusif de résolution des conflits sociaux, avec une violence légitimée au mépris de l'individu, et un réel affaiblissement de la culture démocratique. Avec pareille terreur, la liquidation des forces intellectuelles était au rendez-vous... Je ne me suis pas appesanti plus haut sur la dogmatisation de l'idéologie devenue vérité absolue et universelle. Le totalitarisme instauré par le communisme a été dû essentiellement à l'accession de l'idéologie marxiste au rang de vérité absolue parce que scientifique. Cette accession a permis de légitimer toute violence possible (symbolique/idéologique et réelle/effective), du fait de l'exhibition de la vérité par cette idéologie.

Lisons à ce propos ces lignes de Cornélius Castoriadis, parlant de l'action de Lénine après 1917 : « S'il y a une théorie vraie de l'histoire, s'il y a une rationalité à l'œuvre dans les choses, il est clair que la direction du développement doit être confiée aux spécialistes de cette théorie, aux techniciens de cette rationalité. Le pouvoir absolu du Parti [...] a un statut philosophique ; il est fondé en raison dans la conception matérialiste de l'histoire. [...] Si cette conception est vraie, le pouvoir doit être absolu, toute démocratisation n'est que concession à la faillibilité humaine des dirigeants ou procédé pédagogique dont eux seuls peuvent administrer les doses correctes ».[37]

Peut-on oublier de citer ici la légitimation de la dictature du prolétariat, utilisant les appareils d'Etat pour écraser la bourgeoisie, servant de couverture de certains crimes (nombreux) au nom de la

---

[37] *L'institution imaginaire de la société.* Paris, Le Seuil. 1975. Cité par S. Courtois et al. *Le livre noir du communisme*. Paris. Robert Laffont. 1997. p. 807.

démocratie prolétarienne qui fait de la violence révolutionnaire une **voie douloureuse** mais nécessaire vers l'émancipation ? Mais n'y a-t-il pas, toujours lancinant, le problème crucial de savoir si l'on peut normativement, voire éthiquement utiliser la violence comme instrument pour justement en finir avec la violence ?

Peut-on oublier aussi la thématique de l'ennemi politique (individu ou classe faisant obstacle au pouvoir absolu), justificatrice de la terreur d'un Etat totalitaire qui crée dialectiquement cet ennemi, à exterminer ou au moins à exclure, thématique annonciatrice (potentielle/réelle) du crime contre l'humanité ? N'annonce-t-elle pas aussi une catastrophe humanitaire (fondée sur un scientisme) à partir de l'effondrement de la vie humaine comme valeur, décelable dans un eugénisme sociopolitique, appliqué à l'histoire et à la société, un eugénisme par essence potentiellement criminogène ?

Que penser enfin de **l'universalisation idéologique** du communisme supposé prendre en compte **l'humanité tout entière** alors même que l'on enregistre l'exclusion de l'humanité, du capitaliste, du bourgeois, du contre-révolutionnaire, au nom de l'idéologie de l'**homme nouveau**, à insérer dans **un monde nouveau** (monde de la plénitude, de la perfection, de la libération ultime) et ce grâce à une véritable rédemption prométhéenne de l'humanité ? Le triomphe de la puissance étatique (prolétarienne) sur la liberté de l'homme n'annonce-t-il pas un triomphe durable de l'inhumanité ?...

On pourrait ainsi multiplier les analyses, révéler de nouveaux déficits. Cela n'ajouterait rien à une conclusion fondamentale, à savoir une certaine convergence entre libéralismes divers et marxismes pluriels, si chacun de ces systèmes reproduit fondamentalement l'aliénation de l'homme alors même que sa libération se situe dans une *praxis* le posant comme absolu, comme transcendance, dans le cadre d'une **coexistence pacifiée**, d'une véritable **convergence panhumaine.**

Jean-Bertrand Amougou : *Tout comme les divers socialismes, le libéralisme capitaliste est donc contre la liberté humaine ? Et s'il faut dépasser le marxisme, aussi bien que le pseudo-libéralisme capitaliste, que réaliser à la place ?*

Pius Ondoua Olinga : Vaste question, vaste programme. Il est pratiquement impossible de donner ici une réponse précise, une figure socio-historique précise qui serait la réalisation concrète de l'humain, de tout l'humain, de tous les hommes. L'on peut seulement donner quelques idées directrices, une matière à réflexion, sur plusieurs plans.

Le plan individuel-humain. Nous avons déjà parlé d'une ontologie de l'être-valeur, à réaliser en lieu et place de l'actuelle ontologie où le sujet, perdu de vue en tant que liberté et acteur/créateur de l'histoire, est sacrifié et mis au service des absolus et des transcendances illusoires. Dans quel cadre réaliser cette ontologie ?

Le plan social et des institutions. Une réflexion à ce niveau doit s'appesantir sur l'homme et ses droits, sur les conditions et institutions pouvant permettre la réalisation de ces droits. Cette réflexion doit aussi s'appesantir sur la formation à la conscience éthique et à la responsabilité individuelle et collective, conscience créatrice possible de ce monde de la convergence panhumaine. Cette réflexion fait l'objet de notre insistance : quelle autre urgence d'ailleurs pour le présent et l'avenir ? C'est bien de l'avenir de l'homme et de celui de la planète qu'il s'agit.

THEME N° VII : PHILOSOPHIE ET RELIGION

Jean-Bertrand Amougou : *La philosophie ne se présente-t-elle pas, **a priori,** comme dépassement de la religion ? Comment donc philosopher, et pourtant croire, croire en un Dieu personnel et transcendant ?*

Pius Ondoua Olinga : Ne faut-il pas se demander une fois encore qu'est-ce que la philosophie, et qu'est-ce que la religion ? Une fois cette question posée, je pense qu'on peut y répondre en trois temps. Le premier est le rappel de la condition humaine, avec ses défis, ses énigmes, ses interrogations récurrentes, mais aussi, ses incertitudes fondamentales ; le second est la réponse philosophique à ces défis, énigmes, interrogations, incertitudes ; le troisième est la réponse religieuse. Ce n'est qu'après ce triple examen que l'on peut esquisser une réponse d'ensemble, établir les rapports entre la philosophie et la religion, et montrer la non-incompatibilité de la philosophie et de la religion, pour un homme situé, interrogatif face à une origine opaque et à une destination elle aussi source de soucis, d'inquiétudes, et enfin face au besoin humain global de paix, de sens et donc, fondamentalement, d'assurance.

Jean-Bertrand Amougou : *Un retour à l'examen de notre condition humaine s'impose.*

Pius Ondoua Olinga : Sûrement. Notre condition humaine se caractérise par la contingence, l'instabilité et la négation inéluctable. Le sujet, être-là, vit son existence sans qu'il puisse lui donner un caractère de nécessité, sans qu'il puisse donner de manière définitive une réponse à la question de son origine, à celle de sa texture et à celle du pourquoi de cette existence, *hic et nunc*.

Ce besoin de comprendre ce qui est, de se comprendre soi-même, de se projeter (vers où) tout en se rétrojetant (à partir d'où), ce besoin d'assurance, de certitude, de maîtrise de la contingence essentielle de l'existence, n'est-ce pas là le souci premier, **archéologique**, de la philosophie ? Ce souci n'implique-t-il pas volonté de connaître, enquête, investigation, (non point seulement connaissance de la nature dans sa texture et son fonctionnement, mais aussi et d'abord, connaissance de la nature de la nature et du réel), retour à un fondement de ce qui est sans pour autant que l'on puisse en saisir son propre fondement, et simultanément retour à cette quête, à cette investigation, à la nécessité d'organisation de cette existence, la philosophie étant prise comme « amour de la sagesse » ?

Jean-François Revel note à ce propos : « On dira [...] que la philosophie est l'amour de la sagesse, avec ce que ce terme suppose d'équilibre et aussi d'équivoque entre le savoir et l'art de vivre, entre la connaissance et la quête du bien et du bonheur ».[38]

A la contingence de cette existence s'ajoute son instabilité, sa relativité et au bout du compte, la dissolution, la mort. Alors, pourquoi vivre, si à la fin il y a la mort, l'au-delà de cette vie qui restera à jamais problématique, interrogateur ? Comment d'ailleurs ne pas s'intéresser à la mort, phénomène biologique certes, mais sous un angle non point seulement phénoménologique, mais d'abord et aussi existentiel ? Cette réflexion sur la vie et la mort ne renvoie-t-elle pas à celle d'abord sur la temporalité et ensuite à celle sur la moralité ? L'angoisse face à la mort n'est-elle pas expression de la volonté de permanence de l'être face à cette instabilité dont la destination est connue : la mort ? Ce n'est pas

[38] *Histoire de la philosophie occidentale. De Thalès à Kant.* p. 24.

seulement le sujet personnel qui est interpellé : c'est la société, c'est l'histoire.

Cette interpellation donne lieu à la quête philosophique, une **inlassable quête de vérité,** une **inépuisable quête de réalisation de soi.** « La philosophie ne donne pas la vérité comme un absolu extérieur, comme le vrai de la transcendance. La vérité philosophique comme vérité du philosopher, est un acte existentiel, originel. La philosophie est inséparable du philosophe, elle est affaire de l'individu, elle s'adresse à l'individu et elle renvoie à lui ».[39]

Cette réalisation de soi est-elle toujours au rendez-vous ? Si la philosophie est « assurance du soi en lui-même, accomplissement et transformation de soi-même, [...]», attachement à un temps, à un contexte spatial, à un contexte historique, enracinement irrésistible dans une existence en quête de sens, atteint-elle véritablement son objet, l'assurance de soi, l'assurance de l'être, face à la contingence et l'instabilité, ainsi que face à une mort tout à fait inéluctable ?... Rien n'est moins sûr !

Jean-Bertrand Amougou : *Notre condition humaine fait donc nécessairement l'objet d'interrogations multiples. Avons-nous des réponses quelconques ?*

Pius Ondoua Olinga : Les divers philosophes ont certes formulé des réponses à ce sujet, mais aucune ne saurait se présenter comme vérité absolue. Car, face à la contingence et à l'instabilité d'une existence individuelle et sociale grevée de risques, face à la hiérarchisation, à la dialectique grâce à laquelle le progrès est possible (sans que la linéarité progressive évacue la possibilité même de la régression et de l'anéantissement), face à la nécessité (philosophique) de mener une vie qui ne nie pas l'être (Ethique et Politique), comment ne pas laisser ouverte la porte qui mène vers l'Etre plénier ou la Transcendance, sans que pour autant l'être humain effectif cesse d'être absolu de valeur ? Comment la perte de l'être, dont nous avons une expérience sensible, existentielle, n'appellerait-elle pas le vœu d'une existence qui ne se perd pas et celui de l'existence d'un Etre de la plénitude ?

---

[39] Xavier Tilliette. *Karl Jaspers. Théorie de la vérité métaphysique des chiffres. Foi philosophique.* Paris. Aubier. 1960. p. 84.

De nombreux philosophes se sont inscrits dans ce sillage : Platon, Aristote, Descartes, Leibniz, Hegel... Cette inscription n'impliquait *a priori* aucune figure précise de cet **Etre plénier ;** cette inscription n'impliquait pas plus l'acceptation de cet **Etre** pour tous et par tous, ainsi que son affirmation de **réalité** au-delà de l'affirmation de sa **nécessité**. Comment en fin de compte, évacuer définitivement la possibilité de **l'infini** ? Georges Bastide montre que cet infini est « dans la conjonction rationnellement nécessaire de l'infini d'essence et de l'infini d'existence ».[40]

Jean-Bertrand Amougou : *Les réponses philosophiques, elles-mêmes, continuent de poser de nombreuses questions...*

Pius Ondoua Olinga : Les précédentes interrogations, qui reçoivent des réponses qui demeurent elles-mêmes des problèmes, peuvent ouvrir sur la possibilité de la religion, sur la possibilité d'une articulation de la philosophie et de la religion, pour certains, l'assurance recherchée mais non trouvée au niveau de la philosophie (s'agissant de l'origine, de la fin, du sens...) pouvant se trouver réalisée dans la religion, dans la foi en une **Transcendance** génératrice, normative et pourvoyeuse de sens. Qui, de Teilhard ou de Marx, pourrait ici nous donner une réponse définitive, irréfutable et qui pourtant, n'éteindrait en rien la pression de la question du sens ?

Jean-Bertrand Amougou : *Ce que vous venez de dire mérite assurément des développements complémentaires, vous ne pensez pas ?*

Pius Ondoua Olinga : Je le pense en effet. Peut-être faudrait-il d'ailleurs partir de la critique marxiste de la religion avant d'aboutir à la caractérisation de ce qu'elle est, fondamentalement.

Jean Bertrand Amougou : *Pourquoi ne pas remonter aux critiques de la religion antérieures à la critique marxiste ?*

Pius Ondoua Olinga : Après tout, pourquoi pas ? C'est vrai, Démocrite, Epicure, Lucrèce, Spinoza, Feuerbach, pour ne citer qu'eux, avaient déjà abondamment critiqué la religion, le phénomène religieux. Quelques rappels donc, pour Epicure, Spinoza et Feuerbach.

Nous l'avons vu au début de nos entretiens, Epicure évacue toute providence, toute téléologie, toute théologie, tout surnaturel et pourtant il

[40] *Essai d'éthique fondamentale*. PUF. 1971. p. 390.

maintient la religion et des dieux *honoris causa.* Ces dieux, simples paradigmes du sage, n'interviennent en rien dans le cours des choses et de l'histoire. Jean-Marc Gabaude développe cette idée dans *Le jeune Marx et le matérialisme antique*, lorsqu'il montre que l'homme confie aux dieux l'idéal d'équilibre psycho-physiologico-éthique ; ces dieux, « **hommes parfaits** », sont proches des hommes mais « proches comme l'espoir de la vérité »[41] ; ils sont en même temps lointains dans l'espace, « et c'est parce qu'ils restent ainsi à l'horizon asymptotique que leur proximité éthico-axiologique n'est pas gênante ».[42]

Si Epicure critique la religion, c'est dans son versant superstitieux, source de crainte ; il voudrait promouvoir au contraire une **religion rationnelle**, épurée de toute superstition. « La religion rationnelle et athéiste [...] consiste en l'admiration pour l'idéal divin et en la volonté d'imiter les dieux »,[43] affirme Epicure.

Jean-Bertrand Amougou : *Quelques mots, maintenant, sur Spinoza.*

Pius Ondoua Olinga : Sans vouloir être exhaustif, je relève chez Spinoza que le salut ne se situe pas dans un quelconque au-delà : il consiste dans la liberté de raison et la réalisation au mieux de la nature humaine. Bien évidemment, c'est une voie ardue. Spinoza distingue ici trois cheminements possibles.

- **Le cheminement des diverses religions révélées d'abord**. Dans ces religions il y a projection fantastique en Dieu par l'homme de ce qu'il n'est pas capable d'être lui-même, projection qui érige par là même « une Perfection réifiée qui juge sa finitude imparfaite », personnifiant « en une Transcendance la Totalité de la nature dont il fait partie »[44], projection par ailleurs associée à l'ignorance et à la crainte. Spinoza critiquera donc radicalement les religions révélées, même s'il reconnaît qu'elles peuvent promouvoir salut et libération, au niveau individuel et au niveau social. « A une critique radicale et définitive de la religion, critique qui n'est que

---

[41] J. M. Gabaude. *Op. cit.* p. 179.
[42] *Idem.* p. 179.
[43] *Ibidem.* p. 183.
[44] *Liberté et raison. Tome II. Philosophie compréhensive de la nécessitation libératrice.* Toulouse. Association des Publications de l'Université de Toulouse-Le-Mirail. 1972. p. 265.

constat généalogique, note Jean-Marc Gabaude, Spinoza associe trois autres constatations :

- l'exploitation politique et sociale de la religion institutionnalisée ;

- la valeur individuelle de certains croyants ;

- la supériorité des avantages sociaux de la religion sur les inconvénients qu'entraînerait son absence ».[45]

- La religion universelle. Si les religions révélées sont un pis-aller, vu l'extrinsécisme du Dieu révélé (auquel il vaut mieux croire que d'être athée, encore qu'il soit meilleur d'être philosophe), mieux vaut à ce niveau la **religion universelle**, à dogmatisation minimale et aussi, à révélation minimale, une religion essentiellement humaine en tant que foi commune à toute l'humanité et dont le noyau est la pratique morale. Mais quel est le contenu de cette dogmatique minimale ? L'auteur de *Liberté et raison* nous la retrace ici : « Les sept dogmes de la foi universelle tendent tous à cette affirmation primordiale : il existe un Etre suprême qui aime justice et charité, auquel tous, pour être sauvés, sont tenus d'obéir et auquel ils doivent rendre un culte consistant à pratiquer justice et amour du prochain ».[46]

- La religion « en esprit et en vérité ». De la religion universelle, minimale et rationnelle, on peut aboutir à la **religion « en esprit et en vérité »**[47], qui n'est pas relation de l'homme à un Dieu Transcendant, mais « ligation à la Nature »[48], insertion dans la Totalité. Il s'agit là d'une religion essentiellement naturaliste, vraie philosophie, amour de la Nature et substitution du naturalisme à la révélation et à la Transcendance.

Cette critique de la religion par Spinoza n'est-elle pas promotion d'un humanisme de l'autonomie du sujet ? Nous pouvons nous en convaincre, à la lecture de ces lignes de *Liberté et raison :* « La religion, devenue purement humaine et spirituelle, se réduit à l'exercice de notre pensée et de notre action accompli pleinement par nous en tant que nous avons l'idée de la Nature ».[49]

---

[45] *Ibidem.* p. 266.
[46] *Ibidem.* p. 271.
[47] *Ibidem.* p. 279.
[48] *Ibidem.* p. 279.
[49] *Ibidem.* p. 281.

Jean-Bertrand Amougou : *Après Epicure et Spinoza, ne pouvons-nous pas passer maintenant à Feuerbach et à Marx ?*

Pius Ondoua Olinga : Bien entendu. Que dire de Feuerbach ? De façon liminaire, pour Feuerbach, Dieu est une création de l'homme ; il y a projection en Dieu de la conscience de soi de l'homme. Et si la religion, production idéologique, renvoie à l'historicité, au contexte social, cette religion dérive de l'homme, être générique, conscience, **capacité d'infini** se posant antithétiquement au sentiment de finitude qui renvoie à la projection de la dimension subjective d'infinité dans un objet autre, avec comme conséquences l'aliénation du sujet, l'immobilisation de sa propre capacité d'auto-développement, l'invention d'une Transcendance divine à laquelle le sujet humain confère ses propres attributs d'infinité, une dépossession de soi de l'homme ; la création d'un monde fantastique...

Pour Feuerbach, la religion est donc expression d'un manque, conscience inversée du monde, du réel, réalisation fantastique de l'être humain, faute d'une transformation praxique du monde réel ; c'est pour cette raison qu'il faut l'abolir.

C'est ce que **Marx** récupère de la pensée de Feuerbach. S'il y a projection en Dieu de la conscience de soi de l'homme, cette conscience est aliénée **dans** et **par** le contexte économico-social. Dès lors, la religion est projection aliénée et aliénante d'une aliénation effective dans les rapports sociaux de production. Elle est projection de l'homme réel, de ses conditions de vie aliénantes et de l'espoir illusoire de sortir de ces conditions. Parler de conditions aliénantes, c'est bien parler de l'absence d'hominisation.

Marx récupère Feuerbach mais le dépasse : l'aliénation est **autant** celle de l'intériorité de l'homme que celle du contexte économico-social. Ce contexte, il faut le transformer, pour dépasser l'inessentialité de l'homme découlant de la situation de classe et de l'exploitation, et aussi pour retrouver, dans le sujet, l'aspiration profonde au divin corrélative à une négation de Dieu comme négation de l'inessentialité de l'homme.

Nous avons donc ici comme linéarité a) négation de Dieu → b) position de l'homme → c) suppression des bases de l'aliénation humaine → d) critique de la religion dont on comprend l'histoire à partir de celle des forces productives et des rapports de production. « L'histoire de la religion elle-même, si l'on fait abstraction de cette base matérielle, manque de critérium », note Marx.[50]

Jean-Bertrand Amougou : *Vous venez de rappeler les principales critiques adressées à la religion, par Epicure, Spinoza, Feuerbach et Marx. Mais leurs critiques sont-elles véritablement pertinentes ?*

Pius Ondoua Olinga : Il appartient à chacun de les considérer comme pertinentes ou non, la seule question étant de savoir, **d'un point de vue autre**, ce que peut être la religion. Peut-être faudrait-il après Rudolf Otto[51], voir dans la religion, dans toutes les religions, la révélation d'un sentiment humain spécifique, isolable : le **sacré,** le **numineux**, un sentiment de mystère, de fascination… qui est simultanément dépassement de la positivité de la vie donnée en tant qu'expression de la transcendance de l'homme, recherche de puissance maximale et recherche de sens en vue d'un épanouissement lui aussi maximal de la vie, organisation de la vie à partir d'un sens, d'une totalité de sens.

G. Van der Leeuw peut donc le dire : « La religion implique que l'homme ne se borne pas à accepter simplement la vie qui lui est donnée. Dans la vie, il recherche de la puissance ; s'il ne la trouve pas, ou s'il la trouve en une mesure pour lui insuffisante, il cherche à faire pénétrer dans sa vie la puissance à laquelle il croit. Il cherche à élever sa vie, à l'accroître, à lui acquérir un sens plus profond et plus large ».[52]

Jean-Bertrand Amougou : *Si donc la religion est recherche d'explicitation du sens, ce sens dernier ne demeure-t-il pas toujours un mystère ?*

Pius Ondoua Olinga : Assurément. Peut-être peut-on dépasser ce mystère, cette limitation apparente du sens, par la révélation. Mais cela est-il donné à tout le monde ? Rien n'est moins sûr.

Jean-Bertrand Amougou : *En tout état de cause, comment articuler philosophie et foi, philosophie et religion ?*

---

[50] *Le Capital. Œuvres complètes.* Tome I. Paris. La Pléiade. p. 915.
[51] *Le sacré.* Paris. Payot. 1968.
[52] *La religion dans son essence et ses manifestations. Phénoménologie de la religion.* Paris. Payot. 1970. pp. 389-390.

Pius Ondoua Olinga : Vous revenez là à la question de départ. De mon point de vue, l'on ne peut pas dire que la philosophie résout, par dépassement, la religion. Mêmes les progrès exponentiels de la technoscience ne pourraient faire disparaître la religion ni éteindre l'expérience individuelle et sociale du sacré, une expérience de la conscience individuelle certes, mais qui se vit en socialité, en communauté. Rappelons ici quelques convergences ou récurrences.

La philosophie, tout comme la religion, part du constat d'une existence qui a besoin d'être expliquée du point de vue d'une genèse non maîtrisée et du point de vue d'une destination dont le terme est connu, même si l'on ne connaît ni l'heure, ni la modalité d'un tel terme.

La philosophie, tout comme la religion, part du constat d'incomplétude d'une existence humaine qui appelle elle-même à la plénitude, à la réalisation intégrale, sans que les modalités de cette réalisation, de cet accès à l'authenticité soient figées, fixées, connues pour tous et pour toujours.

La philosophie, tout comme la religion, pense que la plénitude d'existence, que nous nommerons **sagesse**, s'articule à la **plénitude de sens**.

La philosophie, tout comme la religion, pense que la plénitude de sens s'atteint par la **normativité**, elle est appel de l'**éthique**, une éthique à vivre et à réaliser individuellement, et aussi socialement. Cet appel de l'éthique est donc appel à la réalisation des **valeurs.**

Jean-Bertrand Amougou : *A partir de telles convergences, on pourrait bien assimiler philosophie et religion...*

Pius Ondoua Olinga : Ce serait une erreur ! Si toutes les deux, dans l'appréhension du monde, visent non un savoir désintéressé, mais à permettre **une existence** et **une co-existence supportables**, voire réussies parce que significatives, elles développent certes une exigence fondamentale **d'axiologie anthropocentrique,** c'est-à-dire **centrée sur l'homme**. Et c'est précisément ici que religion et philosophie divergent, tout au moins à partir du dépassement par la religion de l'anthropocentrisme absolu ; ce dépassement étant possible à partir de la référence à la **Transcendance**, **Etre originaire** (rendant compte de l'origine des êtres), **Etre plénier** (paradigme pour la recherche de la plénitude), **pourvoyeur de sens** (tout en maintenant intacte la liberté humaine de réaliser un destin personnel qui n'est pas un **fatum**).

Et si la religion n'est pas seulement reflet de l'état social et économique comme le soutient Marx, elle est possibilité de témoigner simultanément de **Dieu** et de **l'homme** ; elle est possibilité et même réalité de l'ouverture à la foi en un Dieu Transcendant, une ouverture que la philosophie ne saurait *a priori* fermer, de manière dogmatique, sous peine de brider cette autoréalisation possible de soi à laquelle nous avons constamment fait référence plus tôt, pour un sujet qui décide de croire…

THEME N° VIII. CHRISTIANISME ET MARXISME. LES THEOLOGIES DE LA LIBERATION

Jean-Bertrand Amougou : *Nous venons de voir comment philosophie et foi pouvaient être articulées, et qu'une telle articulation relève du choix personnel libre et responsable ...*

Pius Ondoua Olinga : Ce qui signifie donc que la condamnation feuerbachienne et marxiste de la religion, de la foi, peut être dépassée. Cette condamnation n'est évidemment pas du tout une vérité absolue, normative de la pensée et de la vie, pour tous et pour toujours.

La **foi** est possible et même elle doit être *praxis*, s'articuler avec la vie, puisqu'il ne saurait y avoir inessentialité de l'homme. Et même si l'on peut comprendre la religion avec à l'appui la saisie de la base matérielle, la détermination ici n'est pas mécanique ; la religion, cessant d'être une névrose, ne renvoie à aucun dilemme entre la conversion spirituelle des cœurs et la transformation des structures économico-sociales.

Jean-Bertrand Amougou : *C'est donc affirmer non seulement que l'athéisme et la foi en Dieu sont tous les deux des choix personnels, ayant une cohérence et des conséquences sur la situation existentielle de l'homme, mais encore que la foi pourrait bien être un* ***levain*** *pour l'existence concrète.*

Pius Ondoua Olinga : Vous avez raison de synthétiser les choses de cette manière, et je ne pense pas qu'il soit nécessaire de développer encore sur ce point.

Jean-Bertrand Amougou : *Mais peut-être pourriez-vous faire deux brefs développements : sur la métaphysique du christianisme d'une part, et sur les théologies de la libération, d'autre part.*

Pius Ondoua Olinga : Bien volontiers, puisque vous insistez.

Jean–Bertrand Amougou : *Commençons donc, si vous voulez bien, par la métaphysique du christianisme.*

Pius Ondoua Olinga : Quelques idées-clés peuvent être relevées ici. Et d'abord **Dieu**, l'Absolu, Etre par soi, parfait, créateur, à qui reviennent la toute-puissance, ainsi que l'éternité. Conscience suréminente, ontologiquement distinct des créatures, il est libre, totalement, dans son action (création) comme dans sa manifestation (révélation). Il confère existence et sens, tout en se situant au-dessus du temps et de l'histoire.

Une seconde idée-clé : celle de l'homme, co-créateur du monde, un **monde au service de l'homme**, un homme posé comme **une fin** et non comme **un moyen**, mais laissé libre dans cette co-création qui pourrait bien devenir (et devient même) destruction, comme le montre Claude Tresmontant dans deux de ses ouvrages importants.[53]

Une troisième idée-clé : celle de l'altérité de l'homme par rapport à Dieu ; mais cette altérité renvoie à une spécificité et à une singularité de l'être de l'homme parmi les autres créatures, ce qui lui confère un statut différent, fait de dignité, de valeur, de responsabilité, et fonde son **éthicité**, appelé qu'il est à ressembler à Dieu, **toujours premier**, pour participer à la vie de **l'Absolu**. « L'achèvement de la création de l'homme, note Claude Tresmontant, ne peut se faire sans que l'homme consente à l'invitation qui lui est adressée de devenir participant à la vie même de Dieu qui est *Agapè* ».

Une autre idée-clé : le processus de divinisation de l'homme au terme de sa création/co-création. C'est le fondement même de **l'eschatologie** chrétienne, processus associant devenir, acquisition, grâce.

---

[53] *La métaphysique du christianisme et la naissance de la philosophie chrétienne. Problèmes de la création et de l'anthropologie des origines à saint Augustin.* Paris. Seuil. 1961. et *Les idées maîtresses de la métaphysique chrétienne.* Paris. Seuil 1962.

Par ailleurs, au lieu d'être simple idée-clé, la personne du Christ occupe une réelle place centrale, **la place centrale**, comme annonciateur du Royaume de Dieu et Dieu véritable se révélant aux hommes, donnant sens à la lutte contre le mal et la mort et servant de modèle, de certification de la possibilité de triompher sur le mal et simultanément sur la dissolution absolue de l'être, sur la mort.

Jean-Bertrand Amougou : *On pourrait développer encore, mais à quoi bon ? Passons aux théologies de la libération. Peut-être d'abord une définition...*

Pius Ondoua Olinga : Le terme théologies de la libération est une **expression théologique** de **comportements pratiques** de chrétiens appliqués à **transformer la société**. Il s'agit donc de la théorisation d'une *praxis*. Elle a été mise en forme surtout en Amérique latine (Pérou, dernier quart du XXème siècle) et a servi de référence intellectuelle pour de nombreux latino-américains. On y voit déjà en œuvre cette articulation de la théorie et de la *praxis* dont nous avons déjà parlé.

Jean-Bertrand Amougou : *Il n'y a pas qu'en Amérique latine que s'est développé ce courant des théologies de la libération !*

Pius Ondoua Olinga : Certes. En plus des communautés chrétiennes d'Amérique du Sud, on peut mentionner les peuples noirs d'Amérique du Nord et d'Afrique du Sud. En tout état de cause, chacune de ces sources apporte une contribution importante à la réflexion théologique, face à l'exploitation humaine dont les principales figures sont le capitalisme, le colonialisme, le racisme.

On peut dire des théologies de la libération qu'elles sont des théologies **à partir des exclus de l'histoire**, et qu'elles opèrent une rupture importante : d'une théologie de l'Eglise instituée redisant « religieusement » les intérêts des classes dominantes, on passe à une théologie qui dénonce cette compromission et décrypte la Parole de Dieu à partir de la situation des classes et des races soumises à l'exploitation. Ici, la théologie est « un moment spécifique d'une *praxis* globale ».

Jean-Bertrand Amougou : *Cela signifie donc que cette* ***praxis*** *intègre simultanément l'économique, le politique et le culturel.*

Pius Ondoua Olinga : Incontestablement cette théologie de la libération est assimilable à une théorie sociale. Elle prend de manière décisive le parti des pauvres et des opprimés. N'est-ce pas là un retour à l'Evangile originel ?

Jean-Bertrand Amougou : *Quelques noms.*

Pius Ondoua Olinga : On peut citer comme figures de proue, pour l'Amérique latine : Gustavo Guttierez, Louis Segundo, Pablo Richard.

Jean-Bertrand Amougou : *Les références que nous sollicitons permettront à ceux qui sont intéressés de puiser à bonne source, pour comprendre cet Evangile vivant, cet Evangile des temps présents...*

Pius Ondoua Olinga : Je le souhaite. Je pourrais donc mentionner, comme principaux titres :

- Un ouvrage collectif : *Théologies du Tiers-Monde*[54]
- André Dumas : *Théologies politiques et vie de l'Eglise*[55]
- Gustavo Guttierez : *Théologie de la libération*[56]
- Pablo Richard : *Le christianisme à l'épreuve des théologies de la libération*[57]
- Bruno Chenu. *Dieu est noir*[58]
- « ***Praxis** de libération et foi chrétienne* »[59]

Jean-Bertrand Amougou : *Pouvez-vous maintenant, de manière très succincte, nous rappeler les thèses majeures communes aux théologies de la libération ?*

Pius Ondoua Olinga : Bien volontiers.[60] Pour commencer, les théologies de la libération renvoient à une foi vécue dans une histoire actuelle caractérisée par les progrès constants des technosciences, le développement des rapports de production capitalistes (libéralisme et mondialisation s'articulent), l'accroissement de l'exploitation et de l'oppression. C'est dire que les contradictions de plus en plus aiguës du monde contemporain développent une profonde aspiration à la libération.

---

[54] Paris. L'Harmattan. 1977.
[55] Lyon. Chalet. 1977.
[56] Bruxelles. Lumen Vitae. 1975.
[57] Lyon. Profac. 1978.
[58] Paris. Centurion. 1977.
[59] *Concilium*. Tours n° 96. 1974.
[60] On peut retrouver l'essentiel de ces thèses dans *Cultures et Foi*. N° 66. Mars-Avril. 1979.

Jean-Bertrand Amougou : *Face à ces contradictions, le chrétien peut-il rester neutre, sans prendre position, pour le* ***statu quo*** *ou contre le* ***statu quo*** *?*

Pius Ondoua Olinga : Assurément non. Il y a d'abord, à ce niveau, une relecture de l'Evangile, de la thématique du prochain, qui a désormais comme figures surtout, mais pas exclusivement, les couches sociales exploitées, soumises à une oppression qui n'est pas un **destin,** une **fatalité**…

Jean-Bertrand Amougou : *Libération par rapport aux causes économiques, politiques, idéologiques et culturelles, et amour du prochain, ne peuvent donc qu'être associées.*

Pius Ondoua Olinga : Oui, puisque la libération totale voulue par le christianisme (libération individuelle et libération collective), et qui concerne toutes les dimensions de la personne, se réalise sur le terrain historico-social. **La conversion des cœurs est donc simultanément**, comme nous l'avons vu, **transformation des structures économico-sociales et politiques.**

Jean-Bertrand Amougou : *L'affrontement violent avec l'ordre social dominant n'est-il pas au rendez-vous ?*

Pius Ondoua Olinga : C'est sûr que les défenseurs du *statu quo* (privilégiés minoritaires) s'opposeront, par tous les moyens, pour le maintien de l'état de fait. Mais il n'y a pas là caution définitive apportée aux conflits des classes, même s'il faut reconnaître que les classes dominantes se sont appropriées et ont neutralisé l'Evangile et le message chrétien, pour légitimer le *statu quo* et anesthésier les luttes pour la transformation sociale.

Dès lors, la vérité biblique que redévoilent les théologies de la libération se veut *praxis*, avec une première linéarité : connaissance de Dieu → pratique de la justice, une articulation de la Vérité de Dieu avec l'histoire effective des hommes, et une seconde linéarité : vérité théorique de Dieu → libération pratique de l'homme et d'abord, des opprimés,des dominés, des exclus de l'histoire.

Jean-Bertrand Amougou : *C'est donc dire que l'authenticité de l'engagement des chrétiens se vérifie par la pratique et non pas seulement en théorie…*

Pius Ondoua Olinga : C'est l'opposition que nous retrouvons ici entre **orthopraxie** et **orthodoxie**, la seconde, **l'orthodoxie,** ayant été traditionnellement privilégiée, au détriment de la première. La pratique libératrice implique d'ailleurs l'émergence d'une nouvelle spiritualité où rencontre avec Dieu et pratique d'amour des hommes sont liées.

Jean-Bertrand Amougou : *Il s'agit donc ici, du dépassement d'un spiritualisme stérile et mystificateur !*

Pius Ondoua Olinga : Bien sûr. La pratique libératrice fait naître l'espoir, une espérance nouvelle, et le dépassement du *statu quo* ne se réalise pas au seul niveau de l'imaginaire. Une nouvelle rationalité émerge, et à ce niveau, la rencontre est possible avec le marxisme en tant que ce dernier est un **instrument de connaissance** et un **guide d'action**. La libération est revue à la lumière du marxisme qui dépasse l'utopisme et l'idéalisme, l'appréhension scientifique des causes économico-sociales et idéologiques de l'oppression débouchant sur une pratique efficiente.

Jean-Bertrand Amougou : *Les vérités éternelles de la révélation acquièrent donc une consistance pratique, politique.*

Pius Ondoua Olinga : Oui, la foi devient une **foi engagée**, et la théologie universelle/éternelle traditionnelle se donne un contenu historique/concret, pratique et politique.

Jean-Bertrand Amougou : *L'articulation de la théologie de la libération et du marxisme est-elle en tous points souhaitable au regard de trois hypothèques : la lutte des classes, le matérialisme et surtout l'athéisme ?*

Pius Ondoua Olinga : Je reconnais l'incompatibilité des théologies de la libération avec le marxisme, du fait de l'athéisme marxiste. Mais l'articulation marxisme-théologie de la libération est possible. Elle est même souvent effective. Certes la négation des **valeurs spirituelles** portées par l'Evangile n'est pas ici au rendez-vous. En fait, la rationalité de la libération devient **condition de possibilité historique** de ces valeurs spirituelles elles-mêmes. Il y a dépassement d'un **idéalisme mystificateur et stérile**, puisque les moyens de concrétisation des valeurs spirituelles évangéliques sont fournis.

Jean-Bertrand Amougou : *Dieu est alors vécu dans l'expérience du présent...*

Pius Ondoua Olinga : Assurément, il y a dépassement de l'athéisme, et dépassement conjoint de la **divinisation du capital.** De même, il y a redimensionnement de l'Evangile, remis au service de la libération de l'homme.

Jean-Bertrand Amougou : *Pour finir à ce niveau, le christianisme retrouve sa véritable nature, sa véritable finalité.*

Pius Ondoua Olinga : On peut le croire. La foi en Dieu redevient radicale, et surtout, foi et vie se trouvent articulées, par la médiation de la *praxis*. La confiance absolue en Dieu qui donne un sens ultime à l'existence s'ouvre sur une pratique décisive, qui peut modeler de manière décisive le réel et l'histoire.

THEME N° IX : L'HUMANISME DU PRESENT ET DE L'AVENIR

Jean-Bertrand Amougou : *Dans ces conditions, et puisqu'il nous faut conclure nos entretiens, comment caractérisez-vous votre humanisme ? Est-ce un humanisme marxiste ? Est-ce un humanisme chrétien ? Quelle figure dès lors, pour cet humanisme du présent et de l'avenir ?*

Pius Ondoua Olinga : Je voudrais réaffirmer avant tout que je m'efforce d'être philosophe, au-delà de tout étiquetage qui relève de l'idéologisation. Mais qu'est-ce qu'être philosophe aujourd'hui ? En Afrique ?

Pour répondre à cette question, on peut ou même on doit relever deux choses essentielles. **La première**, c'est la permanence de l'intention philosophique au-delà de l'explosion des sciences et spécifiquement des sciences de l'homme et du social. **La seconde**, c'est l'extension du champ ou des champs de la philosophie sans anéantissement de son intention. De mon point de vue, le philosophe continue de jouer **un rôle de premier plan** dans notre société, dans notre monde. Notre philosophie doit, *de jure* et *de facto*, assumer la multidimensionnalité, vu l'éclatement exponentiel de la connaissance et des pratiques auquel nous avons fait allusion plus haut. Ce rôle de premier plan revient tout d'abord, compte tenu de l'articulation textes/contextes, à revoir historiquement comment chaque philosophe, dans son *hic et nunc*, réassume les problématiques de l'être, de la connaissance, de la pratique, du devenir, sans que **sa** réponse soit **la** réponse, parce qu'elle est contextuelle. C'est dire que faire de l'histoire de la philosophie, c'est bien déjà là commencer à philosopher. Mais ce n'est pas tout. Ce rôle de premier plan que je revendique pour la philosophie renvoie, pour chacun (qui philosophe à son propre compte et jamais par procuration), à ce retour nécessaire (avec esquisses de réponses) aux problématiques multiples de la philosophie signalées plus haut : la problématique de l'être en lui-même, la problématique de l'être-avec-autrui, (philosophie politique et métaphysique se rejoignent ici), la problématique du sens, celle de l'ouverture à la Transcendance (religion et athéisme peuvent fournir des réponses qu'il appartient à chacun d'assumer pour son compte, puisque le monde tel qu'il est peut justifier aussi bien la négation que l'affirmation de Dieu, et aussi parce que foi et athéisme demeurent des choix libres), et enfin la problématique de l'avenir et de l'illimitation…

Et c'est à ce niveau que je renvoie au concept d'**éthico-axiologie** mis au point et développé par Jean-Marc Gabaude. Ce concept permet d'examiner tour à tour, de manière analytique et synthétique, **les problèmes du sens** (sens de l'être et de l'homme, sens de la vie, sens du monde), **les problèmes de l'essence** (essence de l'homme et donc, humanisme, l'essence du réel et son traitement « humain »), **les problèmes des limitations/illimitations,** (liés à ceux de l'ouverture sur un avenir qui ne devrait être que celui que permettront les possibilités hominisantes) et enfin, les **problèmes des valeurs et des fins**, compte tenu de la nature ethico-axiologique de l'être humain. Ce renvoi à l'éthico-axiologie s'enrichit de la vision que Georges Bastide assigne à la philosophie dans une cité humaine qui pour lui « **ne serait à la vérité qu'un enfer** », si les philosophes ne militaient pas, en tant qu'authentiques hommes libres, pour des relations interhumaines faites de compréhension et réalisant les « **vraies valeurs** » qui manifestent la primauté de l'être et celle, corrélative, de l'esprit, valeurs à partir desquelles la sagesse est possible.

Mon humanisme est donc celui-là. Il est ouvert à la Transcendance pour assumer à partir d'elle les questions de l'origine et du sens de l'être et de l'histoire, question laissée ouverte au niveau de ma réflexion philosophique. Cet humanisme analyse néanmoins le réel social et politique, et notamment la mondialisation, à l'aide de certaines catégories que Marx a pu mettre à notre disposition, pour autant que leur pertinence est avérée dans ce contexte précis. En tout état de cause, cet humanisme réassume la vocation humaine de perfection ainsi que le désir fondamental d'authenticité, d'autonomie et de plénière réalisation de l'être, au-delà de l'aliénante dispersion dans l'immédiateté, une dispersion qui nous empêche autant de revenir en nous-mêmes que de nous projeter sur ce qui est essentiel, à savoir réaliser notre authentique perfection.

PREMIERE PARTIE

PRATIQUES ET STATUT DE LA PHILOSOPHIE

CHAPITRE I

PHILOSOPHIE ET IDÉOLOGIE*

« La philosophie, en tant qu'axiologie instauratrice de socialité humanisante, oppose à ***la normativité programmatique*** *de l'idéologie une autre normativité,* ***a priori, transcendantale*** *».*

Pius ONDOUA

Version légèrement remaniée d'un texte publié dans les *Cahiers du Département de Philosophie*. Mai 1979

I. INTRODUCTION

Que la philosophie ait pour lieu de genèse le réel, l'existence concrète, la contemporanéité, cela, nous le savons. Il n'est que de consulter très rapidement l'histoire de la philosophie, l'histoire des divers systèmes de philosophie, pour s'en convaincre. En ce sens, on pourrait parler de la philosophie comme « pensée du réel », comme « saisie rationnelle du réel »[61], comme appréhension de « l'exister concret l'existence humaine »[62], lequel « exister » est « Histoire ».

Comme pensée rationnelle du réel donc, la philosophie joue un rôle théorique de premier plan, celui-là même que lui ont assigné dès l'origine ses ancêtres : Pythagore notamment (qui en faisait « une contemplation réfléchie de l'univers » et « une connaissance de la vérité »). Pythagore était désireux en effet de comprendre l'univers dans son ensemble, en y introduisant un ordre rationnel (ou mieux, en dégageant la rationalité de son ordre). Héraclite aussi, soucieux de découvrir, derrière l'apparente incohérence de la réalité, c'est-à-dire du monde (fait de contrastes et de contradictions), la raison, le *logos* qui gouverne tout.[63]

Ce rôle, les penseurs les plus modernes continuent de l'assigner à la philosophie. Nous pensons notamment à H. Marcuse. Pour lui, le rôle de la philosophie est, essentiellement, de révéler à l'existence « sa vérité »,[64] afin d'en rendre possible l'appropriation, c'est-à-dire l'effectuation. Marcuse affirme à ce propos : « Si le sens de l'activité philosophique est la révélation de la vérité et si celle-ci a essentiellement un caractère existentiel, il faut dire non seulement que l'activité philosophique est un mode de l'existence humaine, mais aussi que la philosophie, de par son

---

[61] Deux idées doivent être ici présupposées, admises *a priori :* la primauté de la raison, « instrument » grâce auquel nous allons pouvoir saisir ce réel et en proposer une « grille de lecture » d'une part ; la primauté du sujet rationnel, qui propose du réel, dégage du réel et impose au réel un sens, une finalité, une téléologie, de telle manière qu'ici, sujet et réel sont parfaitement imbriqués.

[62] Suivant la terminologie marcusienne.

[63] C'est le sens à donner au fragment 41 : « Il n'y a qu'une sagesse : comprendre la pensée qui gouverne tout à travers tout ».

[64] Qu'il ne faudrait évidemment pas poser comme donnée transcendante à la réalité existentielle elle-même, comme une « fin » extra-existentielle, mais qu'il faudrait concevoir comme donnée immanente à l'existence, comme exigence, imposant justement à cette existence de se transcender de façon permanente !

sens, est existentielle. De quelque façon qu'on délimite le champ de la philosophie, celle-ci s'occupe toujours, dans la connaissance de la vérité, de l'existence humaine ».[65]

Pensée rationnelle du réel donc, la philosophie l'est. Mais, elle n'en contient pas moins l'exigence de réalisation pratique de cette raison. Pour avoir souvent escamoté cette exigence fondamentale, la philosophie a couru (et continue de courir) le risque de se couper de la vie, coupure contre laquelle se sont insurgés bon nombre de philosophes : Marx, dans la célèbre XIème thèse sur Feuerbach[66] ; Marcuse, qui affirme : « Toute vraie activité philosophique n'en reste pas la connaissance, mais s'efforce, en développant la connaissance de la vérité, de faire en sorte que l'existence humaine s'approprie celle-ci »[67] ; et Nkrumah, qui d'abord apprit « à replacer les systèmes philosophiques dans le contexte du milieu social qui les avait produits [...] ; à chercher, dans les systèmes philosophiques, la dialectique sociale »[68], et ensuite, lut les œuvres de Marx et Engels, non comme des systèmes abstraits, éthérés, desséchés, sans aucun lien avec la réalité vécue dans sa dimension bipolaire : l'exploitation prolétarienne au Centre et la domination colonialiste à la Périphérie, mais comme des « armes intellectuelles à usage social ».[69]

---

[65] Sur la philosophie concrète, in *Philosophie et Révolution.* Paris. Denoël/Gonthier. Bibliothèque Médiations. p. 125.

[66] « Les philosophes n'ont fait qu'interpréter le monde de différentes manières, ce qui importe, c'est de le transformer » in *L'idéologie Allemande.* Editions sociales. p. 34. Il ne faudrait pas bien évidemment se méprendre sur le sens de cette thèse de Marx ; l'aspect « interprétation » n'est pas gommé, annulé, dévalorisé, et en aucun cas, Marx ne prétend proposer un « activisme aveugle » ; l'insistance est faite sur l'aspect transformation, d'abord pour mettre en lumière la nécessité de la « non-coupure », la nécessité de la liaison ontologique interprétation/transformation, liaison qui liquide la philosophie purement spéculative de l'idéalisme allemand dominant à l'époque de Marx, ensuite pour mieux faire saisir la relation dialectique entre les deux niveaux. Et en ce sens, le « matérialisme historique » que Marx propose se présente, pour lui, comme la seule saisie de l'histoire ou pensée de l'histoire et action dans l'histoire soient intrinsèquement liées puisque, l'histoire est « saisie dans sa contradiction aussi bien que révolutionnée dans la pratique ». Cf. *Thèse IV sur Feuerbach.* in *L'idéologie allemande.* p. 125.

[67] *Philosophie et Révolution.* p. 125.

[68] *Le Consciencisme.* Paris. Présence Africaine. pp. 13-14.

[69] Nkrumah affirme notamment dans *Le Conscienscisme.* p. 69. « En multipliant les exemples destinés à montrer qu'il y a un conflit social, implicite ou explicite, dans la pensée des philosophes, l'histoire de la philosophie bénéficie soudain d'une transfusion

A présenter ainsi la philosophie, à la définir comme nous venons de le faire très brièvement, le risque n'est-il pas trop grand que la philosophie n'apparaisse plus que comme « **théorie politique** », essentiellement conjoncturelle, c'est-à-dire comme idéologie ?

Ce risque est loin d'être purement imaginaire. Car, si l'idéologie, au niveau théorique, apparaît, selon son étymologie, comme science des contenus de la conscience, c'est-à-dire des idées et des représentations, mode de rapport théorique, conceptuel, des hommes à la réalité, aux conditions concrètes de leur existence,[70] et si en même temps, l'idéologie dévoile au niveau pratique, son rôle ambivalent de conservation du *statu quo*, dans le cas des idéologies de la positivité[71] ou alors, de négation pratique de ce *statu quo*, le problème peut se poser de savoir ce qui fait le départ entre philosophie et idéologie, ce qui fait la spécificité de chacune.

Ce problème, il est nécessaire de l'examiner en deux temps : si l'idéologie est, en son sens premier, la « **théorie génétique des idées** », nous devons en saisir non seulement la genèse, mais encore la dialectique et la téléologie[72], de manière à mieux relier l'idéologie à son lieu de genèse, la réalité sociale empirique.[73] Ainsi saisie en fonction de son contexte, sa spécificité apparaîtra mieux, son rôle aussi ; dès lors pourra être possible la saisie de la différence et de la complémentarité entre idéologie et philosophie, différence saisie au niveau du mode de rapport spécifique de chacune au réel, complémentarité pouvant devenir articulation, sur le plan pratique, de la philosophie et de l'idéologie, dans

---

de sang et surgit à la vie. Ces philosophies se présentent *in situ* non comme des systèmes abstraits et éthérés, mais comme des armes intellectuelles à usage social ».

[70] C'est ce qui fait que l'idéologie soit, dès lors, interprétation du réel, expression théorique, en tant que totalité conceptuelle, de la saisie du réel, dont le rôle est de donner la clé d'intelligibilité de ce réel.

[71] Au sens marcusien du terme.

[72] Ce seront là les trois points nodaux de notre première partie.

[73] Et si Marx peut dire que : « L'idéologie n'a pas d'histoire », il faudrait entendre cette formule, non pas en ce sens que l'idéologie serait un pur rêve, une pure illusion, mais en ce sens, d'une part, qu'elle a une réalité transhistorique et omniprésente, puisque toute société secrète une ou plusieurs idéologies et que le phénomène idéologique est une réalité permanente des sociétés humaines ; et que, d'autre part, une idéologie spécifique ne peut se saisir en dehors de son contexte de genèse, l'idéologie en général n'ayant pas dès lors **d'histoire autonome**, en dehors de l'histoire du groupe social spécifique qui l'élabore et au sein duquel elle joue un rôle théorique et pratique.

le cadre d'une entreprise soit de conservation, soit de transformation du *statu quo.*

II. GENESE, TELEOLOGIE ET DIALECTIQUE DE L'IDEOLOGIE

II.1. Genèse de l'idéologie

D'où viennent les idées et les représentations ? D'où vient en un mot, l'idéologie ? Les idées et les représentations ont-elles une réalité en soi, d'une part en dehors du sujet qui « intuitionne » ou qui se « représente », et donc qui « idéologise », et d'autre part, en dehors du contexte concret social d'insertion de ce sujet ?

Le salut même du réel, c'est-à-dire de la réalité historique dans laquelle le sujet se trouve inséré ainsi que celui de son discours, semblaient devoir exiger une réponse positive à notre question. L'« essentialisation » des idées et l'affirmation du clivage sensible/intelligible auxquelles procédera Platon, soucieux d'échapper au mobilisme universel dont les conséquences ultimes sont l'évanouissement de l'être et la vacuité même du discours, visaient à sauver la réalité. L'intelligible, le monde des Idées jouait ainsi un double rôle chez Platon : un rôle **logique-épistémologique** d'une part, en tant que principe d'intelligibilité du réel ; un rôle **ontologique** d'autre part, en tant que fondement du réel, de la réalité sensible, ravalée dès lors au rang d'apparence.

Ce monde intelligible, ce monde des Idées, Platon en affirme l'existence effective, il en fait une réalité anhypothétique : « Il 1e faut pour que l'homme soit sauvé du désagrément et de la dérision. II le faut pour que la parole, attribut essentiel de l'homme, acquière sa vraie portée ».[74] Ainsi, le sensible n'est plus abandonné à l'inintelligibilité, à l'incohérence et à la contradiction ; la réalité sensible, dérivée, se trouve dès lors adossée à l'intelligible, ou mieux, fondée sur lui ; cet intelligible seul a une consistance ontologique effective.

Peut-on dire que la réalité historique et le discours qui l'exprime ont pu être sauvés par cette entreprise d'« essentialisation» des idées par Platon, par sa séparation d'un monde des essences et d'un monde des apparences ? Nous ne le pensons pas. Outre que l'effectivité d'un monde

[74] François Châtelet. *Platon.* Gallimard. Idées. p. 156.

des essences reste problématique[75], son affirmation comme réalité transcendantale (au sens kantien) occulte la part active que prend le sujet historique dans la production et la reproduction des idées, des représentations, en un mot des idéologies.

Marx semble ainsi avoir mieux mis en lumière ce rôle actif du sujet historique, en rattachant les idées au monde social et historique réel. Dans cette perspective, Marx affirme : « La production des idées, des représentations et de la conscience est d'abord directement et intimement mêlée à l'activité matérielle et au commerce matériel des hommes, elle est le langage de la vie réelle. Les représentations, la pensée, le commerce intellectuel des hommes apparaissent ici comme l'émanation directe de leur comportement matériel. Il en va de même de la production intellectuelle telle qu'elle se présente dans la langue de la politique, celle des lois, de la morale, de la religion, de la métaphysique, etc [...] de tout un peuple ».[76]

Cette affirmation a pour but essentiel de « faire sortir de terre » l'idéologie, en ne la faisant pas « descendre du ciel », comme c'est le cas de la philosophie/idéologie allemande[77] que Marx critique. En outre, elle nous fait saisir le sujet réel, auteur (et aussi victime) du processus d'idéologisation et du phénomène idéologique en général.

On pourrait certes demander à Marx de quel sujet il parle. Marx montre qu'il s'agit du sujet historique, de l'homme concret, mieux, des hommes concrets, non pas ces hommes tels qu'ils se saisissent eux-mêmes et se représentent dans leurs rapports soit avec la nature, soit avec les autres hommes, et tels qu'ils s'apparaissent à eux-mêmes, et « se disent », mais ces hommes, tels qu'ils sont, dans la réalité, c'est-à-dire dans le processus même de production de leur existence.

D'où cette nouvelle affirmation de Marx : « Ce sont les hommes qui sont les producteurs de leurs représentations, de leurs idées, etc [...] mais des hommes réels, agissants, tels qu'ils sont conditionnés par un développement déterminé de leurs forces productives et du mode de

[75] Bien que Platon nous ait proposé une démarche (la dialectique), pour l'atteindre. L'intelligible que le philosophe/dialecticien atteint est-il ou bien n'est-il rien d'autre qu'une création du sujet ?

[76] K. Marx. F. Engels. *L'idéologie Allemande*. p. 50.

[77] « A l'encontre de la philosophie allemande qui descend du ciel sur la terre, c'est de la terre au ciel que l'on monte ici » in *Op. cit.* p. 51.

relations qui y correspond, y compris les formes les plus larges que celles-ci peuvent prendre. La conscience ne peut jamais être autre chose que l'être conscient ».[78]

Dès lors, le phénomène idéologique, le processus d'idéologisation, apparaît sous son aspect concret/social : sous son aspect concret : c'est la référence au réel, à la situation historique concrète ; sous son aspect social : les individus-sujets, engagés dans le processus d'idéologisation, sont pris, non en tant que sujets isolés, figés, « atomisés » (considérés comme atomes), mais, en tant qu'éléments de la structure sociale. Déjà, la VIème *Thèse sur Feuerbach* de Marx avait liquidé toute saisie « atomisante et anhistorique » de l'individu. Marx y affirmait notamment de façon formelle : « L'essence de l'homme n'est pas une abstraction inhérente à l'individu isolé. Dans la réalité, elle est l'ensemble des rapports sociaux ».[79] C'est d'ailleurs dans ce sens que Marx avait critiqué, dans sa *Dissertation doctorale*, l'homme naturaliste d'Epicure, et dans *« Contribution à la Critique de la philosophie du droit de Hegel»*, l'homme idéaliste de Hegel et des jeunes hégéliens. Dans les deux cas, l'homme est un « atome isolé », et non un « lieu » d'interaction des rapports sociaux. Jean-Marc Gabaude, dans *« Le jeune Marx et le matérialisme antique »*[80], s'intéressant à la double critique par Marx de Feuerbach et de Hegel d'une part, d'Epicure et de son matérialisme atomiste-naturaliste-subjectiviste d'autre part, montre que : « Le subjectivisme jeune hégélien aussi bien qu'épicurien est lié à la méconnaissance de l'histoire. L'homme d'Epicure est abstrait et anonyme comme un atome : il est vrai qu'Epicure lui superpose, avec la conséquence de la déclinaison, le souci du moi existentiel. Feuerbach a insuffisamment progressé par rapport à Epicure, peut estimer Marx. Son naturalisme tient aussi l'homme pour un individu générique. »[81]

Cette conception relève assurément de l'idéalisme. Marx montre, dès lors, selon Jean-Marc Gabaude, que « la conscience, loin d'être principe et principauté, est résultat et entrecroisement. La solidarité de

---

[78] *Idem.* p. 50.
[79] *Idem.* p. 33.
[80] Editions Privat. Toulouse. 1970. Lire à ce sujet le chapitre VI *: Rationalisme d'Epicure.* pp. 163-210.
[81] J. M. Gabaude. *Op. cit.* p. 204.

l'atome se substitue à sa solidité solitaire. L'homme est du monde et le monde est de l'homme.»[82]

Marx a donc opéré une « révolution copernicienne » par rapport au matérialisme atomiste - naturaliste - subjectiviste aussi bien que par rapport à l'idéalisme. En effet, pour Marx, privilégier en dignité, « l'atome - principe », puisque « l'essence universelle de l'atome-principe reflète celle de l'homme » du fait en réalité des nombreuses « contradictions impliquées par l'insertion de cette essence dans les tourbillons sociaux »[83], c'est escamoter l'historicité de cet atome-élément humain, qui en tout état de cause, est véritablement une « résultante des rapports sociaux ».

Récapitulons donc. Si l'idéologie ne se saisit pas en dehors de l'histoire sociale, c'est qu'elle est, comme l'a montré Louis Althusser dans son ouvrage *Pour Marx* : « un système (possédant sa logique et sa rigueur propres) de représentations, images, mythes, idées ou concepts selon le cas, doué d'une existence et d'un rôle historiques au sein d'une société donnée ».[84] Ce qui signifie, poursuit Althusser, « que le principe moteur d'une idéologie singulière ne réside donc pas au sein de l'idéologie elle-même, mais hors d'elle, dans **l'en-decà** de l'idéologie singulière : son auteur comme individu concret, et l'histoire effective qui se réfléchit dans ce développement individuel selon les liens complexes de l'individu à cette histoire ».[85]

II.2. Téléologie de l'idéologie

Qu'est-ce que les hommes se représentent et expriment dans le discours idéologique et que vise celui-ci ? L'idéologie est-elle une illusion, ou alors, pouvons-nous reconstituer la réalité dont le discours idéologique se veut expression/ révélation ?

Nous pouvons dire qu'il y a un décalage réel/imaginaire, situé au cœur même de l'idéologie, au cœur du processus idéologique : ce processus est expression du rapport vécu (réel) des hommes à leur monde, moins en ce qu'il est[86] qu'en ce qu'on croit qu'il est (avec cette

[82] *Idem.* p. 205.
[83] *Idem.* p. 205.
[84] Louis Althusser, *Pour Marx*. Paris. Editions Maspéro. p. 69.
[85] *Idem.* p. 69.
[86] Une saisie « immédiate » du réel étant « aporétique ».

particularité que ce décalage n'est pas toujours entrevu). Sous cet angle, Louis Althusser peut dire : « Ce n'est pas leurs conditions d'existence réelles, leur monde réel, que les hommes se représentent dans l'idéologie, mais c'est avant tout leur rapport à ces conditions d'existence qui leur y est représenté. C'est ce rapport qui est au centre de toute représentation idéologique, donc imaginaire, du monde réel. C'est dans ce rapport que se trouve contenue la cause qui doit rendre compte de la déformation imaginaire de la représentation idéologique du monde réel. »[87]

Malgré cela, ce décalage entre le réel et l'imaginaire constitue une « allusion » : les représentations/discours idéologiques permettent, moyennant « décryptage », la saisie (peut-être partielle) de cette réalité dont ils sont justement représentations. Les hommes se représentent et expriment donc, à travers l'idéologie, leur rapport aux conditions concrètes/réelles d'existence.

S'il est vrai que la réalité sociale n'est pas monolithique, qu'elle est contradictoire, essentiellement, on ne saurait parler d'un discours idéologique monolithique, on ne peut que parler de discours idéologiques pluraux et antagoniques ayant chacun une téléologie propre.

Puisque les hommes se représentent et expriment à travers l'idéologie leur rapport aux conditions concrètes d'existence, ce rapport et son expression idéologique ne peuvent être les mêmes indépendamment de la situation des sujets concrets dans la stratification sociale. Il est donc possible de distinguer des discours idéologiques

---

[87] « Idéologie et appareils idéologiques d'Etat ». *La Pensée.* Juin 1970. Nous voulons ajouter ici une précision : ce n'est que dans le cadre d'une intériorisation de l'idéologie dominante par une fraction dominée que cette dernière peut vivre/vit/se représente, sous une forme imaginaire/non réelle/faussée, son rapport aux conditions d'existence réelles. Ce n'est que si le rapport des individus aux conditions réelles d'existence est un rapport aliéné, qu'il peut y avoir déformation/inversion imaginaire dans l'idéologie. C'est à partir de cette précision que l'on peut interpréter l'efficacité théorique et pratique de l'idéologie dominante.

Moyennant cette précision, nous pouvons admettre que : « Toute idéologie représente..., non pas les rapports de production existants (et les autres rapports qui en dérivent), mais avant tout le rapport (imaginaire) des individus aux rapports de production et aux rapports qui en dérivent. Dans l'idéologie est représenté non pas le système des rapports réels qui gouvernent l'existence des individus, mais le rapport imaginaire de ces individus aux rapports réels sous lesquels ils vivent ». *Idem.* p. 26. Il serait bon de lire aussi : *Les formes de l'Histoire*, de Claude Lefort. Editions Gallimard NRF, Paris, 1978, et notamment les deux études XII et XIII.

dominants, et des discours idéologiques dominés, qui cherchent à se constituer dans le cadre de la lutte idéologique, notamment en « anti-idéologies dominantes ».[88] C'est pourquoi le discours ou la représentation idéologique devient de fait discours ou représentation idéologique de groupe ou de classe, dans le cadre des sociétés stratifiées, (comme celles que Marx analyse), ce qui fait évanouir toute prétention à sa neutralité.

Esquissons à titre d'illustration une brève analyse de ces deux sortes de discours/représentations idéologiques. Nous avons parlé de la réalité sociale comme lieu d'engendrement de l'idéologie. Nous avons affirmé le rôle actif joué par le sujet social/historique dans le processus d'idéologisation. Nous avons enfin situé ce sujet social/historique dans la stratification/topographie sociale. L'idéologie jouera donc pour lui le rôle théorique et pratique d'explication/conservation du réel donné, ou d'explication/négation pratique de ce réel. Le premier cas est celui de l'idéologie dominante.

Marx par exemple[89] relie l'idéologie dominante à une ou plusieurs classes dominantes[90], en articulant la domination idéologique à la domination économique : « La classe qui dispose des moyens de la production matérielle, affirme-t-il, dispose, du même coup, des moyens de la production intellectuelle, si bien que, l'un dans l'autre, les pensées de ceux à qui sont refusés les moyens de production intellectuelle sont soumises du même coup à cette classe dominante».[91]

Marx exhibe donc le caractère nécessairement partiel et partial de cette idéologie qui prétend se présenter (tentative d'universalisation) comme l'expression idéale des rapports sociaux ; ce masque de l'universel camoufle bien mal le fait que les idées/idéologies dominantes ne sont rien d'autre que les « rapports matériels dominants saisis sous forme d'idées ».[92] La classe ou les classes dominantes déterminent le reste de la société du fait de leur position ; elles pensent et produisent des idées et en même temps dominent le processus de production et de

[88] Selon la terminologie de M. Jean-Marc Gabaude.
[89] Voir à ce propos *L'Idéologie allemande*. pp. 75 et sv.
[90] Classes détentrices de la puissance matérielle dominante de la société, et devenant ainsi puissances dominantes spirituelles.
[91] *Idéologie Allemande*. p. 75.
[92] *Ibidem.*

reproduction des conditions économiques ; elles règlent aussi le processus de production, de distribution et de reproduction des pensées et idées de leur époque. Jean-Marc Gabaude[93] et Claude Lefort[94] nous aideront à approfondir notre réflexion. Le premier fait allusion aux idéologies dominantes et montre que : « Les idéologies ont un double caractère : général, spéculatif, abstrait, d'une part, et d'autre part, représentation camouflée d'intérêts de classe. Tout en partant d'un point de vue partiel et limité de classe, elles prétendent rendre compte de la totalité ». Le second montre, quant à lui, que : « Le discours (dominant) inscrit dans l'institution entretient l'illusion d'une essence de la société, il conjure la double menace que font peser sur l'ordre établi le fait qu'elle est divisée et le fait qu'elle est historique, et il s'impose comme discours rationnel en soi, discours clos qui, masquant les conditions de son propre engendrement, prétend révéler celui de la réalité sociale empirique ».[95]

Parler d'une essence de la société, c'est du même coup se situer au niveau de **l'atemporalité**, au niveau de **l'universalité abstraite**, en évacuant précisément l'histoire. D'où la tentative de cette représentation idéologique d'inscrire les hommes concrets dans leur condition concrète en la faisant relever de la nature, en neutralisant l'historicité, en présentant le réel comme traversé par une rationalité immanente, garante du *statu quo*. L'idéologie dominante est un **moment historique** à visée intégrative, qui exprime[96], « en les déformant/unifiant/valorisant, les relations imaginaires des individus/sujets historiques aux rapports sociaux de production découlant, à tel ou tel moment, de tel ou tel état des forces productives, et dans cette expression, l'idéologie justifie (soi-disant éternellement ou naturellement, mais en fait historiquement), ces rapports de production en dissimulant l'exploitation qu'ils organisent »[97], note Jean-Marc Gabaude.

Le discours idéologique dominant est ainsi un enchaînement de représentations (avec une logique propre) dont la fonction est de

---

[93] *La Culture.* Actes du XVIIIème Congrès des Sociétés de philosophie de langue française (Bruxelles – Paris - Louvain – Londres -Nauwelaerts, 1974.

[94] « L'ère de l'idéologie ». *Encyclopaedia Universalis*. Volume 17. pp. 77-78.

[95] Du fait de cette prétention de l'idéologie dominante à se présenter sous la forme de la totalité, nous parlerons de son totalitarisme.

[96] Selon les termes de Jean-Marc Gabaude.

[97] *La Culture*. Déjà cité.

neutraliser l'historicité en rétablissant[98] « la dimension de la société sans histoire au sein de la société historique ».[99]

Il y a donc une lutte observable entre cette représentation idéologique dominante et les anti-idéologies dominantes. Mais examinons brièvement le double visage d'une idéologie dominante spécifique : l'idéologie bourgeoise. Elle vise, à l'intérieur du Centre, lieu de sa genèse même, le maintien du *statu quo*, autant qu'elle tente, à travers de multiples restructurations, de préserver le *statu quo* de la domination à l'échelle internationale. Le premier aspect n'a guère besoin d'être développé. Seul le second mérite d'être éclairé, bien que ce soit la même logique de la domination qui circule à l'intérieur des deux aspects, logique qui vise l'intégration[100] progressive des deux séries de couches qui constituent la menace d'explosion du système. Et cette unique logique de la domination a comme fondement matériel la révolution industrielle.

Sous son aspect externe, on peut dire qu'historiquement, l'idéologie bourgeoise dominante a fonctionné[101] avec plusieurs visages ou composantes, dont nous rappellerons deux.

Première composante. Nous avons vu l'évacuation idéologique de l'historicité plus haut, évacuation qui correspondait à la prétention universaliste/anhistorique du discours idéologique dominant. La première composante de l'idéologie bourgeoise est donc la monopolisation ethnocentrique occidentale de la raison, de la capacité d'accès à la rationalité. Cette rationalité intégrale se manifeste dans une rationalisation de plus en plus totale des rapports homme/nature et homme/homme, et évacue, à la limite, toute transcendance extérieure à l'individu même. Cette monopolisation, ethnocentrique dans son fond, répressive dans sa forme, pose d'abord, comme postulat, l'unilinéarité du développement historique dont l'Europe reste le centre, le point de référence, et en fonction de quoi tout le reste (structures socio-économiques, culturelles, …) se trouve ravalé, dévalorisé, nié.

---

[98] Comme le dit Claude Lefort.

[99] *L'ère de l'idéologie*. pp. 81-82.

[100] Nous avons déjà parlé de la visée intégrative de l'idéologie.

[101] Et continue de fonctionner.

D'où, l'exigence de civilisation, posée comme exigence *a priori*, exigence qui comporte la négation théorique (au niveau de l'analyse) et pratique (répression physique et résorption) de tout le reste, posé à titre de survivances. Comme le montre G. Leclerc, dans *Anthropologie et colonialisme* : « En tant que survivances, en tant que rationalités mortes, les cultures primitives s'abolissent théoriquement dans l'analyse. Elles doivent s'abolir pratiquement, réellement, dans la vie effective. Elles doivent être supprimées [...], en raison de leur connexité avec les phases inférieures de l'histoire intellectuelle du monde ».[102] Seront dès lors justifiées l'agression colonialiste/néocolonialiste, l'imposition à la Périphérie d'un mode unique de pensée, articulé avec un mode unique de production...

Seconde composante : l'hypostase du développement occidental et la création du concept de sous-développement.[103] Le monde « sous-développé »[104], « dressé en bloc en face du monde développé [...], en dépit de sa majorité numérique, demeure un phénomène aberrant, une fâcheuse erreur dans le cours du progrès humain ».[105] Le concept même de sous-développement est une composante de l'idéologie dominante : il pose la société industrielle comme objectif ultime à réaliser et comme forme la plus rationnelle et la plus humaine de la relation de l'homme au monde. Or, une telle composante idéologique est de caractère problématique, avec des conséquences incalculables pour l'humain.

Cette logique de la domination a historiquement fonctionné : non seulement elle a exhibé une expression théorique, mais encore elle a réalisé sa concrétisation/effectuation dans la réalité socio-historique. C'est dans cette optique que l'on peut interpréter la traite des Noirs, la colonisation et l'impérialisme néo-colonial comme phases ou étapes historiques de la réalisation de cette logique. Le discours idéologique dominant qui s'adresse ainsi à la Périphérie et qui est un discours véhiculant une logique de la domination, se présente dès lors comme le reflet, l'expression de la réalité objective de la domination.

---

[102] *Op. cit.* p. 32.

[103] Il nous semble nécessaire d'affirmer que développement et sous-développement ne peuvent être appréhendés du simple point de vue **économiste** (économisme). Ce serait escamoter le réel qui doit être saisi comme système total/totalisateur.

[104] Présenté par Yves Benot dans sa critique de l'idéologie dominante.

[105] *Qu'est ce que le développement ?* Paris. Maspéro. 1973. p. 12. Lire aussi : Pierre Jalée : *Le pillage du Tiers-Monde*. Paris. Maspéro. 1973.

Le discours anti-idéologique dominant appelle de même de notre part un bref commentaire. Au Centre, où la frange sociale vit son « exister » en tant que « négativité », « aliénation », « objectivation », « exploitation », le discours anti-idéologique dominant est l'expression de la saisie de la négativité et de l'existence ontologiquement inscrite dans cette négativité, d'une réappropriation réelle, par soi et pour soi, de son être humain, par la frange sociale dominée. Cette réappropriation serait « le retour complet, conscient, accompli, à l'intérieur de toute la richesse du développement passé, de l'homme pour soi en tant qu'homme social, c'est-à-dire, en tant qu'homme humain ».[106] Cette réappropriation se réaliserait dans et par une transformation qualitative du système, permettant « la vraie solution de l'antagonisme entre l'homme et la nature, entre l'homme et l'homme, la vraie solution de la lutte entre existence et essence, entre objectivation et affirmation de soi, entre liberté et nécessité, entre individu et genre ». [107]

Le propre de ce discours idéologique/anti-idéologique est de liquider l'asservissement idéologique régnant, mais il ne se situe pas seulement au niveau théorique, il prétend informer et modeler une pratique sociale effective de restructuration des rapports sociaux, car en réalité, « la solution des oppositions théoriques [...], comme le note Marx., n'est possible que d'une manière pratique, par l'énergie pratique des hommes, [...] leur solution n'est donc aucunement la tâche de la seule connaissance, mais une tâche vitale réelle que la philosophie n'a pu résoudre parce qu'elle l'a précisément conçue comme une tâche seulement théorique ».[108]

Dans la formation socio-économique périphérique, satellisée, le discours anti-idéologique a eu historiquement deux visages : dans la période de domination coloniale, il visait avant tout à faire prendre conscience de la non-essentialité, c'est-à-dire du caractère transitoire de la situation, prise de conscience dont l'aboutissement aura été l'acquisition des indépendances. Ce discours anti-idéologique[109] était tributaire du discours idéologique dominant, découlant de lui en tant que

---

[106] K. Axelos. *Marx, penseur de la technique.*
[107] K. Marx. *Manuscrits de 1844*. p. 87.
[108] *Idem*. p. 87.
[109] Ou plutôt ces discours anti-idéologiques : ils étaient nombreux, avaient plusieurs visages, la réalité sociale à laquelle ils se référaient n'étant pas monolithique, mais traversée par des contradictions.

négation de celui-ci. Ce discours anti-idéologique aura eu un contenu « préformé par le système lui-même » : pour Yves Bénot, les Africains « se sont révélés producteurs idéologiques [...], dans la période antérieure aux indépendances, celle de la lutte politique pour l'indépendance [...]. L'objectif de l'indépendance a paru longtemps, aux yeux d'une Afrique qui s'était battue durement au temps de la conquête [...], qui s'était plusieurs fois révoltée contre le colonialisme [...], comme une utopie désirable mais inatteignable [...] En ce sens là [...], la formation de cet objectif d'indépendance politique [...], se présentait comme une conquête idéologique ».[110]

Dans la période post-coloniale et néo-coloniale, le discours anti-idéologique continue d'affronter le discours dominant du Centre, lequel continue son action corrosive, par le truchement de l'impérialisme culturel ainsi que par l'injection de modèles aliénants (modèles de pensée, modèles d'exister, et de produire/se produire). Ce discours anti-idéologique véhicule une idéologie de la libération, et cette libération doit désormais être entrevue comme **totale** : au niveau politique et aussi au niveau **économique**. Le rôle de cette idéologie de la libération est théorique et pratique, en même temps.[111]

II.3. La dialectique de l'idéologie[112]

La dialectique de l'idéologie renvoie à sa structuration à partir de l'économique, son lieu de genèse ; elle renvoie aussi à la structuration/information corrélative de l'économique à partir de

[110] Yves Bénot. *Indépendances africaines. Idéologies et réalités*. Tome I. Maspéro. Paris, pp. 32-33. De ce point de vue, on peut dire que les travaux ethnophilosophiques déjà largement critiqués en ce moment, ont, en cherchant à faire récupérer au nègre sa dignité bafouée par le colonialisme, participé au mouvement idéologique/anti-idéologique général de libération. Mais pour s'être situés au niveau de **l'universel abstrait** seul, (le nègre est *a priori* homme, capable de philosophie, de science, de civilisation...) ils ont à la limite fonctionné comme **ethno-idéologies** seulement, sans implications praxiques.

[111] Une fois encore : « On peut définir l'idéologie comme un corpus de principes cohérents, compatibles et exhaustif, au moyen duquel les phénomènes sociaux sont expliqués et compris, et qui, par là, fournit le fil conducteur d'une action de transformation sociale ». S.G. Ikoku. *Le Ghana de Nkrumah*. Paris. Maspéro. 1971. p. 80.

[112] Dialectique renvoie à ambivalence et à mouvement ontologiquement contradictoire.

l'idéologie[113] ; d'où le caractère ambivalent de l'idéologie, selon qu'elle est discours de telle ou telle fraction de la formation économico-sociale totale.

Le caractère négatif de l'idéologie apparaît dans la tentative d'essentialisation-éternisation de la « conjoncture » par sa présentation sous le manteau d'une universalité abstraite posée *a priori* et affirmée comme expression de **la raison** ; c'est sur cet aspect qu'ont toujours insisté les penseurs marxistes, lorsqu'ils parlent de l'idéologie dominante et de son rôle de mystification.

Face au discours idéologique dominant, l'anti-discours idéologique devient **science** ; il cesse d'être idéologie puisqu'il présente la réalité « telle qu'elle est », et puisqu'à travers lui transparaît une **conscience vraie**, qui rend possible une **connaissance non-réifiée.**[114] C'est en ce sens que l'on a parlé de la « science de Marx » : « La science (celle de Marx) n'est pas seulement une science de la réalité sociale ; elle contribue, en en prenant conscience, à créer cette réalité même, ou du moins à la modifier en profondeur »[115], note Jean Hippolyte. Sur ce caractère négatif de l'idéologie sur lequel insistent Marx et les penseurs marxistes, sur cette mystification essentielle de l'idéologie[116], les textes abondent.[117]

Le caractère positif de l'idéologie et sur lequel il faut insister du point de vue de la Périphérie, renvoie à la mobilisation théorique et pratique qu'elle permet, pour la négation, elle aussi théorique et pratique,

---

[113] Aussi devons-nous parler plutôt du complexe **économie/idéologie**, les deux étant essentiellement imbriquées. Car l'idéologie, corpus de principes, rend compte des phénomènes sociaux et informe le processus de transformation de la formation économico-sociale, laquelle agit, comme par un mécanisme de feed-back, sur l'idéologie, qui finalement n'est plus une totalité close, mais qui évolue au rythme de la transformation de la formation économico-sociale dont elle est le reflet (au sens actif du terme).

[114] Il serait avantageux de lire, à ce sujet : Franz Jakubowski : *Les superstructures idéologiques dans la conception matérialiste de l'histoire*. Paris. Etudes et Documentations Internationales, (EDI) 1976. Chapitre VI. pp. 181-199.

[115] Jean Hippolyte parle de la « science de Marx » in *Etudes sur Marx et Hegel*. Paris. Marcel Rivière. 1955. p. 154.

[116] Entendons : idéologie dominante.

[117] Lire notamment : K. Marx, F. Engels. *L'idéologie allemande*. L. Althusser : - *Idéologie et appareils idéologiques d'Etat*. - *Pour Marx*. - *Lire le Capital*. Tomes I et II...

d'une domination « **essentialisée** », en proposant un nouvel « exister » et les modalités de sa réalisation.

Nkrumah parle à ce propos du rôle d'une idéologie révolutionnaire, qui « n'exprime pas simplement le désir d'abolir l'ordre social existant », mais qui « cherche aussi à défendre et à maintenir l'ordre nouveau qu'elle instaure ».[118]

L'ambivalence essentielle de l'idéologie apparaît donc, de même que le rôle déterminant de l'économique dans le processus d'élaboration idéologique. On ne peut comprendre l'idéologie en l'abstrayant du contexte économique, puisque l'idéologie n'existe pas en soi, dans un milieu autonome, séparée de l'histoire réelle des hommes. On ne saurait décomposer la réalité historique en strates ou sphères existant en tant que modes d'existence clos, (l'économique, l'idéologique, le politique, l'artistique, le scientifique...) ; on ne saurait abstraire chacun des niveaux, et notamment l'idéologique, du fait de l'unité indivisible de l'existence humaine. Cette unité n'est pas monolithique, elle est dynamique et dialectique, puisque chaque strate participe de cette « dynamique » et de cette « dialectique » de la totalité.

III. PHILOSOPHIE ET IDEOLOGIE

L'idéologie étant désormais analysée, nous pouvons dès lors résoudre notre problème initial de savoir ce qui fait sa spécificité face à la philosophie.

Disons-le dès le départ : **la philosophie n'est pas l'idéologie,** et *vice-versa*. Les deux ne sauraient être assimilables, bien que nous admettions des « interférences » ou « infiltrations » idéologiques en philosophie, et bien que nous admettions aussi comme pouvant être fructueuse, une articulation ou une collaboration de l'idéologie et de la philosophie dans le cadre d'un contexte socio-économique précis et en fonction d'une téléologie déterminée.

[118] *Le Consciencisme*. p. 75. S.G. Ikoku le montre : « Nkrumah insistait fortement sur l'importance de l'idéologie dans l'édification d'une nation, une idéologie scientifique dans sa formulation et largement diffusée dans la totalité du peuple. Selon lui, c'est de là que peut surgir une organisation politique de masse qui repose à la fois sur le soutien de la base et sur le haut niveau de conscience idéologique, et qui constitue dès lors une force positive. » *Le Ghana de Nkrumah*. p. 80.

III.1. Quelques points de convergence

III.1.1. Le lieu d'engendrement ou existentialité

Philosophie et idéologie dérivent du réel, de la réalité existentielle, des problèmes effectifs posés par cette existentialité même. Cet aspect déjà mis en lumière pour l'idéologie doit être rappelé pour la philosophie. La philosophie comme le note Marx, « ne tombe pas toute faite du ciel », même si, dans une perspective idéaliste, il est possible de transposer au niveau de l'idéal, de l'Idée (ou d'en faire dériver), les solutions aux problèmes que pose la réalité historique concrète.

C'est dans cette perspective que nous pouvons opérer une lecture contextuelle de *la République* de Platon et y retrouver la référence au réel historique. Toute l'activité philosophique de Platon a été, on le sait, une réponse à la situation historique déterminée d'Athènes et de la Grèce antique aux Vème - IVème siècles, situation caractérisée par la déchéance de la Cité, où triomphaient ignorance, violence, injustice [...][119] déchéance contrastant notoirement avec ce que François Châtelet a appelé « un mouvement jusqu'alors ascendant de la Grèce ». L'affirmation de la Cité Idéale et l'exigence corrélative de sa « traduction/réalisation » pratique signifiait qu'elle était le positif (existant en soi :[120] l'Idée de Cité) d'un réel décadent et empreint de négativité, et dont le dépassement était inscrit en son creux en tant qu'exigence ontologique.

L'activité philosophique de Marx demeure elle aussi difficilement compréhensible sans une saisie du contexte socio-économique de l'aliénation/réification de l'homme[121] dans la structure de production/reproduction économique capitaliste, du fait du style des rapports sociaux qui y sont instaurés. Etienne Balibar, analysant la formation théorique de Marx et sa progression/transformation, montre que celle-ci est autant liée au travail de réflexion, à la prise de conscience, au génie de Marx, qu'à la situation effective au sein de laquelle s'inscrit l'effort de recherche de Marx lui-même : celle de la

---

[119] Laquelle injustice culminera dans le procès et la condamnation à mort de Socrate, « de l'homme dont volontiers nous dirions, nous autres que, entre ceux de ce temps que nous avons pu éprouver, il a été le meilleur et, en outre, le plus sage ». Cf. : *Phédon.* II 8.a.

[120] C'est là tout le problème de l'idéalisme platonicien.

[121] Lisons : *Le prolétaire*, et son double : *Le bourgeois*.

base matérielle d'une part, celle, d'autre part, du conflit politique/idéologique de classe entre la bourgeoisie et le prolétariat.[122] Il n'est pas nécessaire de multiplier les exemples : la référence à Platon et à Marx suffit à asseoir l'idée que philosophie et idéologie naissent d'un contexte précis, d'une formation économico-sociale déterminée. Mais ce n'est pas à cela seulement que s'arrêtent la convergence et la ressemblance entre philosophie et idéologie.

III.1.2. La dialectique théorie/pratique

La fonction théorique (de connaissance) semble l'emporter en philosophie en tant que recherche de signification de la totalité, par rapport à la fonction pratique (ou de *praxis*). Par contre, la fonction pratique l'emporte dans l'idéologie, en tant que «politique» visant, soit la conservation, soit la transformation du *statu quo*. Nous admettons volontiers cela, à condition de ne pas séparer de manière totale et définitive théorie et pratique, pratique et théorie.

Philosophie et idéologie sont toutes les deux pratico-critiques, critico-pratiques. L'activité philosophique ne peut en rester à la seule connaissance de la vérité ; cette « vérité » que doit révéler la philosophie à l'existence[123], l'existence humaine doit se l'approprier, c'est-à-dire, la réaliser. H. Marcuse[124] peut donc affirmer : « Le souci de l'existence humaine et de sa vérité fait de la philosophie, au sens le plus profond,

---

[122] « Du point de vue théorique note Etienne Balibar, la période de jeunesse de Marx l'a conduit de la philosophie idéaliste allemande, dont la dialectique hégélienne était la forme la plus systématique [...] au matérialisme « critique » (sous l'influence prépondérante de Feuerbach), puis au matérialisme historique. Ce processus de transformation a permis la combinaison de trois « sources » hétérogènes : la philosophie allemande, le socialisme utopique [...], l'économie politique « classique » anglaise. En même temps qu'une transformation de la position théorique de Marx, il s'agit donc d'abord d'une transformation objective de ces sources théoriques elles-mêmes. C'est, en ce sens, l'effet d'un processus historique et social[122] et non un simple itinéraire subjectif ». *Cinq études du matérialisme historique*. Paris. Maspéro. 1974. p. 22.

[123] Prenons garde de ne point saisir la « révélation de la vérité » que réalise la philosophie en un sens théologique. Un mode d'existence « vrai » est celui dans lequel l'essence de l'homme (liberté et raison) est réalisée et non niée. Il s'agit donc pour la philosophie, de confronter l'existence concrète à « sa vérité », pour saisir la marge de réalisation ou de non réalisation de cette vérité.

[124] Voir : *Philosophie et révolution. Sur la philosophie concrète*. pp. 125 -126.

une "science pratique" ». Philosophie et idéologie, à ce niveau, s'apparentent, sans pour autant se confondre.

Et la dialectique théorie/pratique, relevée plus haut, montre que la pratique est structurée/informée par la théorie, de même que la théorie est restructurée/réinformée par la pratique. Il y a ainsi double rapport au réel de la théorie (de l'idéologie et de la philosophie) ; en amont, puisque le lieu d'engendrement est le réel ; en aval, puisque le point d'application est aussi le réel.

Nous évacuons ainsi la dissociation traditionnelle théorie/pratique en philosophie, avec la neutralisation de la praxis qui s'ensuit, neutralisation à laquelle a abouti par exemple l'idéalisme dialectique de Hegel pour qui le philosophe est un organe « par lequel l'Esprit Absolu qui fait l'histoire parvient à la conscience après coup, après que le mouvement est achevé ».[125] Le philosophe, selon Hegel, ne « participe » pas à l'histoire (au sens pratique du terme), ou peut-être n'y participe qu'après coup, par une conscience *a posteriori*, par une prise de conscience *a posteriori* de l'activité de l'Esprit Absolu, par une prise de conscience *a posteriori* de sa « phénoménologie » dans l'Histoire.[126]

III.1.3. Historicité et engagement

Philosophie et idéologie « engagent » le sujet historique ; ce dernier ne philosophe pas de façon « pure », dégagée, désintéressée. Sa réflexion engage son destin individuel et le destin collectif. Le sujet ne saurait être un « **ego transcendantal** », au sens husserlien ; il est plutôt un « **moi empirique** » : ce n'est pas à un sujet abstrait qu'on a affaire ; il s'agit d'un sujet concret, historique, et qui fait de son activité de réflexion une activité engageant son existence concrète ; cette activité de réflexion est fondée sur la raison qui, normant elle-même le mouvement de la pensée et de l'action, se présente en même temps comme exigence théorique et

---

[125] *Les superstructures idéologiques*... p. 70.

[126] « La philosophie se tient ainsi, chez Hegel, note Franz Jakubowski [...] en dehors de l'histoire, au lieu d'être conçue comme l'un des ses éléments. Tandis qu'il conçoit historiquement les divers systèmes philosophiques comme développement progressif de la vérité », comme « moments » de l'unité organique, le développement historique de la philosophie demeure en dehors du reste de l'histoire réelle. Le problème de l'unité de la théorie et de la pratique, de la connaissance et de la transformation, surgit comme une conséquence de sa conception dialectique de l'histoire, sans pourtant trouver chez lui de solution ». *Idem*. p. 71.

exigence pratique. De même, nous l'avons vu, le sujet historique est « engagé » dans le discours idéologique ou anti-idéologique. « Etre ou ne pas être », « continuer à être ou cesser d'être », voilà comment se posent les problèmes liés à l'historicité et qui sollicitent l'engagement du sujet. Comment une échappatoire serait-elle donc possible ?[127] Ces points de convergence analysés, passons aux divergences, maintenant.

III.2. Quelques points de divergence

III.2.1. Immanence et transcendance

Le processus d'élaboration des idées, représentations et idéologies est une donnée immanente à l'homme. L'homme ne peut ne pas se représenter, élaborer des idées et idéologies. La représentation est donc un mode de rapport au réel immanent à l'existant humain, mode qui fait précisément sa spécificité, lorsque cet existant est comparé aux autres êtres de la nature. Que le rapport au réel, dans le cadre de l'idéologie, produise la vraie ou la fausse conscience, il n'en est pas moins vrai que ce rapport est ontologiquement inscrit dans l'être comme une de ses dimensions.

Nous pouvons donc dire que l'idéologie est **l'en-decà** de la philosophie qui, elle, est expression de la transcendance de l'être humain, de sa raison critique et normative. Elle n'est donc pas seulement représentation du rapport (imaginaire ou réel) de l'être concret aux conditions d'existence réelles, matérielles. Elle est exigence de dépassement du **réel** examiné à la lumière de la raison, un réel saisi dans sa négativité et dans son déploiement dialectique nécessaire. C'est à notre avis, l'impossible réalisation totale de la raison dans le réel qui pose *a priori* la nécessité de philosopher comme restauration de cette raison dans sa dignité ainsi que celle de son effectuation dans l'histoire. Aussi affirmons-nous que la philosophie est transcendance et dépassement.

III.2.2. Rationalisation et raison

La philosophie est souci de traduction pratique de la raison et d'analyse théorique/rationnelle du réel ; l'idéologie, quant à elle, est rationalisation du réel, justification (dans le cas du discours idéologique

[127] Nous retrouvons ici notre idée fondamentale : l'être, le sujet historique est **évènement** et **avènement**. On ne peut le saisir de façon transcendantale, hors de l'histoire.

dominant) ou négation (dans le cas du discours anti-idéologique). D'où, pour ce qui est de la philosophie, **normativité transcendantale**, exigence *a priori* de réaliser la raison et les valeurs, alors que, pour l'idéologie, **normativité programmatique** : le rapport au réel inscrit dans l'idéologie peut proposer (à tire de programme), en fonction de la conjoncture, certaines exigences à réaliser (défense du *statu quo*, critique de celui-ci). Mais ceci n'est pas fait au nom d'une ou de plusieurs valeurs absolues, en dehors de celles que le sujet et la formation économico-sociale intentionnent ou choisissent de réaliser et, éventuellement, absolutisent pour la circonstance.

L'effectuation d'un programme idéologique « réaliserait » l'idéologie, et bien qu'une « philosophie » puisse éventuellement avoir à « effectuer » un programme, en aucun cas disons-nous cette effectuation ne « réaliserait » la philosophie, qui se situe toujours au-delà d'une de ses formulations systématiques conjoncturelles.

III.2.3. Totalité et histoire

Le discours idéologique (ou anti-idéologique) se veut discours clos, total : il se veut système. A l'intérieur du discours idéologique, nous nous situons dans un champ où le langage devient l'unidimensionnalité, la négation décidée de l'« autre ». Marcuse analyse à ce niveau cette unidimensionnalisation du discours dans la société industrielle avancée, où le discours politique aussi bien que le discours idéologique quotidien prennent la forme d'une « administration totale », du fait de « l'opérationalisme ». Ici disparaissent, au niveau du discours comme au niveau du comportement, la « dialectique » et en même temps la « bidimensionnalité ».[128]

Certes le discours idéologique clos, qui fonctionne en tant que totalité, est susceptible d'évolution ; mais il souffre peu la contradiction, il masque sa négativité, il devient, à la limite totalitaire. C'est sur ce point fondamental que philosophie et idéologie s'opposent.

---

[128] « La tension entre l'apparence et la réalité, entre le fait et la valeur, entre la substance et l'attribut, note Marcuse, tend à disparaître. La parole et le langage s'imprègnent d'éléments magiques, autoritaires, rituels. Le discours est privé de termes médiats qui sont les étapes du processus de la connaissance et de l'évaluation cognitive. Les concepts qui appréhendent les faits et qui les transcendent sont en train de perdre leur représentation linguistique authentique ». *L'homme unidimensionnel*. Editions de Minuit. 1968. p. 110.

En effet, il existe dans l'histoire des systèmes de philosophie : le platonisme, le marxisme, l'hégélianisme, l'épicurisme... sont là, pour en témoigner. Mais, en aucun cas, un de ces systèmes ne peut être considéré comme vérité absolue, la seule vérité absolue, en philosophie, devant être la primauté de la raison et de l'essence humaine, en fonction de laquelle le réel est saisi, évalué, normé.[129]

Nous pouvons donc dire que la philosophie est procès.[130] Elle est un processus de dévoilement permanent de la vérité. Une clôture des systèmes de philosophie correspondrait concrètement à la mort de la pensée, à la mort de la philosophie. Que les systèmes soient toujours ouverts, et même, qu'ils contiennent en leur sein, les éléments qui précisément permettront leur dépassement, leur révision critique, ceci nous semble évident.[131]

---

[129] En un sens, Paulin Hountondji a raison d'affirmer ceci : « Que la philosophie soit une histoire et non un système, cela veut dire entre autres choses, qu'aucune doctrine philosophique ne peut être considérée comme la vérité, au singulier, la vérité avec un grand V ». *Sur la « Philosophie africaine »*. Paris. Maspéro. 1977. p. 83.

[130] Au double sens du terme : jugement, cheminement.

[131] A titre d'exemple, Hegel affirme que : « Le spirituel seul est l'effectivement réel [...] ce qui est en soi [...] ou, il est en soi et pour soi ». *Phénoménologie de l'Esprit*. Tome 1. p. 23. Paris. Aubier, (1939-1941). 2 volumes. Il affirme aussi que seule est douée de réalité l'Idée, en dehors de laquelle il n'existe pas d'être réel. Dès lors, il y a une identité qui procède par l'élimination tendancielle de l'un des éléments, l'Etre. D'où une absorption de l'Etre dans la pensée, si bien que disparaît l'unité dialectique entre Idée et Etre.

Feuerbach aura été le premier à critiquer cette inconséquence de la démarche hégélienne qui évacue finalement la dialectique. « On ne peut déduire l'Etre de la Pensée qu'à la condition d'avoir d'abord rompu l'unité vraie de la Pensée et de l'Etre, d'avoir d'abord par l'abstraction, ôté à l'Etre son âme et son essence, pour retrouver ensuite, après coup, dans cette essence abstraite de l'Etre, le sens et le principe de cet Etre vide pour lui-même », note Feuerbach. « Thèses provisoires pour la réforme de la philosophie », in *Manifestes philosophiques*. Textes choisis et traduits par Louis Althusser. Paris. PUF. 1960. p. 121.

Pour parvenir dès lors à une véritable unité entre Pensée et Etre, il est nécessaire de dépasser l'unité formelle établie par Hegel. Ceci pour que soit justement conservée la dialectique. Pour Franz Jakubowski : « Marx, Engels, et avant eux Feuerbach, ont donc agi conformément à l'esprit de Hegel en rejetant son point de vue idéaliste. [...] C'est pourquoi la critique de l'idéalisme hégélien ne procède pas de points de vue purement empirico-pratiques, mais de la théorie hégélienne elle-même. La philosophie de Hegel porte en elle-même le germe de son propre dépassement ; elle est « dépassée » par Marx, c'est-à-dire à la fois niée et conservée ». *Les superstructures idéologiques...* p. 68.

Alors que l'idéologie est tendanciellement totalité, clôture et enfermement, la philosophie est essentiellement histoire et ouverture illimitée. Non seulement elle est historicité, c'est-à-dire insérée dans l'histoire, mais encore histoire, en tant que dynamique permanente de recherche, tension critique entre être et devoir-être, un devoir-être qui est expression ou réaffirmation de la raison.

IV. CONCLUSION

Philosophie et idéologie ne sont pas assimilables, compte tenu de leurs divergences nettes. Mais, y a-t-il opposition irréductible ? Peut-être non. La séparation existe, mais n'est pas totale, entre philosophie et idéologie. La philosophie peut se trouver articulée à l'idéologie dominante ou à l'anti-idéologie dominante en vigueur dans le cadre d'une société spécifique ; elle peut, comme l'idéologie, tendre à infléchir le processus du devenir historique de ladite société.[132] Ce qui fera qu'elle reste philosophie, c'est sa non-coïncidence et son impossible assimilation avec le projet historique dont elle tente la traduction pratique ; c'est, en un mot, l'ouverture et la tension critique, qui renvoient à l'idée de transcendance. Si l'idéologie est **en-decà** de la philosophie, la philosophie, elle, nous apparaît dès lors, comme **au-delà** de l'idéologie, son dépassement : un dépassement toujours projeté et entrepris, jamais total et définitif.

[132] C'est le cas de la philosophie africaine contemporaine, qui, essentiellement philosophie de la libération, se trouve articulée avec l'anti-idéologie dominante, avec l'idéologie de la libération.

CHAPITRE II

PHILOSOPHIE ET ETHNOPHILOSOPHIE. QUESTION DE METHODE*

« *La philosophie, renonçant à une hypothétique objectivité ou neutralité, se place d'un point de vue axio/politique et téléologique simultanément : du point de vue des* ***valeurs*** *et des* ***fins*** ».

Pius ONDOUA

Version légèrement remaniée de la communication « Eléments pour une position du problème de la méthode en philosophie » parue dans les *Actes du colloque de philosophie de l'ENS.* Avril 1983.

REMARQUE LIMINAIRE

Les débats inaugurés il y a une trentaine d'années sur l'existence de la philosophie africaine ont certes perdu de leur intensité, mais pas de leur actualité. Il faut dire que ces débats ont porté essentiellement sur la critique de la méthode utilisée par les tenants de la **philosophie ethnologique** ou **ethnophilosophie,** accusés de trahison tant par rapport à la philosophie et à sa méthode (essentiellement critique) que par rapport à l'ethnologie et à sa méthode (positive et descriptive). L'ethnophilosophie est alors apparue, au mieux comme pré-philosophie, philosophie ethnique, essentialiste, sans rapport critique ni avec son lieu d'engendrement, ni avec les perspectives et finalités de son déploiement.

Ouvrir à nouveau ce débat, aujourd'hui, renvoie à un réexamen, toujours d'actualité, de l'objet même de la philosophie, ainsi que de la mission à assigner à la philosophie africaine, du présent et de l'avenir, au regard de la contemporanéité et de l'histoire, dont les défis, multiples (paix, liberté, humanisation du réel, déploiement maximal de l'essence humaine...), interpellent le philosophe.

I. LA PHILOSOPHIE ET SA PRATIQUE

I.1. L'objet de la philosophie

La philosophie existe et se pratique : comme discipline académique, certes, mais aussi et surtout, comme tentatives répétées à travers l'histoire, de poser et résoudre les problèmes les plus fondamentaux de l'existence de l'homme. Ces problèmes sont essentiellement de trois ordres. Ils concernent tout d'abord l'origine aussi bien que le comment de ce qui est. En ce sens, la source ou l'**origine** de l'entreprise philosophique, pour Aristote, c'est fondamentalement « l'étonnement que les choses soient ce qu'elles sont » ; la philosophie naît du problème de savoir « pourquoi y a-t-il quelque chose plutôt que rien »[133], pour Leibniz.

Ces problèmes concernent ensuite les **valeurs (axiologie)** qui doivent régir l'existence individuelle et sociale du sujet humain, ainsi que celle de la collectivité dans son ensemble, ce qui justifie que toute philosophie soit morale et politique.

---

[133] *Métaphysique.* A, 2, 982 a, 13.

Ces problèmes concernent enfin le sens (**téléologie**) à donner à cette existence même, dans le sillage de la question kantienne : **qu'ai-je le droit d'espérer ?** et de toute la réflexion que mène Platon dans le *Phédon*, sur l'immortalité de l'âme.

Comme caractéristiques de la réflexion philosophique, nous citerons donc : son **existentialité** et son **historicité,** ainsi que sa liaison au sujet social et historique qui philosophe d'une part, **sa genèse** en tant que questionnement sur l'être et le devoir-être d'autre part...[134]

Pierre Aubenque, commentant Aristote, montre que : « La philosophie ne naît pas d'un élan spontané de l'âme, mais de la pression même des problèmes. »[135] La philosophie, ainsi définie, est alors étonnement et questionnement ininterrompu, recherche dont l'origine et le sens sont déterminés par la « pression des choses ». « La philosophie décrit une courbe qui va de l'étonnement originel à l'étonnement devant ce premier étonnement, note Pierre Aubenque ; si les choses tirent l'homme de son ignorance satisfaite pour en faire un philosophe, elles contraignent ensuite le philosophe â les reconnaître telles qu'elles sont ».[136]

L'histoire est donc jalonnée de systèmes de philosophie, et aucun de ces systèmes ne saurait prétendre au statut de **vérité absolue, définitive**. La philosophie est histoire. Cette histoire, « ascèse de la **vérité »**, et saisie de la contemporanéité, se fait avec **méthode**.

I.2. Objet et méthode

Etymologiquement, méthode vient du grec, voie vers, marche vers. Ce terme signifie donc : poursuite, recherche, effort pour atteindre une

[134] Les philosophes, note Marx, « ne sortent pas de terre comme des champignons, ils sont les fruits de leur époque, de leur peuple, dont les énergies les plus subtiles, les plus précieuses et les moins visibles s'expriment dans les idées philosophiques » ; nous dirons que la philosophie « n'est pas extérieure au monde », qu'elle est « la quintessence spirituelle de son temps [...], philosophie du monde présent ». *Der Leitende Artikel.* N° 79 *Der Kölnischen Zeitung.* Traduit et publié dans les *Morceaux choisis de Karl Marx.* Paris. Gallimard. 1934. pp. 35-36.

[135] *Le problème de l'être chez Aristote.* Paris. PUF. 1972. p. 83.

[136] *Ibidem*. p. 83.

fin. Il renvoie alors, *a priori*, à l'idée « d'une direction définissable et régulièrement suivie dans une opération de l'esprit ».[137]

En dépit de quelques fluctuations, ce sens demeure et se retrouve à travers toute l'histoire de la philosophie. Il se retrouve chez Aristote, où il est utilisé comme synonyme de recherche, comme dans l'expression **recherche sur la nature**, tirée de *Physique III*, (1.200, 13) ; il est en même temps synonyme de système, de théorie, autant que de cheminement théorique. Il se retrouve aussi chez Platon, où il prend tout d'abord la signification de doctrine, de totalité théorique (comme dans le *Théétète*), ensuite celle de cheminement, lorsque Platon parle par exemple de la **méthode dialectique** : « La méthode dialectique est, selon Platon, la seule qui, rejetant les hypothèses, s'élève jusqu'au principe pour établir solidement ses conclusions et qui, vraiment, tire peu à peu l'oeil de l'âme de la fange grossière où il est plongé, et l'élève vers la région supérieure, en prenant comme auxiliaires et comme aides pour cette conversion les arts que nous avons énumérés ».[138]

Ce sens se retrouve encore chez Kant, où l'on observe une opposition entre une **théorie transcendantale des éléments** d'une part[139], et une théorie transcendantale de la méthode, d'autre part.[140] Gérard Lebrun nous présente cette méthode comme étant « à proprement parler la règle de la *praxis* (exercice) [...] ce qui est le plus important pour la pensée ».[141] C'est dire d'ailleurs que toute la *Critique de la raison pure* de Kant n'est qu' « un traité de la méthode ».[142]

Ce sens se retrouve enfin chez Marx qui différencie méthodologiquement sa saisie du réel par rapport à celle de Hegel.[143]

---

[137] Lalande (André). *Vocabulaire technique et critique de la philosophie.* Paris. PUF. 1968. p. 624.

[138] *La République.* Livre VII, 533, e et d.

[139] Dont l'objet est d'examiner la nature et la valeur des matériaux avec lesquels nous pouvons construire notre connaissance en vue de déterminer à quels usages ils sont propres ou impropres.

[140] Dont l'objet est de choisir, entre les divers usages qui peuvent être faits de ces éléments, celui qui satisfera le mieux à nos besoins intellectuels.

[141] *Kant et la fin de la métaphysique.* Paris. Armand Colin. 1970. p. 26.

[142] *Ibidem.* p. 26.

[143] « Ma méthode dialectique, note Marx, non seulement diffère par la base de la méthode hégélienne, mais elle en est l'exact opposé. Pour Hegel, le mouvement de la pensée qu'il personnifie sous le nom de l'Idée, est le démiurge de la nature, laquelle

Il y a donc, en philosophie, une méthode, qui la constitue en tant que « champ théorique spécifique ». Mais, plutôt que de parler d'une méthode unique, disons plutôt qu'il y a pluralité de méthodes, avec une intentionnalité unique : réaliser la primauté de la raison.

Faut-il comprendre l'existence de cette pluralité de méthodes par simple référence à la subjectivité de chaque philosophe, ce qui révélerait à l'évidence un réel danger de subjectivisme ? Faut-il la comprendre plutôt en liaison avec la nature dialectique du réel et de l'évolution conjointe de ce réel et du regard philosophique que l'on peut poser sur lui, ce regard philosophique ne pouvant être abstrait, ni du **réel**, son objet, ni du **sujet historique**, son auteur, ni du **mouvement historique**, ni enfin être isolé des autres regards (artistique, idéologique/politique, religieux...) qui le déterminent et qu'il détermine aussi dialectiquement ? C'est en fait ce second point de vue que nous allons adopter pour établir une liaison nécessaire entre réel/historique et représentation/sujet social.[144]

I.3. Le statut du sujet qui philosophe

Trois « prédicats ontologiques » caractérisent le sujet qui philosophe (aussi bien que le sujet humain générique) : il est liberté, raison, historicité.

---

n'est que la forme phénoménale de l'Idée. Pour moi au contraire, le mouvement de la pensée n'est que la réflexion du mouvement réel, transporté et transposé dans le cerveau de l'homme [...]. Mais, bien que, grâce à son *quiproquo*, Hegel défigure la dialectique par le mysticisme, ce n'en est pas moins lui qui en a le premier, exposé le mouvement d'ensemble. Chez lui, elle marche sur la tête, il suffit de la remettre sur les pieds pour lui trouver une physionomie tout à fait raisonnable ». Extraits de la *Postface de la seconde édition allemande du Capital*. In *Oeuvres. Economie*. Tome I. Gallimard. NRF. p. 558.

[144] L. Althusser et E. Balibar affirment en effet dans *Lire le capital* que : « Loin donc que la « pensée » soit une essence opposée au monde matériel, la faculté d'un sujet transcendantal « pur », ou d'une «conscience absolue», la « pensée » est un système réel propre, fondé et articulé sur le monde réel d'une société historique donnée, qui entretient des rapports déterminés avec la nature, un système spécifique défini par les conditions de son existence et de sa pratique, c'est-à-dire par une structure propre, un type de « combinaison » déterminé existant entre sa matière première propre, ses moyens de production propres et ses rapports avec les autres structures de la société ». Lire *Le Capital.* Tome I. Paris. Maspéro. 1973. p. 48.

Il est liberté d'une part, non en ce sens qu'il ne serait point déterminé ; il est au contraire déterminé tant du point de vue physique et biologique que du point de vue psychologique et social. Mais il est liberté en ce sens qu'il est transcendance, indétermination, auto-détermination transcendant la détermination initiale. Nous reprendrons ici un des aspects de la définition que donne Lalande de la liberté : pour lui, la liberté est « état de l'être humain qui réalise dans ses actes, sa vraie nature, considérée comme essentiellement caractérisée par la raison et la moralité ».[145]

Parler ici de vraie nature de l'homme revient à tenir un discours proprement ontologique : le sujet est liberté. Cette liberté transparaît dans l'agir, le faire ; elle se manifeste dans l'intention, la fin : le sujet est intentionnalité, projet, décision. Elle culmine dans la responsabilité, dans l'auto-implication du sujet dans son action, le langage de l'action étant « *sui- référentiel* ». Cette liberté est enfin, avec Kant, autonomie de la volonté, volonté autonome, propriété que cette volonté a d'être à elle-même sa propre loi : « Cette proposition, la volonté dans toutes les actions est à elle-même sa loi, n'est qu'une autre formule de ce principe : il ne faut agir que d'après une maxime qui puisse aussi se prendre elle-même pour objet, à titre de loi universelle »[146], note Kant.

Ce sujet est **raison**, ensuite. Certes il existe en lui toute cette frange de l'irrationnel (sentiments, instincts, passions, *libido*), dont Freud a si bien, parmi d'autres, montré la prégnance sur le sujet et ses comportements. Mais il est raison en ce sens que, ne se déployant pas au seul niveau de l'être-là phénoménal, le sujet se pose et se donne **sens** et **fin :** il donne une signification et une téléologie à son existence ; bien plus, il se pose comme **fin** en soi, saisie du double point de vue subjectif et objectif.[147] Mais dire, avec Kant, que la nature raisonnable se pose à

[145] Lalande (A). *Op. cit.* p. 562.

[146] *Fondements de la métaphysique des moeurs*. Paris. Traduction nouvelle, avec introduction et notes par Victor Delbos. Edition Delbos. Librairie Delagrave. p. 180.

[147] Comme le développe Kant : « La nature raisonnable existe comme fin en soi. L'homme se représente nécessairement ainsi sa propre existence, c'est donc en ce sens un principe subjectif d'actions humaines. Mais tout être raisonnable se présente également ainsi son existence, en conséquence du même principe rationnel qui vaut aussi pour moi, c'est donc en même temps un principe objectif dont doivent pouvoir être déduites, comme d'un principe pratique suprême, toutes les lois de la volonté ». *Ibidem*. p. 150.

elle-même une **fin**, c'est affirmer, du même coup, que **liberté** et **raison** sont liées.

Ce sujet humain est enfin, **histoire** : ses prédicats de liberté et raison se déploient dans l'histoire, dans l'expérience de la socialité.[148] A la suite de Marx, Marcuse démontre que l'homme vit toujours dans un milieu déterminé « en tant qu'homme environné d'autres hommes et de choses, de sorte que ce milieu, bien qu'il ne cesse de se découvrir à lui au fur et à mesure que se développe son expérience, lui apparaît néanmoins dès le début comme quelque chose qui lui appartient essentiellement ». Le sujet ne peut donc exister que dans l'histoire, et la philosophie gagnerait à choisir, comme méthode, celle qui, comme le montre Marcuse, « connaît l'être et les événements sociaux dans leur pleine indépendance (et interdépendance) et leur autonomie en tant que modalités ontologiques (et historiques) de l'existence humaine même ».[149]

I.4. Quelle méthode en philosophie ? De la méthodologie transcendantale à la méthodologie dialectique

Nous procéderons à ce niveau à une **critique** et à une **affirmation :** une critique de la méthodologie transcendantale, qui considère les possibilités, envisage une « analyse de la connaissance », vise à « fonder théoriquement la réalité » d'une part, et une affirmation du nécessaire passage à la méthodologie dialectique, qui considère les réalités, analyse la réalité et vise à changer pratiquement cette réalité, d'autre part.

Entre ces deux méthodologies ou voies de saisie du réel, il y a une différence de **nature.**[150]

---

[148] L'idée largement répandue de Marx selon laquelle « L'essence de l'homme n'est pas une abstraction inhérente à l'individu isolé. Dans sa réalité, elle est l'ensemble des rapports sociaux ». Thèses sur Feuerbach. Thèse IV, in *L'Idéologie allemande*. Paris, Editions sociales. 1968. p. 33, est reprise dans un texte particulièrement suggestif d'Herbert Marcuse : *Philosophie et Révolution*. Paris. Editions Denoel/Gonthier, pp. 32-33.

[149] *Ibidem*. p. 37.

[150] Kant dira, de la méthode transcendantale, dans la *Critique de la raison pure :* « J'appelle transcendantale toute connaissance qui s'occupe non tant d'objets que de notre mode de connaissance des objets dans la mesure où cette connaissance doit être possible » ; et de la déduction transcendantale de toutes les notions *a priori,* Kant dira qu'elle a « un principe qui doit orienter toute investigation postérieure, à savoir que ces

La méthode transcendantale se détourne du réel tel que révélé dans le cadre de l'expérience spatio-temporelle, bien que cette réalité puisse être récupérée comme exemple, vérification : « ce qui doit être dégagé par l'analyse ». Comme le montre Marcuse : « ce n'est pas le *hic* et *nunc* de la réalité que l'homme rencontre dans sa vie quotidienne ou qu'il considère, dans sa " constitution naturelle " ; ce ne sont pas les lois qui existent en elle, la vie concrète de l'homme et son rapport au monde, mais la possibilité de ce monde et de ses lois ».[151] Une mise à l'épreuve radicale est donc opérée de la réalité et de l'expérience, « au nom de leur validité », Kant récupérant ainsi, en le dépassant, le doute rationaliste de Descartes. Un tel éloignement par rapport à la réalité s'explique dans la mesure où cette réalité ne peut être saisie comme telle que pour autant que les formes de l'intuition pure et les catégories subsument *a priori* ce *hic et nunc*, cette réalité.[152]

Il y a donc une **épuration de la réalité et de l'histoire**. « Par sa nature même, la philosophie transcendantale est incapable de fournir un fondement à l'expérience sociale parce que sa méthode exclut dans son principe même la réalité concrète, seule base possible de l'expérience sociale »[153], notera Marcuse à ce sujet.

Dès lors la méthode transcendantale ne saurait nous aider efficacement à la saisie de l'être/histoire/socialité, puisque l'être social n'est pas saisi en tant qu'événement, ou mieux, avènement dans le temps. Or, « l'être social de l'homme, parce qu'il n'est possible que comme " événement " dans l'histoire, exige une approche méthodologique qui l'appréhende essentiellement en tant que réalité historique »[154], affirme Marcuse. C'est donc une méthodologie existentielle et dialectique qu'il s'agit d'adopter, une méthodologie caractérisée par une conception de l'**histoire** qui a comme base la vie réelle. Cette méthodologie fait de cette histoire le produit de la *praxis* humaine et sociale, et rend compte tant de la structure sociale que des superstructures et de l'ensemble des diverses

---

notions doivent être reconnues comme conditions *a priori* de la possibilité de l'expérience ».

151 *Ibidem*. pp. 7 et 8.

152 « Alors, remarque Marcuse, la vérité du réel cesse d'être un problème. Puisqu'elle est fournie *a priori* par la synthèse transcendantale de la conscience pure, dont elle est proprement l'oeuvre, qui la constitue connue "vraie" ». *Ibidem*. p. 10.

153 *Ibidem*. p. 29.

154 *Ibidem*. p. 15.

productions théoriques et des formes de la conscience individuelle et sociale, parmi lesquelles, la religion, la philosophie, le droit, la morale, l'idéologie...

Cette méthodologie saisit aussi le sujet en tant que conscience sociale et sujet pratique en même temps ; un sujet qui, dans son rapport à soi même et au monde et dans sa pratique sociale et historique, se révèle comme un sujet déterminé certes par la situation historique, mais qui, néanmoins, réalise une fin de l'histoire définie par lui-même.[155]

On pourrait trouver paradoxale la double affirmation de la détermination du sujet par les circonstances d'une part et de l'orientation de ces circonstances par le sujet, dans le cadre de sa pratique historique, d'autre part. En fait, il n'y a pas là paradoxe, car loin de subir passivement le cours de l'histoire, il l'oriente, lui assigne une fin.[156]

Il y a pour ainsi dire, signification des facteurs naturels comme « fondements, prémisses et conditions de la production »[157] (production de l'existence individuelle et sociale) d'une part ; il y a aussi non-unilatéralité de la détermination de l'homme par les circonstances, mais plutôt interdétermination dialectique entre homme/nature et conditions d'autre part. Nous aboutissons ainsi à cet **humanisme**, qui saisit, comme dialectique, le rapport sujet/conditions, et affirme la véritable relation dialectique **conscience/être**. « Cette unité (unité dialectique conscience/Etre) se manifeste dans l'interaction dialectique, à l'intérieur de la dynamique historique de la réalité humaine »[158], note Franz Jakubowski.

Cette méthodologie se caractérise enfin par une insistance sur la relation dialectique entre la théorie et la pratique, sans désarticulation des deux. La méthode dialectique, en philosophie, affirme la liaison

---

[155] Dans *Sur la philosophie concrète*, Marcuse montre en effet que : « Le trait distinctif de l'existence humaine est de ne pas s'accomplir déjà dans son seul être, de se trouver « confrontée » à ses possibilités, d'être obligée de saisir d'abord ces possibilités et de vivre par là, sous la question de son « pourquoi ». *Philosophie et Révolution.* pp. 121 - 122.

[156] « Toute l'histoire doit partir de ces bases et de leurs modifications par l'action des hommes au cours de l'histoire », affirmait Marx dans *L'Idéologie Allemande.*

[157] Franz Jakubowski. *Les superstructures idéologiques dans la conception matérialiste de l'histoire.* Paris EDI. 1976. p. 86.

[158] *Ibidem.* p. 119.

nécessaire entre la théorie et la pratique, l'articulation de la position et de l'effectuation du **sens.**[159] **L'appropriation** de la vérité que la réflexion philosophique dévoile (à savoir que l'homme est sujet historique de liberté et de raison) doit produire ses effets dans l'exister concret de ce sujet et dans celui de la société. Nous nous situons là au double niveau éthique et politique.[160]

Enfin, cette relation dialectique entre théorie et pratique est loin d'être contingente. Pour Franz Jakubowski : « La théorie ne constitue pas une somme de connaissances que la pratique appliquerait plus ou moins adéquatement. Mais la conscience est saisie ici comme un élément décisif de la pratique, comme sa composante nécessaire et comme une condition préalable à la transformation de la réalité ».[161]

Dès lors, la philosophie doit assumer pleinement sa tâche, en tant qu'activité critique et pratique, simultanément. Plutôt que d'opérer la libération et l'émancipation des hommes au niveau du seul imaginaire et de la représentation, la philosophie permettra l'émancipation des hommes en effectivisant la vérité, urgence existentielle saisie d'abord au niveau théorique, mais ouverte sur la pratique.

I.5. Quelques conclusions

1. La philosophie appréhende l'existence humaine concrète ; elle est pensée et saisie rationnelle de la contemporanéité, et révélation à l'existence de « sa vérité » dans la perspective de son effectuation. Elle apparaît donc comme **rationalisation du réel pour une réalisation du rationnel,** avec, comme lieu d'engendrement, **l'existentialité, l'histoire**. Elle implique, dans son essence, une dialectique théorie/pratique, sans que cette dialectique nous amène à confondre philosophie et idéologie.

---

[159] « Le souci de l'existence humaine et de sa vérité fait de la philosophie, au sens le plus profond, une "science pratique" », note Marcuse. *Philosophie et Révolution.* p. 125.

[160] Ainsi, pour Marcuse : « Si la philosophie veut se préoccuper sérieusement de l'existence, elle ne doit pas considérer cette contingence de l'existence déterminée par la situation historique en tant que simple facticité, « perspective » historique, hasard temporel, en tant que réalisation d'un « contenu ontologique » (placé lui-même en dehors ou au-dessus du temps), mais en tant que destin de l'existence, en tant que plénitude concrète de celle-ci ». *Ibidem.* p. 128.

[161] Jakubowski. *Op. cit.* p. 121.

2. Il y a donc en philosophie, un double rapport au réel, **en amont** et **en aval**. **En amont,** c'est la pression même des questions que pose au sujet l'existence, le réel, et le souci de leur trouver une solution rationnelle, et de donner **sens** à cette existence, qui fait surgir la philosophie. **En aval**, le sens donné par le philosophe est à **faire**, à réaliser, pratiquement, puisque la philosophie **engage** le sujet historique.

3. Ce processus dialectique, ce processus permanent de confrontation du réel et du devoir-être renvoie à une affirmation de la transcendance du sujet, **liberté** et **raison.** C'est le fondement même de la critique du réel par la philosophie, une critique qui ne s'estomperait que si était réalisée une adéquation totale du réel et du rationnel. Adéquation pour le moins problématique.

Chaque système de philosophie est la saisie par un sujet d'un réel non figé, mais qui évolue dialectiquement. Un sujet dont la saisie est conditionnée par sa position, sa situation dans la structure sociale. Il y a dès lors, subjectivisation *a priori* de l'entreprise philosophique, autant que diversité des « regards » philosophiques que les sujets philosophes posent sur le réel. Donc, ni perspective positiviste et objectivité pure, ni neutralité axiologique, mais essentiellement, signification de la totalité et perspective **axiologisante** ; c'est ce que, pour la philosophie, nous avons appelé : **axiologie instauratrice de socialité humanisante**.

II. PHILOSOPHIE AFRICAINE ET ETHNOPHILOSOPHIE

La réponse à la question de savoir s'il existe une philosophie africaine nécessite que soit retracée la genèse du débat historique portant sur l'existence même de cette philosophie.

Traditionnellement, l'Occident, et singulièrement la Cité Grecque, est considéré comme le berceau de la philosophie. Pour François Châtelet, dans toute culture, dans toute civilisation, il y a de la **pensée** : de l'art, de la poésie, de la politique, de la religion, des idéologies... Mais le concept de philosophie ne renvoie pas à celui de pensée en général ; il renvoie à un type de pensée spécifique, conjointement **représentation et distanciation**, l'idée de distanciation renvoyant à une saisie du réel opérée sous le mode de la critique rationnelle, critique sans laquelle, on aurait affaire, selon Châtelet, à une **préphilosophie**. Pour qu'il y ait donc philosophie, il faut que s'institue un **ordre de rationalité**, qui est essentiellement **recherche de légitimation.**

La philosophie est donc née, selon Châtelet, avec la position de la raison comme critère, juge et fondement : critère, juge et fondement du Vrai, au niveau de la théorie, au niveau de la connaissance ; critère, juge et fondement du Bien, au niveau éthique et au niveau politique, condition *sine qua non* du salut du sujet et de la cité. Ce salut implique que, du fait de l'instauration de cet « **ordre de la rationalité** », la violence ne soit plus reine, au plan du désir, de même qu'au plan idéologique et au plan politique.[162]

En outre, c'est bien à partir de la négation de la pensée philosophique aux africains[163] que s'est posé le problème de l'existence d'une philosophie africaine.

Après les thèses négationnistes de Hegel, Guernier et Arthur de Gobineau, affirmer l'existence d'une philosophie africaine n'est d'abord concevable qu'en tant que **négation de la négation**, et réassomption du passé africain, de la culture africaine, niés par l'impérialisme.

---

[162] F. Châtelet commente ainsi la mise à mort de Sourate : « La vie de Socrate, son procès, sa condamnation, sa mort eurent pour Platon, en dehors du choc affectif qu'ils provoquèrent, une valeur de symbole. La condamnation en particulier constitue l'**évènement** à partir de quoi s'imposa à ses yeux, comme nécessaire, la décision de philosopher ». François Châtelet. *Op. cit.* p. 41.

[163] Notamment par Hegel, Lévy-Bruhl, Guernier, Arthur de Gobineau pour lesquels l'Afrique n'était pas un continent historique, et le nègre un être totalement rationnel comme l'européen. Leurs thèses négationnistes développées dans plusieurs ouvrages auront été à l'origine de l'ethnophilosophie en tant que négation de ces thèses. On pourrait donc lire à ce sujet :

- Hegel : 1) - *Leçons sur la philosophie de l'Histoire*. Paris. VRIN. 2) - *La raison dans l'histoire*. Paris. UGE. 10/18.
- Guernier, *L'apport de l'Afrique à la pensée humaine*.
- Arthur de Gobineau. *Essai sur l'inégalité des races humaines*. Paris. Firmin Didot. 1940. Tome I.

De même on peut se référer aux travaux des auteurs s'étant insurgés contre la méthode de cette négation, ou contre cette négation seule entre autres :

- Cheick Anta Diop, *Nations nègres et cultures*. Paris. Présence africaine. 1979.
- Marcien Towa. *Essai sur la problématique philosophique dans l'Afrique actuelle*. Yaoundé. Editions Clé. 1971.
- Fabien Eboussi Boulaga. *La crise du Muntu*. Paris. Présence africaine.1977.
- Pantin Hountondji. *Sur la philosophie africaine*. Paris. Maspéro. 1977.
- Amady Ah Dieng. *Marx, Engels et les problèmes de l'Afrique noire*. Dakar, Editions Sankoré. 1978.

Or, comment se sont opérés ce rapport au passé de l'Afrique et cette affirmation de l'existence de la philosophie africaine dans le cadre de l'« ethnophilosophie » ?

II.1. L'ethnophilosophie : le concept et ses équivoques

II.1.1. Le concept

Nous retrouvons le concept d'Ethnophilosophie chez Hountondji, Eboussi et Marcien Towa. Pour Hountondji, l'ouvrage du R. P. Tempels : *La philosophie bantoue*[164], n'est rien d'autre qu'un véritable « ouvrage d'ethnologie à prétention philosophique, ou plus simplement [...] un ouvrage d'ethnophilosophie ».[165] Ce néologisme désigne la prétention d'un discours ethnologique à se présenter comme philosophie. Ce discours, ethnologique, vise, Hountondji l'affirme clairement, à « reconstruire, grâce à l'interprétation des coutumes et des traditions, des proverbes, des institutions, bref de diverses données de la vie culturelle des peuples africains, une *Weltanshauung* particulière, une vision du monde spécifique commune à tous les Africains, soustraite à l'histoire et au changement et par surcroît, philosophique ».[166]

Pour Towa, l'ethnophilosophie répond certes, de manière affirmative, au problème de savoir s'il existe une philosophie africaine. Elle est donc, à ce titre, cette quête « d'une philosophie originale et authentiquement africaine ».[167] Il n'en demeure pas moins que, l'ethnophilosophie dans son cheminement, développera une démarche « théoriquement apatride », qui n'est « ni purement philosophique, ni purement ethnologique ».[168] C'est moins le contenu de l'ethnophilosophie que la méthode utilisée par ses auteurs que Towa fustigera, le problème ici étant, essentiellement, un problème de méthode.

Pour Eboussi, qui ne donne pas lui non plus une définition préalable du terme, l'ethnophilosophie « se présente comme une plaidoirie ou une apologétique, son arme est la rhétorique qui vise à la vraisemblance. Son but est en effet de persuader, de faire appel à la

[164] Paris. Présence Africaine. 1949

[165] *Sur la philosophie africaine.* p. 14

[166] *Ibidem.* p. 14.

[167] *Essai.* p. 24.

[168] *Ibidem.* p. 31. Il s'agit d'une méthode qui trahit simultanément la philosophie et l'ethnologie.

bienveillance de celui qui est encore le maître pour se faire reconnaître de lui ».[169]

Hountondji, Towa et Eboussi se retrouvent donc dans leur appréhension et leur caractérisation de l'ethnophilosophie, même si Towa marque son insistance sur le problème de la méthode et non sur celui de l'objet.

II.1.2. Equivoques

II.1.2.1. Culte de la spécificité et narcissisme

L'ethnophilosophie apparaît comme la volonté, chez le nègre dominé, de nier la négation, pour accéder à l'être véritable, reconnu par soi (subjectivement) et par l'autre (objectivement) comme **homme**, sujet de raison et de liberté, sujet historique.

L'ethnophilosophie résout sur le plan du principe le problème de la **possibilité** d'un discours philosophique pour le nègre. Le **nègre** est homme, et se pose donc comme tel, il peut mettre à l'actif de cette essence rationnelle la production, dans le passé, **d'un discours authentiquement philosophique**, sommet de la rationalité.

L'ethnophilosophie veut aussi résoudre le problème de la **réalité** d'un tel discours : la philosophie africaine existe. Reste à trouver ou à retrouver, dans le passé historique de la société africaine, cette philosophie, pour l'exhiber aux tenants de la thèse négationniste. Dès lors, il s'agira selon Eboussi, de produire, par un « inventaire des constantes de la pensée négro-africaine, de ses invariants », une systématisation théorique de l'implicite vécu par le négro-africain pris en tant que tel, indépendamment de son contexte d'insertion historique et économique. Cette philosophie africaine est donc explicitation, mise « en relief des traits caractéristiques de cette originalité, de sa permanence à

[169] *La Crise du Muntu*. Paris, Présence Africaine. p. 7. Pour Eboussi, l'ethnophilosophie se caractérise aussi bien par son but que par sa méthode : **a) - le but :** exhiber face à la négation impérialiste de l'existence d'une philosophie africaine, une « *philosophie authentique* », expression de **l'être africain**, un **être africain** transhistorique et permanent, humain lui aussi, et donc rationnel, comme celui de l'autre, celui du maître ; **b) - la méthode** : « construire les matériaux de l'ethnologie la plus traditionnelle « en forme » de philosophie, en usant des catégories de celle-ci, mieux, en les retrouvant enfouies dans la langue, les mythes, les proverbes, les cosmogonies. Elle est un concordisme procédant par recherche des similitudes ». *Ibidem*. p. 7.

travers l'espace et le temps »[170] ; elle fonctionne donc comme un « révélateur »[171], qui « rend » visible ce qui est.

Cette première équivoque de l'ethnophilosophie, qui consiste dans l'exhibition d'une philosophie africaine, authentique et originale, occulte la projection de soi de l'ethnophilosophe qui fait « attribuer arbitrairement à son peuple ses propres choix théoriques, ses options idéologiques ».[172]

L'ethnophilosophie est donc un discours de **l'extraversion**, un discours-pour-autrui, nécessairement orienté vers l'autre, vers l'Occident en l'occurrence. « L'ethnophilosophe africain se faisait le porte-parole de l'Afrique globale devant l'Europe globale, au rendez-vous imaginaire du donner et du recevoir [...], où l'on voit que le particularisme « africaniste » est lui-même solidaire, **objectivement**, d'un universalisme abstrait »[173], note Hountondji.

L'ethnophilosophie, discours de l'extraversion, est aussi un discours **narcissique**, *a priori* **valorisé**, avec non plus l'exhibition purement « **objective** », mais l'adhésion à l'exhibé. Pour Eboussi, il est une **apologie persuasive**, l'affirmation de soi du nègre et celle de sa différence essentielle allant de pair avec la mise en valeur de cette « **ipséité** » et de ses productions.

II.1.2.2. L'ethnophilosophie, discours idéologique non critique

Le discours ethnophilosophique fonctionne comme discours idéologique/anti-idéologique. Anti-idéologique, il a pour but avoué de contrer le discours idéologique dominant, le discours impérialiste de la négation : il cherche à **nier la négation**. Il est donc *a priori* prédéterminé par le discours idéologique dominant. Il est prisonnier de cette détermination même. Idéologique, il le devient dans la mesure où il est discours **totalitaire**, discours **sur la totalité**, discours pour **la totalité**.

En tant que discours sur la **totalité,** le discours ethnophilosophique exhibe la totalité historico-sociale intemporelle de l'Afrique dont les phénoménalisations historiques (art, droit, théodicées. coutumes,

---

[170] *Ibidem.* p. 30.
[171] Selon la terminologie d'Eboussi.
[172] Hountondji : *Sur la philosophie africaine.* p. 21.
[173] *Ibidem.*

cosmogonies...) sont systématisées ; chaque membre de la totalité est appelé à s'y reconnaître, **naturellement**. Ce discours ethnophilosophique est donc **discours pour la totalité :** chacun l'exhibera, **face aux autres, face aux négateurs.**[174] Il faut l'assumer.

Dans ces conditions, il devient **discours totalitaire** ; on ne peut le mettre en cause, le critiquer.[175] Le discours ethnophilosophique est idéologique précisément en tant que **pratique de la convergence et fonction de totalisation**. Il se présente comme « instrument de discrimination », « comme **système** », « comme **idéologie** » s'offrant à l'adhésion, sans remise en cause possible.

II.1.2.3. L'impasse théorique

Les Ethnophilosophes, par leur volonté de produire un « discours de l'extraversion », un « discours-pour-l'autre », un discours à prétention philosophique, une philosophie de la permanence et de l'essence, s'opposant à la philosophie de l'autre momentanément pensée, elle aussi, sous le mode de la permanence et de l'essence, ont exhibé un système de pensée collective, permanente et éternelle, transcendant par définition l'espace et le temps, ceci dans l'optique d'une adhésion et dans le cadre d'une logique de la clôture et de l'enfermement.

L'ethnophilosophie, dès lors, tourne court, en tant que **discours de la rétrojection.**[176] « Mus par l'exigence légitime d'une philosophie africaine, ils ont cru à tort (les ethnophilosophes) que cette philosophie était derrière nous et attendait seulement d'être exhumée pour être brandie, telle une arme miraculeuse, aux yeux ébahis de l'Europe colonialiste »[177], remarque Paulin Hountondji.

---

[174] Il est le critère distinctif, l'expression de constantes qui prennent la forme des attributs essentiels, des prédicats ontologiques.

[175] Ce totalitarisme théorique est bien visible dans le discours ethnophilosophique de l'auteur de la *Philosophie négro-africaine de l'existence*, lorsqu'il montre que : « La pensée négro-africaine est une doctrine de salut, formulée une fois pour toutes par les ancêtres souverains, confiée l'autorité des rois et des vieillards de chaque peuple, transmise et enseignée par les griots investis par le peuple et entraînés dans les cercles initiatiques ».

[176] Selon la terminologie de Marcien Towa.

[177] *Sur la philosophie africaine*. p. 48.

L'ethnophilosophie, discours de la projection et de l'illusion objectiviste, sous-tendu par le projet de sa propre reconnaissance par le colon impérialiste, tourne court une fois de plus. Parler de l'illusion objectiviste revient à dire que l'ethnophilosophe prétend s'effacer pour laisser parler seulement « les écritures traditionnelles »[178], prétention qui est méconnaissance de la réalité de la projection, dans le discours de l'ethnophilosophe, de ses visions et de ses choix idéologiques, et cette méconnaissance est elle-même idéologique.[179]

L'ethnophilosophie tourne court en produisant enfin une rupture de la dialectique. Le soi de l'Africain est mis en lumière, le discours ethnophilosophique le « dit », le révèle.

Ce discours est une invitation à la prise de conscience de ce soi, posé comme immuable, permanent, **comme essence**, qu'il faudrait laisser permaner par sa réduplication et par sa reproduction indéfinies. C'est donc un discours de la **rétrolinéarité,** de la linéarité à rebours, avec **rupture du processus dialectique** que précisément le discours philosophique devrait révéler *a priori.* Quel progrès serait dès lors possible, si l'on se contente de regarder en arrière, dans le cadre de la reproduction du déjà-dit/déjà fait/déjà pensé ?

Par cette dédialectisation de la production intellectuelle, ce discours idéologique et ethnophilosophique ou alors, ce discours ethno-idéologique est « système du global » ;[180] par là, il devient totalitaire.

II.2. De l'ethnophilosophie à la nouvelle philosophie africaine

II.2.1. Le dépassement de l'ethnophilosophie

Le discours ethnophilosophique est **un discours idéologique de la double obturation** ; son maintien appartient à **une logique de la démission**, à une logique de la permanence du *statu quo* **; il y a en outre un inavoué du discours ethnophilosophique :** il pose le soi du nègre

---

[178] *La crise du Muntu.* p. 59.

[179] Eboussi dans la même veine montrera que : « Par hypothèse, ce langage se présente comme l'exégèse de la vie traditionnelle, de la positivité d'une vie sociale. Ce qu'il nous dit est une interprétation, c'est-à-dire, une représentation de ses représentations ». *Ibidem.* p. 52.

[180] Selon la terminologie d'Eboussi.

comme **religiosité** et ouverture à la transcendance, et c'est par cela que ce **discours devient « théologie »**.

Le discours ethnophilosophique est un discours de la double obturation. Il participe, tout en prétendant le contrer, du discours idéologique dominant et de sa logique. Il produit **l'obturation du réel**, en ce qu'il masque son lieu d'engendrement. Il est certes un discours portant sur la tranche historique de l'Afrique antique, spatio-temporalité oblige ; mais comment situer temporellement cette antiquité ? En outre, par quoi se trouve-t-il déterminé ?

Par quelle vie réelle ? Quel ethnophilosophe a pris cette peine, à notre avis liminaire, de révéler et de prendre en compte le **mode de production** ainsi que les rapports sociaux de production en vigueur dans le cadre de cette tranche historique antique ?

La dialectique entre le mode de production et les rapports sociaux de production n'est-elle pas à l'origine véritable des idées, des représentations, des institutions et des coutumes, en termes plus brefs, des « **écritures traditionnelles** » que le discours ethnophilosophique prétend lire et dévoiler objectivement ? Que devient la détermination de la **conscience** par la **vie ?**[181]

Comment ne s'autonomiserait-il pas, ce discours ethnophilosophique, puisque sa prétention est d'être un discours sur l'essence ? Comment n'autonomiserait-il pas ses éléments constitutifs, à savoir : sa morale, sa métaphysique, sa religion, ses institutions ? Ce discours autonomisé, s'originant on ne sait où, est-il autre chose qu'une idéologie ?

L'obturation de la réalité de la vie de cette tranche historique antique est donc produite par le discours ethnophilosophique. Mais il y a plus : il y a obturation de la réalité historique actuelle à l'intérieur de laquelle ce discours se meut et à **laquelle il cherche à s'imposer, pour la « normer »**. La négativité de cette réalité historique est occultée, et la nécessité de son dépassement dialectique, ainsi que l'orientation de ce dépassement dialectique, se trouvent masqués.

---

[181] « La conscience ne peut jamais être autre chose que l'être conscient, et l'être des hommes est leur processus de vie réel », note Marx. *L'Idéologie Allemande.* Paris. Editions Sociales. p. 50.

S'il est vrai que l'histoire de la pensée et de la philosophie négro-africaines ne s'inaugure pas « dans l'actualité révolutionnaire contre l'impérialisme », comme le dit Fouda B.[182], que dit l'ethnophilosophie sur cet impérialisme et sur les modalités de la lutte qu'il s'agit de mener contre lui ? Rien ! Au « rendez-vous du donner et du recevoir », la civilisation/culture/philosophie négro-africaine apporte au monde, selon les ethnophilosophes de tous bords, cet indicible « supplément d'âme » (!) qui lui manque terriblement. C'est ce que montre Fouda : « La civilisation prométhéenne de l'Occident a enseigné au monde la promotion technico-industrielle de l'homme. La culture apollinienne de l'Afrique affirme la place insuppléable de la spiritualité et de l'art, donc de l'intériorité humaine [...]. Elle enseigne au monde l'équilibre artistique et moral ».[183] Encore faudrait-il à ce niveau se demander comment cela est possible ! Le discours ethnophilosophique participe donc de la logique du discours idéologique dominant : il permet d'anesthésier la prise de conscience de la négativité du *statu quo.*

A l'obturation du réel passé et du présent, se superpose **l'obturation du possible** : les perspectives de changement sont bloquées. Et notre devenir historique, et la possibilité de promouvoir un **nous** et une **société africaine** non **aliénés** ? Et comment cette aliénation sera-t-elle évacuée ? Le problème de la **téléologie** et de la **méthodologie** se trouve escamoté. Convenons en : la réalité est fruit de la *praxis* en amont et en aval. L'ethnophilosophie a escamoté cette *praxis* en amont, ceci la conduit logiquement à l'escamoter en aval

Par ailleurs, l'ethnophilosophie participe de la logique de la **démission** et de la permanence du *statu quo,* puisque le sujet historique démissionne de son rôle d'acteur historique privilégié. Comment se poser en acteur historique, sans déjà pouvoir penser par soi ? Le sujet ici, **existe :** d'une plate existence, à l'ombre des ancêtres et des griots, qui ont pensé à tout, savent tout et sont la vérité absolue de l'**être** et du **savoir**. La seule solution qui reste : les perpétuer…

Enfin, l'implicite du discours ethnophilosophique apparaît dans l'affirmation de la religiosité fondamentale du négro-africain.[184]

---

[182] *La philosophie camerounaise à l'ère du soupçon.* p. 47.

[183] *Ibidem.* p. 100.

[184] La religiosité n'est pas un fait spécifique aux négro-africains dans la mesure où la religion est un phénomène permanent de l'humanité ; à partir de la religion, il y a

L'essence religieuse du négro-africain implique son ouverture naturelle au message chrétien. Tempels, Mbiti et Senghor[185] illustrent cette affirmation.

Pour Tempels, les principes fondamentaux de la philosophie bantoue, son ontologie, en tant que l'être est force, participation aux forces et singulièrement, à la force suprême, Dieu, prédisposent à la réception du message chrétien par le nègre Bantou, que précisément Tempels a mission de convertir, de christianiser.

Pour Mbiti, l'africain est essentiellement religieux. « Il est notoire, dit-il, que les Africains sont des êtres religieux. »[186] La religiosité est l'essence de l'africain, d'où ce fait que « la religion est au coeur de son système d'existence ».[187] Quelle religion ? La religion traditionnelle, certes. Mais celle-ci aspire fondamentalement, selon Mbiti, à sa réalisation dans le christianisme, qui lui permettra d'accéder à l'universel.[188] Sommes-nous encore ici en philosophie ? N'est-ce pas une apologétique théologique fondée conjointement sur l'axiome de l'essence religieuse de l'Africain et sur l'affirmation de la supériorité idéologiquement assumée du message chrétien ?

Pour L. S. Senghor, « Le début du *credo* n'a jamais étonné aucun nègre »[189], car « le nègre est monothéiste, en effet, et si loin que l'on remonte dans son histoire, et partout. Il n'y a qu'un seul Dieu, qui a tout créé, qui est toute puissance et toute volonté. Toutes les puissances,

---

dépassement de la simple existentialité, pour situer l'homme dans une dimension de transcendance et de recherche de l'authenticité.

[185] « Cette doctrine spirituelle intense qui anime et alimente les âmes au sein de l'Eglise Catholique, trouve une analogie saisissante dans la pensée ontologique des Bantous. Nous aboutissons ainsi à cette conclusion inouïe, que le paganisme Bantou, l'antique sagesse Bantoue aspire du fond de son âme Bantou vers l'âme même de la spiritualité chrétienne. Ce n'est que dans le christianisme que les Bantous trouveront l'apaisement de leur nostalgie séculaire et la pleine satisfaction de leurs aspirations les plus profondes [...]. Le christianisme, dans sa forme la plus haute, la plus spiritualisée, est le seul assouvissement possible de l'idéal bantou ». *La philosophie bantoue*. p. 121.

[186] *Religion et philosophie africaines*. Yaoundé. CLE. 1972.

[187] *Ibidem*. p. 12.

[188] Lisons plutôt : « Les religions traditionnelles, l'Islam et les autres systèmes religieux sont, à mon avis, le terrain préparatoire, même indispensable dans la recherche de l'ultime. Seul le christianisme a la redoutable responsabilité de montrer le chemin de cette identité, de ce fondement et de cette source de sécurité ultime ». *Ibidem*. p. 282.

[189] *Liberté I. Négritude et Humanisme*. Paris. Editions Seuil. 1961.

toutes les volontés des génies et des ancêtres ne sont que des émanations de lui ».[190] Récupération est faite ici de la religiosité essentielle du nègre, qui prédispose celui-ci à l'intégration du message chrétien.

Idéalisme et mysticisme caractérisent donc le discours ethnophilosophique : un discours coupé du réel, des luttes sociales, de la structure sociale réelle ; un discours fonctionnant de façon autonome : un discours idéologique et non scientifique ni même philosophique.[191]

En fait, **l'ethnophilosophie est idéologie** : masquant son lieu d'engendrement, cette idéologie fonctionne comme totalité, comme système clos, n'offrant aucune perspective théorique/pratique pour ce qui est de l'élaboration de notre devoir-être ; elle est discours sur l'essence, discours de la permanence. Elle contient en germes sa propre négativité, ainsi que la nécessité de son dépassement vers une nouvelle philosophie africaine, du présent et de l'avenir.

II.2.2. Une nouvelle philosophie africaine

C'est ici que la critique de l'ethnophilosophie se mue en une positivité réelle : notre tâche est de créer une philosophie africaine de la contemporanéité et de l'avenir, dans le triple rapport à la philosophie occidentale, au passé africain et à la contemporanéité africaine.

Dans le cadre de la nouvelle philosophie africaine, il ne saurait être question de récupérer une thématique donnée d'un philosophe donné, Marx, Kant, Platon ou Descartes, puisque cette thématique aura été

[190] *Ibidem.* pp. 25-26.

[191] Nous rejoindrons, pour terminer, la critique de l'ethnophilosophie telle que la fait Y. M. Guissé, de l'ethnophilosophie de Tempels, dans son ouvrage : *Philosophie, culture et devenir social en Afrique noire.* « La recherche et l'exposé d'une philosophie bantoue répondent tout simplement à la stratégie de domination économique, politique et culturelle de l'Afrique. La « philosophie Bantoue » est une idéologie. Elle ne s'inscrit nullement dans un mouvement novateur et créateur, mais elle essaie de survivre et de se déployer par sa propre force d'inertie. En tant que système constitué, elle est totalement séparée de l'acte qui lui a donné naissance : le phénomène colonial. Elle ne renferme aucun ferment, rien qui fasse qu'elle soit susceptible d'un développement quelconque. Elle est l'expression d'une réalité elle-même condamnée. Par conséquent, elle ne saurait être la saisie théorique qui nous permettrait de comprendre le rapport que nous, Africains, avons aujourd'hui avec le monde, et nous donnerait la possibilité d'être les maîtres de notre devenir propre ». Dakar. Nouvelles éditions Africaines. p. 29.

déterminée, nécessairement, par son lieu d'engendrement (spatio-temporalité) et par son auteur, être subjectif.

Il sera plutôt question de réaffirmer la primauté de la **rationalité**, en tant que celle-ci est **critère, juge et fondement**, en un mot, **méthode** d'analyse et d'intelligibilité du réel, et **fin** de l'organisation de ce réel, dans la perspective de l'articulation nécessaire de la théorie et de la pratique.

Notre rapport à la philosophie occidentale sera donc un **rapport critique,** et non adhésion ou récupération, les divers philosophes étant sollicités comme éclairages, stimulants de la pensée, dans cette quête permanente du **vrai** et du **bien** que mène la philosophie. En tout état de cause, **il s'agit de penser** : de **manière critique**, de manière rationnelle, de manière **personnelle**.

Dans le cadre de la nouvelle philosophie africaine, le rapport au passé africain sera, lui aussi, **un rapport critique**. Mû certes par la nécessité « de retracer avec le maximum de rigueur et d'objectivité l'histoire de notre pensée », comme le souhaite Marcien Towa[192], le philosophe n'hypostasiera pourtant pas cette pensée africaine qu'il ne s'agira de saisir que dans la perspective de sa détermination spatio-temporelle et historique. C'est dire que le rapport au passé africain ne sera pas mené à la manière de l'ethnophilosophie,[193] car hypostasier cette pensée africaine reviendrait à la poser comme vérité absolue, indépassable, position par quoi les ethnophilosophes sont précisément ethnophilosophes, ethno-idéologues, puisqu'ils font de la philosophie africaine, de leur philosophie africaine, une **thématique dogmatique à transmission transhistorique et totalitaire**. Ce qui a comme conséquence ultime de réaliser la démission du sujet rationnel sur le double plan de la création thématique et théorique et de la pratique historique.

---

[192] *Essai.* p. 70.

[193] « La détermination préalable de ce que nous avons à être, de la possibilité fondamentale de nous-mêmes à promouvoir a pour conséquence méthodologique importante de normaliser notre approche du passé et de notre culture en la rendant critique, alors qu'elle est essentiellement narcissique dans l'ethnophilosophie », note Towa qui poursuit ainsi son analyse : « L'effort de thématisation de notre être distinctif ne se propose plus de dresser une idole pour le culte de la différence [...] mais de soumettre notre héritage à une critique sans complaisance. » *Ibidem.* p. 55.

Notre rapport à la contemporanéité africaine et à l'avenir sera lui aussi, critique. A la fois analytique et téléologique, articulant nécessairement théorie et pratique. Les présupposés épistémologiques d'une telle analyse nous renvoient à la vie africaine contemporaine réelle, à partir d'une analyse dialectique historique. En effet, nous ne pouvons, comme le suggère Marx, comprendre ce que sont les hommes et ce qu'ils disent qu'en examinant ce qu'ils font et produisent, et la manière dont, sur la base de cette infrastructure, s'élaborent leurs représentations et se structurent les superstructures politiques, juridiques, religieuses et idéologiques.

Il s'agit donc, pour le philosophe africain, dans son rapport à la contemporanéité, de dévoiler celle-ci dans sa structuration constitutive (analyse), pour en démasquer le caractère aliéné. La révélation de la vérité se traduit dès lors en termes de dénonciation de l'aliénation vécue par l'Afrique et les Africains, une dénonciation qui va de pair avec une vigoureuse critique des idéologies mystificatrices dominantes dont le rôle est bien celui d'une **obturation systématique du réel**, une dénonciation qui met en lumière la triple aliénation et domination économique, politique et idéologique vécue et subie par l'Afrique, et dont l'histoire est l'origine, et le présent le témoin.

Cette analyse de la contemporanéité africaine une fois faite, avec l'objectivité requise, le premier moment de la nouvelle philosophie africaine sera celui du **refus** : le refus de l'aliénation et de la négation de l'humain, associé à la démystification de cette aliénation désormais présentée pour ce qu'elle est : une **réalité non essentielle, mais historique**. Le second moment de la nouvelle philosophie africaine sera celui de l'élaboration théorique du devoir-être de l'Afrique, élaboration articulée avec un examen des modalités pratiques de la transition ou de la transformation qualitative. Ces moments ne sont pas présents dans la démarche de l'ethnophilosophie.

La nouvelle philosophie africaine devra donc **penser ce qui est pour mieux l'orienter**. Mais le problème même de l'orientation de cette direction se pose. Sera-t-il question que le philosophe impose sa vision de l'histoire et de sa téléologie, au point de verser dans un totalitarisme théorique et idéologique nouveau, excluant tout débat, toute critique ? Nous ne le pensons guère, car, en philosophie, le débat reste ouvert, essentiellement. Ce qui est fondamental, c'est que cette orientation soit porteuse d'une normativité humaniste, vu la **primauté axiologique de l'homme et de l'avenir**, dans le cadre d'une mondialisation (hypostase de la société libérale désormais étendue à l'ensemble de la planète) où la rationalité instrumentale et ses dérives se constituent en menaces pour l'essence et l'existence de l'homme, et où la réalisation de soi se trouve donc tendanciellement hypothéquée, voire même anéantie.

III - CONCLUSION

La nouvelle philosophie africaine ne peut pas être l'ethnophilosophie. Comme toute philosophie, elle sera retour réflexif du sujet sur lui-même et questionnement rationnel du pourquoi et du comment de l'existence humaine. Retour réflexif et questionnement rationnel d'un triple point de vue : ontologique, axiologique et téléologique.

Cette nouvelle philosophie africaine, loin d'être une assomption narcissique d'un passé exhumé et survalorisé comme c'est le cas pour l'ethnophilosophie, sera, en tant que « **tension critique** » entre un « **réel existant** » et un « **devoir-être à promouvoir** », une critique théorique et pratique de la contemporanéité et des aliénations (rationalité technologique, aliénation de l'humain et réification du sujet, dans les divers systèmes sociaux). Saisissant le réel, elle visera à l'orienter, vers la promotion de l'**humain**, vers la promotion de l'Afrique. Elle sera, essentiellement, **promotion de la liberté**.

CHAPITRE III

THESES MINIMALES SUR LE STATUT DE LA PHILOSOPHIE

« Ce qui hominise doit devenir effectif et ce qui est effectif doit devenir hominisant ».

Jean-Marc GABAUDE

Version légèrement remaniée du texte paru dans *Zeen* n° 1, Janvier 1989

THESE N° I : LA PHILOSOPHIE EST NECESSAIREMENT POLITIQUE

L'un des principaux défauts des définitions que l'on donne de la philosophie est l'insistance, à notre avis unilatérale et exagérée, sur le fait qu'elle est un savoir rationnel présentant, comme le dit Lalande, « un haut degré de généralité et tendant à ramener soit un ordre de connaissances, soit tout le savoir humain à un petit nombre de principes directeurs ».[194] Dans ces conditions, elle s'intéresserait exclusivement aux problèmes de l'origine, à ceux de la connaissance et de ses modalités, à celui de la destinée, l'intérêt pour le politique, c'est-à-dire la vie concrète et son déploiement, n'y devenant que secondaire.

Plusieurs auteurs nous paraissent tomber dans cette unilatéralisation de la philosophie[195], présentée essentiellement comme savoir englobant. J. Lachelier, par exemple, réduit exclusivement la philosophie à la métaphysique, prise au sens de science de l'existant en tant qu'existant ou encore connaissance de ce que les choses sont en elles-mêmes, au-delà de leurs apparences. La métaphysique, pour lui, apparaît comme « science des conditions *a priori* de l'existence et de la vérité, science de la raison et de la rationalité universelles, science de la pensée en elle-même et dans les choses ».[196]

Werner, lui aussi, pense que la philosophie a pour objet la réalité en tant qu'esprit, esprit absolu, Dieu, avec comme partie la plus haute, la

---

[194] *Vocabulaire Technique et Critique de la Philosophie*. Paris. PUF. 1968. p. 773.

[195] C'est le cas de D. Parodi, présenté ici par André Lalande : « L'idée centrale et en même temps le grand sens traditionnel de la **philosophie**, me parait être l'idée **d'effort vers la synthèse totale**. La philosophie n'est-elle pas une conception d'ensemble de l'univers, ou de l'universalité des choses, concernant à la fois les phénomènes et l'esprit, mais dans leurs rapports mutuels et présentant ces deux caractères essentiels d'être une connaissance à la fois unitaire et réfléchie ? C'est-à-dire qu'une philosophie, par opposition à la science pure, n'est jamais un simple savoir sur une certaine catégorie d'objets ou d'idées, mais un tel savoir accompagné d'un retour critique sur lui-même, sur son origine, ses conditions, sa méthode, ses limites, sa valeur, ce qui ne va pas sans une tentative pour le situer par rapport à tout le reste du savoir ». *Ibidem.*

[196] *Ibidem.* pp. 773-774. L. Lachelier pousse jusqu'à l'exclusion de la psychologie (avec raison certes puisqu'il s'agit d'une science expérimentale humaine), de la morale, de la logique, de la religion, du champ de la philosophie, qui aurait cependant comme office de tout **comprendre**.

plus éthérée, une **théologie ;** la philosophie étudierait l'esprit, élément constitutif de l'univers, trame de la totalité du réel.

Il faut dire pourtant que la philosophie est essentiellement saisie de l'être : être du sujet, avec ses déterminations ontologiques (liberté, rationalité, historicité) ; être du réel et notamment de la matérialité, pour en déterminer la consistance et l'effectivité.[197]

Cette saisie est, au-delà de l'unidimensionnalité que peuvent créer le réel et sa représentation, position dialectique de l'altérité : le réel est en même temps son autre, compte tenu de sa nécessaire évolution et de son déploiement historique. Et dans la mesure même ou le réel n'épuise pas le possible, l'autre du réel, posé ici comme dépassement du réel dans des conditions toujours déterminées, s'affirme en tant que nécessité de l'advenir, ouverture ; au plan socio-économique, l'altérité se dévoile comme nécessité de la création de conditions autres, nouvelles, conditions en dernière analyse sociales et politiques.

Si l'être humain est un animal politique, les conditions de déploiement de cet être sont nécessairement politiques, sociales et historiques, et la philosophie, qui n'est rien d'autre que l'affirmation transcendantale de la nécessaire **humanisation** de ces conditions pour **l'homme-valeur en-soi**, est nécessairement politique. Elle part ainsi de l'être même de l'homme (liberté et raison), pour poser, à partir de cette **métaphysique** du **sujet**, les conditions **politiques** de sa réalisation.

THESE N° II : LA PHILOSOPHIE POLITIQUE N'EST PAS LA SCIENCE POLITIQUE

Dire que toute philosophie est en dernière analyse politique, ce n'est, ni dire que tous les aspects de la philosophie se réduisent à la philosophie politique, ni dire que philosophie politique et science politique soient une seule et même chose.

En effet, examiner les conditions psychologiques et sociales de production et de reproduction de la connaissance, c'est-à-dire, faire une

[197] Une consistance ontologique à partir de quoi l'on comprend les clivages traditionnels en philosophie entre idéalismes et matérialismes, selon que le privilège et la primauté sont accordés à l'esprit, à la matière ou à la saisie des déterminations de ce réel (matérielles, socio-économiques) sur les êtres, ainsi que de la dialectique qui s'instaure, nécessairement, entre l'être du sujet et ce réel.

étude critique des principes, des hypothèses et des résultats des diverses sciences, pour en déterminer l'origine, le champ d'application, la valeur et la portée, c'est bien philosopher, faire de **l'épistémologie.**

Examiner les normes de l'action humaine, les valeurs, dans leur conjoncturalité et leur contextualité aussi bien que dans leur inconditionnalité, leur absoluité et leur transhistoricité, faire une théorie raisonnée du bien et du mal, c'est bien aussi philosopher, faire de **l'éthique**. Il n'est que de se référer ici aux formulations kantiennes de **l'impératif catégorique**.

Nous devrions d'ailleurs insister plus encore, comme le fait Georges Bastide, sur la nature éthique comme essence de la personne humaine, l'articulation de l'**être** et de la **valeur** fondant la liberté et la responsabilité même de cette personne humaine. Pour lui, « le valoir donne l'être à la vérité en ordonnant la vérité à l'être dans l'unité de la valeur ».[198] Cette affirmation dégage la linéarité et la réciprocité être → valeur → vérité, normative de notre vie (direction vers la personnalisation authentique) et ouverte sur le **bien**, l'immanence du devoir s'ouvrant, comme le montre G. Bastide, à la transcendance de l'Homme et à sa valorisation infinie.

Questionner l'être dans sa quiddité, son ipséité, son étantité, sa consistance ontologique, se demander pourquoi il y a quelque chose plutôt que rien, de quoi est fait ce qui est, c'est bien aussi philosopher, faire de la métaphysique. Lalande définit la **métaphysique** comme étant la « connaissance de ce que sont les choses en elles-mêmes, par opposition aux apparences elles-mêmes »[199] ; cette définition se nourrit de la distinction kantienne du **phénoménal** et du **nouménal**, et aussi de la différenciation platonicienne du **sensible** et de **l'intelligible**. La métaphysique a d'ailleurs traditionnellement été présentée comme philosophie première, comme connaissance du réel par la seule analyse réflexive et critique, et aussi, par la synthèse intégrale de l'expérience intérieure et extérieure.

Réfléchir sur les différentes formes de l'activité pensante et représentative, sur le Beau et le sentiment *sui generis* qu'il engendre, (**esthétique**), comme sur **l'absolu**, la **foi**,... de même que sur la condition

---

[198] *Méditations pour une éthique de la personne.* Paris. PUF. 1953. p. 197.
[199] *Op. cit.* p. 613.

humaine en général (inéluctabilité de la mort, sens de l'origine de l'être, finalité de l'existence...), c'est encore philosopher, et le sujet humain ne saurait esquiver pareille réflexion.

Mais tous ces aspects de la réflexion philosophique n'ont d'intérêt que pour le sujet humain libre et rationnel, qui connaît, crée le réel en réalisant le possible, gère ce réel et en même temps crée l'avenir, le sien propre, et celui de la collectivité sociale dans son ensemble. Aussi est-ce normal, de soi, que tous ces aspects soient politiques, puisque le sujet lui-même est politique ; tous ces aspects sont vécus par un sujet humain inséré dans une société, une époque et un monde précis, et qui détermine en retour cette société, cette époque, ce monde, tout en étant déterminé par eux.

Mais que la philosophie soit nécessairement politique, philosophie politique, ne veut pas dire qu'il faille la confondre avec la science politique. En tant que philosophie politique, elle tente entre autres de cerner en même temps la structure du social et de l'Etat, non point simplement comme science positive des phénomènes politiques, et dans une perspective seulement positiviste, mais, à partir d'une anthropologie, c'est-à-dire d'une vision de l'homme (l'homme étant posé comme « liberté et raison ») et d'une normativité : celle de la valorisation de cet homme.

C'est dire que cette philosophie politique se situe au-delà de la science politique. La science politique, en effet, peut être conçue d'un point de vue **relationnel** (relations que les sujets humains entretiennent les uns avec les autres à titre individuel ou dans les diverses classes sociales) ; elle peut être conçue d'un point de vue **dynamique** (ici, le privilège est donné à la notion de pouvoir et l'examen se trouve focalisé sur les diverses stratégies que les individus et les classes mettent en oeuvre pour le maintien ou l'accès au pouvoir) ; elle peut aussi être conçue d'un point de vue **institutionnel,** et s'intéresser dès lors aux divers mécanismes et institutions à mettre en place pour que la coexistence de tous et la pleine réalisation de chacun soient possibles.

Si la science politique est soucieuse de l'examen de l'exercice du pouvoir ou des pouvoirs, l'accent est mis sur le moteur de ce pouvoir ; Marx et Machiavel, de ce point de vue, décryptent pour la démasquer et la démystifier, la réalité politique, le pouvoir politique, et Machiavel, spécifiquement, montre que le moteur de l'action politique, du pouvoir politique, est, pour le Prince, l'acquisition et la conservation, pour-la-durée, de ce pouvoir, grâce à une gestion appropriée des antagonismes gouvernants-gouvernés ainsi que grâce à celle des intérêts essentiellement contradictoires des individus.[200]

La science politique est soucieuse enfin, comme nous l'avons évoqué, de l'examen de l'Etat. Ce qui prévaut c'est l'intérêt pour la nature des institutions, et la dialectique de leur relation, le contrôle simultané et permanent des divers pouvoirs permettant de mettre en place une société viable, équilibrée et véritablement humaine. Cet intérêt n'implique pas l'examen, sur le seul plan descriptif ou phénoménologique desdites institutions, desdits pouvoirs ; il implique la nécessité en permanence, d'articuler factualité et validité, à partir d'une logique de la légitimation qui est fonction de stabilisation.

Bien que l'objet puisse ici être le même (l'homme social, l'Etat, la dynamique des institutions...), c'est bien au niveau de la perspective que philosophie politique et science politique divergent. Max Weber affirmait très vigoureusement la neutralité axiologique de la science politique, discipline à base historique ayant pour objet exclusif selon lui la constatation de l'existant, la détermination du réel. Une telle neutralité axiologique, plus idéologique et mythique d'ailleurs que réelle, et habituellement postulée par le paradigme dominant de la scientificité, ne se retrouve donc point en philosophie politique, nécessairement éthique et normative, et aussi critique.

On pourrait signaler d'ailleurs pour terminer, la prise en charge actuelle des problèmes de normativité, d'éthique, de démocratie, de justice sociale, par une science politique soucieuse de se situer plus que jamais au coeur des préoccupations de l'humain, au premier rang desquelles l'humanisation de l'espace public politique, c'est-à-dire, le respect des droits essentiels, fondamentaux, de l'humain.

---

[200] Claude Lefort montre à cet effet que pour Machiavel, le pouvoir du Prince ne réside pas seulement ou principalement dans l'exercice de l'intelligence, mais que ce pouvoir tient au sens de l'initiative du Prince et Machiavel se montre ainsi fondateur d'une science véritablement nouvelle, la science politique, dans la mesure où il dévoile non seulement les limites de la stratégie rationnelle en politique, mais aussi et surtout l'articulation, en tant que de besoin, de la raison et de la déraison, de la mesure et de la démesure.

THESE N° III. LA PHILOSOPHIE POLITIQUE N'EST PAS LA POLITIQUE

Si l'on définit globalement la politique comme la gestion de la totalité économico-sociale, ou tout au moins l'ensemble des activités y concourant, avec la hiérarchie des priorités, le jeu des acteurs, le choix des institutions..., on peut dire, certes, que toute réflexion de philosophie politique a un impact sur le ou la politique. Une telle réflexion questionne le ou les modes d'organisation de la cohésion, de la défense et de la reproduction de la totalité ; elle pourrait dès lors influencer les modalités proprement dites de l'action politique, en questionner la légitimité, démasquer les rapports et stratégies diverses mises en oeuvre par les acteurs sociaux et politiques. Le philosophe attelé à cette réflexion peut aussi s'associer à ces stratégies, et devenir acteur effectif de la gestion, de la transformation ou du maintien du *statu quo*.

Toutefois, faire de la philosophie politique n'est pas, *a priori,* faire de la politique, bien qu'en dernière instance l'impact de l'analyse menée par le philosophe soit politique. Il ne s'agit point d'abord pour le philosophe, de gérer la totalité : il s'agit pour lui, dans la pleine conscience des possibilités contextuelles et au regard de la structure de ce contexte, de se poser essentiellement la question de la **légitimité** rationnelle de ce qui est, question articulée à la question fondamentale de l'essence de l'homme et à celle de la mise en place de possibilités plus hominisantes, questions qu'il faut examiner en rapport avec la réalité multiforme des aliénations visibles dans toute société et qui constituent la négation tendancielle de cette essence de l'homme.

Nous pouvons alors dans cette perspective ramener la question de la **meilleure socialité en-soi**, que nous retrouvons notamment chez Platon et Marx, et qui est tout à la fois idéaliste et idéologique, à celle, plus réaliste, car dialectique et historique, de la **meilleure socialité possible :** spatialité, temporalité, patrimoine socio-historique de l'humanité obligent, puisqu'ils déterminent la réalité en **amont** sans fermer toute ouverture de possibles **autres** en **aval**, et puisque la réalisation de cette essence se situe, se produit dans le *hic et nunc* d'un espace et d'un temps.

THESE N° IV : LA PHILOSOPHIE, NÉCESSAIREMENT IDEOLOGISEE ET DONC IDEOLOGIQUE

Que la philosophie soit nécessairement idéologique (ou mieux idéologisée) signifie non seulement que cette philosophie sourd de l'existentialité, de l'effectivité ; qu'elle ne tombe pas toute faite du ciel, (puisqu'elle est déterminée par l'historicité, la contextualité) ; non seulement aussi qu'au sein de toute philosophie se déploie une dialectique théorie/pratique, le sujet qui philosophe, sujet historique, étant **engagé** dans sa pratique même de la philosophie, comme on peut le voir avec Marx, mais encore que le sujet qui philosophe, sujet historique donc, est sujet de classe : il a une position déterminée dans le cadre du procès de production et de reproduction de la vie économico-sociale, position qui elle-même détermine dialectiquement mais non mécaniquement ses propres prises de positions philosophiques.

Neutralité et apolitisme satisfaits deviennent précisément insatisfaisants tout en étant impossibles puisque, en tout état de cause, surgissant d'un milieu social et reflétant la position de son auteur au sein de ce contexte social, (position de confirmation ou de négation du contexte), cette philosophie, affirmative ou négatrice, militant pour le *statu quo* ou alors pour la transformation qualitative, sera nécessairement idéologisée, idéologique. L'exemple que nous pouvons citer à ce niveau est Marx, négateur du système libéral, capitaliste, mystificateur, et affirmateur de la révolution communiste comme appropriation de soi de l'homme par l'homme grâce à sa propre *praxis*, même si l'affirmation de la société communiste comme finalité de l'évolution historique du social ressortit autant d'une lecture de l'histoire que de l'idéologie.

THESE N° V : LA PHILOSOPHIE N'EST PAS L'IDEOLOGIE

Entre philosophie et idéologie, il y a une différenciation *a priori*. Certes, la philosophie est idéologisée, elle a une dimension politique puisque le sujet qui philosophe est un sujet social qui philosophe **pour le social et dans le social ;** ce sujet reprend ou nie dans sa représentation les idéologies dominantes et opte ainsi pour une figure du social déterminée, en fonction d'intérêts eux aussi déterminés (mais dont il n'a pas toujours conscience). Mais la philosophie, au rebours de l'idéologie, n'est par un phénomène seulement immanent de la socialité. Dans l'idéologie s'organise et se confirme la constitution à la fois réelle et symbolique du lien social, sous forme d'interprétations, d'images, de représentations. Nous retrouvons donc dans l'idéologie, dialectiquement articulées, **l'immanence** (en vue de la rationalisation et de la justification de la totalité) et la **normativité programmatique**. Aucune neutralité possible donc : le phénomène idéologique s'offre en système global, en complexe d'idées dont l'objectif est de donner l'interprétation soit conforme ou dominante du monde historico-politique, soit révolutionnaire et transformatrice de ce monde, interprétation simultanément réifiante et anti-historiciste tout en étant historique !

La philosophie n'est donc pas l'idéologie. Existentielle et contextuelle, certes, articulant théorie et pratique, bien sûr, historique et engagée, assurément, la philosophie est tout cela. Il reste qu'elle **transcende** la contextualité sans la refléter seulement ; elle s'affirme comme **normativité** *a priori*, au nom de la raison et de l'essence humaine ; de ce point de vue, la philosophie est systématique, sans être système clos, unidimensionnel. En tant qu'elle est une **axiologie instauratrice de socialité humanisante**, elle se présente comme une **tension critique** entre une effectivité de l'inhumain et un devoir-être humanisant, le rôle permanent du philosophe étant non pas seulement de saisir cette distance critique entre réel et valeur, entre faits et normes, mais surtout d'affirmer la primauté de la valeur sur le réel, de la norme sur le fait, de la liberté humanisante sur la rationalité de l'inhumain, Ce rôle initial et même initiatique de la philosophie demeure : faire valoir la **valeur** en la faisant coïncider avec **l'être**.

THESE N° VI : LA NORMATIVITE TRANSCENDANTALE COMME QUETE D'ABSOLU

L'absolu dont la philosophie, **normativité transcendantale**, est en quête n'est pas l'absolu divin. Il renvoie à ce qui, dans le réel, a en soi une valeur propre : **l'homme**, être *sui référentiel*, capable, grâce à sa conscience, de se poser dans une affirmation d'actualité à la fois réflexive et projective, où objectivité (réalité) et à-venir (dépassement) se conjuguent. En effet, une fois définis ses attributs essentiels de liberté et de raison, une fois posés ces attributs comme absolus, il s'agit pour la philosophie de nier tout ce qui, dans le réel, nie ces absolus, et d'affirmer et développer tout ce qui les affirme et les développe. Nous retrouvons ici la tension critique entre l'effectivité et ce qu'elle devrait être ; cette effectivité ne devrait être rien d'autre que l'effectuation de la **raison** au-delà de chacune de ses rationalisations/légitimations.

C'est en ce sens que Jean-Marc Gabaude peut dire : « Le philosophe a la charge de déceler le nouvel ordre qui est en marche, ce qui se prépare, espérance et menace. Etre philosophe aujourd'hui, c'est analyser l'aujourd'hui en indiquant de quel lendemain ambigu il est **enceint**. Voilà de quoi **assurer** sans **rassurer**. Quel est le jeu de la contradiction entre les possibles ? Quelle est la possibilisation hominisante qu'il faudrait appuyer prospectivement » ?[201] C'est donc reconnaître l'effectivité dans sa potentielle ou réelle contradiction ontologique, et gérer les possibles dont on doit prendre acte, en posant comme absolu téléologique l'hominisation et l'être, au-delà des autres absolus sociaux que sont le pouvoir, l'avoir, la domination, puisque la transcendance de **l'homme** implique auto-promotion valorisante et authenticité :[202] l'authentification de l'homme implique en effet la primauté du **devoir**[203] et la réalisation de soi de l'homme dans et par la réalisation du devoir.

THESE N°VII : NORMATIVITE TRANSCENDANTALE ET *PRAXIS*

C'est bien dans le sens défini par Marx qu'il nous faut ici entendre le concept de *praxis*. Il ne s'agit pas en effet de poser seulement l'hominisation comme absolu téléologique, de poser l'Homme comme absolu de valeur. Cette affirmation est tout à fait intéressante, mais elle ne transforme point l'effectivité, même si elle l'inquiète. Cette affirmation se constitue comme affirmation minimale, du point de vue du

---

[201] « La philosophie R-assure-t-elle ? » Conférence du 26 novembre 1986 devant le Cercle d'Etudes Philosophiques d'Annecy. Texte ronéotypté.

[202] On pourrait encore ici se référer à Georges Bastide, insistant sur l'appel transcendant du **devoir** qui « déclenche en immanence un mouvement orienté exactement en sens inverse du mouvement d'aliénation [...] ». *Méditations pour une éthique de la personne. Op. cit.* p. 195.

[203] Georges Bastide. *Ibidem.* « C'est dans la certitude éthique, note Georges Bastide, que le Devoir est bien une immanence transascendante qui lutte contre ta chute dans la matérialité et contre a dispersion dans l'extériorité, c'est en cela que l'immanence de l'esprit [...] et la transcendance de la valeur infinie se répondent comme conditions métaphysiques de la personnalité de notre être en authenticité de vie ». *Ibidem.*

philosophe, mais elle doit précisément devenir effective. Jean-Marc Gabaude le faisait déjà remarquer : « Ce qui hominise doit devenir effectif, et ce qui est effectif doit devenir hominisant ».[204] Normativité comme impératif, au sens kantien du terme d'abord ; transcendantalité de l'absoluité de l'hominisation, seule valeur en soi, aussi.

Nous retrouvons ici un point de vue familier, le point de vue marcusien : « Le souci de l'existence humaine et de sa vérité, note Marcuse, fait de la philosophie, au sens le plus profond, une *«"science pratique"»*.[205] Spatio-temporalité donc, mais encore et surtout, praxis, par laquelle la philosophie devient, pour l'existence, une nécessité existentielle, en militant pour le triomphe de l'absolu humain posé plus haut, par son appropriation, dans l'existence effective, par les sujets humains et par la collectivité sociale. Il y a bien là articulation, de type platonicien, de la dialectique ascendante et de la dialectique descendante, telle que nous la dévoile l'allégorie de la caverne.[206]

THESE N° VIII : PRIMAUTE DE L'ETHICO-AXIOLOGIE ET CHOIX DE L'HOMME

Toutes les thèses précédentes aboutissent, naturellement, à l'affirmation de la primauté de l'éthico-axiologie[207] et au choix de l'homme. Poser l'homme comme absolu, c'est **choisir l'homme,** entre plusieurs autres absolus : dans la civilisation technocratique positiviste, peuvent être considérés comme absolus **l'avoir,** devenu précisément **mesure de l'homme**, mesure de **l'être** (avec les conséquences et les dérives que l'on connaît et notamment la dérive de l'unidimensionnalité), le **pouvoir**, par lequel l'individu pense exprimer la pleine réalisation de

---

[204] « La philosophie R-assure-t-elle ? » Conférence du 26 novembre 1986 devant le Cercle d'Etudes Philosophiques d'Annecy. Texte ronéotypté.

[205] Ce point de vue insiste sur la même exigence de *praxis* que celle exprimée dans la XIème thèse sur Feuerbach de Marx. Marcuse le redit : « La philosophie qui s'est découverte dans la situation de l'existence contemporaine ne peut plus penser dans le vide, en généralités, « sans pression qualitative » ; existant dans l'actualité, elle devra prendre position sans équivoque, prendre des décisions, choisir son point de vue d'une manière visible et être prête à soutenir l'épreuve de la réalité ». *Op. cit.* p. 147.

[206] Il faudrait lire à ce niveau *La République* de Platon.

[207] Qui, pour Jean-Marc Gabaude est philosophie première, en valeur et non pas en antériorité.

son être. (Encore que, à ce niveau, recherche frénétique du **pouvoir** et accumulation illimitée de **l'avoir** s'articulent).

Poser l'homme comme absolu, c'est le poser comme mesure, au lieu qu'il soit désormais « **mesuré** ou **démesuré** » et même modifié ontologiquement par ses propres productions, modification qui est loin d'être une simple hypothèse d'école. C'est réaffirmer l'essence humaine, à créer et à recréer en contexte hominisant. Pour Jean-Marc Gabaude : « La responsabilité et l'assurance du philosophe consistent d'abord en ce qu'il s'institue en témoin, qu'il porte témoignage d'une exigence continuelle **d'hominisation** universelle ».[208]

Pour Jean-Marc Gabaude, la primauté de l'éthico-axiologie renvoie, dialectiquement, à **la priorité/chrono-ontologique de la réalité sociale et de l'histoire, à l'antériorité** de cette dernière, dont la maîtrise et l'organisation doivent être orientées vers le triomphe de l'hominisation, l'homme étant *causa sui.* Cette prérogative de l'homme, *causa sui,* d'orienter l'histoire et le devenir, est certes de plus en plus niée par **l'hyper-technologisme** et par l'incapacité de plus en plus marquée de l'homme et de la société à maîtriser la maîtrise de la nature, de la société elle-même et des hommes.

Maîtriser cette maîtrise, voilà donc ce que postule la philosophie, voilà la tâche essentielle de la philosophie, à l'heure actuelle. Qu'est-ce d'ailleurs que philosopher, aujourd'hui, sinon, réaffirmer l'homme, et à partir de là, réinstaurer les valeurs, qui dérivent elles-mêmes de **l'homme-valeur** ?

THESE N° IX : CHOIX DE L'HOMME ET GESTION RATIONNELLE DES POSSIBILITES HOMINISANTES

Dans une perspective dialectique, nous tenons le réel à la fois pour le même et son autre : que ce soit au niveau de la matière[209], que ce soit au niveau de la réalité économico-sociale.[210]

---

[208] La philosophie R-assure-t-elle ? Conférence du 26 novembre 1986 devant le Cercle d'Etudes Philosophiques d'Annecy. Texte ronéotypé.

[209] La matière est en effet un faisceau de forces entre lesquelles il y a tension, par son auto-mouvement, elle évolue du double point de vue quantitatif et qualitatif tout en rendant la conversion catégorielle possible, de même que la transformation qualitative ; son évolution l'amène, à la suite de multiples stabilisations antérieures, à une

Dans ces conditions, puisque le réel est ensemble de possibles, de possibilisations plus ou moins hominisantes, et si le réel, au sens d'effectivité, n'épuise pas les possibles, il n'est en fait que l'advenir d'une possibilisation, advenir qu'il y a donc lieu de ne point hypostasier, comme cela est le cas pour l'effectivité actuelle qui est simple « être au technocosme ».[211] D'où la nécessité de ne point **obturer** ce réel, simple effectivité d'une possibilisation, un réel contingent par nature et donc transitoire ; d'où la nécessité aussi de ne point **obturer tout possible autre,** la double obturation du réel et du possible provoquant simultanément, le masquage de l'effectivité (par sa légitimation et celle, conjointe, du *statu quo*) et celui de la possibilité du changement, de la transformation qualitative.

Comment d'ailleurs choisir l'homme, comment gérer rationnellement les possibilités hominisantes, sans que soient réexaminés les principes de l'Etat de droit, ceux de la démocratie, des droits de l'homme, de la justice, le tout dans l'optique de la réaffirmation du **sens**, c'est-à-dire, de ce qui donne sens à notre vie, à notre existence, à notre histoire, et qui fonde dès lors la sagesse du présent et de l'avenir ? Aussi la philosophie ne peut-elle être désormais autre chose que l'orientation (normativité) de la *praxis* sociale et individuelle dont le but essentiel doit être de créer les conditions d'une hominisation intégrale, par un rejet judicieux de toutes les causes de négation de l'homme, le progrès et toute l'histoire devenant finalisés par ce **choix de l'homme**, fin et valeur mais en même temps, acteur historique privilégié de cette valorisation.

THESE N° X : LA « CREATION D'AVENIR » COMME IDEALISME ETHIQUE ET UTOPIE

La « création d'avenir »[212] renvoie ici à la nécessité de créer, de manière maximale, **les conditions de l'hominisation**, de la réalisation de

---

stabilisation actuelle précaire : c'est l'**harmonie polémique des contraires**, héritée d'Héraclite.

[210] Toute situation sociale est disposition critique et harmonie polémique précaire de forces antagoniques, en transition vers une autre réalité, vers une autre forme de socialité ; éternisation et transhistoricité sont ici évacuées.

[211] Ce qui fait d'ailleurs poser à Jean-Marc Gabaude la question suivante : « Mesure de la technique, (l'homme, l'être-au-monde) sera-t-il lui-même de plus en plus **mesuré/démesuré** par la technicisation » ? *Idem.*

[212] Concept développé par Jean-Marc Gabaude dans *L'avenir*. Actes du XXIème congrès de l'Association des Sociétés de Philosophie de langue française. Paris. Vrin. 1987.

l'essence humaine. Cette création est **rejet** et **projet** tout à la fois, mais aussi *praxis*.

Il s'agit d'un rejet de l'inhumain qui se caractérise désormais par une occultation/évacuation de l'éthique au nom de la rationalité unidimensionnelle/opératoire, au nom de ce que Jürgen Habermas nomme le **positivisme idéologique**. Le positivisme idéologique est en effet une dénégation de la multirationalité et l'affirmation d'une seule figure de la rationalité. Il s'agit donc du rejet de la domination de la technologie devenue mesure de l'homme, incapable désormais de maîtriser le réel technologisé ; il s'agit du rejet de l'unidimensionnalité et de la positivité de l'effectivité qui excluent du domaine de la rationalité toute éthique ainsi que tout jugement de valeur.[213] D'où le dépassement nécessaire de la restriction positiviste du rationnel.

Cette création d'avenir est projet et *praxis* tout à la fois : projet minimal de prévention des « risques de décréation », des menaces pour l'hominisation ; projet global de restauration du social dans le sens des valeurs.[214]

Ce qui est donc visé, c'est de faire triompher les valeurs universelles et non seulement les valeurs conjoncturelles, celles des intérêts partiels et parcellaires de classes ou de blocs.[215] C'est en ce sens que l'on pourrait parler **d'idéalisme éthique et d'utopie**. Nous prenons en effet le concept d'idéalisme non point au sens psychologique et ontologique[216], ou au sens gnoséologique, mais au sens de l'affirmation

---

[213] Jürgen Habermas le note : « L'effectivité qui est à penser, « cette puissance qui résout toute particularité » a pris pour nous le visage de la rationalité scientifique et technique et des discours qui légitiment sa domination exclusive. Philosopher, c'est penser cette puissance, donc la maîtriser d'une certaine façon par une puissance plus haute, celle de l'autoréflexion puisque la puissance en tant qu'absolue n'est pas maîtresse sur quelque chose d'autre, mais maîtresse d'elle-même, réflexion en soi-même ». Jacques Rivelaygue. Habermas et le maintien de la philosophie. *Archives de Philosophie*. 5. 1982. p. 259.

[214] « Créer l'avenir, note Jean-Marc Gabaude, c'est-à-dire créer maximalement de l'hominisation, c'est le sens de l'universel, la fin éthico-axiologique, la destination de l'homme et de l'humanité ». Jean-Marc Gabaude. *Op. cit. Ibid.*

[215] Ces valeurs universelles sont expression même de l'être et raison d'être de l'être, de l'homme/sujet.

[216] Puisqu'il y a priorité chrono-ontologique de la matérialité, de la socialité et de l'histoire, comme nous l'avons vu plus haut, avec J. M. Gabaude.

de l'universalité et de la transcendantalité des valeurs (liberté et rationalité) que l'agir moral du sujet **doit** imposer au réel.

C'est dire que la négation éthique du réel se substitue, comme son envers dialectique, à la négation actuelle de l'éthique par le réel. Il y a ainsi dialecticité et ***praxis***, et **utopie** pourtant. Nous dialectisons d'ailleurs le concept d'utopie, en tant qu'elle est non point l'impossible à advenir, mais ce qui permet de transcender l'advenu, l'effectif. Cette utopie positive est donc, au-delà des finalités conjoncturelles, position des valeurs en soi comme valeurs absolues et comme mesure de toute valorisation.

DEUXIEME PARTIE :

DEFIS AFRICAINS, DEFIS MONDIAUX

CHAPITRE I

LE DEFI DU DEVELOPPEMENT

(Réflexions éthiques sur la nature et la finalité du développement)

« Le développement ?... une réalisation de la transcendance des sujets historiques sociaux »

Pius ONDOUA

Version légèrement remaniée de l'article intitulé "Philosophie et développement" paru dans les *Annales de la FLSH,* Série Sciences Humaines. Vol. IV. N° 2. Juillet 1988.

I. INTRODUCTION

I.1. L'« idéalisme » traditionnel de la philosophie

L'opposition de la théorie et de l'activité pratique se situe au coeur même de la philosophie depuis ses origines ; et le terme même d'« idéalisme » pris dans un sens restreint signifie que l'activité de réflexion philosophique a généralement été opposée aussi bien à l'action pratique concrète (qui se déploie dans la politique), qu'à l'activité scientifique et technique, désormais impériale dans tous les domaines, avec les prodigieux développements des sciences de la matière, des sciences de la vie, des sciences sociales, des technosciences en un mot.

La philosophie, de ce point de vue, serait avant tout ou se proposerait d'être une **pensée théorique**, un effort de **synthèse totale** proposant une conception générale de l'univers et un sens à l'existence de l'homme et à l'histoire. Non seulement il n'y aurait alors aucune identification possible de la philosophie avec les sciences et les techniques, mais encore la philosophie viendrait après coup, pour dégager de l'ensemble des connaissances scientifiques et techniques, ainsi que des expériences humaines vécues (individuelles ou collectives), des principes directeurs, des grilles de lecture ou des orientations normatives. A moins qu'elle ne se situe au départ, avant même toute expérience possible, pour poser de tels principes, grilles de lecture et orientations normatives, précisément coupés *a priori* de toute expérience.

En outre, la méthode philosophique qui se caractérise d'abord par le recul imposé par l'examen réflexif, vouerait la philosophie à être « idéaliste » et théorique, en mettant l'action pratique en retrait par rapport à l'activité théorique ; de même, les problèmes sur lesquels réfléchit la philosophie et les défis qu'il s'agit pour elle de relever, la condamneraient à l'abstraction, en tant que réflexion sur l'être, sur le devenir, sur l'âme, sur la liberté...

Les sciences et les techniques sont, par contre, progressives : nous assistons désormais à leurs évolutions ininterrompues et cumulatives à la fois. Les sciences par exemple aboutissent à des solutions certaines, vraies, de même que les techniques mettent en œuvre des pratiques et des moyens à l'efficacité avérée. C'est dire que les sciences et les techniques étendent et affinent leurs domaines, alors que la philosophie ne verrait pas son domaine s'accroître dans les mêmes proportions : elle est en effet enfermée dans un cercle de problèmes figés, déterminés depuis ses origines, depuis son avènement « socratique », même si des problématiques nouvelles sont explorées, à partir de l'évolution même du réel.[217] Dans un monde désormais fondamentalement modifié et modelé par la technoscience, à quoi servirait encore la philosophie ? Telle est la question lancinante et récurrente qui se pose, et qui semble, pour beaucoup, sonner le glas de la philosophie.

I.2. La crise actuelle de la philosophie

Si l'on s'en tient à cette vision, à la définition somme toute partielle et parcellaire de la philosophie qui se dégage des précédentes lignes, l'on peut alors affirmer sa désuétude. Dans les pays développés, il y a une promotion-valorisation (absolue) des sciences et des techniques, des technosciences, promotion-valorisation fondée sur l'opérationalisme[218], c'est-à-dire sur le critère absolutisé de l'efficacité-pouvoir.

La philosophie a donc du mal à se maintenir : elle doit se révolutionner[219] de fond en comble, elle doit se recréer continuellement en se redonnant un nouvel objet, de nouveaux objectifs. Elle doit en permanence rappeler son existence, rappeler sa nécessité.

---

[217] Ces problématiques n'ont évidemment pas à être examinées à partir de l'expérience et de la méthode empirico-formelle qu'utilisent les sciences et les techniques et qui fonde leur efficience.

[218] Opérationalisme **théorique** et opérationalisme **pratique**.

[219] Cette désuétude est doublement vécue : au niveau de la collectivité globale, elle est simultanément **rejet et crainte**, peur d'une discipline essentiellement critique ; au niveau des **philosophes eux-mêmes**, ou plutôt des professeurs de philosophie, cette discipline semble avoir perdu de son attrait, de sa crédibilité. C'est dans cette optique que l'on peut interpréter ces lignes suggestives écrites par Pierre Thuillier dans *Socrate fonctionnaire*. Editions Complexe. pp. XIII et XIV : « Pour employer une formule commode, « tout le monde le sait », dans la corporation, que neuf collègues sur dix [...] ne croient pas **vraiment** à la philosophie, c'est-à-dire ne croient pas à ce domaine fondamental de la philosophie qu'est la **métaphysique** et ne croient pas davantage à l'existence d'une activité autonome et autosuffisante qui aurait nom philosophie. Aux gens de l'extérieur, il n'est pas facile de faire comprendre cela. Les philosophes universitaires sont pour la plupart comme des prêtres défroqués - plus exactement, comme des prêtres qui auraient perdu la foi. Ils parlent de la **philosophie** mais ne savent pas où elle est. Bien plus, à défaut de ne plus croire à la philosophie, ils en affirment complaisamment la mort, ne pensant plus qu'il soit possible de tenir un discours positif sur l'**être**, sur les **valeurs** [...] ».

Cette désuétude de la philosophie que l'on constate dans l'Occident développé est poussée à l'extrême dans les pays du Tiers-Monde, notamment en Afrique, où la priorité des priorités est le développement, c'est-à-dire la promotion de la. technoscience pour la maîtrise des conditions de l'existence, La philosophie conçue comme spéculation, discours sans portée existentielle immédiate, discours au demeurant hermétique, et potentiellement déstabilisateur du *statu quo*[220], serait incapable de fournir une solution concrète aux problèmes posés par le sous-développement des problèmes urgents de pauvreté, de santé, d'éducation, d'autosuffisance alimentaire, problèmes eux-mêmes liés à ceux de la figure du social, de la démocratie, des droits humains. Bien au contraire, l'essor des sciences et des techniques, qui confèrent *a priori* une plus grande maîtrise de l'homme sur la nature, sur son destin et son existence concrète, est salué comme la seule porte du salut, le seul chemin à suivre pour parvenir au développement, et pour maîtriser simultanément le présent et l'avenir.

I.3. Philosophie et développement

Cette relégation arbitraire de la philosophie dans la seule sphère de la spéculation, ainsi que son rejet et sa désuétude, nous semblent abusifs, car c'est méconnaître l'essence même de cette discipline que de n'en faire qu'un discours éthéré, sans aucun lien avec les problèmes existentiels du sujet et de la société.[221]

Deux dimensions de la philosophie peuvent être mises en lumière : la dimension d'historicité, c'est-à-dire la nécessaire insertion historique de la philosophie qui exprime l'homme d'un temps et d'un lieu tout en visant l'Universel, et la dimension d'engagement existentiel, c'est-à-dire d'implication du sujet qui philosophe.

---

[220] Selon l'idéologie dominante et le pouvoir qu'elle sert et « exprime ».

[221] Car, « si le sens de l'activité philosophique est la **révélation** de la **vérité**, note Marcuse, et si celle-ci a essentiellement un caractère existentiel, il faut dire non seulement que l'activité philosophique est un mode de l'existence humaine, mais aussi que la philosophie, de par son sens, est existentielle. De quelque façon qu'on délimite le champ de la philosophie, celle-ci s'occupe toujours, dans la connaissance de la vérité, de l'existence humaine. Toute vraie activité philosophique n'en reste pas à la connaissance, mais s'efforce, en développant la connaissance de la vérité, de faire en sorte que l'existence humaine s'approprie celle-ci. » *Philosophie et révolution.* Denoël-Gonthier. p. 125.

Si la philosophie part de l'existence réelle de l'individu et de la société, elle engage aussi l'individu et la société, sommés de donner un sens à leur vie, à leur existence, à leur action, ainsi que d'harmoniser ce sens avec l'exigence du **vrai** et du **bien**, c'est-à-dire avec l'exigence des valeurs. Nous pouvons dès lors poser un problème à deux volets : celui de savoir si la philosophie a joué un rôle dans la constitution du développement de l'Occident, d'une part ; celui de savoir quel rôle elle devrait jouer pour le développement du Tiers-monde et pour permettre le dépassement de l'aliénation et de la domination actuelles.

Si développement du Tiers-Monde il doit y avoir, quelle figure, quelle finalité, avec quels moyens, à partir de quelles stratégies, et dans quel monde, c'est-à-dire, avec quel type de relations le liant aux autres «ensembles» du monde, pour autant que nous assistons à une véritable internationalisation des modes d'être, des types de relations entre l'homme et l'homme, les hommes et les hommes, l'homme et la nature, le tout face à une dominance du réel évacuant tendanciellement et par principe toute réalité de la **Transcendance** ?

II. TECHNOSCIENCE ET DEVELOPPEMENT

II.1. Retour à l'histoire

La philosophie, en Occident, ne s'est jamais tenue à l'écart de l'essor des sciences et des techniques, un essor conditionnant le développement. Les grands systèmes de philosophie peuvent en général se présenter sous certains aspects, comme la reprise réflexive d'importantes découvertes ou de bouleversements scientifiques et techniques du moment.

En interrogeant Platon de ce point de vue, nous pourrions voir par exemple que sa théorie des Idées se fonde sur une réflexion sur la géométrie et les mathématiques grecques, sur une réflexion sur la nature des êtres mathématiques manipulés par les géomètres dans leurs démonstrations. En même temps, cette réflexion est une position de ces êtres mathématiques, comme êtres intelligibles, comme **idéalités**. Dès lors, **théorie de la connaissance** et **théorie de l'être** s'imbriquent chez Platon, les mathématiciens et les philosophes brisant, chacun pour son compte, la tyrannie du sensible et essayant de fonder un savoir qui « transforme les hypothèses de ceux qui ont su « mourir au sensible » en vérités incontestables ».

La réflexion philosophique de Descartes, elle aussi, s'inspire du modèle de rigueur mathématique (*Discours de la méthode ; Règles pour la direction de l'esprit*) ; sa métaphysique renvoie à la naissance de la Physique Mathématique de Galilée[222] dont nous pouvons redonner ici, brièvement, quelques idées-forces :

a) - le monde est régi par des lois constantes, mathématiquement formulables ;[223]

b) - les phénomènes naturels sont mesurables, et ce que l'on peut connaître relève de la quantité

c) - le monde, (règne végétal et règne animal) obéit strictement aux lois de mécanique. Galilée résume d'ailleurs toute sa pensée dans ce texte : « La philosophie est écrite dans ce vaste livre constamment ouvert devant nos yeux (je veux dire l'Univers), et on ne peut le comprendre si d'abord on n'apprend à connaître la langue et les caractéristiques dans lesquels il est écrit. Or, il est écrit en langue mathématique, et ses caractères sont le triangle et le cercle et autres figures géométriques sans lesquelles il est humainement impossible d'en comprendre un mot ».[224]

Kant formule quant à lui, ses questions philosophiques à partir des questions que suscitent les découvertes de Newton : la phénoménalité de la connaissance humaine et de la nature, en même temps que l'idéalité transcendantale du noumène ou chose en-soi, renvoient très concrètement à la physique de Newton.[225]

En tant que réflexion sur les sciences et leur pratique théorique (épistémologie) et en tant qu'examen des implications des sciences et des

---

[222] Qui a eu comme modèle Archimède, mobilisant les ressources de la mathématique pour comprendre quelques phénomènes physiques.

[223] Il y a affirmation de l'unité physique du cosmos, car il n'existe aucune différence entre la terre et les cieux.

[224] Œuvres. T. VI, p. 232. Cité par Jean Toussaint Desanti in *La philosophie du monde nouveau. XVI*[ème] et *XVII*[ème] siècles. Paris. Hachette Littérature. 1972. p. 88.

[225] Chez Newton, l'on retrouve, dans sa mécanique céleste, « une extrême précision dans l'application des mathématiques aux phénomènes naturels, qui permet de calculer rigoureusement les grands phénomènes cosmiques (mouvement des planètes, pesanteur, marées), lorsque leurs conditions initiales sont données ; une marge très vaste laissée à l'inexplicable, puisque ces conditions initiales ne sauraient être mathématiquement déduites, mais seulement données par l'expérience ». Emile Bréhier. *Histoire de la philosophie.* Tome II. *La philosophie moderne.* 2. Le XVIIIème siècle. Paris. PUF. VIIème édition, 1968.

techniques[226], la philosophie s'est donc toujours trouvée en rapport avec la pratique technoscientifique de son temps, et aussi en rapport avec le niveau de développement des forces productives qui par ailleurs conditionnent les rapports de production.[227] Si la philosophie s'est originellement montrée anti-techniciste, cet anti-technicisme tombera dès la Renaissance, la modification du « regard » de la philosophie sur la technique intervenant à la suite des inventions et des progrès considérables enregistrés au niveau des techniques.[228]

Toutefois, un problème se pose : en tant que réflexion sur la science et la technique déjà constituées, et en tant que simple regard, théorique par nature, posé sur ce qui est là, la philosophie n'arrive-t-elle pas toujours en retard ? En quoi peut-elle alors influencer le cours ultérieur du développement des sciences et des techniques, dont on connaît l'impact sur l'existence individuelle et sociale concrète ?

II.2. La rationalité en acte

Le questionnement que la philosophie entreprend sur les sciences et les techniques découvre en elles, en acte, en réalisation, une des exigences fondamentales de l'esprit humain : l'exigence de rationalité. La **rationalité** est ici entendue sommairement comme la conformité au **vrai** et la réalisation de la vérité découverte sur le plan de la

---

[226] Au niveau de la connaissance comme au niveau de la structuration consécutive de la réalité.

[227] L'évaluation négative de la technique et le rejet de l'activité artisanale par Platon et l'antiquité grecque en général, de même que la survalorisation des arts libéraux (dont les sciences et la philosophie), sont à lier par exemple, à un ordre économico-social et politique donné, caractérisé par l'esclavagisme, qui fait qu'on « libère » et valorise l'activité théorique contemplative, et qu'on confie aux esclaves le soin de subvenir, grâce à la technique, aux nécessités de l'existence.

[228] Désormais, la philosophie ne restera plus en marge des techniques. La nouvelle problématique philosophique de la finalité des techniques (en tant que ces techniques, activité pratique de transformation de la nature et de l'existence de l'homme, n'ont pas en elles-mêmes leur fin) est une problématique bien actuelle, que l'on développe dans le cadre de l'examen du problème de la neutralité (ou de la non-neutralité) de la science et des techniques. De tels développements sont conduits chez Marx, Marcuse, Habemas et d'autres.

Et on pourrait lire avantageusement : H Marcuse : *L'homme unidimensionnel*, Editions de Minuit ; Jürgen Habermas : *La technique et la science comme idéologie*, Editions Gallimard ; Pius Ondoua : *Rationalité technologique et problématique africaine du développement*. Thèse de Doctorat de IIIème cycle. Toulouse. Février 1977.

connaissance. Elle est aussi adéquation de la pratique et du comportement à ce **vrai**.

Cette exigence de rationalité que le regard philosophique des sciences et des techniques met en lumière dans leur création et dans leur développement est donc en même temps **systématisation** et **expérimentalisation** de la connaissance.[229] Ce qui est déjà perceptible à ce niveau, c'est que le règne de la rationalité sur le réel sera tendanciellement total, et que la **raison** deviendra, essentiellement, **puissance**.

Toutefois, ce ne sera que progressivement que cette exigence de rationalité alliera théorie et pratique, systématisation théorique et application pratique, science et technique, au point d'aboutir à l'immense transformation scientifique et technique actuelle du monde. Cette évolution transparaît dans la présentation que fait G. G. Granger de la raison cartésienne. « Contrairement à la raison traditionnelle, embarrassée d'un appareil logique trop verbal, note Granger, la raison cartésienne partira à la conquête du monde. Elle restituera une science efficace, susceptible d'applications ».[230] Descartes veut effectivement promouvoir une civilisation où sont liés essor scientifique et technique et défense de l'ordre social.[231]

Les sciences et techniques modernes et contemporaines sont donc de ce point de vue une application toujours plus parfaite de l'exigence de rationalité, et cette application vise essentiellement une maîtrise toujours plus grande de l'homme sur la nature, sur le réel, sur lui-même et sur la

---

[229] G. G. Granger présente en effet la connaissance rationnelle comme « une connaissance authentique et vérifiée, qui nous fait dépasser les apparences et atteindre les réalités ». *La raison.* PUF. Que sais-je ? p. 10. La problématique de fond ici est une problématique ontologique.

[230] *Idem.* p. 15. Notons cependant la volonté cartésienne du maintien d'une transcendence divine, sans que cela ruine la véracité de cette science et l'efficacité de cette technique que l'homme crée.

[231] Comme le montre Jean-Marc Gabaude : « L'intention d'efficacité pratique et de transformation ne doit pas bouleverser la société ; tout en oeuvrant pour le progrès des sciences et des techniques, il ne faut pas vouloir changer les structures sociopolitiques »... « Quoique l'on puisse penser de l'influence effective postérieure de Descartes, son dessein était de défendre la cause de Dieu et de la religion au moyen de la révolution scientifique et métaphysique, et non pas malgré elle ». *Liberté et raison. La liberté cartésienne et sa réfraction chez Spinoza et chez Leibniz.* Tome I. Toulouse. Imprimerie ESPIC. 1970. pp. 56-57.

société. Jean Ladrière le fait remarquer : « La science moderne est étroitement associée à un pouvoir sur les choses et sur l'homme lui-même, et c'est pourquoi elle apparaît liée à la technologie au point d'en être indiscernable ».[232]

A ce niveau, une notion nouvelle est désormais apparue : celle de **l'opérationalisme.** Le souci premier dans les rapports entre l'homme et la nature est celui d'une domination technoscientifique de plus en plus totale de l'univers. Pour Auguste Comte, nous le savons, la science reste « prévoyance ; prévoyance d'où action ». Pour ce philosophe, « telle est la formule très simple qui exprime d'une manière exacte la relation générale de la science et de l'art ».[233] Du fait de cet opérationalisme, du fait de cette opérativité, science et technique manifestent, accroissent et exercent leur puissance au nom d'une rationalité qui est procédures théoriques et pratiques d'une part, et emprise tendanciellement totale sur le monde d'autre part.

Comme le note Dominique Janicaud : « Aussi en vient-on à doter le rationnel - du moins en ses configurations technico-scientifiques - des attributs effectifs de la Puissance, parce que, se substituant aux mythes, aux rites et aux cultures traditionnelles, il devient le refuge, le signe ou le modèle de l'ordre universel et même du sens de la vie. Du coup, l'homme (individu, classe ou genre) s'honore d'en être l'agent, et c'est à sa source qu'il vient s'enivrer des délices du pouvoir ».[234]

II.3. Sciences, techniques et société

Les sciences et les techniques sont issues, nous le savons, d'un milieu social donné, à une époque donnée. Cependant, elles conditionnent (comme par un choc en retour) ce milieu social au point de le structurer, de l'organiser, de l'orienter, de le déterminer. C'est la récupération sociale des sciences et des techniques. A l'époque industrielle moderne ou contemporaine, cette récupération prend la figure d'une technostructuration, c'est-à-dire d'une détermination du social, du politique et de l'idéologique par l'économie (loi de la valeur) et aussi par les sciences et les techniques.

---

[232] *Les Enjeux de la rationalité.* Paris. Aubier-Unesco 1977. p. 28.
[233] *Cours de philosophie positive.* p. 110.
[234] *La puissance du rationnel.* Paris. Gallimard NRF. 1985. pp. 11 et 12.

L'organisation sociale et politique, dans la nouvelle société industrielle, est ainsi caractérisée, essentiellement, par l'utilisation de la technoscience : « L'originalité de notre société réside, comme le note Marcuse, dans l'utilisation de la technologie [...], pour obtenir la cohésion des forces sociales dans un mouvement double : un fonctionnalisme écrasant et une amélioration croissante du standard de vie ».[235] De même, Dominique Janicaud, parlant de ce phénomène, dira qu'il est une « totalisation technique et pratique du rationnel ».[236] La récupération sociale des sciences et des techniques, de même que la technostructuration à laquelle aboutit cette récupération, créent une nouvelle rationalité : **la rationalité technologique**, qui est la forme idéologique que revêt le monde culturel nouveau, imposée sous l'impulsion de l'économie.[237]

C'est à ce niveau que nous aboutissons au glissement des sciences et des techniques, c'est-à-dire à la dérive de la rationalisation intégrale de

---

[235] *L'Homme unidimensionnel.* p. 16.

[236] *Ibidem.* p. 43.

[237] Pour Marx, il y a une liaison nécessaire de l'infrastructure et de la superstructure ; les hommes réels, conditionnés par le niveau de développement de leurs forces productives et par le mode de relations qui y correspond, élaborent leurs propres idées et représentations. Le concept de **rationalité technologique**, tiré de *L'Homme unidimensionnel,* désigne, en premier lieu, un engourdissement de la pensée critique et la création, corrélative, d'une société sans opposition, incapable de penser la transformation qualitative. L'irrationalité de la totalité s'y trouve masquée. « La société industrielle avancée prive la critique de sa véritable base, note Marcuse. Le progrès technique renforce tout un système de domination et de coordination qui à son tour, dirige le progrès et crée des formes de vie (et de pouvoir) qui semblent réconcilier le système avec les forces opposantes, et de ce fait rendre vaine toute protestation au nom des perspectives historiques, au nom de la libération de l'homme ». *L'Homme unidimensionnel.* p. 18.

Ce concept désigne en second lieu, le fait que l'appareil technique/social de production/distribution fonctionne comme **système**, comme totalité/totalitaire, qui détermine activités, attitudes, aspirations, visions et représentations. « Devant les aspects totalitaires de cette société, il n'est plus possible de parler de « neutralité » de la technologie. Il n'est plus possible d'isoler la technologie de l'usage auquel elle est destinée ; la société technologique est un système de domination qui fonctionne au niveau même des conceptions et des constructions techniques ». *Idem.* p. 21.
Ce concept désigne enfin la perte de la pensée négative et critique et la soumission de la raison « aux réalités de la vie » ; il désigne de même la liquidation des idées non opérationnelles, non efficientes, au point que « le mouvement de la pensée est arrêté par des barrières qui apparaissent comme les limites de la **raison** elle-même ». *Idem.* p. 39.

la vie par le biais de l'opérationalisme et de la nouvelle rationalité que la récupération sociale des sciences et des techniques crée ; celles-ci ne produisent plus *a priori* la libération de l'homme, elles peuvent au contraire produire son aliénation.

L'examen de la civilisation techniciste qu'entreprend Kostas Axelos, sur le problème précis de savoir si la technique engendre la libération ou plutôt son contraire, est particulièrement intéressant. Kostas Axelos note ainsi que la machine, bien qu'étant : « nécessaire au développement des sociétés humaines, [...] écrase pourtant les hommes » ;.... « Ce n'est pas en tant que telle qu'elle les écrase, mais à travers les rapports que les travailleurs entretiennent avec elle [...] L'homme est [...] devenu l'esclave de la machine, comme il est également esclave du travail divisé, de la propriété privée, du capital, de l'argent, de l'industrie et de toute la civilisation techniciste ».[238]

Le glissement que nous venons d'établir à partir de Marcuse et Axelos met donc clairement en lumière ce fait que la science et la technique n'ont pas en elles-mêmes leur **fin :** cette fin leur est imposée de l'extérieur, dans le cadre de la société qui les crée et les utilise. La rationalité scientifique et technique, nous le savons, a évidemment un caractère instrumentaliste interne.[239] Cependant, cette rationalité instrumentale crée-t-elle automatiquement l'aliénation de l'homme ? L'opérativité caractérise certes, de manière essentielle, cette rationalité technoscientifique ; mais l'aliénation se réalise si et seulement si une instrumentalisation de l'homme est menée, associée à celle de la nature, et si le but visé par les créateurs et utilisateurs de la science et de la technique n'est plus, fondamentalement, la réalisation de l'homme. En un mot, cette aliénation se réalise s'il y a inversion du signe de tous les bienfaits de la rationalité et donc, s'il y a ruine et non salut du sujet.

---

[238] *Marx, penseur de la technique*. Editions de Minuit. p. 79. Kostas Axelos relève d'ailleurs, dans ces conditions, une « mécanisation » de l'essence de l'homme.

[239] Opérationalisme et mentalité instrumentaliste sont pratiquement synonymes. Comme le montre dans le passage suivant, Bridgman, P. W. dans *The Logic of Modern Phvsics, New-York*. Macmillan. 1928, p. 5. Cité par Marcuse : « Adopter un point de vue opérationnel, [...] cela signifie une transformation radicale de toutes nos habitudes de pensée : nous ne pouvons plus utiliser désormais comme instruments de pensée des concepts dont nous ne pouvons pas rendre compte en termes d'opérations ». p. 38.

II.4. Quelle « signification » du développement ?

La philosophie, qui ne saurait se tenir à l'écart du mouvement de l'histoire, a un double rôle à jouer : prendre acte du processus de la création théorique et pratique des sciences et des techniques, d'une part, interroger le sens et la finalité de ce processus d'autre part.

Dans la constitution du développement occidental, la philosophie a eu pour rôle de favoriser l'émergence d'une mentalité nouvelle, expérimentaliste, par l'affirmation de l'exigence absolue de rationalité, autant dans la connaissance et la maîtrise de la nature extérieure que dans la connaissance et la maîtrise de soi-même. On peut citer à cet effet Francis Bacon, Descartes et Kant.

Pour Kant notamment, l'homme est limité ; il ne peut pas atteindre l'absolu, que ce soit sur le plan de l'être ou que ce soit sur le plan du connaître ; il doit cependant progresser vers cet absolu malgré les inclinaisons des sens et malgré ses limites ontologiques : il doit ainsi, selon lui, créer le maximum de ce qui lui est accessible aux plans de la connaissance (théorique) et au plan de l'action (pratique) ; il doit par conséquent créer « théoriquement une connaissance expérimentale cohérente, et pratiquement une vie conforme à l'impératif catégorique ».[240]

Si la philosophie prend ainsi acte du processus historique de création et d'exercice de la technoscience, il s'agit bel et bien d'une mise en cohérence dans le cadre de la recherche de l'intelligibilité de tout et du **tout**. Il s'agit donc d'une **fonction analytique et épistémo-critique** d'abord, pour la philosophie.

La philosophie interroge la réalisation ou la non réalisation de l'homme, et détermine les conditions à mettre en oeuvre pour que cette réalisation de l'homme soit possible, en tant que but transcendant de l'existence et de l'histoire. Elle se présente ainsi comme une critique de l'aliénation et de l'unidimensionalisation de la vie individuelle et sociale en même temps que comme une exigence de transformation qualitative de la réalité aliénée.[241]

---

[240] C'est le sens à donner à ses ouvrages ci-après : *Critique de la raison pure, Critique de la raison pratique* et *Fondements de la métaphysique des moeurs.*

[241] La philosophie jouerait ainsi, selon Kostas Axelos, le même rôle que la dialectique historique de Marx. Pour lui, la dialectique historique « veut s'emparer du secret du

A la **fonction analytique et épistémo-critique** de la philosophie s'ajoute alors la **fonction interro-normative** et **herméneutique**. Que réaliserait la rationalité mise en œuvre à son maximum, sinon la rationalisation intégrale du réel, rationalisation dont il y a lieu de voir déjà, par anticipation, les effets potentiellement suicidaires pour l'homme, pour la société, pour la planète ? Ultimes périls et inévitables catastrophes ne sont-ils pas les éléments qui amènent le philosophe à tirer la sonnette d'alarme, et ce précisément, au nom de la valeur absolue et de l'essence de l'homme ? Pour Dominique Janicaud par exemple : « Si la « droite raison et la saine religion » - ces recours baconiens - ne suffisent plus, à quelle instance se confier, à quelle tâche se vouer ? »[242]

Nous pouvons donc revenir au problème global des rapports qui se sont historiquement établis entre la philosophie et le développement. Si la philosophie a pu jouer un rôle pour la promotion de la science et des techniques et donc, pour la promotion du développement, le problème reste de savoir quel rôle elle peut désormais jouer dans la réalisation d'un développement viable, pour le Tiers-Monde et spécifiquement pour l'Afrique. Cette interrogation, nous l'avons vu, se pose comme urgence, sur le plan théorique comme sur le plan pratique au regard de l'exclusivisme positiviste en matière de connaissance et du triomphalisme des sciences et des techniques exhibant leur efficience.

III. LA PROBLEMATIQUE DU DEVELOPPEMENT EN AFRIQUE

III.1. Idéologie dominante et modèle capitaliste

Les termes Tiers-monde et sous-développement, qui prétendent à la scientificité, dévoilent l'idéologie dominante dans la mesure où ils occultent la réalité au lieu de la révéler.

---

devenir de l'humanité et de l'être de l'homme pour affronter l'aliénation et offrir un remède à l'insatisfaction qui croît au fur et à mesure que croît le rythme de la production des biens matériels. Tout ce qui est source d'exploitation, de frustration, d'insatisfaction se trouve attaqué par tous ceux qui veulent transformer la négativité et la conscience malheureuse, la dislocation déchirante et le conflit des vases non-communicants en positivité et en prise de conscience révolutionnaire qui doit conduire vers une harmonie constituant la solution des énigmes et établissant un ordre satisfaisant ». *Marx, penseur de la technique*. pp. 20-21.

[242] *Op. cit.* p. 45.

Le Tiers-monde n'est pas un troisième monde posé en face des deux blocs capitaliste et socialiste, et sans lien avec eux. Ce Tiers-monde, constitué de nations naguère colonisées et actuellement néo-colonisées, est en fait une Périphérie, un appendice du Centre capitaliste : il est essentiellement dépendant.

Le terme "sous-développement" véhicule lui aussi l'idéologie dominante : il affirme *a priori* l'universalité du modèle occidental de développement, modèle que le Tiers-monde n'aurait qu'à réaliser, en urgence, (à quelques modifications près). Comme le montre Erhard Eppler : « Lorsqu'on parle de pays en voie de développement, la part d'idéologie contenue dans l'expression "développement" est beaucoup plus considérable que ce que nous sommes prêts à admettre. En effet, tout développement est finalisé par un but, un objectif ; dans le cas particulier qui nous occupe, il s'agit incontestablement de la société industrielle créée par nous dans l'hémisphère Nord. Nous considérons dès lors que c'est vers la réalisation de cet objectif que les pays en voie de développement devraient tendre en permanence [...] Seul un tel mouvement peut être considéré comme naturel, nécessaire et donc aussi rationnel. Mais il est vrai que le caractère problématique d'une telle prémisse idéologique commence lentement à s'imposer à nos évidences ».[243]

Le Tiers-monde et le sous-développement ne désignent donc pas une réalité « **ontologique** » intemporelle. Ils sont une création de l'histoire et en tant que création, ils ont un caractère historique, artificiel et contingent.

Parler d'idéologie dominante et de modèle capitaliste, c'est affirmer que la problématique du développement du Tiers-monde a généralement été posée en termes de rattrapage de l'Occident capitaliste.[244] Cette problématique a toujours été posée en termes quantitatifs et non qualitatifs, et il s'est agi essentiellement du

---

[243] *Peu de temps pour le Tiers-Monde*. p. 16.

[244] Il faudrait peut-être ici nuancer notre affirmation, et montrer aussi l'idéologisation intrinsèque de la présentation du modèle de développement socialiste de type léniniste/staliniste. En tout état de cause, modèle capitaliste et modèle socialiste de développement convergent sur un point essentiel : un développement des forces productives matérielles exponentiel, et divergent apparemment sur le statut du sujet et sur son rapport à ces forces productives.

développement économique, et non pas, fondamentalement, du développement humain. L'intégration de cette problématique a donc sanctionné l'acceptation définitive du cadre socio-économique et mental en vigueur, le cadre du libéralisme de l'économie et des échanges. Cette acceptation a d'ailleurs présenté le développement du Tiers-monde comme une croisade contre le socialisme, vu d'ailleurs la guerre froide et les relations antagoniques **Est/Ouest**.[245]

N'est-ce pas là une codification idéologique poussée à l'extrême de la thèse de la primauté du libéralisme (économique et politique), pilier de la mondialisation et fondement d'une linéarité de l'Histoire à laquelle aucune société ne saurait se soustraire ?

Or, pour qu'une problématique correcte du développement du Tiers- Monde soit posée, il faut au préalable tenir compte du caractère de création historique du sous-développement : il faut donc revoir l'histoire et la genèse de cette réalité, avec ses acteurs et ses finalités. En outre, il faut pouvoir analyser cette réalité dans le cadre socio-économique qui l'a créé : le capitalisme occidental, et poser le problème du développement en termes de rapport de forces ou alors plus fondamentalement, de changement qualificatif du système.

Historiquement, la création du sous-développement remonte au XVIème siècle, lorsque l'Europe occidentale, du fait de la maîtrise et du monopole du commerce maritime intercontinental, maîtrise et monopole liés eux-mêmes au développement accéléré des sciences et des techniques, s'élance hors de ses frontières pour coloniser, le besoin de coloniser de nouveaux territoires étant d'ailleurs une nécessité essentiellement économique[246] (acquisition d'épices, de pierres

---

[245] Pour Elliot J. Berg, par exemple, il ne saurait y avoir de comparaison entre l'idéologie capitaliste et l'idéologie socialiste : « Pour l'Afrique contemporaine, note-t-il, l'idéologie socialiste est une idéologie mauvaise, à la mauvaise place et au mauvais moment ». Pour le professeur Maurice Allais en revanche : « Le monde retentit partout d'affirmations dogmatiques et tranchantes, tournant en dérision les méthodes libérales et présentant aux pays sous-développés, comme une panacée, un dirigisme autoritaire et une planification centralisée [...] Seule l'application des méthodes libérales peut contribuer réellement à faire sortir les pays sous-développés de leur ornière ». *Le tiers-monde au carrefour : centralisme autoritaire ou planification concurrentielle ?* Paris Bruxelles. 1961. pp. 16-17.

[246] On voit bien à partir de là le caractère idéologique des concepts avancés pour occulter cette réalité : ceux des missions civilisatrice et évangélisatrice.

précieuses, de colorants, de tissus rares, d'or et d'argent). Dès cette époque, le commerce intercontinental a donc consacré l'échange inégal actuel, et fait entrer les pays colonisés dans le circuit économique occidental dominant.

Cet échange inégal se manifeste à travers le fait que c'est l'Europe qui, en fonction de son échelle des valeurs marchandes et de ses intérêts, et aussi du fait de son pouvoir politique et militaire, fixe les prix. C'est de cette période que date donc l'exploitation coloniale, ainsi que la structuration sociale des sociétés colonisées avec une hiérarchisation sociale qui situe le colon au haut de l'échelle et l'ensemble des autres composantes au bas de cette échelle. C'est aussi de cette période que datent la stratégie et les principes colonialistes.

Le premier de ces principes est **économique :** imposer aux colonies les productions, leur imposer l'achat des produits métropolitains manufacturés (et créer le besoin de ces produits) ; le second de ces principes est **idéologique** et **politique :** détruire les structures socioculturelles des colonies, leur imposer représentations et perspectives, de même qu'une vision négative d'eux-mêmes et de leur histoire.

C'est donc dès le XVIème siècle que les principes fondamentaux de la dépendance ont été fixés, rendant impossible dans les colonies l'organisation d'une économie et d'un développement autonomes et créant donc, *de facto*, le sous-développement. Dès lors, tout était mis en place, et la traite, la colonisation directe ainsi que la néo-colonisation n'ont fait que reproduire la dépendance et la domination ainsi que leur logique, réalités que nous connaissons maintenant sous les vocables de néocolonialisme ou d'impérialisme.

L'idéologie aura à ce niveau, joué un rôle multiforme : imposer au départ un modèle blanc, paradigme de l'humanité accomplie, négateur de l'humanité du nègre, et fondateur aussi de l'esclavagisme comme de l'exploitation ; intégrer le monde ainsi conquis au système marchand capitaliste en extension planétaire ; créer une division interne/internationale du travail, avec pour justification, la biologisation des clivages.

Comme le montrent à ce sujet Michel Korinman et Maurice Ronai : « La division planétaire du travail, la rivalité des Etats, sont traduites en clivages biologiques. Une norme blanche (et plus tard aryenne) est **inscrite** sur la surface terrestre. Cette inscription est **antinomique** (opposition du Blanc et du non-Blanc), **paradimatique** (gradation du pur vers l'impur), ou les deux à la fois ».[247]

Le sous-développement est donc lié, dans sa genèse, à la ruine des colonies que provoque systématiquement l'Europe colonisatrice.[248] L'idéologie dominante, pourtant, croit pouvoir masquer cette réalité de l'exploitation et de la création du sous- développement, en présentant la conquête et la colonisation sous les oripeaux de la mission civilisatrice. Mais ceci est tout à fait problématique, si l'on tient compte d'une certaine division du travail désormais instaurée et qui fait que l'Occident monopolise la technique et la science, et assigne aux colonies la simple production de matières premières dans la reproduction même du système. En fait, le sous-développement est le volet économique visible d'une réalité totale faite de domination et d'exploitation, et que l'idéologie dominante, de même que sa pratique politique, produisent et reproduisent.

III.2. La production et la reproduction du sous-développement

Le sous-développement est lié à la domination du Tiers- monde par l'Occident capitaliste ; cette domination est mise sur orbite, satellisation, et sa visée essentielle est économique. Pour Pierre Jalée : « Système mondial, l'impérialisme, poursuit, non sans difficultés parfois, sa marche vers une intégration économique et politique de plus en plus poussée et organisée, dont l'un des objectifs essentiels demeure la subordination et le pillage du Tiers-monde ».[249] Ce pillage est total : pillage de la personnalité et de la conscience de soi des dominés, pillage de leurs

---

[247] In *Histoire des idéologies*. Sous la direction de François Châtelet. Vol. III. *Savoir et pouvoir du 18ième au 20ième siècle*. Paris. Hachette 1978. p. 261.

[248] La colonisation dans les années 1880-1900 est liée au développement même du capitalisme en butte à des difficultés, des crises de croissance. Pierre Jalée le note d'ailleurs : « Le capitalisme montant ruine partout la production des petits artisans et artisans paysans, en Europe et aux colonies. Mais en Europe, c'est pour faire place à l'industrie capitaliste. Dans le reste du monde, c'est pour ne rien mettre à la place que ses exportations de produits finis ». Pierre Jalée. *Le pillage du Tiers-Monde*. Maspéro. p. 39.

[249] *Idem*. p. 39.

matières premières, pillage de leur autonomie décisionnelle, face à l'avenir et dans le présent.

Ainsi, dans l'économie mondiale mise sur pied par l'impérialisme, celui-ci s'empare, comme on le dit vulgairement, de la part du lion, puisque le rapport des forces est en sa faveur. Et la part du lion signifie que d'une part, étant donné son développement industriel et technologique, l'impérialisme offre, du point de vue des productions et des échanges, une gamme variée de produits (dont il suscite le besoin de consommation), et un éventail large de capitaux et d'investissements, alors que le Tiers-monde se trouve confiné dans une gamme restreinte de productions essentiellement primaires et sans véritable dégagement de plus-value. Ceci accroît sa dépendance et aussi son extraversion fondamentale, une fois éteinte (ou presque) la conscience de soi de ces pays, et le système des valeurs qui la fonde.

C'est donc non en fonction d'une dynamique interne orientée vers la satisfaction des besoins locaux que l'économie et la politique qui la sanctionne désormais sont mises sur pied mais c'est très souvent en fonction des impératifs de l'impérialisme, orientés d'abord vers la **consommation** et la **puissance**. Par ailleurs, la puissance économique et militaire asseoit et garantit la puissance économique et permet la survie et la reproduction du système. Oscar Braun esquisse une analyse suggestive, en montrant que : « comme conséquence de ce processus inégal de développement, le pouvoir économico-militaire des pays impérialistes est chaque fois plus fort, et ces pays utilisent de manière répétée ce pouvoir pour imposer aux pays dépendants des gouvernements et des politiques qu'ils considèrent comme acceptables. Soit directement par des interventions militaires, ou indirectement par le truchement d'un ensemble complexe de mécanismes institutionnels qui comprennent la politique commerciale et financière, les plans d'aide... ».[250]

C'est dans ce sillage que l'on peut alors se poser la question de savoir si d'une manière systématique mais camouflée, les institutions financières internationales ne jouent pas, même si elles le nient, un rôle essentiel de stabilisation du système mondial et surtout de « **normalisation** » des Etats du Tiers-monde.

[250] L'échange inégal in *Echanges internationaux et sous-développement*. p. 147.

La production et la reproduction du sous-développement sont enfin rendus possibles grâce à la création, par l'impérialisme, d'une véritable « culture mondiale », qui définit et fait triompher, dans l'Occident même autant que dans les pays sous-développés, le même système de besoins ; il y a ainsi, dans les pays sous-développés, imposition de la technique et de l'idéologie, et aussi, imposition du système économique et de sa réfraction sociale.[251]

Nous nous acheminons là vers un système global, un système mondial, dont les éléments fondateurs sont à retrouver dans la logique de la rationalité technoscientifique et dans la puissance qu'elle permet de mettre en mouvement.

C'est donc dans ce cadre socio-économique réel, cadre qui est une création/reproduction de la dépendance, que se pose la problématique africaine du développement. Certes, l'idéologie dominante tente de masquer la réalité de la dépendance en présentant le sous-développement comme lié à la culture essentiellement non-technique des pays sous-développés.[252] Seule, pour cette idéologie, une reproduction africaine du

---

[251] Dans les pays développés, nous l'avons montré, le « développement » a « altéré » la critique et même, comme le montre Marcuse, un intérêt puissant unit les deux classes (ou séries de classes) antagonistes de la société : la bourgeoisie et le prolétariat, pour maintenir et renforcer les institutions. Si bien que : « L'idée de créer un changement qualitatif de la société capitaliste s'efface devant l'argument réaliste d'une évolution non explosive ». *L'Homme unidimensionnel*. p. 19. Dès lors, il y a disjonction de la théorie et de la pratique, de la pensée et de l'action, et même, plus fondamentalement, il y a une **dédialectisation** de la **dialectique.**
A la Périphérie donc, il y a reproduction du système, avec institution de formes de contrôles et de cohésion sociale à la fois nouvelles, plus efficaces et plus agréables. Mais, il y a des similitudes entre le développement du capitalisme et celui du communisme : c'est la même rationalité technologique qui est en oeuvre, le même expansionnisme, le même totalitarisme. Il y a une logique de la convergence Est/Ouest.

[252] Guernier explique le sous-développement de l'Afrique, par l'émotivité, la gaieté, l'insouciance joyeuse, le manque d'objectivité matérialiste et enfin, la sous-rationalité de l'Africain puisque pour lui : « Le Noir est physiologiquement porteur d'un message non intellectuel, mais instinctif, sensuel, tout entier contenu dans un sens inné du rythme [...] ». *L'apport de l'Afrique à la pensée humaine*, p. 68. On pense ici à L.S. Senghor, relais idéologique de cette rationalité technologique triomphante, affirmant la nécessité de **l'accomplissement** de l'Afrique dans les apports de l'Europe et désireux de conduire l'africain de son monde ancestral à celui de l'Europe. L. S. Senghor baigne dans la contradiction consistant dans la survalorisation et simultanément dans la dévalorisation de ce qui fait l'essence du nègre, à savoir, son émotion, ce qui consacre

modèle de développement capitaliste permettrait dès lors la mise en valeur « des choses et des hommes », étant entendu que la Périphérie n'est qu'une survivance dans le cursus d'un développement unilinéaire de l'histoire. Cette survivance doit être dépassée : c'est une urgence existentielle, et ce dépassement lui permettra de s'intégrer, naturellement, dans le système.

IV. PHILOSOPHIE ET DEVELOPPEMENT

Quel rôle donc, pour la réflexion philosophique ? Nous le savons, l'activité philosophique est essentiellement critique. Puisque le fonctionnement actuel du sous-développement se caractérise par une satellisation idéologique ainsi que par une exploitation et une dépendance économiques, puisque l'idéologie dominante cherche à accréditer l'idée que la sortie du sous-développement nécessite pour les pays sous-développés, la reproduction du modèle occidental de développement, la philosophie ici aura un double rôle : poser le développement en termes de rupture de la structure de domination[253], proposer une voie, une orientation, des lignes de forces, pour la réalisation du développement, ce qui suppose au préalable une redéfinition du développement en fonction de la fin qui est et qui demeure la réalisation et non l'aliénation de l'homme, autant qu'une mise à nu des contradictions internes-externes du développement proposé par l'idéologie dominante.

Nous retrouvons ici les facettes essentielles de toute philosophie à l'heure du triomphe de la civilisation technocratique : la philosophie apparaît simultanément comme critique de la raison instrumentale et fonctionnaliste, comme critique de l'effectivité, et comme critique des légitimations et des idéologies.

IV.1. Problèmes de critériologie du développement

IV.1.1. L'universalisation mythique

Certains critères, à prétention objective et universelle, sont utilisés pour caractériser antithétiquement développement et sous-développement.

---

définitivement la domination de la **raison analytique** européenne sur la **raison intuitive** nègre (**raison sympathique**).

[253] Rien de sérieux ne peut se faire si la situation de dépendance n'est pas fondamentalement brisée.

Le sous-développement, par exemple, inclut la misère, la famine ou la sous-alimentation[254], le faible niveau d'évolution scientifique, technologique et culturelle... Pourtant, on ne saurait, dans le cadre d'une analyse scientifique des pays dits développés, passer sous silence les bidonvilles, le chômage et l'inflation, la psychose générée par les perspectives des délocalisations, les bas salaires, les cadences forcenées de travail, la genèse de la sous-humanisation...).

Le critère de l'opulence renvoie à la consommation individuelle et collective. Sur ce plan, Althusser nous fait remarquer que : « La consommation individuelle elle-même, qui met en relation apparemment immédiate des valeurs d'usage et des besoins [...], nous renvoie d'une part aux capacités techniques de la production (au niveau des forces de production) et d'autre part, aux rapports de production [...] ».[255] Ceci signifie que l'accès à la consommation au sein des sociétés développées est inégalitaire, il est médié par la possession, et la possession est elle-même déterminée par la position sociale et le niveau de propriété ou d'appropriation.

Pour l'idéologie dominante, le sous-développement inclut encore la démographie galopante et les grandes pandémies, la sous-évolution, la sous-scientificité, liée aux fanatismes et à un spiritualisme débordant ; il inclut enfin, sur un plan global, l'infériorité des peuples sous-développés. Pour Yves Bénot : « C'est au fond ce qu'enveloppent les représentations courantes du sous-développement, une vision du monde, où l'on tient toujours pour « naturel » sa division entre une partie de l'humanité noble et géographiquement isolée qui détient l'initiative historique, et une autre à laquelle elle est par définition refusée, qui a vocation à être **objet** et non **sujet** de l'histoire humaine ».[256]

---

[254] Ceci contraste avec la prétendue opulence des pays riches ; opulence prétendue et non généralisable.

[255] Lire *Le capital.* Tome 2. Editions Maspéro. p. 34.

[256] *Qu'est ce que le développement* ? p. 10. Editions Maspéro. Gérard Leclerc démasque clairement les présupposés de cette idéologie dominante, qui milite pour la dissolution des formes primitives de rationalité des sociétés sous-développées, et qui sont des survivances. « En tant que survivances, note Gérard Leclerc, en tant que rationalités mortes, les cultures primitives s'abolissent théoriquement dans l'analyse. Elles doivent s'abolir pratiquement, réellement, dans la vie effective. Elles doivent être supprimées en raison de leur connexité avec les phases inférieures de l'histoire intellectuelle du monde ». *Anthropologie et colonialisme.* p. 32. Cette essentialisation de l'infériorité des

Toutefois, les deux critères principaux, (qui ne sont pas les seuls d'ailleurs), qui caractérisent le sous-développement et le développement, à savoir la production et la consommation, doivent être contestés : ils établissent par comparaison de données, une différence quantitative entre les productions et les consommations des pays développés et celles des pays sous-développés.[257] Ces critères, cependant, ne sont pas universalisables *a priori* et leur prétention à l'universalité[258] masque la réalité de l'exploitation et de la dépendance autant dans l'Occident lui-même que dans sa reproduction, en Afrique et dans le Tiers-Monde. Or, il est nécessaire de passer du quantitatif au qualitatif, en visant essentiellement l'homme, être de liberté, de droits, mais aussi de devoirs, et dont le contexte d'existence doit lui-même être modifié par rapport à la fin, qui est ce développement humain global.

IV.1.2. Contradictions internes-externes du développement

Le développement, pour nous, est miné par une double contradiction. Il y a tout d'abord promotion de la productivité, devenue **cause finale** (contradiction interne) et produisant ainsi l'aliénation et la rationalité technologique. Marcuse met en lumière à ce niveau la transformation du *logos* de la technique en *logos* de la servitude : « Le principe de progrès qui régit le développement de la société industrielle n'implique pas (nécessairement), note Marcuse, la satisfaction et l'accomplissement de l'homme, son repos et son bonheur, comme des **fins**, et encore moins comme les valeurs les plus hautes ; ces valeurs, si elles sont reconnues, apparaissent comme subordonnées et destinées à le rester.[259]

Par ailleurs, la puissance technologique cautionne, comme on le sait, la domination autant des individus que des autres nations. Dans ces conditions, cette puissance technologique crée l'impérialisme, qui est « expansionniste par essence et par nécessité [...] L'impérialisme est

---

nègres et des peuples sous-développés en général n'est que la traduction de l'idéologie dominante de la linéarité du développement historique, pilier de l'impérialisme.

257 Cette comparaison se fonde sur ce qui est appelé *Indice de développement humain.*

258 Qui pose le modèle occidental/capitaliste comme modèle de production et de consommation à imiter.

259 *Eros et civilisation.* Editions de Minuit. p. 256.

voué, pour P. Jalée, [...] à régner sur le monde entier, et pour cela, à le conquérir et à le partager et repartager ».[260]

Etant donné cette double contradiction (dont les deux aspects sont liés), et étant donné la volonté du système de maintenir le *statu quo*, par sa reproduction indéfinie et avec des moyens illimités, comment concevoir un développement de l'Afrique et du Tiers-monde, qui soit véritablement un développement humain, c'est-à-dire un développpent global et total ?

IV.2. Perspectives du développement

IV.2.1. Le développement comme auto-émancipation

Poser le développement comme auto-émancipation revient à poser la problématique du développement en termes de rapports de forces, en termes de renversement du rapport actuel des forces. L'Afrique, dans son exploitation et dans l'extraversion qui s'ensuit, n'existe pas pour elle-même : elle existe pour l'impérialisme, et son sous-développement est fondé sur cette exploitation/dépendance.

Parler d'auto-émancipation signifie exiger que l'Afrique prenne conscience de son aliénation et entreprenne de lutter contre elle, par l'abolition des rapports de domination qui la lient au Centre dominant. Il y a donc là une exigence de restructuration du système dans son ensemble. Comme le fait voir à ce sujet Samir Amin : « La lutte contre la persistance des rapports sociaux de production capitaliste et pour l'instauration de nouveaux rapports de production passe par la remise en cause systématique du mode de production capitaliste. »[261]

L'auto-émancipation comme exigence et urgence découle ainsi de la réalité même de l'Afrique et du Tiers-Monde. Ce n'est pas une exigence extérieure, artificielle et seulement idéologique. Cette auto-

---

[260] *L'impérialisme* en 1970. Editions Maspéro. p. 23.

[261] *La crise de l'impérialisme*. Editions de Minuit. pp. 149-150. L'exigence d'auto-émancipation est inscrite dans la réalité de la dépendance et de l'exploitation comme son envers dialectique. La réalité n'est ni figée, ni essence ; elle contient en elle-même les germes de son propre dépassement. Nous pensons dialectiquement **l'histoire** et le **procès** de son **développement**. Tout notre **travail théorique** s'oriente vers l'étude concrète de toutes les formes des antagonismes et contradictions : au niveau des pratiques économiques et politiques, comme au niveau des superstructures et des représentations.

émancipation vise la récupération de soi de l'Afrique et du Tiers-Monde sous-développé, par la reconquête de soi de l'homme du Tiers-Monde, qui redeviendrait ainsi, **valeur absolue**. Cette récupération de soi se réalise dans un projet social qui pose précisément **l'homme social** comme **fin** et **valeur.**[262]

Enfin, le développement est auto-émancipation : il est l'oeuvre de l'Afrique elle-même, une Afrique qui ne doit pas attendre que le Centre dominant qui l'exploite renonce spontanément à ses privilèges et abolisse les conditions de la sujétion. De ce point de vue, la problématique adoptée par Nkrumah dans *Le Consciencisme* nous semble la plus opératoire.

Quoi qu'il en soit, on pourrait reprocher à cette thèse de l'auto-émancipation de l'Afrique pour son développement, son caractère quelque peu idéaliste, voire même utopique. Nous dirons seulement que cette thèse permet, à tout le moins, une démystification salutaire : elle affirme la désessentialisation de la réalité, présentée désormais dans son processus de réalisation ; elle assure l'indication des fins et des moyens de la transformation qualitative.[263]

IV.2.2. Développement et transcendance de l'homme

La nécessité de la réalisation du développement tel que nous l'entrevoyons est pour l'Afrique, une exigence de dépassement de l'aliénation et de l'exploitation qu'elle vit à l'intérieur du système qui a créé et qui reproduit le sous-développement d'une part, elle est aussi récupération des valeurs les plus fondamentales que posent à la fois la philosophie, soucieuse de dire l'être et d'en affirmer la valeur transcendantale, et l'histoire africaine, soucieuse de promouvoir l'être-dans-la-collectivité, l'être dans le monde des collectivités africaines. Ainsi peut se fonder un développement vrai de l'Afrique, par la mise en place de rapports de production désaliénés et désaliénants, réalisant l'homme « créatif » qui, par son travail, se crée lui-même en même temps

---

[262] Ce projet serait, si l'on se réfère aux analyses de Marx : « La vraie solution de l'antagonisme entre l'homme et la nature, entre l'homme et l'homme, la vraie solution de la lutte entre existence et essence, entre objectivation et affirmation de soi, entre liberté et nécessité, entre individu et genre ». *Manuscrits de 1844*. p. 87.

[263] Ces moyens ne sauraient être *a priori* la violence, vu la prégnance des rapports de force dominants.

qu'il crée la richesse sociale, d'une part, et instaurant une juste répartition de la richesse sociale créée par le travail humain, d'autre part.

C'est dans cette perspective que se réaliserait le développement réel des économies périphériques. Ce développement serait, selon la définition que donne Ga-Kwame Amoa : « l'accession de ces économies à une existence indépendante qui leur permettrait d'être mûes par leurs propres stimulants internes, et l'intériorisation de la plus grande part de la valeur engendrée par leurs ressources matérielles et humaines au profit de leurs peuples ».[264] Ce qui permettrait, outre la rupture de l'échange inégal et de la structure actuelle de la division internationale du travail, la maîtrise des orientations mêmes du développement en fonction des besoins et objectifs des pays actuellement dépendants.

C'est donc à partir de l'exigence de la suppression de toute aliénation et de la réconciliation de l'homme avec sa vraie nature humaine et sociale que nous pensons devoir critiquer les modèles dominants de développement qui, fondamentalement, cautionnent la permanence du *statu quo* de la dépendance et reproduisent l'idéologie de la domination.

IV.3. Développement et créativité scientifico-technique

Le progrès des forces productives, dérivé des progrès de la technique et de la science, n'est pas neutre par rapport aux rapports sociaux de production. La technologie et la science sont filles d'un environnement socio-culturel et en même temps, elles recréent cet environnement tout en produisant une idéologie et une logique qui deviennent système.

Le développement de l'Afrique et du Tiers-Monde peut-il donc être un simple transfert d'industries et de techniques du Centre, une simple délocalisation de ces outils de production, les éléments essentiels de la logique et du système demeurant intacts ? Certains résolvent le problème de cette manière-là. Or, du simple point de vue du rendement, Ga Kwame Amoa nous fait remarquer que : « la technologie est nécessairement liée à un environnement culturel, et l'on ne peut s'attendre à ce qu'elle ait un

---

[264] *Echanges internationaux et sous-développement.* p. 76. Il convient toutefois de souligner ici que le développement dont il est question est global : développement de **tout l'homme** et de **tous les hommes** de la collectivité.

rendement effectif lorsqu'elle fait l'objet d'un simple transfert d'une culture à une autre ».[265]

Est-ce donc dire qu'il faille tourner le dos, d'une manière globale et totale, à cette science et à cette technologie ? Cela est-il d'ailleurs possible ? Certes, le besoin urgent d'industrialisation et de technicisation se fait sentir pour l'Afrique et le Tiers-monde, au sens de maîtrise toujours plus grande et assurée de la nature. Cette technicisation-industrialisation permettrait le développement de l'Afrique et du Tiers-Monde. Ce développement serait global avec :

1) - **pour l'homme**, le développement des potentialités humaines, dans la liberté et en pleine conscience de soi comme valeur, la réalisation des droits fondamentaux de la personne (droits économiques, sociaux et politiques), et dans la pleine conscience des devoirs tout aussi fondamentaux de la personne.

2) - **pour la société**, la mise en place d'une socialité **humanisante** faite d'ouverture et de respect, au-delà de toute logique essentiellement agonistique ou d'exploitation.

Certes, la technologie du Centre est et continue d'être un monopole de l'impérialisme, qui en définit les normes et orientations tout en lui assignant ses fins. Samir Amin le montre : « On n'échappera pas, par ce transfert, à la domination du capital impérialiste. Au contraire, on élargira la sphère de son action en approfondissant l'intégration de la Périphérie dans le système impérialiste ».[266]

De même, le transfert de cette science et de cette technologie, s'il n'y a pas épuration par rapport aux structures de production où elle est insérée et opère, reproduirait purement et simplement le système dominant, et ce système resterait entier, et entière resterait la dépendance.

Dès lors, on devrait parler de **créativité scientifique et technique** comme support principal du développement. La créativité scientifique et technique signifie une révolution intellectuelle, c'est-à-dire une révolution du rapport théorique au réel[267], elle signifie aussi le passage de la culture africaine de la non technicité à la mise sur pied d'une technologie propre, intégrée et efficace, couplée avec une réorganisation

---

[265] *Echanges internationaux et sous-développement*. p. 78.
[266] *Ibidem*. p. 190.
[267] Une révolution portant à la fois sur la science et la technique, en un mot sur les moyens de production.

de la société où l'homme cesserait d'être aliéné et serait posé comme valeur absolue.[268]

V. CONCLUSION : POUR L'HOMME

V.1. Aliénation et dépassement de l'aliénation

Le sous-développement constitue une véritable aliénation du fait de l'extraversion des économies (et finalement des politiques et des cultures) des pays sous-développés, qui réalisent plutôt les visées de l'impérialisme que leurs visées propres. Ces pays n'ont plus, de ce fait, aucune autonomie, aucune maîtrise du cours de leur histoire ; leur indépendance est purement formelle, et à la limite, ils existent pour l'impérialisme.

Or, le passage du sous-développement au développement véritable exige la rupture du *statu quo* et le remplacement de **l'extraversion** par **l'autocentration**. Cette nécessaire transition impose comme exigence inscrite dans la nature même du réel une transformation qualitative du système et des rapports internationaux dominants. Nous avons vu la difficulté réelle d'une telle transformation. Ne demeure-t-elle pas pourtant un horizon programmatique absolu ?

C'est ici qu'un second facteur entre en jeu : celui de la puissance matérielle. A ce niveau se pose la nécessité de la restructuration de la division internationale actuelle du travail qui confine les pays sous-développés dans une situation d'appendices des économies centrales développées. Cette restructuration permettra à l'Afrique et au Tiers-monde de se situer en meilleure position face au Centre dominant : elle permettra une autocentration réelle, véritablement porteuse d'avenir.

La transition de l'aliénation actuelle à la libération de l'Afrique passe nécessairement par l'acquisition de la maîtrise de la nature et la réalisation d'un type de gestion des productions dans le sens d'un développement autocentré, humanisant l'homme et le social.

V.2. Rôle de la philosophie

Dans le cadre de cette Afrique aliénée, la réflexion philosophique joue son rôle de toujours, la **révélation de la vérité**, dans un double

[268] Les rapports sociaux de production ne reproduiraient donc plus la rationalité instrumentale source de toutes les aliénations.

mouvement : celui de l'appropriation théorique de la vérité et celui de la réalisation pratique de cette vérité dans l'existence humaine.[269] L'existence humaine concrète de l'Afrique que la philosophie doit donc examiner est caractérisée par la situation d'extraversion ontologique des sujets, ainsi que de leur cadre existentiel. Partant de cette détermination qu'elle analyse, la philosophie recherchera et élaborera, dans une liaison dialectique de la théorie et de la pratique, les voies de solution à cette situation, à ces problèmes, dans le sillage des valeurs qu'indiquait Georges Bastide et qui sont la vérité de l'être aspirant à sa propre complétude et la vérité de l'existence.[270] L'idée courante et essentiellement idéologique que l'on a de la philosophie, présentée comme réflexion théorique, comme réflexion « idéaliste », sans portée existentielle, doit s'estomper : alors autant que toutes les autres disciplines scientifiques, techniques et culturelles, la philosophie en Afrique est nécessairement engagée dans le processus de création d'une réalité et d'une existence africaine nouvelles, dans la liquidation du *statu quo* de la dépendance. C'est une philosophie qui, essentiellement axiologique et normative, ramène l'humanité à son pouvoir ontologique de « *causa sui* », c'est-à-dire à la liberté constitutive de son essence, et à l'exigence d'une socialité réellement **humanisante** qu'il a mission de mettre en place et dont il est responsable, comme il est responsable de lui-même, des autres et de l'avenir global de la planète.

---

[269] Cette **vérité** à laquelle nous faisons ici référence est **vérité de l'être**, être de liberté malgré et même grâce à la contingence et au déterminisme, au-delà de toute ontologie de la plénitude, une liberté dont dérive, précisément, notre valeur, comme le montre Georges Bastide : « Notre être n'a de consistance qu'à raison même de la charge de valeur assumée » (*) ; une liberté qui marque la présence de l'universel à la conscience humaine : être de rationalité aussi, une rationalité qui permet démystification /désaliénation et conscience de soi. Cette vérité est aussi **vérité de l'existence**, par le dépassement de la fausse consistance du monde et des fausses valeurs en fonction desquelles on s'y meut, une vérité qui pose une éthique spécifique de liberté, de justice et de paix, comme valeurs éthiques fondamentales, pour une réelle authenticité de la vie des hommes et des sociétés. * *Essai d'éthique fondamentale*. Paris. PUF. 1972. p. 255.

[270] Nous rejoignons ici une conception marcusienne du rôle de la philosophie concrète. Pour Marcuse, « La philosophie concrète embrasse dans sa "doctrine" la situation concrète toute entière de l'existence contemporaine dans la pleine détermination de la structure sociale. C'est seulement une fois qu'elle sait comment cette existence ainsi déterminée souffre et agit, quels sont ses véritables besoins, quelles manières d'exister la situation lui prescrit et quelles voies elle lui suggère pour se transformer, c'est seulement alors qu'elle peut la conduire à la vérité, devenir pour cette existence une nécessité existentielle ». *Philosophie et révolution,* pp. 142-143.

CHAPITRE II

PHILOSOPHIE AFRICAINE
ET
TECHNOSCIENCE

*« L'humanité sera-t-elle dépossédée de son pouvoir de **causa sui** ? [...] **L'être-au-monde** ne sera-t-il plus que **l'être-au-technocosme** ? Mesure de la technique, sera-t-il lui-même de plus en plus **mesuré/démesuré** par la technicisation ? Il n'y aura création humaine d'avenir que dans la mesure où hommes et sociétés hominiseront la technique au lieu que ce soit celle-ci qui les technicise».*

Jean-Marc GABAUDE

* Texte remanié de l'article paru dans les Annales de la FALSH. Série Sciences Humaines. Vol. VI. N° 1 et 2. Janvier-Juillet 1990

Dans la littérature philosophique africaine, que ce soit celle de l'ethnophilosophie ou « philosophie ethnologique »[271], que ce soit celle des « philosophies idéologiques »[272], que ce soit enfin celle des critiques de l'ethnophilosophie[273], l'examen de la technoscience, de sa logique, de la rationalité qu'elle secrète et des implications de ses applications ne constitue pas à vrai dire une objectif premier car, ce qui est premier à ce niveau, c'est la réponse à la question de savoir si oui ou non, il existe bien une philosophie africaine.

Chez les uns comme chez les autres, nous décelons une volonté de récupération immédiate et totale, en l'état, de la technoscience du « maître », récupération posée comme condition même de notre libération. Il est à cet égard intéressant de lire, sous la plume de Marcien Towa les lignes qui suivent : « Si donc nous convenons que ce qui constitue notre dessein essentiel, c'est la liberté, c'est-à-dire une Afrique autocentrée et puissante, ayant en elle-même le centre de conception et de décision pour toutes les sphères de son existence : politique, économique, spirituelle, une Afrique appliquant le même principe de liberté dans toutes les formes de relations inter-humaines, une Afrique enfin oeuvrant pour le triomphe du même idéal dans le monde, si nous convenons d'un tel dessein, c'est lui aussi qui doit être notre fil d'Ariane dans notre quête du secret de l'Europe ».[274]

Ces lignes de l'*Essai* constituent ainsi un vibrant plaidoyer pour l'adoption d'une attitude positive d'ouverture à l'égard de la civilisation européenne, une civilisation rationaliste et promouvant le développement des sciences et des techniques, « justement pour nous libérer de la domination européenne ».[275] Et il est symptomatique de constater que cette technoscience à récupérer est entrevue comme **forme pure**, neutre quant à son orientation, épurée par rapport à son lieu d'engendrement, la civilisation européenne et, finalement, réorientable à volonté en fonction de nos objectifs de libération.

---

[271] Selon la terminologie adoptée par Marcien Towa ou Paulin Hountondji pour caractériser les travaux de Tempels, Kagame ou Fouda Basile.

[272] Cf. La classification d'Elungu P.E.A dans son ouvrage intitulé : *Eveil philosophique africain,* Paris, l'Harmattan. 1984. L'auteur pense spécialement ici à Nkrumah et à Senghor.

[273] Les travaux de M. Towa. Hountondji, F. Eboussi, Youssouph Mbargane Guissé

[274] *Essai sur la problématique philosophique dans l'Afrique actuelle.* p. 56.

[275] *Ibidem.* p. 56.

Nous nous attacherons ici à montrer que ce silence, cette absence d'un examen approfondi de la logique et de la pratique de la technoscience chez les principaux auteurs mentionnés, ont quelque chose de préjudiciable, de dangereux : elles rendent possible une intégration totale du **positivisme idéologique** que crée précisément la technoscience. Toutefois, avant cela, il conviendra de nous situer de nouveau dans ce débat mené sur les conditions de possibilité d'autoposition de la philosophie africaine en tant que philosophie véritable, authentique.

I. RETOUR AU STATUT DE LA PHILOSOPHIE

La philosophie est la réflexion existentielle et historique d'un sujet concret déterminé, une réflexion jamais achevée, close sur elle-même, une réflexion s'ouvrant sur l'histoire en tant qu'histoire, ainsi que sur l'avenir. Elle vise à résoudre les problèmes liés à l'origine, aux valeurs, aux fins et au sens de l'existence humaine. Cette réflexion se déploie dans un inachèvement essentiel, le sujet historique de liberté et de raison qui la mène n'aboutissant jamais à une thématique close qui aurait une validité transhistorique.[276]

Si elle s'enracine dans l'histoire et s'ouvre sur l'histoire, il y a en elle articulation de la théorie et de la pratique, position et effectuation du sens de l'histoire par le sujet historique.[277] Caractériser ainsi la philosophie[278], c'est se situer aux antipodes de la conception hégélienne, vu les apories auxquelles cette conception a pu conduire.

Pour Hegel en effet, la philosophie, considérée comme science, par la totalité de sa réflexion sur le réel, sur l'Histoire, vient en dernier lieu, après la politique, l'art, la religion. « C'est en ce sens une réflexion régressive qui ne donne le concept adéquat au réel et du réel, que lorsque

---

[276] Thématique qui signifierait arrêt et mort de la pensée ! On peut lire à ce niveau : P. Hountondji. pp.83 et sv.

[277] H. Marcuse le montre : « Si la philosophie veut se préoccuper sérieusement de l'existence humaine, elle ne doit pas considérer cette contingence de l'existence déterminée par la situation en tant que simple facticité, « perspective » historique, hasard temporel, en tant que réalisation d'un contenu ontologique (placé lui-même en dehors ou au-dessus du temps), mais en tant que destin de l'existence, en tant que plénitude concrète de celle-ci ». *Philosophie et révolution*. Paris. Denoël-Gonthier. p. 128.

[278] Par l'existentialité, l'histoire, la signification de la totalité et la *praxis* de cette signification.

l'activité de l'Esprit a épuisé toutes ses déterminations »[279], affirme Nicole Edith Thévenin. Ainsi, la philosophie serait « histoire de l'Esprit se connaissant soi-même, histoire de la pensée se découvrant dans la pensée comme étant son propre objet ».[280]

Cet **Esprit** dont le processus historique d'auto-dévoilement à soi est saisi par la philosophie, se présente tout d'abord comme totalité simple, immédiate, et sa différenciation s'opère au travers d'un processus historique au bout duquel il atteint la conscience de son concept, c'est-à-dire, ce qu'il est. Dès lors, comme le note Hegel, « La philosophie est pour soi la connaissance de ce développement[281] et, comme pensée compréhensive, elle est elle- même ce développement de la pensée ».[282]

C'est dire, dans ce contexte, que la philosophie commence avec la ruine du monde réel, effectif : elle naît d'une réalité politique et morale faite de corruption et, parce que ce réel s'avère inadéquat au concept, elle « le désagrège par le pouvoir critique de sa pensée ».[283]

Mais il y a ici, plus d'un paradoxe et plusieurs apories. Il y a, tout d'abord, une **paralysie** de la **philosophie.** Celle-ci témoigne d'un présent et pressent un avenir, un au-delà de la réalité existante, dont elle ne donne

---

[279] Thévenin (Nicole Edith) : « La théorie de l'Histoire chez Hegel et Marx. Pour une théorie du passage ». in : *La Pensée.* N° 157. Juin 1971. p. 29.

[280] Pour Nicole Edith Thévenin : « Ces différentes philosophies qui font que la philosophie est cette histoire des philosophies se succédant, ne sont que l'approche dans le temps, d'une Vérité qui est le but de la connaissance philosophique. Et parce que cette vérité est une, enclose au commencement dans un savoir absolu déjà donné et qui se découvre, la philosophie est science. Elle est science de l'histoire de son propre développement dans un savoir d'elle-même de plus en plus conscient et science d'une histoire universelle qui n'est que l'extériorisation dans l'élément de la pensée ». *Ibidem.* pp. 28-29.

[281] Développement du **vrai.** Emile Bréhier montre à ce propos que le système hégelien est « une vaste épopée de l'Esprit [...] dans son effort pour se connaître, l'Esprit produit successivement toutes les formes du réel, d'abord dans les cadres de sa pensée, puis la nature, puis l'histoire, il est impossible de saisir aucune de ces formes isolément, mais seulement dans l'évolution ou le développement qui les produit ». *Histoire de la philosophie.* Tome 2. *La Philosophie moderne* 3. *Le XIX*ème *siècle. Période des systèmes.* (1800-1850) Paris. PUF. 1968. p. 648.

[282] *Leçons sur l'histoire de la philosophie.* Traduction Gibelin. Paris, 1954, p. 38. C'est dire que la philosophie saisit les choses, la nature, l'histoire, dans leur profonde « vérité », c'est-à-dire « comme moyens de réalisation d'un Esprit qui, par elles et en elles, prend conscience de soi ». E. Bréhier. p. 653.

[283] Thévenin N.E. *Op. cit.* p. 30.

ni figure concrète ni moyen de passage.[284] Il y a, ensuite enfermement, parce qu'il y a absence d'une véritable politique hégélienne.[285] Chez Hegel, il y a ainsi paralysie de la philosophie, fuite dans l'idéalité et impossibilité ou tout au moins difficulté de penser la politique.

En plus des paradoxes, il y a chez Hegel une **aporie de la finalité** même de la philosophie. En effet, si la raison, substance et sujet de l'histoire, réalise sa finalité en s'objectivant, alors l'histoire n'est que le développement de la raison, l'activité du concept se saisissant lui-même ; ce développement et ce déploiement de la raison ne correspondent point à une élaboration rationnelle du sujet historique/humain, ni à une *praxis* de ce sujet, pour un monde à promouvoir par la négation pratique du monde existant.[286]

Si l'histoire est développement de la Raison, « La représentation la plus concrète de la Raison, c'est Dieu »[287], note Hegel. L'histoire apparaît donc comme accomplissement d'un plan de type divin, Dieu étant vérité de la raison et substance de l'histoire, l'Universel s'incarnant dans le particulier.[288] La philosophie hégélienne n'offre-t-elle pas dès lors l'image d'un discours idéologique incapable de théoriser le processus historique concret ?[289] La critique du concept hégélien d'histoire ne débouche-t-elle pas inéluctablement sur une critique de l'idéalisme de la

---

[284] « Issue, en effet, note N. E. Thévenin, d'une rupture dans le monde réel et de la conscience d'une inadéquation, conciliant la corruption avec un monde idéal, la philosophie ne peut malgré tout dépasser l'esprit du peuple dont elle est la conscience [...] ». *Idem.* p. 30. Il y a ici, comme une **fuite dans l'idéalité**.

[285] « La philosophie en effet ne s'occupe que de ce qui « est » et non de ce qui sera. Enfermée dans son « actualité », elle coupe par là même à la politique toute possibilité théorique ». *Idem.* p. 30.

[286] Le travail de la raison n'est donc rien d'autre que la mise à jour de la rationalité de l'histoire, la philosophie se constituant comme reconnaissance de connexions et transitions de l'évolution rationnelle de l'Esprit selon son but ultime. A quoi servirait donc pratiquement, la philosophie ? L'histoire est-elle encore histoire **d'hommes** et création **d'hommes** dans le cadre d'une *praxis* déterminée ? Il y a lieu d'en douter.

[287] Hegel. *La raison dans l'histoire.* p. 100.

[288] L'histoire universelle apparaît comme théologie/théodicée.

[289] Ne faut-il pas dépasser cette philosophie hégélienne à partir d'une critique radicale du concept hégélien d'histoire entendue comme reconnaissance de la raison par elle-même, puisque cette histoire n'est pas production, mais récupération/idéologie, incapable, par le fait même, de démonter les mécanismes des passages ou transitions historiques et de construire le concept adéquat de ces passages ? C'est bien la thèse de Thévenin.

philosophie Hégélienne ?[290] N'y a-t-il pas, corrélatifs, une impossible élaboration théorique/pratique d'un avenir et un évanouissement même de toute problématique du réel ?

L'histoire n'est pas mouvement pur de l'Idée, elle est histoire d'hommes se créant et créant le monde, dans le cadre d'une spatialité et d'une temporalité déterminées. La philosophie apparaît dès lors comme **saisie phénoménologique et génétique,** et aussi comme **détermination téléologique** de ce processus historique. Il y a ainsi affirmation de la primauté et de l'antériorité de la réalité et non de celles des idées :[291] l'histoire est conçue comme production et non comme déploiement d'un **déjà-donné**[292], production conditionnant tout le devenir historique, un devenir discontinu/non linéaire dont le moteur est la réalité sociale/humaine effective, avec ses contradictions permanentes.

C'est cette définition et cette appréhension de la philosophie qui vont guider maintenant l'examen des rapports de la philosophie africaine avec la technoscience, non sans un bref retour à l'examen du processus d'auto-position de la philosophie africaine, au-delà de l'ethnophilosophie.

II. PHILOSOPHIE AFRICAINE ET ETHNOPHILOSOPHIE

II.1. Aux origines de l'ethnophilosophie

Nous le savons : c'est à partir de la négation de la pensée philosophique aux africains que s'est posé le problème de savoir si la philosophie africaine existait. Cette négation avait été opérée par certains

---

[290] Qui pense l'histoire comme simple lecture, dans la succession du visible et de la temporalité, de l'essence de l'idée. Comme le note N. E Thévenin : « Il n'y a donc pas pensée scientifique dans la mesure où il n'y a pas de véritable travail sur le réel, où la connaissance ne se vit pas sur un mode « d'appropriation spécifique du monde réel », mais comme simple mise en place temporelle des événements historiques selon la temporalité logique de l'Idée ». *Idem*. p. 34.

[291] Ces idées sont juste des reflets/non éternitaires, complexes, transformés, autonomisés, du réel ; ce sont des catégories historiques reflétant le réel dans sa multiplicité et sa dialectique.

[292] L'histoire est production d'hommes et de peuples dans le cadre de déterminations spatio-temporelles.

penseurs éminents tels que Hegel, Lévy-Bruhl, Guernier, Arthur de Gobineau.[293]

Face donc à cette négation, il a fallu opposer une affirmation dont il est facile de rappeler les enjeux théoriques et politiques. En effet, la monopolisation de la raison et de la philosophie[294] par l'Occident aboutissait à une légitimation idéologique de la domination et de l'impérialisme. Nier une telle monopolisation invitait donc à la reconnaissance du Nègre comme homme et posait comme impératif la libération. Mais de quelle philosophie ce Nègre était-il capable ? C'est là qu'intervient donc l'ethnophilosophie, négation de la négation, comme nous l'avons affirmé plus haut.

II.2. Phénoménologie de l'ethnophilosophie

Pour les ethnophilosophes, il s'agit de revendiquer le droit à la philosophie[295] en tant que droit **humain**. Toutefois, cette revendication est allée de pair avec un travestissement du concept même de philosophie puisque devenaient philosophiques tous les éléments ainsi que toutes les dimensions de la culture.[296]L'ethnophilosophie est une **philosophie collective** ;[297] elle est, de plus, une **philosophie spontanée** dont on ne peut saisir ni l'auteur spécifique, ni les conditions spatio-temporelles de

---

[293] Dans *La raison dans l'histoire,* ou dans les *Leçons sur la philosophie de l'histoire*, Hegel exclura l'Afrique de l'histoire universelle, allant même jusqu'à nier que l'Egypte soit africaine. Le statut d'humanité sera refusé à l'homme africain considéré comme l'homme dans son immédiateté. Guernier, lui aussi, disqualifiera le Nègre et son monde, pour hypostasier le monde blanc, européen, terre de raison et de travail, berceau de la **civilisation rationaliste**. Cette disqualification sera reprise par Arthur de Gobineau dans son *Essai sur l'inégalité des races humaines*. Paris. Editions Firmin Didot. 1940.

[294] Autant que celle de la science et de la technique.

[295] Possibilité de philosopher, réalité dans les sociétés africaines prises comme références de l'exercice de la philosophie.

[296] Pour les ethnophilosophes, culture et philosophie étaient identiques. Il était donc loisible de retrouver, enfouie dans le passé historique des collectivités africaines, cette philosophie africaine à exhiber toute élaborée et codifiée, une philosophie ethnique à prétention transethnique et transhistorique, vécue et reconnue par toute l'Afrique, depuis les origines, et devant valoir pour elle, toujours.

[297] Mais peut-on, en toute rigueur terminologique, parler de philosophie collective, même collectivement assumée par une société historiquement située ? La philosophie n'est-elle pas création responsable d'un sujet historique et social situé, déterminé par le lieu et la position à lui assignés au sein de la structure sociale et par la pratique sociale multiforme et notamment politique qu'à partir de ce lieu, il mène ?

genèse. Tout au plus peut-on en déceler la finalité : la gestion idéologique des membres de la société, appelés à communier à son contenu. Il s'agit donc d'une gestion totale, voire totalitaire, dont on sait qu'elle admet peu la distanciation, la critique, la remise en cause, toutes choses qui précisément donnent à la philosophie sa spécificité.

Nous relèverons toutefois le caractère novateur de l'affirmation de l'existence d'une philosophie bantoue, chez Tempels, soucieux de montrer le caractère non primitif mais complexe de la mentalité des africains[298], et d'établir le droit à la différence en philosophie, et donc l'universalité de la pratique de la philosophie, au-delà de la multiplicité de ses systématisations liées aux contextes et aux préoccupations du moment.[299]

Mais ce caractère novateur de l'ethnophilosophie ne saurait occulter qu'elle est toujours une philosophie collective et non élaboration théorique d'un sujet individuel, ce qui aura comme conséquence la déresponsabilisation de ce sujet historique qui fait l'ethnophilosophie. Une telle déresponsabilisation est clairement mise en lumière dans ces lignes de Jacques Moutaux : « Les résultats de l'enquête ethnophilosophique dogmatisent nécessairement, note Jacques Moutaux. Ce dogmatisme ne vient pas seulement de ce que toute discussion suppose un interlocuteur déterminé. Mais surtout de ce que l'ethnophilosophie est essentialiste. Une pensée qui serait philosophique spontanément serait telle de par son origine ; elle serait une simple conséquence de la nature de cette origine, et une expression de son

---

[298] Tempels opposait ainsi une critique vigoureuse à l'ethnologie traditionnelle, notamment celle de Lévy-Bruhl qui affirmait la mentalité primitive des Africains en montrant l'identité ontologique entre les africains et les européens. « Voilà que tout à coup, note Tempels, il nous apparaît que nous avons à faire à une humanité adulte, consciente de sa sagesse, et pétrie de sa propre philosophie universelle ». *La philosophie bantoue*. Paris. Présence Africaine. 1949. p. 110.

[299] Chez Tempels, cette affirmation de l'existence d'une philosophie africaine était cependant idéologique, et même colonialiste. Mais une telle affirmation marquera néanmoins un progrès véritable au niveau idéologique. Chez les autres tenants de l'ethnophilosophie (A. Kagame, B. Fouda), la nature, le fonctionnement et les finalités de la philosophie africaines seront identiques à celles de la démarche de Tempels.

essence. Dès lors, elle serait éternelle et immuable, au-delà de toute critique possible ».[300]

L'ethnophilosophie par ailleurs aboutira à de nombreuses impasses théoriques et à une réelle stérilité, au-delà de son manque de rigueur méthodologique. C'est le sens global de la critique que lui adresse Marcien Towa.[301]

L'ethnophilosophie s'est donc révélée intrinsèquement viciée par le culte de la spécificité et par le **culte de la différence**. Discours de **l'extraversion** et discours **idéologique** tout à la fois[302], l'ethnophilosophie s'est avérée être discours **totalitaire/sur la totalité/pour la totalité.**[303] Discours de la **rétrolinéarité** en tant que reproduction/réduplication indéfinie, le discours ethnophilosophique a produit une **rupture de la dialectique** ainsi qu'une **double obturation** à savoir : l'obturation du **réel** et l'obturation du **possible,** comme nous le savons déjà.

L'obturation du réel renvoie au masquage du lieu de son propre engendrement et au fait que le discours ethnophilosophique est

---

[300] « Philosophie, ethnologie et ethnophilosophie. Certitudes et questions de la philosophie africaine ». *Cahiers philosophiques* n° 29. Décembre 1986. Paris. Centre National de Documentation Pédagogique. p. 64.

[301] Pour Towa, l'ethnophilosophie est stérile parce que non scientifique ; elle esquive le débat proprement philosophique et conduit à un dogmatisme et à l'instauration d'une pensée totalitaire. « En raison d'un tel dogmatisme, les idées avancées par l'ethnophilosophie sont figées dès leur mise au jour et ne sont susceptibles d'aucun développement. » *Essai*. p. 33.

[302] « Celle-ci (l'ethnophilosophie) se présente comme une plaidoirie ou une apologétique, son arme est la rhétorique qui vise à la vraisemblance. Son but est en effet de persuader, de faire appel à la bienveillance de celui qui est encore le maître pour se faire reconnaître de lui ». F. Eboussi Boulaga. *La crise du Muntu. Authenticité africaine et philosophie*. Paris. Présence Africaine. 1977. p. 7.

[303] Discours totalitaire clos, sans remise en question possible, destiné à exhiber l'ensemble des systématisations théoriques et des phénoménalisations historiques d'une société, la société africaine, dont la multiplicité et la complexité auront au préalable été occultées, ce discours totalitaire clos était destiné à servir de critère distinctif des membres de cette totalité. Ce discours s'est constitué dés lors comme **système.** « La pensée négro-africaine. note Basile Juléat Fouda, est une doctrine de salut, formulée une fois pour toutes par les ancêtres souverains, confiée à l'autorité des rois et des vieillards de chaque peuple, transmise et enseignée par les griots investis par le peuple et entraînés dans les cercles initiatiques ». *La philosophie négro-africaine de l'existence.* Lille. Faculté des Lettres. 1967. Thèse de Doctorat de IIIème cycle.

expression d'une essence humaine et sociale trans-temporelle/trans-historique. De même, ce discours obture la réalité historique actuelle à l'intérieur de laquelle il se meut, en cherchant à s'imposer à cette réalité pour la **normer** indéfiniment, compte non tenu de ses contradictions inhérentes.

L'obturation du possible signifie, quant à elle, que toute perspective de changement se trouve dès lors bloquée : le problème de la **praxis** et du devenir de notre histoire se trouve escamoté. Ne voit-on pas là, dès lors, que ce discours véhicule **idéologiquement** et **inconsciemment,** une **logique de la démission**, garante du *statu quo,* un *statu quo* qui n'est précisément pas à l'avantage des sociétés africaines dominées ?

II.3. Philosophie africaine et libération

Comme toute philosophie, la philosophie africaine[304] est oeuvre de la raison, oeuvre du sujet rationnel, oeuvre critique soumettant le réel à l'examen de la raison à partir du besoin de sens.[305] Elle est traversée, comme toutes les philosophies, par la même exigence, l'exigence d'universalité, même si elle est comme toute philosophie, déterminée pas sa contextualité originaire. La philosophie africaine devrait donc véritablement se structurer autour d'une triple perspective : une perspective **historique**[306], une perspective **critique** et une perspective **programmatique**.[307]

La perspective historique s'origine dans notre critique précédente de l'ethnophilosophie qui ne saurait être exhibition d'une philosophie implicite, déjà structurée comme totalité théorique et idéologique, fût-elle celle des Africains ; il n'y aurait là ni véritable philosophie[308], ni *a*

---

[304] Celle faite, comme celle à faire.

[305] Nous ne reviendrons pas ici sur le problème de savoir s'il faut faire commencer la philosophie avec Socrate comme le soutient l'idéologie dominante. Peut-être conviendrait-il de s'intéresser au problème de la genèse du rationnel, condition d'émergence de la philosophie. A ce niveau, les recherches égyptologiques de Cheik Anta Diop s'avèrent d'un intérêt évident.

[306] Cette perspective définit un nouveau rapport à notre histoire, rapport objectif/critique.

[307] Cette perspective est mue par une téléologie : la libération de l'Afrique et des Africains.

[308] A la suite de Socrate et de Platon.

fortiori, ouverture de l'espace d'un débat philosophique libre et responsable. Or, comme le remarque pertinemment Jacques Moutaux : « Pour assurer à l'Afrique un avenir, l'exercice d'une libre réflexion proprement philosophique est indispensable. A confondre tradition et philosophie implicite, mais cependant déjà constituée dans les moeurs et les coutumes africaines, on risque de manquer le vrai sens et la vraie richesse de ces moeurs, on manque très certainement la philosophie, et surtout on renvoie l'Afrique à un passé au moins mythique, on ne lui offre pour avenir qu'un passé sans histoire ».[309] Le rapport à notre histoire passée doit donc être critique, et notre histoire, procès de développement de nous-mêmes et de notre société, contient toujours comme objectif premier, l'affirmation, en l'Africain que nous sommes, de l'humanité totale, signe de l'**universalité**.

La perspective critique[310] quant à elle, déterminera les conditions de possibilité de cette philosophie africaine en tant que philosophie, au premier rang desquelles la responsabilisation même du sujet qui philosophe[311], et la liquidation de l'ethnocentrisme impliqué dans les travaux ethnophilosophiques et ethnologiques, ainsi que dans la « science » ethnologique elle-même.[312] La perspective critique, qui liquide l'ethnocentrisme de l'ethnologie récupéré et même inversé dans

---

309 *Op. cit.* p. 65.

310 Au sens simultanément kantien et marxiste

311 En effet, « Si la philosophie est indispensable pour que l'Afrique se donne un avenir, note Jacques Moutaux, il faut que l'Afrique se donne à elle-même sa propre philosophie. Parce qu'ils pensent que le destin de l'Afrique devra quelque chose à la philosophie, les philosophes d'Afrique doivent prendre la responsabilité de la philosophie africaine, étant bien admis que la philosophie ne peut jamais cependant perdre de vue le nécessaire et l'Universel ». Jacques Moutaux. *Op. cit.* p. 65.

312 Le discours ethnologique, idéologique en même temps, véhicule, comme toute idéologie, des jugements de valeur au moment même où il prétend à une illusoire objectivité scientifique. Mais ceci est inévitable, une fois déterminé et circonscrit l'objet de cette « science » qu'est l'ethnologie : les sociétés sauvages, primitives, archaïques, traditionnelles, arriérées. L'ethnologie définit son objet comme les **peuplades** et non les **peuples**, les sociétés sans écriture, d'extension restreinte, et aux fonctions sociales peu différenciées, autarciques et évoluant peu, en un mot, sans histoire et sans dynamique historique interne. Le discours ethnologique véhicule des jugements de valeur : sauvage s'oppose nécessairement à civilisé ; les concepts de primitif et d'archaïque ont une connotation péjorative ; traditionnel et arriéré renvoient à l'idée qu'il existe des sociétés supérieures (les sociétés occidentales) face aux sociétés inférieures (africaines). Enfin, l'ethnologie est une sécrétion de l'impérialisme : il n'y a d'ethnologie que pour et sur les sociétés dominées !

l'ethnophilosophie, liquide aussi le discours ethnocentrique de la négritude senghorienne puisque sa restauration des valeurs culturelles noires dans leur vérité et leur excellence produit contradictoirement une survalorisation de la culture et des valeurs de la civilisation occidentale.[313] La valorisation de la négritude n'annule en rien la nécessité de sortir l'Africain de **son monde ancestral,** monde de la primitivité et de l'impuissance face à la nature, pour le faire entrer dans **celui de l'Europe**[314], qui est un monde de la modernité technoscientifique.

Nous ne pouvons poser le problème de la philosophie africaine dans le cadre d'un ethnocentrisme fondé sur un essentialisme culturel et sur une ontologie de la permanence, qui servent de caution idéologique, à la fois indirecte et directe, au *statu quo* de la domination de l'Afrique.

La perspective programmatique enfin pose l'auto- affirmation de l'Afrique et de l'Africain comme objectif *a priori*. Cette auto-affirmation est menée précisément au travers de la philosophie qui est **conversion catégorielle**, c'est-à-dire, reconnaissance de la dialectique historique et du dépassement des contradictions internes de la réalité africaine actuelle, contradictions qui constituent les germes mêmes de ce

---

313 « La Négritude, note Senghor, c'est l'ensemble des valeurs culturelles du monde noir telles qu'elles s'expriment dans la vie, les institutions et les oeuvres des Noirs. Pour nous, notre souci, notre unique souci a été de l'assumer, cette négritude, en la vivant, et, l'ayant vécue, d'en approfondir le sens. Pour la présenter au monde comme une pierre d'angle dans l'édification de la civilisation de l'Universel, qui sera l'oeuvre commune de toutes les races, de toutes les civilisations différentes ou ne sera pas ». *Liberté I. Négritude et humanisme*. Paris. Editions du Seuil. 1964. Présentation.

314 Senghor pose le problème de la civilisation et de la culture d'une manière essentialiste (**essentialisme culturel**). D'où la nécessité de la transformation même de l'esprit de l'Africain puisque son essence, son être générique, qui a produit la Négritude, est viciée ou inférieure (**infériorisation ontologique**), pour avoir produit cette sous-culture, cette sous-civilisation. L. S. Senghor n'affirme-t-il pas à partir de là que le besoin de l'Europe est une réalité essentielle pour l'Afrique ? « Le défaut majeur [...] du Négro-africain est d'accorder plus de place a l'intuition qu'à la raison discursive, plus à l'intention qu'à l'acte, plus au présent et au passé qu'à l'avenir. Sa faiblesse est d'être émotion, élan d'amour plus que volonté réfléchie. Comme la femme. D'où ses dons « artiste et son extraordinaire faculté d'assimilation, mais aussi sa répugnance au progrès »... Il faudra donc, pour Senghor, conduire le (Négro-africain) « de son monde actuel à celui de l'Europe ». *Liberté II. Nation et voie africaine du socialisme*. Paris. Editions du Seuil. 1971. p. 152.

dépassement.[315] Cette **conversion catégorielle** s'appuie sur l'établissement scientifique de notre passé et de notre présent, de notre rationalité et de notre ouverture *a priori* à l'Universel ; cet établissement systématique de notre passé et de notre présent intègre la relativité et l'évolution et dépasse par le fait même, l'essentialisme des ethnophilosophes.[316] C'est dire que la perspective programmatique, à partir d'une critique radicale de l'ethnophilosophie, se libérant d'un enfermement dans le particularisme et dans la limitation, se pose comme **création d'avenir**[317] et non comme **résurgence du passé**, une création d'avenir politique et praxique simultanément, et surtout, cette perspective programmatique se pose essentiellement comme humanisme.[318]

III. PHILOSOPHIE AFRICAINE ET TECHNOSCIENCE

III.1. L'occultation

Dans les travaux de l'ethnophilosophie, le problème des rapports de l'Afrique à la technoscience occidentale ne constitue par un centre d'intérêt particulier. Ce n'était d'ailleurs pas l'objectif spécifique des ethnophilosophes. Les prises de position de l'ethnophilosophie en faveur d'une récupération sans interrogation ou jugement de la technoscience sont multiples, rapides, massives.

---

[315] On peut se référer à notre étude : « La conversion catégorielle au point de vue social. » *Annales de la Faculté des Lettres et Sciences Humaines* de l'Université de Yaoundé. Vol. 11. 1984. pp. 239-255. Le concept de **conversion catégorielle** est tiré du *Consciencisme* de Kwame Nkrumah.

[316] Comme le montre une fois de plus Jacques Moutaux : « La critique de l'ethnophilosophie ne consiste pas à contrôler une appellation, à dire que l'étiquette ne correspond pas au contenu, mais à montrer que les chemins de l'ethnophilosophie ne conduisent pas à la destination que se proposent les ethnophilosophes africains. Deux concepts se lient nécessairement dans cette critique. Parler de philosophie bantoue, par exemple, ne libère *a priori* aucune puissance, et ne systématise aucune *praxis*, mais enferme dans le particularisme du passé. Toute la critique de l'ethnophilosophie se fonde sur l'exigence d'universalité parce que l'Universel, c'est l'avenir, et que l'avenir, c'est l'Universel ». *Op. cit.* p. 83.

[317] Selon la formule de Jean-Marc Gabaude, dans la Conférence présentée au Congrès des Sociétés de Philosophie de langue française en juillet 1986, à Athènes. Il s'agit ici, simultanément, de l'avenir de la collectivité sociale et de celui du sujet humain lui-même.

[318] L'humanisme dont nous parlons consiste en l'affirmation de l'homme africain comme **valeur et fin**, au-delà de son objectivation coloniale, néocoloniale et impérialiste.

Intéressons nous, pour quelques instants, à la démarche senghorienne. Pour Senghor, la raison est hellène, et l'émotion est nègre. La disqualification de cette émotion (encore appelée **raison analogique** par opposition à la **raison analytique,** apanage de l'Europe) « **naturalisait** » donc la domination de la raison analytique, une domination totale, théorique et pratique, sur la raison analogique. Ce qui justifiait, idéologiquement, le colonialisme et l'impérialisme, rendus possibles grâce à la technoscience, produit de la raison analytique.[319]

Cette nécessitarisation historique de la domination coloniale et impérialiste chez Senghor, renvoyait à une vision de l'histoire comme processus unilinéaire, l'Europe en constituant la locomotive[320], la référence, et la colonisation nous ayant dès lors permis de nous intégrer, malgré nous, au processus.[321] Cette caution au *statu quo*, rendue possible par une hypostase de la technoscience, est l'indice d'une intégration totale de la rationalité instrumentale survalorisée et absolutisée.[322] L'on voit donc le caractère problématique et pour le moins douteux d'une intégration sans critique de cette rationalité instrumentale de la technoscience. Il faut aussi souligner que dans le même temps, s'est trouvée occultée l'histoire africaine antique : aucun examen sérieux n'a

---

[319] « Replacée dans son contexte, la colonisation nous apparaît comme un mal nécessaire, dit L. S. Senghor, d'une nécessité historique, d'où doit sortir le bien. A la seule condition que nous, les colonisés d'hier, nous en ayons conscience et que nous le voulions. » *Liberté II*. p. 297.

[320] Hypostase de la civilisation occidentale.

[321] Le rattrapage de l'Europe, posé comme objectif, n'aurait pour Senghor jamais pu être possible dans le cadre des seules productions de la civilisation africaine. Il est d'ailleurs problématique selon nous de continuer à se situer idéologiquement dans le cadre de cette logique du rattrapage.

[322] « Avec les instruments nouveaux importés d'Europe, importés de France, c'est la terre même de l'Afrique qu'il cultivera […] Encore une fois, c'est là le but dernier de la colonisation : une fécondation intellectuelle, une greffe spirituelle », note L. S. Senghor. *Liberté I*. p. 68. L. S. Senghor poursuivra en ces termes : « Si nous concevons que la civilisation est enrichissement, nous reconnaîtrons que l'Afrique Noire, au contact de l'Europe, s'est civilisée, plus exactement, qu'elle opère une renaissance [...] L'Europe nous a enrichis avec ses machines, elle a fait mieux, elle nous a enrichis de sa technique [...] la technique est du domaine de l'esprit ». *Ibidem*. pp. 87-88.
Jacques Moutaux montre pertinemment à ce niveau que : « Demander pour le Noir le privilège de l'émotion, c'est abandonner à d'autres […] la raison comme leur privilège. Trop heureux, les autres, si la puissance se trouve du côté de la raison [...] Et si affirmer l'aptitude privilégiée du Noir à l'émotion revenait, en fait, à le laisser démuni et sous la dépendance » ? *Op. cit.* p. 84.

été fait, par les ethnophilosophes et notamment par Senghor, des productions scientifiques et techniques des civilisations africaines antiques et, notamment, de la civilisation égyptienne. Sur ce plan, l'impact des apports théoriques (scientifiques et technologiques) de la civilisation de l'Egypte antique à la civilisation hellénique était connu : il était affirmé par les textes historiques eux-mêmes.

Il aura donc fallu les travaux de Cheik Anta Diop, pour permettre l'éveil de notre conscience historique et la sensibilité à ce problème précis de la production scientifique et technique dans la civilisation égyptienne, c'est-à-dire africaine.

Cette occultation et cette intégration fonctionnent donc comme **obturation de toute possibilité** de création technoscientifique africaine, comme logique de la récupération, de la reproduction, au-delà de toute créativité, la civilisation africaine nouvelle ne pouvant être, dans cette logique, qu'une civilisation de seconde main, dans son contenu comme dans sa finalité.

III.2. L'« épistémologisme » de Paulin Hountondji

III.2.1 La thématique althussérienne

Les principaux *leitmotiv* de la pensée d'Hountondji[323] sont une reprise des thèmes de la pensée althussérienne dont le plus important est la lecture structuraliste du marxisme qui hypostasie et absolutise les structures, et rejette toute anthropologie du sujet ainsi que l'homme réel, créateur de l'histoire et acteur historique privilégié.[324]

Althusser affirme : « les vrais sujets » (au sens de sujets constituants du procès) ne sont pas […] contrairement à toutes les apparences, les « évidences » du « donné » de l'anthropologie naïve, les « individus concrets », les « hommes réels », mais **la définition et la distribution de ces places et de ces fonctions. Les vrais « sujets » (de l'histoire) sont donc ces définisseurs et ces distributeurs ; « les rapports de production** ».[325]

---

[323] Théoricisme, apolitisme de la philosophie, oppositions science/idéologie et philosophie/idéologie. Tous ces thèmes sont très largement repris et développés par Hountondji dans *Sur la philosophie africaine.*

[324] Althusser ne parle-t-il pas à cet effet de l'histoire comme procès sans **sujet** ni **fin** ?

[325] Lire *Le capital*. Tome II. p. 53.

Althusser pose donc en principe que toute référence au **sujet** comme centre d'initiative historique consciente est **idéologique, mythique et illusoire**. Cette affirmation paradoxale et problématique le fait déboucher sur son « **anti-humanisme théorique** »[326] qui nie au sujet cette initiative historique créatrice et consciente.[327]

Par ailleurs, Althusser opère une substitution de la structure à la dialectique matérialiste-historique et à la contradiction : le matérialisme historique, science et idéologie, perd alors toute consistance théorique et pratique.[328] N'y a-t-il pas là une rupture de la dialectique ? Pour Althusser, il existe une coupure entre **science** et **idéologie**. Althusser se montre donc soucieux de saisir, et c'est en cela que consiste la science, l'efficace des structures.[329] Cette coupure entre **science** et **idéologie**, au coeur du discours althussérien, contribue à la liquidation de la *praxis*, une liquidation préparée par la négation du **sujet** de l'histoire dans la mesure où seul le **sujet** (ou mieux les **sujets**) réalise une praxis dans l'histoire, la praxis étant elle-même une action **conceptualisée, structurée et téléologisée,** rationnellement.

---

[326] Anti-humanisme qui est « mort de l'homme-sujet » et position des structures comme moment exclusif de la science : « La connaissance de l'ensemble des rapports sociaux n'est possible que sous la condition de se passer complètement des services théoriques du concept d'homme [...] Ce concept en effet nous apparaît inutilisable du point de vue scientifique ». *Pour Marx*. Paris. Maspéro. 1977. pp. 254-255.

[327] « Que les individus humains, dit Althusser, c'est-à-dire sociaux, soient actifs dans l'histoire comme agents des différentes pratiques sociales du procès historique de production et de reproduction [...], c'est un fait. Mais comme agents, les individus humains ne sont pas des sujets « libres » et « constituants » au sens philosophique de ces termes. Ils agissent dans et sous les déterminations des formes d'existence historique des rapports sociaux de production et de reproduction ». *Réponse à John Lewis*. Paris. Maspéro. 1973. p. 92. Cette dédialectisation du matérialisme des circonstances procède, à notre avis, d'une lecture tronquée des textes de Marx.

[328] Comme le fait remarquer Lucien Sève : « On voit bien comment la méthode structurale (celle qu'adopte L. Althusser notamment) ne conduit pas seulement par son attachement à la séparation du synchronique et du diachronique et à l'invariance propre des structures, à répudier la dialectique, mais encore, par son insistance à opposer les rapports externes et les limites à l'unité interne des contraires et à l'interpénétration des contradictions, par l'autonomisation des structures qui tendent à devenir des entités métaphysiques, à l'évacuation du matérialisme lui-même ».
« Méthode structurale et méthode dialectique ». *La Pensée*. n° 136. Octobre 1967. pp. 86-87. Repris dans *Structuralisme et dialectique*. Paris Editions Sociales. 1984. p. 60.

[329] Mais que vaut pareille rupture/coupure, au sein du marxisme, qui soit rappelé en passant, est lui-même **science** et **idéologie ?**

Enfin chez Althusser on retrouve une coupure entre **théorie** et **pratique** : dans *Pour Marx*, il invite à dissocier, chez Marx, les prises de position théoriques et les prises de position politiques, les unes et les autres étant autonomisées et, en tout état de cause, les prises de position théoriques ne devant pas légitimer les prises de position politique.[330] Le marxisme se trouve dès lors dépolitisé et l'arme de la dialectique/matérialiste est retirée aux prolétaires, du Centre comme de la Périphérie, dans leur lutte pour l'émancipation. « Mettre en valeur cet aspect de Marx savant est une façon de faire disparaître Marx homme politique, et le rapport nouveau qu'il instaure entre une certaine pratique de la théorie et la pratique de la révolution »[331], notent Avenas et Brossat ; le caractère révolutionnaire du marxisme est occulté puisque le marxisme devient « science pure » de l'histoire mais également « philosophie transcendantale du matérialisme dialectique ».[332]

IV.1.2. La récupération

Comment Paulin Hountondji va-t-il donc récupérer cette pensée de son « maître » Althusser ? Hountondji réaffirmera l'opposition entre philosophie et idéologie, ainsi que l'autonomisation du politique, du philosophique et de l'idéologique, **désarticulés**. Hountondji, adressant à Nkrumah et à Towa le reproche de tomber dans « l'illusion métaphysique, la croyance à une profondeur métaphysique du politique »[333] et soucieux, dans le même temps, de rendre à chaque discours son autonomie propre et sa cohérence intrinsèque, ne dira- t-il pas : « J'affirme au contraire, pour ma part, l'autonomie du politique, et je demande qu'il soit rendu à sa cohérence propre ».[334]

Mais quelle autonomie aurait le politique, par rapport au sujet humain, dont la pratique politique elle-même s'enracine dans et se nourrit tant de la structuration sociale que de tout l'arrière-plan représentatif et métaphysique ? Comment, d'ailleurs, affirmer l'autonomie de l'idéologie : serait-ce par rapport à son lieu de genèse, la réalité socio-

---

330 Il y a dans cette tentative althussérienne une déformation de l'image du Marx réel, politique/révolutionnaire.

331 *Contre Althusser* (Ouvrage collectif) Paris. UGE 10/18. 1974. p. 160.

332 *Idem.* pp. 23-24. Mais peut-il y avoir une science pure de l'histoire où le sujet ne serait impliqué, ni comme théoricien de l'histoire, ni connue acteur historique effectif ?

333 *Sur la philosophie africaine*. p. 245.

334 *Idem*. p. 245.

historique ? Serait-ce par rapport au sujet historique qui en est pétri et qui la réoriente, de manière téléologisée ?

Hountondji reprendra aussi une importante affirmation althussérienne. Althusser affirmait que : « L'on n'obtient l'existence de la philosophie que dans un monde qui comporte une science ou des sciences [...] Pour que la philosophie naisse ou renaisse, il faut que des sciences soient ».[335] Hountondji reprendra en écho : « La philosophie a toujours été en dernière analyse une réflexion sur la science [...]. C'est une grave erreur de poser séparément le problème général de la philosophie sans le lier au problème plus général de la science ».[336]

Paulin Hountondji montre dès lors que le problème n° 1 de la philosophie dans l'Afrique actuelle, une philosophie dépolitisée et non idéologique, est « de savoir comment elle peut aider au développement de la science ».[337] L'auteur indique à ce niveau l'immensité de la tâche et les moyens à adopter pour sa réalisation : interrogation de l'histoire des sciences et de l'histoire de la philosophie, définition de leurs rapports et de leurs interconnexions passés ou actuels, préférence accordée aux disciplines aptes à favoriser l'essor de la pensée scientifique...[338] En résumé, Hountondji est d'avis que : « Elle (la philosophie africaine) ne peut exister comme force spécifique de la littérature que dans sa différence réglée et son articulation avec la littérature scientifique ; la seule perspective féconde qui s'offre aujourd'hui à notre philosophie est de se lier étroitement au devenir de la science. »[339]

C'est ce que nous avons appelé, après ou avec d'autres, l'épistémologisme de la pensée de Paulin Hountondji. On peut encore parler d'une récupération par le silence, par Hountondji, de certains autres thèmes de son maître Althusser. En effet, nulle part dans ses textes, Hountondji ne désigne le **sujet** de l'histoire africaine ni ne définit une **fin, une téléologie** du devenir de l'Afrique, au nom précisément de l'autonomie du politique et du philosophique pour laquelle militait Louis Althusser. Dans son souci de préserver l'apolitisme de la philosophie, Hountondji, critiquant l'*Essai* de Towa, reléguera dans la politique toute

---

[335] *Lénine et la philosophie*. Paris, Maspéro. 1969. p. 22.
[336] *Sur la philosophie africaine*. pp. 215-116.
[337] *Idem*. p. 246.
[338] Logique, histoire des sciences, épistémologie, histoire des techniques.
[339] *Sur la philosophie africaine*. p. 135.

« interrogation sur notre dessein profond, sur la direction à donner à notre existence ». Et par le fait même, se trouvera gommé, chez lui, tout humanisme, ce qu'avait déjà réalisé Althusser, et niée, toute initiative historique à l'Afrique et aux africains.

IV.1.3. Les apories de l'épistémologisme

La détermination du contenu et de l'objet de la philosophie africaine par P. Hountondji nous paraît sujette à caution, en même temps qu'unilatérale et problématique.

Si la philosophie africaine se constitue seulement en tant que réflexion sur les conditions de promotion de la science, n'y a-t-il pas là danger de mutilation de la philosophie ?[340] Encore que, chez Paulin Hountondji, les modalités et les finalités de cette détermination de la philosophie par la science ne soient pas mises en lumière.

Cette définition du contenu et de l'objet de la philosophie africaine par Hountondji est donc, d'une part, unilatérale. La philosophie, dans la réflexion qu'elle mène sur les conditions de promotion et sur la méthodologie de la technoscience[341], ne réalise que partiellement son objet, en tant qu'elle est pensée de la totalité. Cette définition est d'autre part problématique. Une réflexion philosophique sur la technoscience ne peut en rester au seul examen phénoménologique, c'est-à-dire, à la seule enquête sur les conditions de possibilité de la technoscience et sur les modalités de son déploiement, cette réflexion débouche nécessairement sur l'examen des questions relatives à la téléologie, c'est-à-dire, aux fins et aux conditions d'usage de cette technoscience.

Aussi, de favoriser l'essor de la pensée scientifique, comme le souhaite Hountondji, ne saurait nous dispenser, comme il l'a fait, de mener une réflexion ardue sur la nature et la logique de la science, sur son articulation et sa liaison avec la structure sociale ainsi que sur les relations d'interdétermination dialectique qui lient science et société, sur

---

[340] « Comment, fait remarquer Towa, concevoir ce rôle de la philosophie, puisque ce qui a été posé, ce n'est, ni que la philosophie détermine la science, ni que la science et la philosophie se déterminent réciproquement, mais bien que c'est toujours la science qui détermine unilatéralement la philosophie ? » *Philosophie : science ou idéologie ?* Texte ronéotypé, inédit. 1978.

[341] Son objet n'est pas seulement l'épistémologie : et l'ontologie ? Et la métaphysique ? Et l'éthique ? Et la politique ?...

l'usage social de la technoscience, le problème essentiel qu'il faut se poser ici étant de savoir si l'utilisation actuelle de la technoscience et le modelage de la société par celle-ci (technostructuration), modelage matériel et idéologique (technocratique ! positiviste) sont de nature à favoriser ou non une **humanisation de l'homme et du réel.**

L'épistémologisme de P. Hountondji est donc problématique. En hypostasiant la science, objet unique de la réflexion philosophique, Hountondji se rend coupable de positivisme idéologique, bien qu'il se défende d'être scientiste ou positiviste. Vaine protestation en effet, que celle de l'auteur lorsqu'il dit : « La position ici défendue n'est ni scientiste, ni positiviste ».[342] L'auteur n'a manifestement pas pris soin de questionner son parti-pris pour la science et la rationalité scientifique/technologique posées ici comme **valeurs absolues**. Il n'a pas mis à nu sa prétendue et illusoire objectivité/ pureté/neutralité. Il n'a pas mis en lumière la détermination génétique de la science par son milieu social d'engendrement ni celle, corrélative/dialectique, de ce milieu par la science.

Bref, l'on ne saurait ainsi évacuer une réflexion de fond sur la fusion de la raison scientifique/technique avec la rationalité de la domination et de l'oppression à l'échelle mondiale, aussi bien au niveau interne des pays du Centre ou de la Périphérie, qu'au niveau des rapports dialectiques et antagoniques qui les unissent.

On ne saurait évacuer une réflexion de fond sur le pouvoir que confrère la technoscience, **dans la perspective de ce que nous voulons en faire en fonction de ce que nous voulons être**... A moins de militer comme Hountondji dans les rangs de l'idéalisme et de la réaction, et de cautionner, par là même, la permanence d'une dérive (potentielle et réelle) de la technoscience vers l'inhumain, et celle d'une Afrique et d'un Tiers-monde du présent et de l'avenir, dans une domination à assumer idéologiquement et pratiquement.

III.3. La pensée de Towa face au positivisme idéologique

Dans *l'Essai sur la problématique philosophique dans l'Afrique actuelle*, la libération de l'Afrique est posée comme objectif premier, absolu. Cette libération ne saurait se réaliser que si l'Afrique adopte la

[342] *Sur la philosophie africaine*. p. 246.

science et la technique en tant que produits d'une part, et en tant que rationalité technoscientifique d'autre part. « Science comme principe de la puissance, dit Towa, nécessité de la liberté de la pensée et de la liberté tout court pour le développement de la science et donc aussi indirectement, de la puissance : ces deux thèmes caractéristiques de la philosophie de l'Europe au moment de son passage à la modernité ont un rapport évident avec notre dessein profond : avènement d'une Afrique puissante, autocentrée et libre dans un monde réellement libéré. Dans notre quête du secret de la puissance européenne, il semble donc bien que c'est la philosophie de l'Europe qu'il convient d'interroger ».[343]

Il s'agit en effet, pour l'auteur de l'Essai, d'identifier et de maîtriser le principe de la puissance européenne, pour nous l'approprier : « Si nous ne nous approprions pas ce principe, si nous ne devenons pas puissants comme l'Europe, jamais nous ne pourrons sérieusement secouer le joug de l'impérialisme européen. Par là, nous sommes conduits à adopter une attitude positive, une attitude d'ouverture, à l'égard de la civilisation européenne, justement pour nous libérer de la domination européenne ».[344]

Cette position de Marcien Towa s'interprète dans le cadre de l'abandon de l'ethnophilosophie, simple affirmation de notre humanité générique et de notre liberté tout à fait théorique et illusoire, faute d'avoir les moyens de la puissance pour poser et réaliser notre dessein propre, fondamental. Pour Towa : « Dans l'ethnophilosophie, la question d'une philosophie africaine spécifique, originale, n'était simple qu'en apparence : elle enveloppait une autre question plus grave encore, celle de l'absolu, de notre dessein profond, du sens ultime à donner à notre existence. Seulement, dans ce mode de questionnement, le problème de l'originalité étouffait celui du sens et de l'absolu, plus précisément, la question de la spécificité permettait d'éluder le débat sur l'absolu, et de camoufler le dogmatisme des opinions relatives au sens et à l'absolu. Nous proposons de dissiper l'équivoque qui plane sur ce mode de questionnement en séparant les deux problèmes ».[345]

Abandon de l'ethnophilosophie, récupération de la démarche du *Consciencisme* de Nkrumah, réaffirmation de l'interrelation dialectique

---

343 *Essai.* p. 59.
344 *Ibidem.* pp. 55-56.
345 *Essai.* p. 53.

destin culturel/destin économico-politique, acquisition de la puissance matérielle en vue de la libération et de l'auto-détermination sur tous les plans, voilà ce qu'affirme Towa et qui peut être considéré comme positif.

Toutefois, il y a dans la position adoptée par l'auteur de l'*Essai* une insuffisante analyse de la rationalité technologique et du positivisme idéologique véhiculés par la technoscience, et le parti pris en faveur de cette dernière, sans cet examen spécifique préalable, en tant qu'elle serait le moyen obligé de la libération de l'Afrique, camoufle bien niai une récupération de l'idéologie dominante du scientisme et du positivisme, au travers d'une intégration inavouée celle-là, de la thèse dominante de l'unilinéarité du procès de développement de **l'histoire.**

Marcien Towa affecte certes au philosophe africain, comme tâche, « de retracer avec le maximum de rigueur et d'objectivité l'histoire de notre pensée »[346] et de reconstituer scientifiquement l'histoire de cette pensée. Ceci ne nous autorise pourtant pas à croire que notre intégration à une histoire désormais universelle et dont le procès est **unique** constitue une nécessité, sauf *a posteriori*. Chez Marcien Towa, le possible historique occidental universalisé est donc ici posé comme référence ambivalente : une référence à reproduire dans la reprise de la logique technoscientifique, au regard de sa nature et de sa puissance qui assure la domination sur le réel et l'histoire ; une référence **à nier pratiquement** grâce à cette reprise même, à supposer que cette reprise produise une surpuissance apte à anéantir la puissance initiale, ce qui peut paraître illusoire, ou tout au moins idéologique et problématique.

Par ailleurs, dans le cadre des rapports **fins/moyens**, nous décelons, chez Marcien Towa, une absence, un silence : notre appropriation du principe de la puissance européenne signifie-t-il sur le plan de la modalité, simple transfert des technologies européennes constituées ? Il n'y a pas à proprement parler, de réponse spécifique à cette question dans l'*Essai*.

Il faut relever, pour commencer, le caractère aporétique de tout transfert (mécanique) de technologie, du fait de la liaison *a priori* de la technoscience et de son milieu de genèse ; un tel transfert est la condition même de la reproduction en Afrique, du milieu ou du système occidental. Reproduction largement entamée déjà, et vécue comme telle d'ailleurs du

---

[346] *Essai.* p. 70.

fait de la technostructuration « occidentalo-libérale » de l'ensemble du monde. Mais il y a plus : transfert des technologies et intégration au système impérialiste dominant vont de pair, du moment que la technoscience est un monopole de l'impérialisme. Un tel transfert, pour autant qu'il soit possible, vu les blocages multiples à affronter, ne nous semble pas constituer le moyen le plus sûr de notre libération, dans la mesure où transfert et créativité ne sont pas synonymes.[347]

Mais il faut noter chez Towa Marcien, pour terminer, une fin clairement assignée à la philosophie, à savoir, la critique de l'Absolu, même si cet Absolu n'a pas de figure précise et si la critique devient elle-même absolue ; une articulation de la théorie et de la *praxis*, c'est-à-dire de la culture et de l'économie, la réaffirmation de l'homme comme liberté et raison, (même si cette raison elle-même unique et uniforme, s'absolutise), toutes choses qui le distinguent quelque peu de la position idéaliste, théoriciste et épistémologiste de Paulin Hountondji, et donnent à sa vision une certaine consistance.

III.4. Philosophie et technoscience chez Elungu P.E.A.

Dans son ouvrage : *Eveil philosophique africain*, l'auteur affirme : « la révolution industrielle est fille de la technique, la technique fille de la science et la science, fille de la philosophie. En exportant sa révolution industrielle qui ne cesse de modifier, de fond en comble, nos structures sociales et même mentales, l'Europe exporte du même coup sa philosophie.

Cette philosophie est déjà en oeuvre dans la science que nous assimilons avec avidité, dans les techniques auxquelles nous nous initions pour les réalisations économiques susceptibles d'assurer notre liberté, cette liberté que l'Europe nous avait arrachée et qu'elle nous avait ainsi appris à connaître. Or, la science et la liberté, la science dans et pour la liberté, c'est là [...] l'essentiel de l'esprit de la philosophie au sens strict ».[348]

---

[347] On pourrait lire sur ce sujet notre thèse de Doctorat de IIIème Cycle : *Rationalité technologique et problématique africaine du développement.* Toulouse. 1977. (Université de Toulouse-le-Mirail).

[348] Paris. L'Harmattan. 1984. p. 150.

Il faut dire que cette pensée nous paraît être de la plus grande confusion. L'auteur se demande s'il existe une philosophie africaine, au sens d'abord où science et philosophie sont indissolublement liées, au sens en outre où l'éveil philosophique conditionne la genèse de la science et se caractérise par l'affirmation « de l'autorité intérieure de la conscience et du cœur » ;[349] au sens où, enfin, la philosophie implique « l'affirmation préalable et dogmatique de l'homme comme absolu de connaissance et absolu de valeur ».[350] Et l'auteur de faire le commentaire suivant : « Si telle est l'essence de la philosophie, elle n'est pas africaine. Il faut même dire que la conscience africaine traditionnelle est antiphilosophique ».[351]

Cette affirmation est pour le moins hasardeuse : outre qu'elle consacre une définition arbitraire de l'essence de la philosophie, elle ne se fonde, pour nier à la conscience traditionnelle africaine l'accès à la philosophie, sur aucune recherche anthropologique ou historique sérieuse. Cette affirmation, en fait, n'est qu'une reproduction de l'idéologie dominante relative au caractère essentiellement hellénique et occidental de la philosophie.[352] Sa récupération sans jugement de l'idéologie dominante nous inquiète au plus haut point, même si elle rassure les tenants de cette idéologie. Elle constitue déjà un recul évident part rapport à l'ethnophilosophie et aux philosophies qui la dépassent, en même temps qu'elle nie la possibilité effective de l'affirmation de l'homme comme absolu, en philosophie africaine. Comme si cette dernière ne reconnaissait pas la transcendance du sujet historique sur le réel.[353]

Par ailleurs, à une limitation arbitraire du concept de philosophie, se superpose, chez cet auteur, une intégration sans jugement de la rationalité instrumentale, ainsi qu'une croyance idéaliste en un extrinsécisme de la technoscience par rapport à son lieu de genèse, ce qui en rendrait possible une innocente récupération. Il est curieux de

[349] *Eveil philosophique africain*. p. 146.
[350] *Ibidem*. p. 146.
[351] *Idem*. p. 146.
[352] Elungu P.E.A. ne dit-il pas : « Pour toutes ces raisons, la philosophie n'est pas africaine, elle est grecque, et par-delà la Grèce, européenne, « occidentale » ? *Idem*. p. 147.
[353] Même si cette transcendance considérée comme dérivée, est adossée à la Transcendance originaire divine.

constater que des positions aussi idéalistes et rétrogrades puissent encore être soutenues.

S'agissant de l'héllénicité de la philosophie, celle-ci peut être valablement contestée, sur la base des travaux de Cheik Anta Diop et tous les travaux historiques disponibles ; s'agissant de la détermination théoriciste/scientiste de l'objet de la philosophie, à la manière d'Althusser et d'Hountondji, cette détermination est désormais battue en brèche, compte tenu de la détermination de l'objet de la philosophie comme étant la totalité du réel et de l'existence examinée sous un regard multiple : génétique/fonctionnaliste, éthique, téléologique ; enfin, s'agissant de l'hypostase de la rationalité instrumentale, cette dernière est largement dénoncée, depuis *l'Homme unidimensionnel* de Herbert Marcuse, jusqu'aux travaux de Jürgen Habermas et notamment *La technique et la science comme idéologie*, et de toute l'Ecole de Francfort, sans compter les réflexions récurrentes et les avancées de la Bioéthique, où la question de l'homme, de l'humanisme, revient, lancinante et permanente, pour autant qu'il s'agit de répondre aux deux questions que sont **la place** et la **destination** de l'homme.

IV. POUR UNE PROBLEMATIQUE DE NATURE EPISTEMOPOLITIQUE

IV.1. Les présupposés théoriques et idéologiques

Nous considérons **l'homme** comme point de départ et fin du procès historique, point de vue qui est **humanisme,** au sens radical du terme. Un tel humanisme, outre qu'il pose le réel comme produit de la *praxis* historique de l'homme, ne désarticule pas, un seul instant, théorie et *praxis.*[354] Cet humanisme, qui prend l'homme réel comme point de départ et artisan autonome de son propre destin, est un véritable **humanisme** de l'**autonomie.**[355]

Cet homme réel étant liberté et raison, notre humanisme est simultanément rationalisme, c'est-à-dire affirmation de la primauté de la

[354] Claude Lefort n'affirme-t-il pas à ce niveau : « Que la réalité soit *praxis* signifie, […] que le présent est appréhendé comme ce qui est advenu par l'action des hommes et appelle une tâche : que la connaissance du monde ne peut être séparée du projet de le transformer ».

[355] « Réflexions sociologiques sur Machiavel et Marx : la politique et le réel ». *Cahiers Internationaux de Sociologie.* Vol. XXVIII. Paris. PUF. 1960. p. 123.

raison, une raison par essence complexe ; le sujet/raison se veut et se pose librement, rationnellement ; est donc maintenue ouverte, à ce niveau, la dimension de l'émancipation. La conscience des fins et de l'homme comme fin traduit ainsi la volonté éthique de notre humanisme, soucieux de nier théoriquement et pratiquement la totalité économico-sociale pour autant qu'elle réalise la négation de l'humain. Et notre négation théorique et pratique (qui est pensée d'une nouvelle modelabilité) de cette mondialité technostructurée est menée du point de vue la transcendance même du sujet. En tant que *praxis* créatrice d'avenir, notre humanisme ne saurait procéder à l'identification de la raison et du réel, des fins pratiques et des fins techniques ; il doit en effet servir de fondement à une liquidation de la rationalité instrumentale, source d'aliénation.

IV.2. Technoscience et idéologie

Plutôt que de tomber dans le positivisme idéologique[356], il nous faut assigner à la philosophie africaine se constituant, entre autres, la tâche impérieuse d'une critique radicale de l'idéologie dominante du scientisme et du technicisme, même si elle doit aussi se resituer dans les problématiques ontologique, politique, éthico-axiologique traditionnelles en philosophie, problématiques qui posent l'être/conscience simultanément comme devoir-être, face à lui-même, à la nature, à la société, à l'avenir, et le situent ainsi comme valeur.

Ces problématiques intègrent aussi les réflexions relatives à la maîtrise et à l'avenir : maîtrise de la totalité du réel, au-delà de tout arraisonnement dérivant de la rationalité technologique ; droit à l'avenir et à la signification de la vie et de l'histoire.

Cette critique du scientisme et du technicisme à laquelle il convient de procéder permettrait de relier le *statu quo* de notre domination à la maîtrise impérialiste de la technoscience, et non à une incapacité congénitale ou connaturelle des africains de penser et de créer la science ; elle permettrait aussi de démasquer le triomphe d'une forme définie/unique de rationalité, permettant domination et oppression de la nature et de l'homme, et de reposer sous un angle nouveau les problèmes

---

[356] Repérable chez certains ethnophilosophes et chez Hountondji.

des rapports de l'Afrique à la technoscience[357] et ceux, corrélatifs, du développement et du devenir de l'Afrique, du devenir de la Périphérie prise dans son ensemble.

C'est là, en somme, l'objectif fondamental que se sont assignées nos diverses recherches.[358]

---

[357] La créativité en matière de science et de technique serait posée ici comme condition de libération en lieu et place du transfert mécanique de la technoscience, transfert essentiellement hypothétique.

[358] Depuis la thèse de IIIème cycle jusqu'à la thèse d'Etat.

CHAPITRE III

TECHNOSCIENCE ET HUMANISME. PLAIDOYER POUR UNE EPISTEMO-POLITIQUE*

Un nouveau paradigme scientifique bouscule d'ores et déjà les barrières traditionnelles entre la science et la philosophie, l'objet et le sujet, la nature et la culture. Une raison moins ivre d'elle-même semble capable de reconnaître ses limites et de se nourrir de ce qui lui échappe ».

Jean-Pierre Dupuy

* Article paru dans les Annales de la FLSH. Vol. VI. N° 1. Janvier 1989.

I. PHILOSOPHIE DU PRESENT, PRESENCE DE LA PHILOSOPHIE

I.1. Retour aux sources

Heidegger, dans une conférence présentée en Août 1955 et intitulée « Qu'est-ce que la philosophie ? »[359], fait de la philosophie la véritable gérante de la raison ;[360] il en détermine à la fois l'objet, la méthode et l'origine. La philosophie, pour lui, est recherche de la quiddité ou essence de ce qui est, grâce à la raison, et elle est originellement grecque.[361] « Aussi bien le thème de notre question, la philosophie, que la modalité selon laquelle nous demandons : qu'est-ce que cela [...] ? - ces deux questions demeurent grecques de provenance »[362], notera-t-il.

Qui dit recherche pour Heidegger, dit tension vers, et non accord et harmonie originels. La recherche de la quiddité renvoie donc à la question de l'étantité de l'étant, c'est-à-dire à la question de savoir ce qu'est l'étant en tant qu'il est ; il s'agit bien là d'un cheminement parménidien vers « l'être de l'étant » ; il s'agit d'une visée de l'étant dans son être. Heidegger fera donc référence à Platon[363] et à Aristote[364], et définira la philosophie, après ce dernier, comme science théorétique des premiers principes et des causes premières de l'étant : « La philosophie est un certain mode d'appartenance qui rend capable de prendre en vue l'étant en tournant le regard vers ce qu'il est, en tant qu'il est étant ».[365]

---

[359] Traduite de l'Allemand par Kostas Axelos et Jean Beaufret Paris. Gallimard. 1957.
[360] *Op. cit.* p. 11.
[361] Les formulations heideggeriennes ne manquent pas. « Le mot *philosophia* nous dit que la philosophie est quelque chose qui, d'abord et avant tout, détermine l'existence du monde grec. Il y a plus - La philosophie détermine aussi en son fond le cours le plus intérieur de notre histoire occidentale européenne ». *Ibidem.* p 15.
« Ce n'est pas seulement ce qui est en question, la philosophie, qui est de provenance grecque, mais aussi le **comment** de la question ; la manière dont même encore aujourd'hui, nous questionnons est grecque ». *Ibidem,* p. 18. Toutefois, nous n'entrerons pas ici dans le débat sur la pertinence de ces affirmations heideggeriennes. La thèse de l'hellénicité de la philosophie est contestable, comme l'a fait remarquer Cheik Anta Diop.
[362] *lbidem.* p. 20.
[363] Pour qui l'essence est **idée**.
[364] Pour qui cette essence est **énergie**.
[365] *Ibidem.* p. 31.

Heidegger marquera par là son choix de l'ontologie et sa focalisation sur le problème de l'être comme problèmes fondamentaux de la philosophie, puisque, seul parmi les étants, l'homme a la possibilité et même le devoir impérieux de s'interroger sur l'être, son être particulier comme celui des autres étants. Heidegger ne procède-t-il pas d'ailleurs à une véritable « analytique de l'être-là », comme fondement de l'ontologie, analytique qui est interrogation sur l'être propre de l'étant et sur sa relation à tout être possible, un être qui s'offre tout autant qu'il se dérobe ?

Hegel, quant à lui, fait de la philosophie une pensée de la pensée, une pensée de l'être, une actualisation de la pensée. Il note d'ailleurs : « Concevoir ce qui est, c'est la tâche de la philosophie, car ce qui est, c'est la raison ».[366]

La philosophie pour Hegel, est donc pensée de l'être comme être se pensant lui-même ; elle est conception et expression du concept de l'être-là, raison pensante dégageant la rationalité de ce qui est[367], la rationalité de la réalité, saisie non pas comme simple être-là sensible, être immédiat des choses offertes à la conscience, événements contingents constituant la texture de notre histoire, mais comme unité de l'essence et de l'existence.

Nous pourrions multiplier les références, prolonger notre bref retour aux sources, soucieux que nous sommes de redonner statut à notre discipline, la philosophie. Nous ne le ferons pas, et poserons, dès à présent, le problème de la pertinence même des caractérisations ci-dessus de la philosophie, chez Heidegger et chez Hegel.

Si la philosophie est recherche de **l'étantité de l'étant,** comme l'affirme Heidegger, encore faudrait-il donner un statut à cet étant. Le déterminer comme **essence** comme le fait Platon crée à vrai dire une fracture au sein même du réel, entre ce qui est (permanence, stabilité,

---

366 Cité par Bernard Bourgeois. *La pensée politique de Hegel*. Paris. PUF. 1969. p. 9. « Cette raison immanente de l'être, la philosophie doit l'affirmer non seulement dans le monde naturel, mais aussi et surtout dans le monde éthique. Contrairement à ceux qui, en niant la présence en lui de la raison, de l'esprit, de la sagesse divine, utilisent cet athéisme du monde éthique, pour libérer l'arbitraire de leur subjectivité prétentieuse ». *Idem*. p. 91.

367 « Ce qui est rationnel devient effectif, et ce qui est effectif devient rationnel », note Hegel. *Philosophie du droit*. Cours de 1819. p. 51.

validité en soi...) et ce qui apparaît, le réel immédiat (instabilité, devenir, non validité *a priori*...), avec comme risque ici, une dévalorisation du réel, de la pratique et de l'avenir, au nom d'une essence (**idéalisme**) sur laquelle les sujets historiques n'ont évidemment aucune prise et qui pourtant les configure à la limite définitivement.

Le déterminer comme **puissance** permet certes de concevoir l'évolution du réel ; encore qu'une telle évolution, dont l'opacité est évidente, ne soit point référée à l'homme, à sa pratique effective/historique, et n'ouvre la voie à aucune anticipation théorique du devenir de l'histoire, anticipation théorique et pratique effective étant, nous le savons, le fait du sujet historique. C'est dire qu'une recherche de l'étantité de l'étant ne débouche aucunement, de soi, sur une *praxis* politique et sur une éthique humanistes, que nous privilégions, pour notre compte.

Si la philosophie est savoir théorétique des premiers principes et des causes premières, il y a là, incontestablement, souci de la théorie, souci de la compréhension et de l'interprétation. Mais quel est le véritable statut de ces causes et de ces principes ?[368]

Si enfin la philosophie est scientificité comme Hegel l'affirme dans la *Science de la Logique,* dans la mesure où elle est le chemin, le cheminement de l'auto-construction ou de l'auto-développement du concept ; si la philosophie est présentation de soi de l'Absolu, manifestation de soi, exposition, objectivation et extériorisation de soi de l'Esprit[369], **cette dramatisation du concept** pose en fait plus de problèmes qu'elle n'en résout.

Et d'abord le problème du sujet de la vie politique et de l'histoire. « La philosophie hégélienne de la politique se sait comme la réflexion en soi-même par laquelle l'Etre dit son moment politique dans l'idéalité philosophique. Elle se réfléchit ainsi elle-même dans son rapport à la politique et se présente comme une philosophie de la philosophie, comme réflexion en soi-même de la vie politique ».[370] Le sujet de l'histoire ici, ce

[368] La XIème thèse sur Feuerbach de Marx trouve ici toute sa pertinence critique : « Les philosophes n'ont fait qu'interpréter le monde de multiples manières ce qui importe, c'est de le transformer ». *L'idéologie allemande.* Paris. Editions sociales. 1968. p. 34.

[369] « Se manifester, c'est, pour l'absolu, se mettre à **l'extérieur** de son intériorité, c'est-à-dire se plonger dans l'élément de l'extériorité, cette aliénation constituant la mise en scène originaire ». B. Bourgeois. *Op. cit.* p. 12.

[370] Bernard Bourgeois. *Op. cit.* p. 94.

ne sont plus les sujets historiques concrets, ce n'est plus le peuple. C'est l'Esprit, c'est la Raison, à l'oeuvre dans l'histoire.[371] D'où une nécessitarisation du procès historique qui est identification du rationnel et du réel.[372]

Certes, pour Hegel, « la nécessité historique inclut en elle aussi bien l'idéal qui éclaire son mouvement, que le processus souterrain aveugle qui se joue dans la masse humaine ».[373] Il n'en reste pas moins que le mouvement immanent de l'histoire n'est point expression ou réalisation d'un projet politique/historique de sujets concrets : il n'est pas le produit d'une *praxis* historique consciente de sujets identifiables. En outre, si consentir au réel, c'est consentir au rationnel en oeuvre dans le réel, cette réconciliation du **concept** et de **l'effectivité**[374], de la **raison** et de **l'histoire**, n'inaugure-t-elle pas une logique de la positivité, c'est-à-dire une logique de l'assomption du *statu quo*, une positivité rationalisée et absolutisée au nom d'une certaine philosophie de l'histoire et au nom même du devenir de l'Esprit ?

Si la philosophie est, comme nous allons le développer, pensée de l'effectivité, il nous semble **nécessaire** de lui donner un statut nouveau, une caractérisation nouvelle, en vue d'une pratique, elle aussi nouvelle, de la philosophie, notamment en cette ère où les défis ne manquent pas, au premier rang desquels l'homme, son statut, son avenir, ainsi que la socialité, sa structuration, sa téléologie.

I.2. Le présent, matière historique de la philosophie

Le présent est, pour nous, matière historique de la philosophie : cela veut dire que la philosophie, loin d'être extérieure au monde, est

---

371 « La philosophie peut réconcilier avec la réalité, en dégageant en celle-ci l'être effectif, identique à la raison qui est en elle, de la simple existence phénoménale ; elle peut et doit « reconnaître la raison comme la rose dans la croix de la présence ». Bernard Bourgeois. *Ibidem.* p. 93.

372 Cette nécéssitarisation est en même temps opposition à « une philosophie intellectuelle de la réflexion » d'une « philosophie rationaliste du reflet », selon Bernard Bourgeois. *Ibidem.* p. 85.

373 Bernard Bourgeois. *Ibidem.* p. 60.

374 Une effectivité hypostasiée ici par Hegel. La Prusse n'est elle pas, pour Hegel, Etat de la raison, où fleurit le libre empire de la Raison ? Ce point de vue, Hegel le développe dans les *Principes de la philosophie du droit.* Mais Eric Weil, dans *Hegel et l'Etat,* (Paris, Vrin, 1950), critiquera un tel conservatisme.

« quintessence spirituelle de son temps [...] ».[375] Bien évidemment, la philosophie est loin d'être saisie d'un être en tant qu'être intemporel, anhistorique, transhistorique, abstraction faite du devenir et de l'histoire effective des êtres.[376]

Toutefois, le rapport de la philosophie à cette matière historique est moins simple **reflet**[377] que **réflexion** critique et normativité. Réflexion et reflet donc, la philosophie l'est. Le reflet renvoie à la saisie de l'effectivité, non sans risque d'inversion eu égard à l'idéologisation intrinsèque de toute saisie du réel ; la réflexion désigne quant à elle l'activité théorique fondamentalement judicative, discriminante et critique de la raison à l'oeuvre dans cette saisie, et indique ainsi la nature essentiellement **axiologique** de la philosophie, en tant que position des valeurs et appel à une **pratique effective** de ces valeurs dans le réel.

Si le reflet contient en lui le risque évident de l'enfermement et de la légitimation d'un réel aspirant à une nécessitarisation qui est adéquation à l'universalité, la réflexion quant à elle est ouverture et transcendance, ouverture comme dépassement de la clôture de la contemporanéité et transcendance comme pensée et préparation de l'avenir.[378]

---

[375] Selon Marx.

[376] Bernard Bourgeois, présentant la philosophie politique de Hegel, fait remarquer : « La philosophie de Hegel pose la philosophie comme étant la vérité de la politique », la politique elle-même, se révélant comme exposition nécessaire du processus de l'Etat, est un moment particulier. *Ibidem.* p. 8.

[377] Comme la philosophie rationaliste de Hegel, soucieuse de dégager de la positivité du réel l'esprit qui se réalise, et refusant par le fait même de présenter une normativité qui imposerait au réel, à la politique, des lois extérieures (idéelles) et supérieures (idéales).

[378] Et par là-même, contribution à la transformation de la réalité présente. Cette nécessaire pratique de la philosophie en tant qu'inscription à l'intérieur même du réel des prémisses de l'avenir, nous y reviendrons plus bas. Jean-Marc Gabaude met en lumière cette dialectique reflet - réflexion : « La prééminence de l'être à venir invite à accentuer l'unité en même temps que le clivage entre sujet et objet, devoir-être de l'être et être, impératif et indicatif. L'appel de l'avenir souligne la dialecticité de la totalité ». « La création de l'avenir ». (Projet). Conférence présentée au Congrès des Sociétés de Philosophie de Langue Française. Athènes. 1986. p. 41. Cette dialectique est simultanément post et anti-hégélienne. Certes chez Hegel, il y a historicité de la philosophie et connexion nécessaire avec l'histoire politique ; la philosophie est production de l'esprit libre, effectivité de l'esprit s'objectivant, pensée de l'esprit substantiel d'une époque, « elle est la vérité du monde passé, mais a sa vérité dans le monde à venir. » (B. Bourgeois, *Op. cit.* p. 106).

I.3. La philosophie comme phénoménologie de l'effectivité

Si donc la philosophie est reflet et réflexion, quelle effectivité réfléchit-elle ? Si elle est pensée du réel, de quel réel s'agit-il ?

I.3.1. Effectivité théorique et scientisme

La modernité a procédé, nous le savons fort bien, à une désacralisation et à une détranscendantalisation de l'explication du fonctionnement de l'univers et de la marche de l'histoire ; elle a procédé à une affirmation du déterminisme, qui est bien à l'origine de la science, de la technoscience. S'il est vrai que l'idée du déterminisme est d'origine religieuse[379], essentiellement, du point de vue de la science et du déterminisme scientifique, il y a comme une substitution de l'idée de nature à l'idée de Dieu, avec affirmation d'une légalité naturelle à la place de la légalité divine ; il y a « naturalisation-rationalisation » des termes du déterminisme religieux. Karl Popper, définissant le déterminisme « scientifique », affirme désigner par là : « La doctrine selon laquelle la structure du monde est telle que tout événement peut être rationnellement prédit, au degré de précision voulu, à condition qu'une description suffisamment précise des événements passés ainsi que toutes les lois de la nature, nous soit donnée ».[380]

Cette idée de transparence potentiellement absolue du réel est donc condition d'émergence de la science classique, une science qui est simultanément ontologie et praxéologie : cette science est sous-tendue par une pré-compréhension (compréhension préalable) de la réalité

Mais cette ouverture de la philosophie **sur** l'avenir en tant qu'elle est première manifestation de ce monde et dernière manifestation du monde présent n'induit chez Hegel qu'un **renversement en idée** et non **un renversement réel et praxique** de ce monde, l'intérêt pour l'idéal renvoyant ici à l'insatisfaction face au réel et à l'impuissance dans laquelle se trouvent les sujets à le transformer.
Par ailleurs, l'affirmation de la prééminence de l'être à venir dialectise la perspective réductionniste et positiviste qui posait la primauté du passé ainsi que celle du présent dans une « quasi-finalité rétrospective ». C'est dire que Jean-Marc Gabaude insiste sur le devoir de finalité prospective.

[379] On peut certes relativiser à ce niveau et affirmer que toutes les religions ne sont pas forcément déterministes. Mais l'idée de déterminisme religieux renvoie à celles de l'omniscience et de la toute-puissance divines, Dieu déterminant/connaissant dès à présent le futur.

[380] *L'univers irrésolu. Plaidoyer pour l'inderminisme.* Traduction de Rénée Bouveresse. Paris. Hermann. 1984. p. 1.

(ontologie interprétative) et elle induit une pratique qui est liaison du formalisme et de l'opérativité. Jean Ladrière[381] met clairement en lumière la liaison d'une telle ontologie et de la praxéologie qui en découle, la précompréhension du réel déterminant un type d'action spécifique sur ce réel.

Dans cette science moderne positive et positiviste, on observe les points suivants : le processus de modélisation dans l'approche de la réalité, la dialectique théorie et expérience, l'opérationalisme, l'occultation de **principe** (méthodologique) du sujet de la science au nom de l'objectivité, la prévisibilité déterministe qui engendre la maîtrise, la simplification de la complexité de l'univers.

Cette science moderne, positive/positiviste, autonome par rapport à l'éthique et au politique et même conçue comme *a priori* décrochée de l'éthique et du politique ainsi que de leurs intérêts, **forme pure** indéterminée quant à l'usage, c'est-à-dire neutre, est lecture de la nature, fournissant le paradigme de toute scientificité possible[382], résorbant totalement le réel dans l'activité de connaissance, éliminant complètement (?) toute résistance de la part du réel dont toutes les déterminations, dans un procès asymptotique d'accès au savoir absolu, sont maîtrisées.

D'où la prétention du scientisme, déjà véhiculée par le positivisme d'Auguste Comte[383] et encore actuellement dominante : cette prétention implique la limitation/circonscription du réel à l'intérieur de ce qui est manipulable, reproductible, transformable, prévisible ; elle implique un néant d'ontologie et de signification et de même, une exclusion de la

---

[381] *Les enjeux de la rationalité. Le défi de la science et de la technologie aux cultures.* Paris. Aubier/Unesco. 1977. p. 47.

[382] On peut déjà noter à ce niveau la récupération de ce modèle analytique par les sciences humaines et sociales, en dépit de ses apories. « Les sciences humaines et sociales, note J. P. Dupuy, prennent toujours pour modèle l'état où en étaient les sciences dites « exactes » quelques cinquante ou cent ans plus tôt. Elles en sont aujourd'hui à mimer une physique dont l'ontologie implicite était : tout ce qui est réel est rationnel, et tout ce qui est, est déterminé. » *Ordres et désordres. Enquête sur un nouveau paradigme.* Paris. Seuil. 1982. pp. 152-153.

[383] Tout en étant réduction moniste de l'objet au seul observable/expérimental, et exclusivisme méthodologique de l'observation et de l'expérimentation ; ce positivisme scientiste n'en contient pas moins une vision idéologique de l'histoire en tant que progrès de l'esprit, de manière linéaire, vers la scientificité. C'est la loi des trois états formulée par Auguste Comte.

subjectivité et des fins. Mais ce scientisme n'est lui-même qu'une idéologie véhiculant en dernière analyse une vision de l'histoire qu'il y a lieu de remettre radicalement en question.

I.3.2. Effectivité pratique/existentielle et technicisme

La science procède, depuis Galilée, d'une attitude technicienne, essentiellement ;[384] elle est désormais technoscience, et l'autonomie de la science par rapport à la technique a désormais fait place à l'interdépendance. Cela met en lumière l'indissolubilité des deux pôles théorique et technique-opératoire, ainsi que le double processus de feed-back qui existe entre eux.[385] De ce point de vue, Jacques Ellul, différenciant les Mathématiques qui se développent par voie déductive à partir d'axiomes et opèrent sur des symboles abstraits, et les sciences physiques/de la nature qui se développent sur une base instrumentale et matérielle[386], affirme : « La technique est en amont et en aval de la science, mais en plus, elle est au coeur même de la science, celle-ci se projette et s'absorbe dans la technique, et la technique se formule dans la théorie scientifique. Toute science, étant devenue expérimentale, dépend de la technique qui seule permet de reproduire techniquement les phénomènes ».[387]

La technoscience, dans l'effectivité, est devenue force productive dominante. Cette affirmation renvoie à trois autres. Elle renvoie à celle d'abord, de la révolution permanente enregistrée dans le cadre du développement des forces productives (automation et informatisation) ; elle renvoie â celle ensuite, de l'établissement d'un nouveau rapport entre technoscience, industrie, armée, Etat, société ; elle renvoie à celle enfin, de l'introduction d'une rationalité nouvelle (la rationalité technoscientifique) dans le procès du travail, cette nouvelle rationalité

---

[384] Descartes parlait déjà de la science qui nous rendrait « maîtres et possesseurs de la nature ».

[385] Gilbert Hottois parle, lui, du primat ultime de la technique sur la *theoria*, alors que Gros, Jacob et Royer affirment : « L'outil est un acteur privilégié dans l'avancement des sciences. A la fois conséquence et cause des découvertes techniques et de nouveaux concepts. » In *Sciences de la vie et société.* Paris. Seuil. Collection Points. 1979. p. 149.

[386] Les sciences de la nature peuvent progresser à partir de la technique, qui est matérialisation de schémas théoriques.

[387] *Le système technicien.* Paris. Calmann-Lévy 1977. p. 141.

elle-même ayant des implications sur le déploiement des sociétés, l'évolution de l'histoire et les représentations individuelles et sociales.

De concept, la technoscience est devenue milieu : notre milieu de vie quotidien. Ne parle-t-on pas de technonature, de nature technicisée, de société technicienne ? Et ce milieu est devenu système. « Ce milieu technique nous conduit d'une part à considérer que tout devient problème technique et en même temps, d'autre part, à se refermer sur lui-même, donc à nous enclore dans ce qui, de milieu, devient système », note Jacques Ellul.[388] Pour lui, la technoscience a comme caractéristiques existentielles : l'autonomie[389], l'unité[390], l'universalité et la totalisation[391], et le progrès technique lui, a comme caractéristiques existentielles : l'auto-acroissement, l'automatisme, la progression causale, l'absence (théorique) de finalité, l'accélération.

Dans ces conditions, la technoscience est violence, puissance, aussi bien dans son concept que dans sa pratique. « La puissance de la technique [...] affirme Jacques Ellul, s'actualise dans une technique de la puissance ».[392] Mais dans le même temps, elle devient idéologie et fonctionne comme telle : c'est l'idéologie techniciste, technocratique, simultanément rationalité de la domination et légitimation du *statu quo*[393]

---

[388] *Ibidem.* p. 59.

[389] Tout au moins illusoire autonomie pour autant que la technoscience, tendant à se clore, à s'auto-déteminer, ne dépend pas en dernière instance d'elle-même : elle n'est pas un but à elle-même. Mais autonomie signifie évacuation de tout jugement ou idéal moral, illimitation, légitimité, neutralité.

[390] Connexion et interdépendance de tous les aspects. « Ce caractère de l'unicité est seulement l'expression concrète de ce système : les techniques sont litées les unes aux autres de façon qu'elles n'existent que les unes par les autres et sont en tout point dépendantes ». J. Ellul. *Op. cit.* p. 171.

[391] Universalité renvoie autant à l'extension géographique à la totalité de l'univers qu'à celle concernant la totalité de l'environnement et des domaines de l'activité humaine. Totalisation renvoie à une intégration nouvelle de tous les facteurs humains, sociaux, économiques et politiques

[392] *Ibidem.* p. 142.

[393] « La rationalité de la domination, note Habermas, se mesure au fait que se trouve maintenu un système qui peut se permettre de faire de l'augmentation des forces productives, couplées avec le progrès scientifique et technique, le fondement de sa légitimation, bien que par ailleurs l'état de développement où en sont venues ces forces productives indique précisément aussi le potentiel à comparaison duquel les charges et les frustrations imposées aux individus apparaissent de plus en plus inutiles et

et du cadre institutionnel : les rapports sociaux sont dès lors présentés comme des formes d'organisation techniquement nécessaires d'une société rationnelle.

Il y a donc risque de blocage, d'enfermement, tant du réel (institutions, mode de production, rapports sociaux) que de sa représentation (idéologie), l'enfermement du réel et de la rationalité générant une rationalité de l'enfermement dans le réel.[394] C'est la **conscience technocratique**, qui est refoulement de la moralité en tant que catégorie de l'existence.

Toutefois, le blocage est-il définitif ? La transformation qualitative du système aussi bien que de sa représentation est-elle à jamais différée ? L'unilinéarité du développement de l'histoire dans et par la technoscience est-elle, définitivement, la vérité de l'histoire, le sens de l'histoire ?

I.3.3. La mondialisation pratique et symbolique du système

C'est à un tel blocage et à une telle récupération de l'unilinéarité du développement de l'histoire que l'humanité est désormais exposée. La mondialisation pratique et symbolique du système renvoie à son extension universelle et totale. Cette mondialisation et cette universalisation, nous pouvons les observer, pour ce qui est spécifiquement du Tiers-monde et de l'Afrique, à travers la récupération théorique de la rationalité analytique, instrumentale et pratique de la linéarité du développement et de l'histoire, sans critique épistémologique, axiologique et politique préalable de cette rationalité, pour en dégager les conséquences et les menaces pour l'hominisation.

Nous retrouvons chez maints auteurs africains une telle récupération, exposée de manière proprement apologétique. Chez Marcien Towa, on peut lire notamment : « Science comme principe de la puissance, nécessité de la liberté de la pensée et de la liberté tout court pour le développement de la science et donc aussi indirectement de la puissance : ces deux thèmes caractéristiques de la philosophie de

---

irrationnelles ». J. Habermas. *La technique et la science comme idéologie.* Traduction et Préface de J. R. Ladmiral. Paris, Gallimard. 1976. pp. 6 et 7.

[394] La rationalité, de mesure critique de l'état de développement des forces productives, devient mesure apologétique de légitimation et de justification des rapports sociaux.

l'Europe au moment de son passage à la modernité ont un rapport évident avec notre dessein profond : avènement d'une Afrique puissante, autocentrée et libre dans un monde réellement libéré. Dans notre quête du secret de la puissance européenne, il semble donc bien que c'est la philosophie de l'Europe qu'il convient d'interroger ».[395] Ce qui signifie qu'il nous faut, selon Marcien Towa, identifier et maîtriser le principe de la puissance européenne : « Si nous ne nous approprions pas ce principe, note encore Towa, si nous ne devenons pas puissants comme l'Europe, jamais nous ne pourrons sérieusement secouer le joug de l'impérialisme européen. Par là, nous sommes conduits à adopter une attitude positive, une attitude d'ouverture à l'égard de la civilisation européenne, justement pour nous libérer de la domination européenne ».[396]

Chez L. S. Senghor, la disqualification de la raison nègre, **analogique,** va de pair avec une hypostase de la raison occidentale, **analytique :** une raison occidentale analytique à intégrer, afin de nous intégrer au processus du déploiement linéaire de l'histoire. Pour Senghor : « Il n'est pas seulement question de lui apprendre (au négro-africain) de nouvelles techniques, ce qui est le plus facile [...] mais surtout de transformer son esprit même, plus exactement de l'amener à établir un nouvel équilibre parmi les valeurs de sa civilisation ».[397]

Chez Paulin J. Hountondji enfin, c'est pratiquement la même démarche, avec en plus, une limitation arbitraire du statut de la philosophie, confinée à n'être qu'une réflexion sur la science : « La philosophie a toujours été en dernière analyse une réflexion sur la science [...], note Hountondji ; c'est une grave erreur de poser séparément le problème général de la philosophie sans le lier au problème plus général de la science ».[398] Cette limitation du domaine de la philosophie est une

---

[395] *Essai sur la problématique philosophique dans l'Afrique actuelle.* Yaoundé. CLE. 1971. p. 59.

[396] *Ibidem.* pp.55-56. On peut signaler l'absence d'interrogation de la logique de la rationalité instrumentale en tant qu'elle est logique de la domination. De plus, il y a lieu d'être circonspect : l'intégration de ce principe de la puissance européenne peut-elle être menée à souhait quand on sait que ce principe, la technoscience, est monopole de l'impérialisme, qui en contrôle précisément l'intégration ? Et la stratégie d'une telle intégration est-elle clairement indiquée ici ?

[397] *Liberté II. Nation et voie africaine du socialisme.* Paris. Présence Africaine. 1971. p. 152. Cette intégration n'est évidemment rien d'autre qu'une récupération du positivisme idéologique que met en lumière Jürgen Habermas dans *Connaissance et intérêt.*

[398] *Sur la philosophie africaine.* Paris. Maspéro. 1977. pp. 215-216.

restriction tout à fait dommageable puisqu'elle évacue les autres volets fondamentaux de la réflexion philosophique à savoir : la métaphysique, l'éthique et la politique.

Cette récupération de la rationalité instrumentale, mondialisée est vécue pratiquement/politiquement dans le cadre des transferts de technologies, transferts revendiqués par l'Afrique et le Tiers-monde eux-mêmes.[399] En fait, il y a, sous-jacente à une telle revendication, une seconde intégration : celle du modèle de développement dominant. Nous pouvons déjà craindre à ce niveau, l'aliénation/domination des pays de la Périphérie, « l'acceptation » par eux de la linéarité de l'histoire, **l'enfermement dans la dominance** et la **dominance de l'enfermement.**

Ainsi se présente la philosophie : **reflet** et **phénoménologie** du présent, sa manière historique. Mais elle n'est pas que cela. Elle est aussi **réflexion, jugement** (instance critique) et **normativité**, du point de vue d'un référentiel ayant valeur absolue : **l'homme**. Si le reflet et la réflexion renvoient à la présence de la philosophie dans notre contexte contemporain[400], s'ils renvoient aussi au dégagement du sens de l'histoire qui s'est faite, ils n'en impliquent pas moins l'ouverture sur l'avenir à créer, ils impliquent la position des valeurs à réaliser et le sens de l'histoire à venir.

---

[399] Les revendications débutent au début des années soixante. C'est ainsi que en février 1963, les Nations Unies organisent une conférence à Genève, en vue de l'application de la science et de la technique dans l'intérêt des régions peu développées. La CNUCED en 1964 et l'ONUDI en 1965, organes spécialisés des Nations-Unies sont créés. Dès 1971, un « code de conduite » est aménagé pour les transferts de technologie. De nombreuses conférences sont organisées, dont l'objectif essentiel, l'instauration d'un nouvel ordre économique international (NOEL), intègre comme dimension la nécessité de l'accès immédiat des pays sous-développés aux applications de la science et de la technologie, en vue de la réduction de l'écart technologique entre le Nord et le Sud, dans le cadre d'une dialectique du transfert et de la créativité.

[400] Le scientisme ou le technicisme prétendait sonner le glas de la philosophie. Il faut dire que cette prétention est loin de s'être réalisée. Pas plus les sciences de la nature que les sciences de l'homme n'ont résolu les problèmes humains essentiels, c'est-à-dire ceux relatifs « **au sens** » et aux « **valeurs** ». La **présence** de la philosophie s'ouvre en fait sur sa nécessité, dans un monde où l'effectivité, ce qui est à penser, c'est le triomphe de la rationalité technoscientifique, « c'est le triomphe des discours qui légitiment sa domination exclusive », selon Jacques Rivelaygue.

II. PHILOSOPHIE DE L'AVENIR ET AVENIR DE L'HUMANITE

II.1. La critique de l'autolimitation scientiste/techniciste

II.1.1. Raison, rationalité et rationalisation

Si la technoscience est devenue le lieu de l'expansion principale de la rationalité, il faut dire que la raison et la rationalité y sont perçues/vécues comme procès d'ordonnancement du réel et de dégagement de la légalité universelle. Si ce projet est volonté d'adéquation de la pensée à l'être même du réel ou du moins, à ses phénoménalisations, il n'en exclut pas moins le sujet (et sa subjectivité) au nom de l'objectivité posée comme impératif méthodologique. D'où l'illusoire pureté/ neutralité de ce projet.

Que cette logique de l'ordonnancement du réel devienne rationalisation, processus rationalisateur, et s'ouvre sur la domination, une domination *a priori* de l'objet et du/des sujet (s), quoi de plus évident à l'heure actuelle ? « Ce qui est caractéristique de la démarche scientifique, note Jean Ladrière, c'est précisément ce phénomène remarquable de co-adaptation entre un système de représentation qui met en oeuvre en définitive une ontologie interprétative à tendance fortement formaliste [...] d'une part et, d'autre part, un système d'action qui se construit selon des séquences opératoires susceptibles d'un contrôle précis et d'une organisation entièrement maîtrisable ».[401]

D'où ce problème philosophique fondamental : les progrès dans le domaine de la rationalisation, qui est domination théorique et pratique du réel, correspondent-ils *a priori* à des progrès en rationalité et en humanité de l'homme,c'est-à-dire à son affirmation comme valeur absolue ? Rien n'est moins sûr ![402]

---

[401] *Les enjeux de rationalité.* p. 47.

[402] L'absolutisation de la seule forme rationalisatrice de la raison peut libérer le meilleur (puissance sur la nature et développement) **comme** le pire (puissance sur l'homme et domination des hommes à des fins proprement inhumaines : terrorisme, exploitations diverses, menaces écologiques, nucléaires...).

II.1.2. De la simplification à la complexité[403]

Le paradigme de la simplification, hérité de la science classique, était fondé sur une certaine ontologie et une conception déterminée de la nature. Cette conception impliquait, comme caractéristiques essentielles de la nature, l'identité, la permanence et l'atemporalité ; elle niait la complexité et le devenir, «au nom d'un monde éternel et connaissable régi par un petit nombre de lois simples et immuables ».[404] Par ailleurs, cette conception impliquait une nature « automate soumis »[405], que l'on dévoilerait à travers des énoncés dégageant une rationalité universelle, et que l'on contrôlerait et dominerait[406], contrôle et domination d'autant plus aisés que cette nature était une « mécanique stupide » « essentiellement étrangère à la liberté et à la finalité de l'esprit humain »[407], totalement prévisible et manipulable de part en part.[408] Cette conception posait enfin la science comme vérité unique du monde, « langage unique qui déchiffre la totalité de la nature à partir duquel tout ce qui existe peut, en principe, être déduit » ;[409] une vérité elle aussi objective du fait de l'élimination par principe de l'observateur, entretenant le mythe d'un savoir potentiellement omniscient.

La science classique ayant atteint ses propres limites du fait de l'éclatement des concepts classiques, le paradigme de la simplification a

---

[403] Ilya Prigogine et Isabelle Stengers parlent à ce niveau d'une transformation conceptuelle qui est une véritable ***métamorphose de la science***

[404] llya Prigogine et Isabelle Stengers. *La nouvelle alliance. Métamorphose de la science.* Paris. Editions Gallimard. Essais 1986. p. 35.

[405] D'où la description d'une nature déterministe et l'affirmation de la réversibilité, avec refus de l'innovation et de l'irréversibilité.

[406] « Si la science conçoit le monde comme soumis à un schéma théorique universel qui réduit ses richesses diverses aux nonnes applicables de lois générales, elle se donne par là même comme instrument de contrôle et de domination ». IIya Prigogine et Isabelle Stengers. *Ibidem.* p. 63. On retrouve cette idée mise en lumière par Heidegger. « La physique moderne n'est pas une physique expérimentale parce qu'elle dispose des appareils pour interroger la nature. C'est l'inverse ; c'est parce que la physique, et, ce déjà comme pure théorie - met la nature en demeure de se montrer comme un complexe calculable et prédictible de forces que l'expérimentation est commise à l'interroger, afin que l'on sache si et comment la nature ainsi mise en demeure répond à l'appel. « La question de la technique ». In *Essais et conférences.* Paris. Gallimard. 1958. p. 29.

[407] Prigogine et Stengers. *Ibidem.* pp.88-89.

[408] Intérêts de manipulation et intérêts de connaissance sont ici conjoints.

[409] *lbidem.* p. 92.

dû lui-même faire place à celui de la complexité. «Nous pensons que la science d'aujourd'hui échappe au mythe newtonien parce qu'elle a conclu théoriquement à l'impossibilité de réduire la nature à la simplicité cachée d'une réalité régie par des lois universelles »[410], notent Prigogine et Stengers.

Le déterminisme a donc cédé la place à l'indétermination et à la créativité qui, elles, rendent compte de la nouveauté, de la diversité qualitative, du devenir. S'agissant de la temporalité, la réversibilité et l'homogénéité font place à l'irréversibilité et le temps cesse d'être déploiement progressif d'une loi éternelle. L'irréversibilité renvoie ici à l'idée d'une nature jouant un rôle constructif dans la mesure où elle permet des processus d'organisation spontanée : « [...] La nature n'est pas un système en ordre mais l'éternel déploiement d'une puissance productrice d'effets antagonistes »[411], notent Prigogine et Stengers.

L'irréversibilité, c'est bien le domaine où naît et meurt ce qui est ; elle renvoie à l'instabilité déjà signalée, tant sur le plan macroscopique que sur le plan microscopique[412] ; il y a désormais ainsi, au-delà du déterminisme, une dialectique complexe entre hasard et nécessité. L'ouverture/éclatement de l'univers renvoie donc à sa non-immuabilité. Nous aboutissons ainsi, du fait de l'intégration du temps aussi bien que de la référence au sujet, à la liquidation de la prétention totalisatrice/totalitaire de la science, ainsi qu'à la fin même de l'objectivité classique.[413]

---

410 *Ibidem.* p. 97.

411 *Ibidem.* p.178.

412 Dans le domaine de la vie, par exemple, où les processus producteurs d'entropie jouent un rôle constructif et sont source d'ordre, « l'idée de la loi universelle fait place à celle d'exploration de stabilités singulières, l'opposition entre le hasard des configurations particulières et la généralité prévisible de l'évolution qu'elles déterminent fait place à la coexistence de zones de bifurcations et de zones de stabilité, à la dialectique de fluctuations incontrôlables et de lois moyennes déterministes ». (*Ibidem.* p. 236).

413 On pense alors ici à toute l'épistémologie du nouveau paradigme en tant que renversement bachelardien et émergence d'un nouvel esprit de la science. Dans la science classique, le vecteur épistémologique exprimant le travail du savant allait de l'observation au calcul et au raisonnement ; du réel au rationnel (rationalisation du réel). Avec Bachelard, théorisant les apports de la microphysique et de la relativité, on passe du **rationnel au réel** (inversion), le réel étant une raison confirmée. Ici l'ordre est ordonnancement d'un réel désordonné : mise en ordre. Le nouveau paradigme opère un

II.1.3. La réintroduction épistémo-éthique du sujet

Si, dans le paradigme classique (encore dominant), l'homme était exclu de la nature[414], à la fois en tant qu'habitant et aussi en tant qu'expérimentateur actif, on enregistre désormais l'abandon d'une double « **extraterritorialité » : l'extraterritorialité théorique** d'abord, puisque la science/technoscience est l'oeuvre de sujets inscrits dans le monde objet de science/technoscience ; **l'extraterritorialité culturelle** ensuite, puisque la technoscience est partie intégrante de la culture, de la société, avec lesquelles s'établissent des relations permanentes d'interaction et d'inter-détermination. Prigogine et Stengers le rappellent fort opportunément : « La science fait partie du complexe culturel à partir duquel, à chaque génération, des hommes tentent de trouver une forme de cohérence intellectuelle. Et inversement cette cohérence nourrit à chaque époque l'interprétation des théories scientifiques, détermine la résonance qu'elles suscitent, influence les conceptions que les scientifiques se font du bilan de leur science, et des voies selon lesquelles ils doivent orienter leur recherche ».[415]

Il y a donc enracinement social et historique des sciences : les sciences de la nature comme les sciences de l'homme et celles du social.

---

autre renversement : celui de la relation de l'ordre au désordre ; l'ordre n'est ni premier, ni naturel, la nature n'est pas ordonnée : le désordre, d'accidentel, devient premier, trouvant son origine aussi bien dans la thermodynamique avec Prigogine que dans la biologie et la théorie de l'information (Atlan). Ce nouvel esprit sera récupéré aussi par les sciences de l'homme et du social pour tenter de rendre compte de l'auto-organisation du social ainsi que de l'émergence du radicalement nouveau et de la complexité, au-delà du déterminisme - mécanisme - réductionniste. « Si un système auto-organisateur est capable d'engendrer du nouveau, c'est parce qu'il a la capacité de s'adapter aux événements aléatoires qui l'agressent, de les assimiler en modifiant sa structure ». J. P. Dupuy. *Op. cit.* p. 103. L'auteur continue en montrant que : « La création résulte donc d'une coopération étonnante entre ces deux éléments qui se nient : l'ordre et le désordre, le déterminisme et la nouveauté qui le détruit ». *Idem.* p. 103. Nous citerons encore quelques noms : Prigogine (thermodynamique des processus irréversibles illustrant expérimentalement le schéma auto-organisationnel), Atlan (versant informationnel du nouveau paradigme et thèmes du hasard organisationnel et de l'intériorisation du bruit dans l'organisation biologique), Morin, Illich, (introduction du concept de contre-productivité), Attali (récupération de la dialectique permanente désordre/ordre, entropie/néguentropie, dans l'analyse du système capitaliste), Castoriadis….

[414] Une nature amnésique, dépourvue d'histoire, déterminée par le passé, sans relief, plate et homogène, simple et limpide.

[415] *Op. cit.* p. 30.

Cette affirmation renvoie, fondamentalement, à celle de l'idéologisation intrinsèque des diverses sciences, de la technoscience, idéologisation qui rend caduque la « neutralité » soutenue par l'idéologie dominante. Le sujet ici réintégré n'est certes pas le sujet métaphysique, sujet **pur** seulement possible : il s'agit d'un sujet vivant, théorique (avec ses idées, représentations) et pratique/politique (réalisant ses intérêts et valeurs au sein d'un contexte socio-historique déterminé).

C'est la raison pour laquelle on peut dire que la science est **science humaine :** non point certes **humanisante** (puisque nous l'avons vue, potentielle génératrice d'aliénation et de domination) ni exclusivement science **de l'homme** (au sens où l'homme en serait essentiellement l'objet), mais science humaine au sens précis où elle est faite par l'homme[416] **et** utilisée pour et/ou contre l'homme. Ce n'est pas seulement le statut théorique de l'objectivité qui s'en trouve modifié[417], par le dépassement du point de vue de **survol absolu**, et la « **centration humaine** » de la science ; la réintroduction du sujet est plus qu'épistémologique, elle est **axiologique et politique, fondamentalement :** le sujet est réaffirmé comme **mesure**, comme transcendance, finalisant la pratique technoscientifique et, en dernière instance, l'histoire.

II.2. Normativité humaniste et finalisation de l'histoire

II.2.1. Ontologie. Acteurs et pratiques historiques

Parler de normativité humaniste et de finalisation de l'histoire renvoie en tout premier lieu à une vision de l'homme et de l'essence humaine. Aussi bien Marx et Engels[418] que Durkheim[419] nous permettent de la concevoir comme **réalité et possibilité, intégration du passé et ouverture illimitée vers l'avenir**. Cette essence est donc d'abord réalité : intégration du patrimoine humain capitalisé par les diverses

---

[416] Avec toutes ses dimensions, à savoir : biologique, sociologique-politique, anthropologique... Il y a historialité de la connaissance.

[417] « L'objectivité scientifique avait longtemps été définie comme l'absence de référence à l'observateur ; elle se trouve désormais définie par une référence à l'homme [...] » Prigogine et Stengers. *Op. cit.* p. 386.

[418] Ils montrent que l'essence humaine n'est pas une abstraction biologique ou spirituelle, inhérente à l'individu isolé. C'est la VIème thèse sur Feuerbach.

[419] Dans *Education et Sociologie*, Durkheim rejette l'idée d'une matérialisation chez l'homme, de ses aptitudes, sous la forme de prédispositions organiques.

générations qui se sont succédées dans l'histoire, par la médiation de l'éducation ; cette essence est ensuite possibilité, virtualité : loin d'être figée une fois pour toutes, elle est ouverture, s'enrichissant dans le cadre du devenir de l'histoire, parce que le sujet historique lui- même est un mixte d'être et de devoir-être mis en acte, en superposition ou même en transcendance par rapport à ce qui est, par rapport au présent.

Les conséquences d'une telle vision de l'essence humaine (ontologie)[420] paraissent évidentes. **La première :** cette essence est réalisation d'une possibilité parmi plusieurs : c'est l'émergence du radicalement nouveau (autonomisation, individualisation et personnalisation par intégration différentielle et progressive des acquis sociohistoriques de l'humanité). Primat du passé donc, à un premier niveau. Mais pas seulement.

La seconde : cette essence est liberté et création, devoir- être, possibilité ou mieux, possibilisation, et donc, ouverture plurale et indétermination. C'est à cette seconde conséquence que se rattache la **transcendance du sujet** et sa **valoristion absolue,** ainsi que celle de l'avenir par rapport au passé : si le passé est création et détermine l'être, le sujet, autonome, détermine l'avenir, produit de sa *praxis,* avenir en fonction duquel se redétermine le présent.[421]

La fin de l'histoire est-elle donc immanente ? Nous pensons en fait que l'histoire est loin d'être **« ruse de la raison »** : les sujets historiques restent les acteurs historiques privilégiés, leur subjectivité crée le réel en réalisant le possible, finalisant le procès historique et par là, réalisant une auto-création et une **hominisation** continues.

---

[420] Pas plus la réalité naturelle que le sujet et la réalité sociale ne peuvent être conçus de manière fixiste/éternitaire et anti-dialectique, à la manière de l'ontologie traditionnelle : **l'étant en tant qu'il est,** est produit de la *praxis* et détermine une *praxis.* Comme le fait remarquer Jean-Marc Gabaude : « Considérer ainsi l'être en fonction des futurités, comprendre qu'il est devenir et à venir tout autant qu'anamnèse, c'est affirmer qu'il est transformé par l'homme et que la *praxis* est prioritaire. Nous ne nous attardons pas au niveau métaphysique spéculatif de l'être en soi, de l'être en tant qu'être, c'est-à-dire de l'être comme fond de la matière, abstraction faite de ses propriétés que sont espace, temps, mouvement ». « La création de l'avenir ». *Op. cit.* p. l6.

[421] C'est la **restructuration intentionnelle** du présent, de la réalité.

II.2.2. *Praxis*. D'une rationalité de l'inhumain à un humanisme rationnel

Si la réalité est désormais déterminée par le développement de la technoscience, cette linéarité de l'histoire est-elle, de manière tout à fait définitive, **le sens de l'histoire** ? C'est ce qu'affirme la rationalité dominante, l'idéologie dominante.[422] Affirmation que nous devons contester radicalement. Cette contestation est tout d'abord critique de cette rationalité dominante en tant qu'elle est, dans son fond, **dominance rationnelle et rationalisation (justification et légitimation) de la domination**. La réintroduction du sujet, menée plus haut, annonçait déjà une telle contestation. « Un nouveau paradigme scientifique, note J. P. Dupuy, bouscule d'ores et déjà les barrières traditionnelles entre la science et la philosophie, l'objet et le sujet, la nature et la culture. Une raison moins ivre d'elle-même semble capable de reconnaître ses limites et de se nourrir de ce qui lui échappe. La crise de la maîtrise des sociétés industrielles manifeste que l'agir humain et l'espace politique ne peuvent impunément être remplacés par la technique et la technocratie ».[423] Si la technoscience est effectivité d'une possibilité théorique et pratique dans l'histoire, elle ne saurait cependant être hypostasiée, et ce d'autant que la réalité de cette effectivité est effectivité d'une universalité : la domination est désormais domination universelle : elle est tour à tour, domination de la nature, domination des hommes, et domination des sociétés.

Cette contestation est ensuite ouverture et dépassement du blocage et de l'unidimensionnalité : la linéarité unique fait place à la multilinéarité, l'unidimensionnalité à la multidimensionnalité et à l'illimitation ; cette multilinéarité et cette multidimensionnalité relevant apparemment de l'utopie, mais seulement dans le sens où l'affirmation de la dynamique du réel comme multipossibilisation ne décrit pas de

---

[422] C'est l'idéologie du fatalisme technologique, de l'affirmation de la technoscience comme mesure du déploiement de l'essence humaine. Ce qui masque cette réalité tout à fait évidente que la technoscience peut aussi être menace pour cette essence.

[423] *Op. cit.* p. 27. La domination rationnelle, la rationalité de la domination, ont été mises en lumière aussi bien par Marx que par Marcuse et Habermas.

manière précise une figure historique de l'avenir à réaliser, même si elle en dégage les orientations fondamentales.[424]

Ces orientations ne sont rien d'autre que l'affirmation de l'homme (humanisme), un homme non coupé du social (des autres) et du monde, et responsabilisé dans ce choix d'essence et d'existence que constitue la *praxis* historique. Cet humanisme est un **impératif catégorique**, il implique un nécessaire examen politique/éthique de la technoscience[425], de sa rationalité et de l'artificialité, un examen mené à des fins de maîtrise multiforme (éthique, politique, juridique), de cette technoscience elle-même.

II.2.3. Axiologie. La primauté des valeurs

Affirmer l'homme comme absolu, c'est bien se situer dans le cadre de la normativité et des valeurs. **L'homme, sujet, est valeur en même temps que source de valorisation et de sens**. Cette affirmation de l'homme comme absolu de valeur ne renvoie point, loin s'en faut, à une absolutisation qui serait clôture et enfermement en soi de l'homme, par négation ou dévalorisation du rapport à l'altérité et à la socialité. Il y a en fait double mouvement : responsabilisation du sujet comme liberté personnelle, d'une part ; aménagement de la socialité de manière à permettre l'hominisation maximale de tous et de chacun, une hominisation posée comme sens de l'histoire, l'histoire d'une création individuelle et collective, une histoire signifiée/téléologisée par référence à tous et à chacun, d'autre part.

III. CONCLUSION : TECHNOSCIENCE ET HUMANISME. PLAIDOYER POUR L'EPISTEMO-POLITIQUE

1. Au-delà du rationalisme de l'effectivité

Notre critique de l'effectivité technoscientifique et de la rationalité qu'elle véhicule, une effectivité entendue comme réalité effectuée et comme efficacité/pouvoir, renvoie dès le départ à un refus : le refus de la

---

[424] J. M. Gabaude parle à ce niveau d'utopisme comme hyperbole humaniste, espérance hyperbolique en l'avenir de l'humanité.

[425] Sensibilisation à la menace technoscientifique au travers de la cybernétisation de la société, de la technicisation de l'essence humaine, de la tyrannie de la technoscience s'autonomisant et pénétrant société et univers, urgence de la limitation de l'opérativité technoscientifique…

prétention de la technoscience à hypostasier, dans une vision linéaire du procès historique, la seule possibilisation qu'elle fait advenir, hypostase qui serait donc légitimation du présent et inscription de l'avenir dans le sillage d'une simple réduplication de ce présent, non sans approfondissement de sa logique.

Cette critique se déploie comme démystification de la neutralité et de l'autonomie de la technoscience,[426] comme liquidation du mythe de l'unité méthodologique de la science[427], comme rejet de l'usage essentiellement instrumental et fonctionnaliste de la raison dans la technoscience...[428] Elle prend acte de l'éclatement de la vérité, de la scientificité, et donc du rationalisme scientiste[429], du rationalisme intégral. Renonçant à l'omnipotence de la rationalité, il s'agit certes d'ordonner le réel grâce à la raison, mais en même temps de finaliser humanistement cet ordonnancement, finalisation urgente, qui est téléologisation et signification, simultanément.

2. Dialectique et idéalité

Ainsi se présente pour nous la philosophie de l'avenir : dialectique/critique, mais aussi idéalité. Dialectisation/historicisation de la rationalité classique certes, dans le cadre d'une rationalité désormais ouverte, plurielle[430], mais aussi affirmation d'un idéal de raison, d'un idéal **d'affirmation** de l'homme, liberté et raison, dans l'histoire.

Ce n'est qu'en analysant ainsi l'effectivité pour dégager en les appuyant les possibilités de réalisation optimale de l'humain qui y sont contenues, que la philosophie pourra assurer un avenir à l'humanité et le

---

[426] Dans la mesure où science et technoscience sont à référer au sujet et au social et par là, plus ou moins idéologisées.

[427] Ici, la recherche scientifique/technoscientifique prétend se déployer comme la seule éthique rationnelle.

[428] Dans le cadre de la critique de cette prétention à l'exclusivité de la rationalité technoscientifique, nous pouvons lire, sous la plume de Dominique Janicaud : « La rationalité qui s'effectue dans la technoscience est une sur-rationalité spécifique qui, par un jeu de rétrospections et rétroactions, a réussi à s'imposer, jusque dans ses généalogies philosophiques, comme la finalité du progrès, prenant ainsi la place du bien platonicien qu'elle est trop souvent conduite à placer indûment au terme de l'Histoire ». *La puissance du rationnel.* p. 29.

[429] Cf. : *Complexité, auto-organisation...* Prigogine, Morin, n'illustrent-ils pas dans leurs travaux un nouvel esprit de la science ?

[430] Intégration du singulier de l'aléatoire, de la contradiction.

philosophe assumer ses responsabilités, à savoir poser l'homme comme valeur et affirmer en permanence l'exigence *a priori* de son déploiement maximal. Ce n'est qu'ainsi que la philosophie s'assurera à elle-même un avenir, en devenant, pour l'existence, une **nécessité existentielle.**[431]

---

[431] Pour l'Afrique, **au-delà** de l'Ethnophilosophie qui est idéologie de la circularité historique et de la réduplication indéfinie, et aussi, pour le monde, désormais unifié, mondialité oblige, et où la philosophie doit, sous peine de disqualification, répondre cette question fondamentale, urgente, nécessaire : **Comment vivre ?** Et à cette autre, qui lui est corrélative : **Dans quel monde ?**

TROISIEME PARTIE

PHILOSOPHIE
ET
« CREATION DE L'AVENIR »

CHAPITRE I

L'AVENIR DE LA DIALECTIQUE

(*QUESTIONS À L'HUMANISME MARXISTE*)

« La catégorie d'humanisme change de sens dans le marxisme, comme toutes les catégories fondamentales [...]. *Le matérialisme historique disqualifie sans retour l'illusion humaniste, l'humanisme abstrait* [...]. *Substituant au « culte de l'homme abstrait » qui fait le fond de la philosophie de Feuerbach «la science les hommes réels et de leur développement historique », le marxisme donne un sens foncièrement nouveau à l'humanisme, inséparable du communisme ; celui d'une conception du développement de l'individualité humaine fondée sur la science de l'histoire ».*

Lucien Sève

Une introduction à la philosophie marxiste. Paris. Editions sociales, 1980, pp. 151-152.

Janvier 1992

I. INTRODUCTION : LE SENS D'UNE RECHERCHE

I.1. Le marxisme est-il un humanisme ?

Que la question de l'homme soit au coeur de la dialectique matérialiste marxiste, cela paraît évident. Que la dialectique matérialiste marxiste véhicule, de ce fait, un humanisme, entendu simultanément (mais aussi provisoirement, à ce niveau) comme vision de l'homme (nature, modalités de déploiement individuel et social) et vision de l'histoire (téléologie, acteurs, transitions historiques), cela aussi paraît évident.

Pourtant, le débat qui s'est instauré dès l'origine du marxisme, pour savoir s'il était un humanisme, s'est poursuivi : il prend d'ailleurs une tournure tout à fait aiguë, au regard de l'actualité historique, c'est-à-dire au regard de l'évolution du marxisme-léninisme en Europe, évolution que Manfred Spieker, dans un article paru dans *Esprit et vie* sous le titre « L'épouvantail du communisme », dénomme « la fin d'un cauchemar ».[432] Dès l'origine, ce débat portait essentiellement sur le problème de savoir en quoi le marxisme pouvait être un humanisme. N'était-il pas, essentiellement, ou plutôt, exclusivement « **science de l'histoire** » ? Dans sa VIème thèse sur Feuerbach, Marx ne disait-il pas, déjà : « Feuerbach résout l'essence religieuse en l'essence humaine [...]. Mais l'essence de l'homme n'est pas une abstraction inhérente à l'individu isolé. Dans sa réalité, elle est l'ensemble des rapports sociaux »[433], interdisant par là toute référence à un concept d'homme abstrait, à un humanisme qui aurait un caractère « **transcendantal** »[434],

---

[432] Manfred Spieker montre en effet que toute l'histoire du marxisme, dans les pays de l'Est, s'est caractérisée par le passage de la séduction à la terreur, en passant par l'illusion. Si le marxisme transmet à ses « adhérents » la vision d'une société véritablement « nouvelle, juste et paradisiaque », si chaque marxiste traîne l'illusion d'une conscience juste du mouvement historique réel, dont l'aboutissement inéluctable est le communisme, produit de la *praxis* historique des sujets humains, tout ceci est devenu illusion, tyrannie totalitaire du centralisme démocratique et d'une *nomenklatura* parasitaire, dictature du parti, corruption, liquidation du pluralisme et enchaînement des libertés, bureaucratie... La faillite actuelle du système correspondrait très concrètement, à la fin d'un cauchemar. *Esprit et Vie.* N° 38, 20 septembre 1990.

[433] *L'idéologie allemande.* Paris, Editions Sociales, 1968. p. 79.

[434] Dans les *Manuscrits de 1844,* il y a une constante référence à la thématique feuerbachienne : l'homme comme être générique, l'humanisme matérialiste et communautaire, le renversement matérialiste de Hegel, l'analyse de l'aliénation. Marx

ceci en rupture avec Feuerbach aussi bien qu'avec sa propre position antérieure aux *Thèses sur Feuerbach,* celles des *Manuscrits de 1844 ?* Et c'est dans cette perspective qu'il faudrait inscrire la position structuraliste et positiviste de Louis Althusser. Louis Althusser, contrairement à Lucien Sève[435], n'affirme-t-il pas que « l'anti-humanisme est le préalable de la philosophie marxiste [...] »[436] faisant perdre de vue qu'il ne s'agirait ici que du refus d'un humanisme de type feuerbachien ?

Ce n'est pourtant pas de ce seul point de vue que l'on a pu affirmer que le marxisme était un anti-humanisme. Les diverses confessions religieuses n'ont-elles pas trouvé en lui une négation même de l'humain, de la valeur de l'homme ; et, même s'il était, selon l'expression de Jean Yves Calvez, « un certain humanisme »[437], ne trouve-t-il pas sa vérité hors de son propre corpus, c'est-à-dire, dans une transcendance extérieure, supérieure et aussi, fondatrice de l'individualité humaine ? Jean-Yves Calvez le montre : « La vérité du marxisme est donc en toute conception de l'homme selon laquelle l'homme reçoit la tâche de se faire lui- même, d'un absolu qui le constitue dans l'être par un acte qui, à la différence de celui de l'homme, est sans conditionnement, sans détermination antérieure ».[438]

I.2. Au coeur d'un débat toujours actuel

En nous situant ici au-delà aussi bien de la problématique althussérienne, soucieuse, à partir d'une dénonciation de l'humanisme

---

n'y caractérise-t-il pas le communisme comme « dépassement positif de la propriété privée, donc, de l'auto-aliénation humaine [...] appropriation réelle de l'essence de l'homme par l'homme, et pour l'homme [...] retour total de l'homme *à* soi [...] énigme de l'histoire résolue [...] ». *Oeuvres, Economie,* tome II. Edition établie et annotée par Maximilien Rubel. Gallimard NRF. 1968, p. 79.

[435] A la question de savoir si le marxisme est un humanisme, Lucien Sève répond de manière nuancée. Si l'homme est néant d'essence, le matérialisme historique opère une véritable « révolution copernicienne », qui se situe au-delà de l'illusion existentialiste elle-même. Et si le marxisme est humanisme, et parce que l'essence humaine est « ensemble de rapports sociaux », le marxisme renverse la perception de cette essence et les rapports du sujet historique à celle-ci. « Découvrir la réalité de la ci-devant essence humaine dans les rapports sociaux, c'est aider les individus à prendre conscience de leur servitude présente et à rechercher de tout autres chemins de la liberté ». *Op. cit.* p. 152. Cette démarche est simultanément théorique et pratique.

[436] *Pour Marx.* Paris. Maspéro. 1965. p. 23.

[437] *La pensée de Karl Marx.* Paris. Seuil. Points. 1970. p. 297.

[438] *Ibidem.* p. 335.

spéculatif, de procéder au rejet de tout humanisme dans le marxisme[439], que de celle adoptée par la critique théologique de Marx[440], nous voulons affirmer une chose essentiellement : il existe un humanisme marxiste ; le marxisme est un humanisme ; tout au moins veut-il en être un.

N'y retrouvons-nous pas une vision de l'homme et de son statut, de sa pratique dans l'histoire ? Adam Schaff n'affirme-t-il pas de ce point de vue que : « Partant de l'individu et de la société réelle, partant du principe que l'homme, en transformant la réalité objective, crée son propre monde et exerce une influence indirectement sur son propre développement, l'humanisme marxiste est donc autonome en ce sens qu'il explique le monde humain par le jeu de forces terrestres, sans recourir à des puissances supra-humaines et dans ce sens hétéronomes » ?[441]

Aux yeux d'Adam Schaff, le marxisme serait « **le seul humanisme *sensu proprio*** »[442], toute transcendance étant évacuée, la création de soi, du réel et de l'avenir relevant désormais de la pratique autonome du sujet humain.

Ne retrouvons-nous pas, au sein du marxisme, et au-delà de cette vision de l'homme et de son statut, une autre vision, celle de l'histoire humaine, de son moteur (la dialectique et la lutte des classes), de son sens (la réalisation de la société sans classes, communiste), en fonction d'une linéarité et d'une inéluctabilité liées à la thèse structurante tout à fait fondamentale du « **matérialisme des circonstances** » ?

Affirmer ainsi que le marxisme est un humanisme ne constitue en soi rien de bien nouveau, sauf à nous situer dans un des camps en présence, au coeur même du débat auquel nous faisions référence, débat plus que jamais actuel. Et, pour qu'une telle affirmation ne relève point seulement de l'idéologie, encore faudrait-il la fonder, dans le cadre d'un

---

439 « Je voudrais avancer que le marxisme n'est pas plus, du point de vue théorique, un historicisme qu'il n'est un humanisme [...], qu'en bien des circonstances, humanisme et historicisme reposent tous deux sur la même problématique idéologique ; et que théoriquement parlant, le marxisme est, d'un même mouvement et en vertu de l'unique rupture épistémologique qui le fonde, un antihumanisme et un antihistoricisme ». *Lire le capital.* Paris, Maspéro, 1968. p. 150.

440 Telle qu'elle apparaît dans toute la doctrine sociale de l'Eglise.

441 *Le marxisme et l'individu.* p. 183.

442 *Idem.* p. 183.

double retour : un retour au corpus théorique marxiste d'une part, un retour à l'examen de la réalisation historique concrète de ce corpus, d'autre part.

Ce double retour n'aurait en lui-même aucune valeur (hormis celle d'une érudition d'historien de la philosophie n'échappant point à la limitation de perspective et au conflit des interprétations), s'il ne visait à une intelligibilité réelle (mais pas exhaustive !) de l'évolution historique actuelle des pays de l'Est, qui interpelle notre conscience.

I.3. Problématique

D'où, nos interrogations fondamentales. A quoi relier une telle évolution qui, par certains côtés, ressemble concrètement à une faillite de la dialectique ? Est-ce à la systématique elle-même du corpus théorique marxiste, dont les contradictions contiendraient les germes de l'explosion ? La dynamique de cette évolution serait-elle plutôt d'origine externe, liée à une résorption tendancielle du système dans le cadre d'un « **système mondial unique** », sous la houlette d'un capitalisme plus que jamais triomphant ? Peut-on concevoir cette évolution comme définitive[443], ou seulement comme provisoire ?[444] En un mot, quel avenir pour la dialectique historique ? Quel avenir, désormais, pour l'humnisme marxiste ? [445]

II. LA DIALECTIQUE MATERIALISTE : SCIENCE ET IDEOLOGIE

II.1. La dialectique matérialiste : de l'idéologie à la science

Dire qu'au sein de la dialectique matérialiste se déploie une trajectoire qui va de l'idéologie à la science implique que nous saisissions

[443] Ce qui correspondrait à une « **mort** » de la dialectique.

[444] Il y aurait alors un simple « sursis » pour la dialectique.

[445] Nous comprenons d'autant mieux ici ces interrogations de Henri Lefebvre : « Que reste-il du « marxisme » et de la pensée de Marx ? Va-t-elle disparaître, passant pour un accident de la philosophie et du savoir ? Va-t-elle se ranger dans les doctrines que l'on étudie historiquement, le platonisme, le cartésianisme, classés dans l'archéologie du savoir, objets de thèses universitaires, intéressantes donc et même influentes, mais sans incidences sur les événements et les actions importantes ? Va-t-il au contraire, ce « **marxisme** », regagner une force qu'il a égarée ? ». *Une pensée devenue monde... Faut–il abandonner Marx ?* pp. 8 et 9.

la révolution qu'opère Marx, dans l'étude qu'il fait des rapports de la conscience à l'être. « En ouvrant ainsi à l'histoire et au communisme la voie de la science, Marx et Engels achèvent de prendre conscience de ce qui la dissimulait jusque-là, et qu'ils formulent dans un nouveau concept, celui d'idéologie »[446], note Lucien Sève. Encore faudrait-il ne pas en rester à l'acception sommaire et très générale de l'idéologie comme « **système d'idées** », comme simple systématique théorique.

Ce qui est inauguré par Marx à ce niveau, c'est l'articulation de toute systématique théorique avec le monde réel, puisque le monde de notre représentation, de cette idéologie, ne peut mener une existence séparée du monde réel dont elle est le reflet. Cette trajectoire de l'idéologie à la science, dans la dialectique matérialiste, renvoie à deux types de critiques : une critique gnoséologique des conditions de la théorie, d'une part ;[447] une critique pratique des rapports historiques concrets, d'autre part.

II.1.1 La critique gnoséologique des conditions de la théorie

Loin donc que la conscience s'imagine être autre chose que la conscience de la pratique existante, cette conscience doit reconnaître son lien intime et indissoluble avec le réel et partant, la limitation de son autonomie. Marx est ici explicite : « La production des idées et de la conscience est d'abord directement et intimement mêlée à l'activité matérielle et au commerce matériel des hommes, elle est le langage de la vie réelle. Les représentations, la pensée, le commerce intellectuel des hommes apparaissent ici comme l'émanation directe de leur comportement matériel. Il en va de même de la production intellectuelle telle qu'elle se présente dans la langue de la politique, celles des lois, de la morale, de la religion, de la métaphysique, etc [...] de tout un peuple ».[448]

Et si l'idéologie peut être cette conscience inconsciemment inversée des rapports sociaux effectifs, la dialectique matérialiste en est une critique radicale, scientifique. L'homme est producteur de ses idées et de ses représentations, production elle-même liée à un développement donné des forces productives et au type de rapports sociaux qui en

---

[446] Lucien Sève. *Op. cit.* p. 140.
[447] Une telle critique est critique de l'idéologie.
[448] *L'idéologie allemande,* Paris. Editions Sociales, 1968. p. 50.

dérivent. Mais il s'agit bien évidemment d'un homme non abstrait, non isolé, il s'agit au contraire d'un homme concret, pratique, historique, dont la conscience est non pas **« principe et principauté »**, mais **« résultat et entrecroisement »**.[449]

Dans le cadre d'une telle critique de l'idéologie, ce n'est pas seulement la genèse de cette dernière qui est dévoilée ; sont mises en lumière, dans un seul et même mouvement, sa téléologie et sa dialectique. En tant que discours situé, l'idéologie, dont l'objectif est de masquer le lieu de son propre engendrement, la réalité historique, vise à rendre intelligible la totalité du réel. Elle fait relever les rapports sociaux effectifs, la morale, la jurisprudence, de la nature même des choses.

Si donc l'idéologie, conscience inconsciente des rapports sociaux effectifs, est créée par des conditions objectives qui la rendent possible, et parce qu'elle vise à la permanence du *statu quo,* (tout au moins du point de vue de l'idéologie dominante), elle appelle, de soi, c'est-à-dire dialectiquement, son propre dépassement, sa propre négation. Encore qu'une telle négation, un tel dépassement ne puissent point se faire au niveau de la seule critique gnoséologique. Si la vie sociale est pratique, issue de la pratique, la transformation de la conscience, et donc le renversement de l'idéologie, se situe nécessairement au niveau de la pratique. « La critique purement idéologique de l'idéologie, tout en étant nécessaire, n'a donc aucune chance d'en venir seule à bout. Pour cela il faut changer pratiquement sa base matérielle »[450], note Lucien Sève, explicitant à ce niveau la *VIIème thèse sur Feuerbach,* et toute la problématique de la première partie de *l'Idéologie allemande*.[451]

II.1.2. La critique pratique des rapports historiques concrets

Dès lors, c'est bien la révolution des conditions socio-historiques concrètes qui devient la base de toute transformation de la conscience et de ses représentations. Mais il convient de reconnaître le fait que, en

---

[449] Jean-Marc Gabaude. *Le jeune Marx et le matérialisme antique.* Toulouse, Privat, 1970. p. 205.

[450] Lucien Sève. *Op. cit.* p. 142.

[451] Dans cette VIIème thèse, Marx note que : « Toute vie sociale est essentiellement pratique. Tous les mystères qui portent la théorie vers le mysticisme trouvent leur solution rationnelle dans la pratique humaine et dans la compréhension de cette pratique ».

vertu de la dialectique, les germes d'une telle révolution des conditions socio-historiques sont présents au sein de ces conditions mêmes. Et comme le note encore une fois Lucien Sève : « S'élever au-dessus d'une idéologie donnée n'est possible que dans la mesure où sont déjà en train de naître, au sein des rapports qu'elle reflète, les conditions objectives de leur renversement révolutionnaire ».[452]

Comme on le voit, pour Marx, c'est par l'action des hommes, transformant les conditions de leur production matérielle, que la conscience communiste se crée, et qu'est rendue possible la saisie scientifique du réel, de l'histoire. Cette transformation des conditions relève de la *praxis* déterminée du prolétariat, classe éminemment révolutionnaire. L'articulation de la théorie et de la pratique est donc ici solennellement affirmée[453], la dialectique matérialiste n'étant scientifique qu'à la condition que soit maintenue une telle articulation, qui prend en compte les rapports socio-historiques réels, la division du travail, la dialectique des classes...

II.2. La dialectique matérialiste : science et idéologie

En fait, l'objectif visé par la dialectique matérialiste, qui s'est posée comme science de l'histoire, « conscience juste » du mouvement historique, ne relève-t-il pas lui-même de l'idéologie ? En un mot, le marxisme, tout en s'affirmant science, n'est-il pas idéologie ?

Si la dialectique matérialiste est « **conscience juste** » du mouvement historique effectif, il faut reconnaître, ce qui n'enlève rien à sa pertinence théorique, qu'il est « conscience juste » du point de vue de la classe prolétarienne dont il est un reflet, historiquement déterminé, dans sa structure et son contenu, par la forme des rapports sociaux en situation capitaliste.[454]

Mais deux choses sont affirmées à ce niveau, simultanément. **La première**, c'est que cette « **conscience juste** » va de pair avec la science : le mouvement historique effectif, qui est mouvement d'accès à la société communiste, est saisi dans une analyse de type scientifique. Marx le note à ce niveau : « Le communisme n'est pour nous ni un état

---

[452] *Ibidem.* p.143.

[453] Rappelons-nous à ce sujet la XIème thèse de Feuerbach.

[454] Ce qui réduit déjà sa prétention à l'universalité absolue. On le verra plus bas.

qui doit être créé, ni un idéal sur lequel la réalité devra se régler. Nous appelons communisme le mouvement réel qui abolit l'état actuel. Les conditions de ce mouvement résultent de la présupposition qui existe actuellement ».[455] C'est dire, dès lors, que la dialectique matérialiste est science **et** idéologie, une idéologie inversée, c'est-à-dire remise sur ses pieds, puisque consciente de sa base, lieu de sa genèse, ainsi que de sa téléologie et de sa dialectique. L'idéologie ici, se situant au sein de la société historique, reconnaît son histoire et son historicité. Rien à voir donc avec l'idéologie dominante dont le discours, « inscrit dans l'institution entretient l'illusion d'une essence de la société ».[456]

La deuxième, c'est le caractère inéluctable d'un tel mouvement historique (inéluctabilité et scientificité allant de pair). Cette inéluctabilité dérive des conditions effectives telles qu'elles se déploient, mais dont seul le prolétariat à l'intelligibilité totale. Donc, la dialectique matérialiste, qui est une conception spécifique et dès lors idéologique du monde, s'articule avec une « science » de l'histoire.[457]

II.3. Le statut du sujet et de la subjectivité

A ce niveau, nous sommes ramenés, dans notre analyse, à une problématique ontologique. Parler du statut du sujet et de la subjectivité, c'est, au départ, chercher à définir l'essence et l'originalité de l'être, un être nécessairement social. Ce qui revient à dire que l'on met en lumière la corrélation fondamentale, dans cet être, entre les trois pôles que sont l'inorganique, l'organique et le social, corrélation indicatrice de complexité. Nous le voyons déjà : cette essence du sujet à définir ne saurait être « une abstraction inhérente à l'individu isolé » en nous référant aux *Thèses sur Feuerbach ;* elle doit être posée comme **« ensemble de rapports sociaux ».**

L'originalité de l'être consiste donc dans le fait qu'il réalise un auto-déploiement finalisé en contexte social plus ou moins hominisant.

---

[455] *L'idéologie allemande.* p. 64.

[456] Claude Lefort. « L'ère de l'idéologie ». *Encyclopaedia Universalis.* Vol. XVII. pp. 77-78.

[457] Dire que le matérialisme dialectique est science et idéologie renvoie aussi ici à une constellation, qui se déploie au fur et à mesure de la progression même de notre texte ; science de l'histoire, il l'est certes, mais il est aussi le déploiement, sous un mode théoriquement non aliéné, des rapports de la vie et de la conscience, de la dialectique de la base et des superstructures, de celle du mode de production et des rapports sociaux.

II.3.1. Auto-création et facticité

Ce que nous pouvons affirmer maintenant, c'est que le sujet est créateur de soi et de l'histoire, sans que pour autant ce processus de création se fasse « *ex-nihilo* ». La corrélation à laquelle nous faisions référence (une corrélation gérée par le sujet lui-même), apparaît à ce niveau dans toute son ampleur. « Si l'on ne saisit pas cette corrélation, cette dynamique, on ne peut formuler avec justesse aucune des questions véritablement ontologiques de l'Etre social et encore moins la mener à une solution correspondant à la structure complexe de cet Être ».[458]

Il s'agit au départ, dans la constitution de soi du sujet, d'une intégration différentielle des éléments de la nature et du social, en contexte social aux horizons déterminés. Il s'agit, en outre, d'une création de l'histoire dans le cadre d'une *praxis* multiforme, *praxis* au niveau du travail, acte privilégié d'auto-engendrement de l'homme et de maîtrise prométhéenne de la nature ; praxis au niveau théorique de l'intelligibilité du réel et de la signification de l'histoire. Ce qui permet à Lucien Sève de dire : « Au point de l'histoire où nous en sommes, la maturation millénaire en voie d'achèvement d'un cycle fondamental a permis d'esquisser rationnellement à la fois la logique d'ensemble du processus, et les caractéristiques les plus générales de ces formes supérieures. Mais, de plus [...], elle ne manifeste pas simplement une tendance objective où les hommes ne seraient concernés que du dehors [...]. C'est d'eux-mêmes qu'il s'agit dans l'histoire de leurs conditions sociales de production, de vie et de conscience. C'est pourquoi, si elle n'est pas signifiante d'un dessein transcendant, elle est significative pour leur existence même et intelligible pour la théorie.[459]

Ce n'est donc plus l'homme abstrait, anhistorique, qui serait ici, sujet de l'histoire ; il s'agit du sujet historique concret, déterminé, inséré dans le cadre d'une structure historico-sociale aux contradictions spécifiques.

II.3.2. Le « matérialisme des circonstances »

Revenir ici sur le « **matérialisme des circonstances** », ce n'est pas, loin s'en faut, opérer un retour en arrière et limiter la dimension de

---

[458] György Lukacs. « Prolégomènes à l'ontologie de l'être social. Questions de principe autour d'une ontologie aujourd'hui possible ». *La Pensée.* N° 206. Août 1979. p. 40.
[459] Lucien. Sève. *Op. cit.* p. 219.

liberté du sujet ; c'est bien au contraire resituer une telle liberté au sein des conditions qui la déterminent et ceci, en référence *à L'idéologie allemande.* Marx et Engels y affirment notamment que **« la vie détermine la conscience »**, ce qui renvoie au rejet de l'inversion bien préjudiciable qui affirmerait unilatéralement que la conscience détermine l'être social. Cette réinsistance sur la détermination des conditions, c'est-à-dire des rapports historico-sociaux sur la conscience, la représentation, la théorie, l'activité intellectuelle en général, n'a rien d'unilatéral, de dogmatique. La relation vie -conscience, conditions - représentations, doit être posée comme dialectique, nécessairement. On ne peut méconnaître une telle relation dialectique.

Lucien Sève pose à ce niveau les questions suivantes : « Est- ce que les idées scientifiques, par exemple, qui présupposent certes un état déterminé de la production matérielle, ne la déterminent pas en retour en prenant la forme de techniques productives ? Est-ce que les idées juridiques, qui reflètent certes un mode donné de rapports de production, ne réagissent pas sur lui en contribuant à modeler par exemple le droit de propriété » ? [460]

On le voit donc : la dialectique matérialiste se présente sous le mode double de la science et de l'idéologie. Elle est science, non certes en tant que recherche et connaissances **« indépendantes »** de phénomènes, naturels ou sociaux, mais en tant que dévoilement, pour l'homme et sa *praxis* dans l'histoire, de la structure du réel et du social, de leur articulation et de la dynamique même du processus historique. Elle n'en est pas moins idéologie, c'est-à-dire, initialement point de vue de classe, de la classe ouvrière, cherchant à accéder néanmoins à l'universalité, à la lumière de l'universalité même de ses enjeux : l'humanisation de l'histoire.

III. DIALECTIQUE MATERIALISTE ET HUMANISATION DE L'HISTOIRE

III.1. Dialectique matérialiste et sens de l'histoire

Si, comme l'affirme Marx dans *L'Idéologie allemande,* « Le communisme n'est [...] ni un état qui doit être créé, ni un idéal sur lequel la réalité devra se régler », si le communisme est « Le mouvement réel

[460] *Ibidem.* p. 166.

qui abolit l'état actuel »[461], cela signifie, non seulement qu'il émerge du réel et de ses contradictions effectives, mais aussi et surtout, qu'il apparaît comme le sens de l'histoire. Encore faudrait-il qu'à ce niveau, soient évités les inextricables problèmes théoriques posés par une thématique du sens de l'histoire, manifestement d'inspiration hégélienne.

III.1.1. Au-delà de la problématique hégélienne

L'on connaît le postulat fondamental de la philosophie de l'histoire de Hegel. « La raison gouverne le monde [...] l'histoire universelle s'est aussi déroulée rationnellement »[462].Qu'est-ce à dire sinon que l'histoire a un sens, qui est la réalisation d'un dessein fixé à l'avance. Hegel le réaffirme avec force : « La fin générale avec laquelle commence l'histoire est de donner satisfaction au concept de l'Esprit » ;[463] et encore : « L'Esprit doit parvenir au savoir de ce qu'il est vraiment et objectiver ce savoir, le transformer en un monde réel et se produire lui-même objectivement. C'est là le but de l'histoire universelle ».[464]

Ceci nous renvoie à une triple acception du concept de fin. La fin est tout d'abord détermination et limitation du processus historique. La fin est aussi, orientation, destination, qui rend intelligible la totalité même du processus historique. Elle est enfin achèvement, perfection, saisis au travers du concept hégélien de négation de la négation qui rend intelligible le processus par lequel l'Esprit, d'abord « en soi », s'extériorise pour devenir **« pour soi »** et revient à lui, **« en soi et pour soi »**, dans le cadre d'une prise de conscience de soi. Hegel peut alors affirmer que la raison « réalise elle-même sa finalité et la fait passer de l'intérieur à l'extérieur non seulement dans l'univers naturel, mais encore dans l'univers spirituel, dans l'histoire universelle ».[465]

Plusieurs conséquences se dégagent d'un tel postulat. **La première :** le mouvement historique est processus d'accès à la liberté, la réalisation de cette liberté étant but absolu du monde. « L'Esprit libre, qui au début est inconscient, note Hegel, s'élève par cette évolution à la

---

461 *L'idéologie allemande*, p. 64.
462 *La raison dans l'Histoire. Introduction aux leçons sur la philosophie de l'histoire.* Paris. Plon. 1965. p. 47.
463 *Ibidem.* p.109.
464 *Ibidem.* p. 96.
465 *Ibidem.* p. 48.

conscience et à la compréhension de sa propre valeur ; par là, il manifeste et actualise son essence véritable. Il devient ainsi un universel manifeste (une liberté connue et reconnue par tout le monde) : l'Esprit mondial **(Weltgeist) »**[466].

La seconde : les peuples, entités naturelles particulières, ne peuvent former qu'une seule étape du processus d'accès à la liberté, la transition d'une étape à l'autre étant médiée par la raison[467], par la réalisation de la liberté dans la conscience humaine.

La troisième : Les Etats autant que les peuples et les individus, qui n'ont conscience que de leur propre époque, de leur propre horizon historique, sont des acteurs inconscients[468] de l'Esprit qui prépare par l'intermédiaire de leurs actions « l'avènement d'une nouvelle période de l'évolution ».[469]

L'histoire devient ainsi explicitation de l'Esprit. Hegel le réaffirme dans ce passage : « Que l'histoire, et notamment l'histoire mondiale, ait pour fondement un but final en et pour soi, qui se soit réalisé et qui se réalise véritablement en elle — le plan de la Providence — ; que, d'une manière générale, il y ait la raison dans l'histoire, c'est là un problème qui doit être résolu philosophiquement pour lui-même et qui, en effet, a déjà trouvé sa solution à l'aide de preuves nécessaires ».[470]

Mais dire que les Etats, les peuples et les individus sont des acteurs inconscients de l'Esprit ne signifie pas qu'ils ne poursuivent pas dans leurs actions leurs mobiles et motifs propres. Alain Renaut nous le montre : « C'est en poursuivant égoïstement la réalisation de ce qu'il croit constituer son intérêt que l'individu contribue au déploiement de la rationalité globale du processus historique ».[471] Le sens de la *praxis* historique du sujet, qui croit n'agir qu'à partir de ses mobiles propres, lui échappe donc, au moins partiellement. Il y a là comme un paradoxe : l'affirmation de l'individualité, qui croit agir en toute indépendance et

---

[466] *Encyclopédie.* Parag. 549. Cité par Eugène Fleishmann. *La philosophie politique de Hegel,* Paris, Plon, 1964, p. 355.
[467] *Ibidem.* p. 358.
[468] *C'est la ruse de la Raison !*
[469] *Idem.* p. 358.
[470] *Encyclopédie.* Parag. 549 E. Fleishmann. p. 350.
[471] *L'ère de l'individu.* Paris Gallimard NRF. 1989. p. 207.

autonomie, va de pair avec la disparition du sujet fini et sa résorption dans le sujet-système.[472]

La quatrième et dernière conséquence, c'est que le chaos historique n'est qu'apparent, l'histoire étant une totalité significative qui se referme sur elle-même.

Mais comme on peut déjà le voir, Marx tentera de dépasser, sur chacun de ces points, la problématique hégélienne. Certes, chez Hegel comme chez Marx, il y a unicité de l'histoire, une histoire significative, au-delà de son caractère chaotique apparent. Certes, l'histoire est un devenir, mais il ne s'agit guère du devenir de l'Esprit, de la transformation de l'Esprit en son propre objet, comme Hegel le soutient dans *La raison dans l'histoire.* Tout providentialisme historique est donc éliminé, de même que toute **« ruse de la raison »**.

Contre toute **« mythification de l'histoire »**, Marx et Engels affirment, dans *La Sainte Famille,* que « ce n'est pas [...] l'histoire » qui se sert de l'homme comme moyen pour réaliser - comme si elle était une personne à part - ses fins à elle ; elle n'est que l'activité de l'homme qui poursuit ses fins à lui ».[473] D'où, la position du sujet comme acteur historique privilégié.

Autre conséquence du renversement marxien : le sujet de l'histoire cesse d'être l'Esprit. C'est l'homme concret, effectif, déterminé socio-historiquement. « S'il y a unité de l'histoire, note Solange Mercier-Josa, celle-ci tient à ce que ce sont les hommes qui en sont les sujets ».[474] L'homme étant donc sujet de l'histoire, cette histoire ne peut avoir d'autres fins, transcendantes ou immanentes, que celles que lui assigne l'homme. Il y a ainsi réinstauration de la primauté de la *praxis* humaine. Mais il convient de signaler déjà la limitation de la conscience du processus historique global, au niveau de l'individu.

Nous pouvons maintenant suivre avec Marx et Engels, la téléologie concrète du processus historique effectif.

---

[472] « Puisque des moi indépendants, sans portes ni fenêtres, ne peuvent s'accorder pour poser entre eux un ordre qui soit le produit d'un commun projet, conscient et volontaire, reste que cet ordre, s'il doit exister, résulte d'une logique immanente, harmonie préétablie, « ruse de la raison », auto-organisation inconsciente s'accomplissant à travers l'indépendance des individualités monadiques ». Alain Renaut. *Op. cit.* p. 208.

[473] Cité par Lucien Sève. *Op. cit.* p. 203.

[474] *Pour Hegel et Marx,* Paris, Editions Sociales, 1980, p. 29.

III.1.2. La téléologisation du *Manifeste* : discontinuité linéaire et problématique des stades

Hegel distinguait quatre étapes de l'histoire mondiale. **L'empire oriental**, fondé sur le patrimonialisme patriarcal. « Sa caractéristique principale est l'unité de l'ordre social avec l'ordre divin»[475], essentiellement théocratique, où l'individu n'existe pas en tant que tel et où « l'homme est totalement subordonné à ce pouvoir absolu profane - et - divin ».[476] Dans ces conditions, la hiérarchisation sociale stricte, « sanctifiée », doit être maintenue.[477]

L'empire grec, quant à lui, tout en reprenant la mythologisation et la divinisation de l'unité de la vie sociale, connaît un progrès : l'«effort original de conceptualiser les fondements moraux de la société»[478]. Ce qui a comme conséquence l'apparition de l'individualité libre, qui « trouve son plein développement dans l'Etat »[479], bien qu'ici, le « destin » ait continué à peser.

L'empire romain, troisième stade, voit la séparation de l'individu privé et de l'Etat, mais un Etat tyrannique, expression non de la volonté du peuple, mais de celle de l'Empereur. Enfin, **l'empire germanique** (ou le monde chrétien) dans lequel se réalise le monde de la liberté sur terre.

A cette succession historique hégélienne, Marx substitue une autre, de même qu'un autre moteur de l'histoire : la lutte des classes. Les premières lignes du *Manifeste* sont claires : « L'histoire de toute société jusqu'à nos jours, c'est l'histoire de la lutte des classes ». Marx distingue comme principales étapes du processus historique, le **stade tribal,** stade rudimentaire de la production ; le **stade communal**, où sont repérées propriété individuelle, propriété communale, division poussée du travail et opposition entre les villes et les campagnes ; le **stade féodal**, avec structure hiérarchique de la propriété foncière et intensification de l'exploitation de classe ; le stade capitaliste, avec l'antagonisme bourgeoisie/prolétariat. Le stade ultime de l'évolution historique est pour Marx, le **stade communiste**, posé comme horizon téléologique.

---

475 *Encyclopédie.* parag. 355, cité par E. Fleishmann. *Op. cit.* p. 368.
476 *Ibidem,* p. 369. A ce niveau, la nature est acceptée comme « destin ».
477 Impossibilité de toute évolution intérieure.
478 *Idem.* p. 369.
479 *Idem.* p. 369.

On le voit, le processus historique est loin d'être un déploiement continu et homogène. Marx introduit, dialectique oblige, la discontinuité, à travers cette périodisation où chaque étape historique, dépassement de la précédente du fait des contradictions internes de celle-ci, contient en elle-même les germes de son propre dépassement. Il n'y a qu'à rappeler à ce propos, comme Marx le fait dans *Le Manifeste,* les principales contradictions de la société bourgeoise : la frénésie de productivité[480] dont la conséquence immédiate est le triomphe tendanciel et la suppression elle aussi tendancielle de la bourgeoisie ; les crises de surproduction, où les gains tendanciels vont de pair avec des pertes tout autant tendancielles ; le renforcement de la bourgeoisie, corrélatif d'une vulnérabilité de plus en plus grande du fait du renforcement de la classe prolétarienne et de l'intensification de la lutte des classes qu'elle mène...

III.2. Le postulat de l'hominisation

Si la transition se fait d'un stade à un autre, il ne faudrait évidemment pas penser à un **« coup de pouce divin »**. La fin des transitions historiques ci-dessus évoquées, c'est bien **« l'hominisation maximale »,** au-delà de toute limitation de type spatial ou temporel. Suivons un instant Marx, dans un développement tiré du *Manifeste.* Marx distingue ici fondamentalement, la lutte de classe du prolétariat par rapport aux luttes de classe antérieures. «Tous les mouvements du passé ont été le fait de minorités ou ont profité à des minorités. Le mouvement prolétarien est le mouvement autonome de l'immense majorité dans l'intérêt de l'immense majorité », note Marx.[481]

Certes, cette lutte de classe prolétarienne peut revêtir un caractère tout d'abord national. Mais l'horizon téléologique, c'est l'universel, c'est l'hominisation ; et cet horizon est atteint grâce à l'abolition de la propriété bourgeoise moderne, « expression ultime [...], expression la plus parfaite du mode de production et d'appropriation fondé sur des antagonismes de classes, sur l'exploitation des uns par les autres ».[482]

Mais qui dit hominisation dit, fondamentalement, affirmation d'un nouveau statut de l'humain, au-delà de toute considération de propriété

[480] Avec la concurrence acharnée qu'elle entraîne.
[481] *Le Manifeste communiste. Oeuvres. Economie.* Tome I. Paris. Gallimard. 1965. p. 172.
[482] *Ibidem.* p. 175.

ou d'appropriation, notamment si cette appropriation implique exploitation. Et si l'exploitation de l'homme par l'homme est abolie, se trouve abolie, par le fait même, l'exploitation d'une[483] nation par une autre. A ce niveau aussi, l'universel est posé, sur le plan théorique, sans que, sur le plan pratique, il soit forcément atteint. Il n'est que de lire ces lignes du *Manifeste* : « Lorsque, dans le cours du développement, les antagonismes de classes auront disparu et que toute la production sera concentrée entre les mains des individus associés, le pouvoir public perdra son caractère politique [...] ».[484] Avec cette disparition des classes, l'antagonisme de classes cesse et dans ces conditions, « l'ancienne société bourgeoise, avec ses classes et ses conflits de classes, fait place à une association où le libre épanouissement de chacun est la condition du libre épanouissement de tous ».[485]

III.3. Dialectique matérialiste et problématique des transitions historiques

Si, pour comprendre le mouvement historique, il faut se rapporter chez Hegel à l'affirmation de l'immanence du tout au devenir de la conscience, pour Marx au contraire, il convient d'instaurer une problématique nouvelle, matérialiste, de ce mouvement. Contrairement à Hegel pour qui la Raison, substance et sujet de l'histoire, « réalise elle-même sa finalité en s'objectivant dans un processus de différenciations continues »[486], en menant les peuples dans le cadre d'une inspiration de type divin[487], Marx montre, à partir d'une prise en compte de la structure du réel et de ses contradictions, que le processus historique est véritablement création d'hommes concrets conscients.

Plutôt que d'interpréter la transition d'une époque décadente à une autre par une action de la pensée qui, « affirmant l'Universel dans les

---

[483] *Ibidem*. p. 182.
[484] *Ibidem*. p. 183.
[485] Nicole Edith Thévenin. « La théorie de l'histoire chez Hegel et Marx ». *La Pensée*, N°157, Juin 197l. p. 31.
[486] Commentant cette affirmation hégélienne de *La raison dans l'histoire* selon laquelle : « L'Esprit se laisse déterminer par son dynamisme », N. E. Thévenin montre comment l'Esprit, essentiellement mouvement, meut l'histoire, la transition d'une époque historique à une autre se faisant grâce à la médiation des grands hommes, qui accomplissent « par pressentiment ce que l'Esprit les pousse à faire ». *Idem*. p. 31.
[487] N. E. Thévenin. *Op. cit.* p. 30.

actes particuliers qui l'accomplissent, exige une transformation »[488], Marx affirme le rôle déterminant de la *praxis* historique des sujets puisqu'il s'agit de penser l'histoire, non comme un mouvement pur de l'Idée, mais comme un processus de production du réel et d'autoproduction des sujets, dans le cadre de conditions déterminées.

Il n'en faut pas moins, à ce niveau, affirmer conjointement deux choses : **la première,** c'est que la transition d'une époque historique à une autre consiste toujours, pour Marx, en une révolution liée à l'éclatement d'un système dont les contradictions ont atteint leur paroxysme. Marx le montre, à suffisance, dans le *Manifeste,* et ce, de multiples manières. Par exemple, dans le cadre de la transition de la féodalité à la bourgeoisie moderne, « produit d'un long processus de développement, de toute une série de révolutions survenues dans les modes de production et d'échange ».[489] Par exemple aussi, pour ce qui est du passage nécessaire[490] de la société bourgeoise à la société communiste, au regard des contradictions internes de la société bourgeoise. « La bourgeoisie, note Marx, n'a pas seulement forgé les armes qui lui donneront la mort, elle a en outre produit les hommes qui manieront ces armes, les travailleurs modernes, les prolétaires ».[491]

La seconde : cette révolution est l'oeuvre de la classe (ou des classes) exploitée(s), le prolétariat dans la société moderne, dans le cadre d'une action où s'articulent situation de classe et position antagonique de classe.

Revenons un instant sur trois points principaux : la théorie marxiste de la révolution (le rôle de la violence dans l'histoire), la société sans classes et le dépérissement de l'Etat.

III.3.1. La théorie marxienne de la révolution

C'est l'itinéraire qui va des *Manuscrits de 1844* au *Manifeste communiste* en passant par *L'idéologie allemande* qu'il faut suivre pour saisir l'élaboration de la théorie marxienne de la révolution. Bien que le

---

[488] *Le Manifeste.* p.163.

[489] Marx insiste sur l'inévitabilité de la révolution prolétarienne. « Son élimination (celle de la bourgeoisie) et le triomphe du prolétariat sont également inévitables ». *Ibidem.* p. 173.

[490] *Ibidem.* p. 168.

[491] *Manuscrits.* in : *Œuvres. Economie.* Tome II. p. 79.

communisme de Marx représente encore dans les *Manuscrits,* une « appropriation réelle de l'essence humaine par l'homme et pour l'homme »[492], ce qui situe Marx dans une logique de l'essence et du genre, on retrouve néanmoins déjà, à ce niveau, des formulations significatives du rôle que Marx accorde à la violence dans le déploiement du processus historique. Lisons plutôt : « Pour abolir l'idée de la propriété privée, le communisme pensé suffit entièrement. Pour abolir la propriété privée réelle, il faut une action communiste réelle ».[493]

Au cours de cet itinéraire, notons l'intégration progressive de l'affirmation de la supériorité de la révolution sociale sur la révolution politique, celle de la tendance potentielle du prolétariat à la révolution et au socialisme ; et celle de la nécessaire articulation de la transformation des hommes et de la transformation des circonstances.[494] Ce qui implique la reconstitution de l'unité de la théorie et de la pratique, une unité dialectique. Nous noterons en outre la mise en lumière du processus d'élaboration de la conscience de classe, par la prise de conscience (d'abord primitive, puis claire) de la mission historique du prolétariat. Enfin, Marx aura intégré la *praxis* révolutionnaire comme dimension incontournable de la pratique historique de négation du *statu quo*. « Si, dans sa lutte contre la bourgeoisie, le prolétariat est forcé de s'unir en une classe ; si, par une révolution, il se constitue en classe dominante et, comme telle abolit violemment[495] les anciens rapports de production, c'est alors qu'il abolit en même temps que ce système de production les conditions d'existence de l'antagonisme de classes [...] ».[496] On le voit science de l'histoire (conscience juste du mouvement historique) et

---

[492] Cf. Lowy. *La théorie de la révolution chez le jeune Marx.* Paris. Maspéro. 1970. p.103.

[493] « Ce sont les conditions réelles, « **extérieures** » et non la conscience, le « moi », qu'il faut changer d'abord », note M. Löwy. *Op. cit.* p. 115. Ce qui rappelle un texte du *Manifeste :* « Est-il besoin d'une profonde sagesse pour comprendre que les idées, les opinions et les conceptions, en un mot la conscience des hommes changent en fonction de leurs conditions de vie, de leurs rapports sociaux, de leur existence sociale ? L'histoire des idées, que démontre-t-elle sinon que la production spirituelle se transforme en même temps que la production matérielle ? ». *Op. cit.* p. 180.

[494] Souligné par nous.

[495] *Le Manifeste. Op. cit.* pp. 182-183.

[496] « Dans ma production, je réaliserais mon individualité, ma particularité, j'éprouverais en travaillant, la jouissance d'une manifestation individuelle de ma vie, et, dans la contemplation de l'objet, j'aurais la joie individuelle de reconnaître ma personnalité comme puissance réelle », in *Œuvres. Economie.* Tome II. p. 33.

pratique révolutionnaire sont intimement liées. Ce qui signifie que l'élaboration de cette conscience juste est, de soi, révolutionnaire, l'activité révolutionnaire, devant, quant à elle, être scientifique.

III.3.2. Société sans classes et dépérissement de l'Etat

La révolution est, nous venons de le voir, transition de la société de classes à la société sans classes, une fois abolis le système de production et les conditions qui rendent possible l'existence des classes et de la lutte des classes. Deux conséquences peuvent être dégagées de cette affirmation.

La première, c'est la fin de toute classe (et donc, du prolétariat lui-même en tant que classe), du fait de la mise sur pied de cette « **libre association** » dont parle Marx dans *Le Manifeste* et au sein de laquelle se trouvent résolus les problèmes liés à la propriété et à l'appropriation privée, problèmes générateurs de l'aliénation vécue par le travailleur dans le système de production capitaliste.

On pourrait dire qu'il y a ici retour à la production véritablement humaine telle que Marx la décrivait dans les *Manuscrits de 1844,* une production dans laquelle le sujet réaliserait son individualité tout autant que sa socialité[497], au-delà de toute aliénation ; une production dont le fruit, en satisfaisant un besoin humain, réalise la nature humaine et fait ainsi de l'homme un médiateur entre la nature, lui-même et le genre humain tout entier.

La seconde conséquence, c'est qu'à cette suppression des classes et de leurs antagonismes correspondent la fin du « politique » et celle surtout de l'« **Etat** » fondés sur les classes et leurs antagonismes. Lucien Sève le montre encore : « Ce n'est que dans un ordre de choses où il n'y aura plus de classes et d'antagonismes de classes que les évolutions sociales cesseront d'être des révolutions politiques ».[498] Ainsi, l'Etat dépérit de même que toute forme de violence exercée sur les hommes. Et Henri Lefèbvre de parler alors de ce « règne des fins » dérivant de la

[497] *Op. cit.* p. 458.

[498] La critique théorique et pratique de la religion se fait par la médiation de la critique politique de l'Etat et des rapports sociaux ainsi que par la critique philosophique et théorique de l'idéalisme.

révolution totale : fin de la religion et mort de Dieu[499], fin de la philosophie[500], fin de l'homme et de l'humanisme générique (et, de manière corrélative, position de l'homme comme « noeud de relations ») ; fin des idéologies, fin de l'Etat, du fait de la gestion sociale des moyens de production et des affaires globales »[501], fin de l'économie politique, « science de la pénurie » et surtout « art de la répartir »[502], fin de la morale, fin de l'historicité aveugle et pour terminer, fin des classes en tant que telles.

On le voit, « conscience juste du mouvement historique effectif » (et donc par là, science) tout en étant conscience de classe prolétarienne (et donc idéologie), la dialectique matérialiste n'en vise pas moins à être position de l'homme et humanisation de l'histoire. Cette fin est ici clairement assignée, de même que sont clairement définis les moyens et stratégies de sa réalisation. Encore faut-il maintenant se référer au verdict même de l'histoire.

IV. AU-DELA DE L'HUMANISME MARXISTE

IV.1. Le sujet historique chez Marx, une transcendance problématique

Nous venons de le voir. Le règne des fins instauré par la transition au communisme correspond à l'affirmation du sujet historique comme transcendance, au-delà de toutes les aliénations. Dans les *Manuscrits de 1844* déjà, le communisme n'apparaissait- il pas comme moment réel de l'émancipation et de la reprise de soi de l'homme ? Ne coïncidait-il pas avec l'abolition de l'aliénation la plus fondamentale, celle du travail, et consécutivement, avec l'abolition de toute forme d'aliénation ? « La religion, la famille, l'Etat, le droit, la morale, la science, l'art, etc., ne sont que des modes particuliers de la production et tombent sous la loi générale. L'abolition positive de la **propriété privée,** l'appropriation de la vie humaine signifie donc la suppression **positive** de toute aliénation,

---

[499] Et donc, fin d'une rationalité et d'une normativité de type contemplatif. (cf. La 11ième *Thèse sur Feuerhach).*

[500] *La fin de l'histoire.* Paris. Editions de Minuit. 1970. p. 43.

[501] *Idem.* p. 43.

[502] Lucien Sève. *Op. cit.* p. 668.

par conséquent le retour de l'homme hors de la religion, de la famille, de l'Etat, etc., et à son essence humaine, c'est-à-dire sociale ».[503]

Il s'en faut pourtant de beaucoup qu'une telle abolition des aliénations soit effectivement au rendez-vous de l'histoire, le sujet historique, « résultat et entrecroisement »[504] plutôt que **« principe et principauté »**[505], devant nécessairement s'aliéner, pour se produire comme homme, dans le cadre de ses rapports avec les autres hommes, le travail, l'échange... Examinons brièvement cette question.

IV.1.1. Quelle transcendance du sujet historique ? Ou le problème de la conscience et de son statut

Définie comme « ensemble des formes d'appropriation subjective de la réalité objective »[506], la conscience est posée ici comme seconde, par rapport à la matière, à l'être. Ce primat de la matière sur l'esprit, de la vie sur la conscience, tel que Marx le pose dans *L'idéologie allemande,* est loin d'être à l'abri de tout soupçon.

En tant que « forme supérieure du mouvement et reflet de la matière »[507], la conscience n'apparaît pas comme « substance à part », et à ce niveau, problématique ontologique et problématique gnoséologique s'allient. En effet, le primat signifie-t-il antériorité chronologique seulement, l'identité de principe, c'est-à-dire l'identité ontologique entre la matière et la conscience étant maintenue ? A quoi correspondrait la différenciation des consciences ? A la manière, différentielle, dont elles « réfléchissent » la matière dont elles sont un degré spécifique de l'évolution ? A ce problème, ontologique, s'ajoute un second, gnoséologique : celui de la coïncidence de la conscience avec la matière dont elle est le reflet ; celui de l'adéquation de la réalité avec sa représentation ; en un mot, celui de la validité même du reflet. L'on pourrait se demander s'il n'y a pas ici, reprise d'une problématique que le marxisme entend dépasser, en pensant la matière et la conscience à la fois

---

[503] Jean-Marc Gabaude. *Le jeune Marx et le matérialisme antique*. Toulouse. Privat. 1970. p. 205.
[504] *Idem.* p. 205.
[505] L. Sève. *Op. cit.* p. 668.
[506] *Ibidem.* p. 668.
[507] *Ibidem.* p. 351.

« dans leur dualité et leur unité »[508], afin d'éviter la réduction de l'être à la conscience (monisme idéaliste) et celle inverse, de la conscience à l'être (monisme matérialiste). Il reste cependant que le problème du statut de cette conscience, produit objectif de la matière et reflet subjectif de celle-ci, se pose, de même que le problème connexe de l'autonomie, et donc, de la liberté du sujet.

D'un point de vue axiologique, nous affirmerons la primauté en valeur de la conscience, primauté reconnue dans le cadre de la création du réel et de l'avenir et donc de l'histoire, au-delà de toute réduction que véhiculerait une thématique du reflet de type matérialiste mécaniste. Et c'est à une telle primauté que nous pouvons faire appel, lorsque nous parlons de la transcendance du sujet historique.

IV.1.2. Quelle transcendance du sujet historique ? Ou le problème des rapports individualité-société

Le questionnement précédent n'entendait pas, certes, revenir sur une découverte importante de Marx : celle de la nécessaire instruction de la conscience de ses déterminations gnoséologiques, sociales et historiques, comme condition d'une connaissance objective. Seule restait et reste en suspens, la question d'une instruction totale/juste de la conscience, la mystification pouvant tenir autant des conditions subjectives que des conditions objectives elles-mêmes. Quoi qu'il en soit, à ce premier questionnement s'ajoute un second. Si la conscience du sujet est «moment de la vie sociale »[509], si elle est conscience de la pratique existante et des rapports réels, au-delà de toute inversion subjective de cette pratique et de ces rapports, il faudrait néanmoins se poser un certain nombre de questions.

La première : y a-t-il détermination linéaire, univoque et mécanique de l'être social sur la conscience, et à quelle condition penser une détermination dialectique, en retour, de la conscience (autonome et créative) sur l'être social ? Bien qu'il faille admettre la détermination en retour, la marge d'autonomie et d'indétermination du sujet, dans le matérialisme historique, reste imprécise.

---

[508] *Ibidem.* p. 668.

[509] Ce qui fonderait en droit sa prééminence sur les autres !

La seconde, qui en dérive : l'affirmation de la détermination première du social ne correspondrait-elle pas à la mort de l'individu, ou tout au moins, à son « orientation sociale » ? En un mot, n'y a-t-il pas ici, pour emprunter une formulation proche de Hegel, « **ruse du sujet collectif** » et **destruction du sujet individuel** pris comme instance autonome ? Marx n'est-il pas plus proche de Hegel (la « **ruse de la Raison** ») qu'il ne le pense ? S'il faut rejeter toute illusion humaniste où le sujet se refermerait sur lui-même, il n'en faut pas moins rejeter tout antihumanisme où la transcendance du social destituerait celle du sujet. Dans ce conflit des transcendances (social, Etat, Parti...), c'est bien la transcendance du sujet qui devrait axiologiquement prévaloir, permettant ainsi, dans la pleine conscience des conditions et des fins, l'autoposition libre.

IV.2. Statut et sens de l'histoire

Si l'histoire est procès tendanciel d'accès de tous les peuples à l'universel, au communisme en tant que développement intégral des individus, il n'en faut pas moins, à ce niveau, poser deux séries de questions : celle relative à l'unilinéarité du procès historique qu'instaure la thèse du matérialisme des circonstances, d'une part ; celle relative à l'illimitation de l'avenir, au-delà de toute finalité historique dans le communisme, d'autre part.

IV.2.1. Le matérialisme des circonstances comme idéologie

La thèse du matérialisme des circonstances est fondamentale, pour la dialectique historique. On la retrouve formulée dans toute sa netteté, dans *L'idéologie allemande :* « Ce n'est pas la conscience qui détermine la vie, mais la vie qui détermine la conscience ».[510]

Comme nous venons de le voir plus haut, une telle détermination pose problème, déjà, au niveau du statut du sujet et de sa liberté, du fait d'une certaine absolutisation de la totalité réductrice d'individualité, la distanciation critique par rapport à la totalité pouvant devenir problématique. Une des déviations possibles paraît à ce niveau être autant l'absolutisation du sujet communiste, qui aurait lui, la « conscience juste du mouvement historique »[511], que celle des conditions qui s'imposent aux sujets et que seuls ceux qui ont une intelligence historique appropriée

---

[510] *L'idéologie allemande.* Paris. Editions sociales. 1976. p. 21.
[511] H. Lefèbvre. *Op. cit.* p. 9.

ont charge d'interpréter, de gérer, d'orienter. Il y a là, en germes, totalitarisme et négation du sujet. Mais ce n'est pas tout

A un second niveau, il se pose le problème fondamental du rapport de ce sujet au sens de l'histoire. Certes, la dialectique historique évacue tout providentialisme historique : il n'y a désormais ni « Raison », ni « Esprit », pour orienter l'histoire. Il s'en faut pourtant de beaucoup pour que le sujet soit d'une part, pleinement conscient des finalités d'une histoire dont la gestion échoit à une frange, la frange « éclairée », pratiquement divinisée, sacralisée et d'autre part, réellement initiateur de cette histoire et de ses progrès. L'unilinéarisation du sens de l'histoire est grosse de tous les totalitarismes, de toutes les aliénations.

IV.2.2. Pour une illimitation de l'avenir

Dans ces conditions, seule l'affirmation d'une illimitation de l'avenir peut redonner tout son statut de sujet libre et créateur de l'histoire, au sujet humain. La détermination du but de l'histoire, de ses finalités, lui échoirait, ce qui implique comme conséquences la pluralité de telles finalités, au-delà de toute absolutisation, le respect des choix des divers espaces géographiques et historiques et la liquidation de tous les impérialismes.

Plus qu'une vérité de l'histoire, dont une frange sociale aurait seule l'intelligibilité en vertu d'une auto-position de type transcendantal au niveau de l'universel, nous nous situerions, seulement, au niveau de son sens, plural essentiellement, même si un tel pluralisme devrait être finalisé par une volonté de réalisation, multiforme, de l'humain.

IV.3. Le verdict de l'histoire

Certes, nous pouvons aborder maintenant le problème de la signification des événements historiques à l'Est. Leur appréhension doit pourtant se faire en rapport avec la théorie puisque, comme nous le lisons chez Marx, la pratique sociale est source et critère ultime de toute vérité. C'est donc au tribunal de l'histoire réelle que nous devons juger de la pertinence de la théorie dialectique matérialiste.

IV.3.1. La dédialectisation de la dialectique

De la dialectique originelle à la pratique officielle, nous observons, en mouvement le processus d'une dédialectisation. Avant d'examiner cette idée, rappelons les questions, d'une brûlante actualité, qu'Henri Lefebvre systématisait déjà dès 1980 dans un ouvrage au titre suggestif : *Une pensée devenue monde. Faut-il abandonner Marx ?*[512] Si la pensée de Marx se présentait comme une véritable révolution, au double niveau de la connaissance et de l'action, au double niveau de la théorie et de la pratique, « qu'est donc aujourd'hui le marxisme ? Où en est-il ? Que représente-t-il ? [...]. Comment situer cette pensée après tant de déceptions et d'échecs » ?[513] Ces questions portaient tout d'abord sur son statut même : science ou idéologie ? Elles portaient ensuite sur sa pertinence au regard de la pratique et de l'histoire. Elles portaient enfin sur sa valeur au regard de son propre postulat : l'hominisation. Or, que constatons-nous ?

Citons, sans prétention d'exhaustivité la monolithisation idéologique du marxisme, le renforcement de l'Etat (plutôt que le processus de son dépérissement à terme), l'intégration de la logique du capitalisme, c'est-à-dire de la logique productiviste, l'instauration de l'unidimensionnalité (ou pensée positive), qui inaugure l'acceptation du *statu quo* et le renvoi aux calendes grecques de la révolution ; l'instauration aussi, d'une logique de la convergence Est/Ouest sous la bannière du capitalisme, ce qui renvoie à une mondialisation à la fois théorique et pratique du mode capitaliste de gestion du réel : l'économique, le politique-étatique, l'histoire[514] ; le maintien d'une structure de classes, avec la dictature d'une *nomenklatura* (en ex-URSS) qui n'a rien à voir avec la dictature du prolétariat proprement dite.

Rosa Luxembourg, dès 1918, stigmatisait déjà cette situation à partir de son examen de l'expérience russe. Elle notait à ce moment là ce qui suit : « Quelques douzaines de chefs de parti animés d'une énergie inépuisable et d'un idéalisme sans bornes, dirigent et gouvernent ; le pouvoir réel se trouve entre les mains d'une douzaine d'entre eux doués d'une intelligence éminente ; et l'élite ouvrière est invitée de temps en temps à assister à des réunions pour applaudir aux discours des dirigeants et voter à l'unanimité les résolutions proposées ; au fond donc, un gouvernement de coterie - une dictature certes, pas la dictature du

---

[512] Paris. Fayard. 1980.
[513] Henri Lefèbvre. *Op. cit.* p. 9.
[514] Au point que la finalité de l'histoire, selon Marx, à savoir la réalisation de la société sans classes, échoue.

prolétariat, mais la dictature d'une poignée de politiciens, c'est-à-dire une dictature dans le sens bourgeois, dans le sens de l'hégémonie jacobine ».[515]

Ces contradictions et dérives de la dialectique, faut-il donc les relier à la dialectique elle-même ? Certaines analyses de Marx ne contenaient-elles pas, en germes, les possibilités mêmes de leur retournement contre son projet révolutionnaire ? Le productivisme et la rationalité instrumentale n'ont-ils pas inspiré autant l'idéologie du capitalisme avancé que celle du socialisme ? Que dire de l'idéologie de la croissance ? Et, en un mot, peut-on excuser Marx *a priori,* pour ces détournements et retournements de la dialectique historique ?

IV.3.2. La dialectique matérialiste en éclats ?

C'est bien ce qui apparaît, au regard des révolutions politiques et de l'effondrement du bloc de l'Est dont la désintégration de l'Union Soviétique est la preuve la plus récente. « La restructuration (Perestroïka) inaugurée par Gorbatchev et dont le but avoué était de fonder un Etat socialiste basé sur le droit et la démocratisation de tous les aspects de la vie »[516] (économiques, politiques, sociales) et la thématique de la transparence (Glasnost) ne renvoyaient-elles pas à un double mouvement : celui, d'une part, du rejet des errements de la dialectique et celui, d'autre part, plus fondamental, du rejet même de cette dialectique par l'intégration d'une logique identique à celle d'un capitalisme mondialement triomphant désormais, ainsi que de son fondement, l'intérêt privé ? L'instauration du pluralisme des formes de propriété, la décollectivisation et la dénationalisation/désétatisation ne renvoyaient-elles pas à la reprise, pure et simple, de la thématique et de la pratique du libéralisme économique désormais absolutisé, ce qui non seulement élimine la pratique du communisme comme moyen nécessaire de la réalisation plénière de l'essence humaine, mais encore interdit de le poser comme fin du processus historique ? L'injection massive des capitaux occidentaux dans les économies déliquescentes de l'Est ne sonne- t-elle pas désormais le glas du socialisme, intégré nécessairement au capitalisme mondial ? De même, et pour terminer à ce niveau,

---

[515] Cité par Gérard Mairet. *Les doctrines du pouvoir. La formation de la pensée politique.* Paris. Idées. Gallimard. 1978. p. 236.

[516] *Le Monde diplomatique.* N° 426. Septembre 1989. p. 1.

l'exacerbation des nationalismes et l'éclatement de l'URSS du fait de l'instauration d'Etats indépendants ne contribue-t-il pas à liquider la thématique de l'internationalisme prolétarien d'une manière définitive[517], par l'affirmation de la réalité et de la transcendance de la nation et des nationalités ?

Au total, comment ne pas reprendre à ce niveau le questionnement d'Henri Lefebvre, sur l'avenir de la dialectique matérialiste de Marx ? « Que reste-t-il du « marxisme » et de la pensée de Marx ? Va-t-elle disparaître, passant pour un accident de la philosophie et du savoir ? [...] Va-t-il au contraire, ce « marxisme », regagner une force qu'il a égarée » ?[518]

V. CONCLUSION

V.1. L'avenir de la dialectique

Nos interrogations fondamentales réapparaissent maintenant. A quoi relier l'évolution historique des pays de l'Est ? Aux contradictions internes de la dialectique historique ? Partiellement assurément. Comment poser une fin de l'histoire dans le communisme sans d'une part, unilinéariser le cours de cette histoire, (ce qui limite la portée de la dialectique et élimine la réversibilité comme possibilité historique) et d'autre part, marginaliser le sujet historique dont le rapport au sens de l'histoire et le rôle pratique dans son déploiement sont loin de traduire son autonomie et sa créativité, face à une nouvelle transcendance absolutisée : celle du parti et d'un prolétariat pour le moins divinisé ? Il n'en faut pas moins relier une telle évolution à une dynamique externe : celle même qu'instaurait, jusqu'à sa résorption tendancielle actuelle, l'antagonisme Est/Ouest, pour affirmer le triomphe, provisoire, du capitalisme. Provisoire, parce qu'un tel triomphe est loin d'avoir éliminé les contradictions internes de ce système dont l'évolution nous plonge en pleine incertitude historique.

Dans ces conditions, il n'y a pas lieu de penser à une mort de la dialectique. Tout au plus peut-on parler d'un sursis. Non point qu'il faille envisager une reprise de la dialectique historique qui en reproduirait les

---

517 L'impérialisme et la volonté de puissance de l'URSS (militarisation extrême) l'ayant réalisé à un premier niveau pour les rapports avec les blocs Ouest et Sud.
518 H. Lefebvre. *Op. cit.* pp. 8 et 9.

insuffisances et les contradictions. Plutôt faudrait-il dialectiser cette dialectique et si la pratique est critère de la vérité, alors, une restructuration de la dialectique historique s'impose, qui, récupérant l'essentiel, (la conception dialectique du réel et de l'histoire), assignerait à cette dernière d'autres fins et au sujet historique, un rôle fondamental de créateur de l'histoire.

V.2. L'humanisme de l'avenir

Seule une telle dialectisation de la dialectique historique ferait d'un humanisme marxiste rénové, un humanisme pour l'avenir. Un tel humanisme, rejetant l'unilinéarité et intégrant l'indétermination et l'illimitation, ferait du sujet une transcendance véritable, dans la pleine conscience des déterminations socio-historiques, et dans l'autonomie. C'est d'ailleurs à un tel humanisme, scientifique, que le

réel nous convie. Un tel humanisme, traduit en pratique, inaugurerait le règne de l'homme, libre, maître du réel et de l'avenir.[519]

[519] Un humanisme de ce type serait simultanément **axiologique** (conscience des valeurs, des droits et des devoirs) **téléologique** (position de l'homme comme valeur et de la réalisation maximale de l'humain comme fin), **praxique** (réalisé par l'homme lui-même) tout en étant **dialectique et ouvert**.

CHAPITRE II

LA MONDIALISATION : QUELLE « CIVILISATION DE L'UNIVERSEL » ?

« Créer l'avenir, c'est-à-dire créer maximalement de l'hominisation, c'est le sens de l'universel, la fin éthico - axiologique, la destination de l'homme et de l'humanité ».

Jean-Marc Gabaude

Juin 2003

I. RETOUR A L'HUMANISME

Philosopher, c'est penser le réel, la vie, la société, du point de vue de leur déploiement, comme du point de vue de leur *finalité*. Dès lors, il devient urgent de penser la mondialisation, c'est-à-dire la linéarisation unique et la structuration uniforme du monde actuel, sous la bannière du « **libéralisme** », tant économique que politique.[520] Cette pensée de la mondialisation, pour en déterminer le fonctionnement et les finalités, ne peut être menée qu'à partir de la référence humaniste, à partir de la référence à l'humanisme, qui est affirmation principielle de la valeur de l'Homme.

La référence à l'humanisme exprime donc notre volonté de situer notre examen de la mondialisation dans le sillage de cette conception de l'homme qui est ontologie de l'être-valeur. Nous ne tenterons donc pas d'orienter le débat qu'introduit notre texte sur la genèse[521] et sur l'universalité ou non, du concept métaphysique ou empirique d'homme, même si la référence à des visions spécifiques de l'homme, de la personne, de son destin et de sa trajectoire historique, peut s'avérer utile.[522]

Une fois dégagée de la réalité humaine l'identité générique de l'homme, qui se situe au fondement même de l'humanisme, identité en

[520] Dans un ouvrage suggestif, *La fin de l'histoire et le dernier homme,* Françis Fukuyama développe la thèse selon laquelle la société libérale (libéralisme économique, démocratie pluraliste…) serait la forme achevée de l'évolution des sociétés humaines. La société libérale selon lui ne saurait être améliorée compte tenu du fait que ses contradictions internes demeureraient marginales. Dans ces conditions et tout en acceptant la thèse de l'évolution dialectique de l'histoire, il n'y aurait plus de nouvel ordre social plus élevé susceptible d'émerger de l'ordre social actuel. Aussi peut-il dire : « On peut avancer que l'Histoire est parvenue à une fin si la forme présente d'organisation sociale et politique est entièrement satisfaisante pour l'homme dans ses caractéristiques les plus essentielles ». *Op. cit.* p. 16.

[521] Le concept métaphysique d'homme est à rapporter à trois sources confluentes : la Grèce antique, la Rome antique, et le Moyen-âge. Et la réflexion est complétée désormais par l'ensemble même des études scientifiques actuelles, tant de biologie que de sociologie.

[522] Encore qu'une telle référence puisse fonctionner de manière double : au niveau de sa clôture au sein d'une vision spécifique, historique et conjoncturelle d'une part, comme cela peut être le cas dans le contexte de l'humanisme de la Renaissance au niveau de l'impérialisme de cette référence, posée comme modèle, d'autre part, ce à quoi renvoie la mondialisation actuelle.

tant que position des droits et des devoirs humains, il s'agira plutôt pour nous de procéder, dans le cadre d'une perspective simultanément anthropologique, historique, politique, et axiologique[523], à la position de la diversité culturelle (mondes créés et mondes vécus) comme réalisations diverses du processus de déploiement de l'identité humaine générique potentielle ; il s'agira en outre de faire un examen de la « mondialisation » du monde vécu technologisé actuel, c'est-à-dire du triomphe mondial de la technoscience couplée avec l'organisation libérale du politique et de l'économique, un monde technologisé désormais « milieu autant que règne », avec ses conséquences, à savoir les menaces pour l'humanité (menaces pour l'ontologie», menaces pour l'existence sociale et menaces enfin pour le statut même du sujet, dans le cadre d'une existence où le réel hypothèque l'avenir...) ; il s'agira enfin de poser la « recréation » du monde (monde voulu) comme sens de l'histoire, par la médiation de la transition d'un vouloir subjectiviste d'un monde autre à la *praxis* qui est mise en place d'une réalité historique où le réel coïnciderait, du moins tendanciellement, avec le rationnel, avec l'Universel.[524]

II. DU POSSIBLE AU REEL : LA TRAJECTOIRE DE L'HISTOIRE

La figure actuelle du monde résulte incontestablement d'une création de possibles accumulés dans l'histoire, à commencer par l'homme lui-même.[525]

Dans sa VIème thèse sur Feuerbach, Marx, procède à une critique radicale de la pensée de ce dernier sur la notion d'essence humaine.

---

523 La perspective axiologique ou éthique est celle de la valorisation de l'homme compte tenu de la liaison dialectique/réciproque entre éthicité et humanité. Gilbert Hottois le note avec pertinence ici : « L'éthique soutient l'humanité qui soutient l'éthique. Ce qui signifie qu'être moral et choisir l'homme ne sont pas séparables : choisir d'être moral, c'est choisir de préserver l'humanité et réciproquement ». *Le signe et la technique,* Paris, Aubier, RES. 1984. p. 175.

524 Cette perspective s'inspire de Hegel, mais avec un accent pratique dérivé de Marx. Jean-Marc Gabaude procédait déjà, lui aussi, à un tel réaménagement, dans une perspective éthico-axiologique lorsqu'il affirmait : « Ce qui hominise doit devenir effectif, et ce qui est effectif doit devenir hominisant ».

525 La nature humaine en effet ne s'est pas créée une fois pour toutes : elle se crée elle-même progressivement au cours de l'histoire mais elle peut aussi se décréer dans la mesure où il y a une dialectique entre création, mécréation et décréation.

« L'essence de l'homme, note Marx, n'est pas une abstraction inhérente à l'individu isolé. Dans sa réalité, elle est l'ensemble des rapports sociaux ».[526] Cette critique que Marx adresse à la pensée de Feuerbach établit donc que ce dernier escamote la réalité effective, fait abstraction du processus historique en se situant au niveau de la seule identité et universalité générique de l'homme sans prise aucune sur l'individu humain effectif.[527]

De cette critique de la pensée de Feuerbach, nous pouvons nous autoriser quelques conclusions.

Première conclusion : l'homme est par essence un être social (socialisation), et cette socialisation est déterminante pour sa constitution même comme être. Préfaçant un ouvrage d'Axel Kahn, Lucien Sève montre que : « Pour comprendre l'homme, il est radicalement insuffisant de séquencer son génome ; il faut aussi, et surtout, étudier sa société [...] Axel Kahn nous invite à [...] tirer l'évidente conclusion : « C'est l'altérité, la vie sociale, qui permettent d'accéder à la plénitude des possibilités du cerveau humain ».[528]

Nous nous retrouvons ici à l'intérieur même de la problématique de la spécificité de l'homme, fondatrice de sa dignité et donc, de ses droits : « La spécificité humaine la plus apparente, note Axel Kahn, est bien évidemment l'ensemble de ses capacités intellectuelles, sa créativité, son aptitude au sens moral, sa capacité de construire et de manipuler des concepts ».[529] L'aspect biologique seul ne saurait pour autant suffire, car « pour qu'une personne entraîne son cerveau à utiliser ses capacités

---

526 *L'idéologie allemande.* Paris. Editions Sociales. 1968. p. 33.

527 « Feuerhach, qui n'entreprend pas la critique de cet être réel, est par conséquent obligé : 1. de faire abstraction du cours de l'histoire et de faire de l'esprit religieux une chose immuable, existant pour elle-même, en supposant l'existence d'un individu humain abstrait, isolé ; 2. de considérer par conséquent, l'être humain en tant que « genre », en tant qu'universalité interne, muette, liant d'une façon purement naturelle les nombreux individus ». *Idem.* p. 33. On doit cependant accepter la notion même de genre pour unifier les divers individus, sinon, à quoi les rapporter en tant que référentiel unique ?

528 Axel Kahn : *Et l'homme dans tout ça ? Plaidoyer pour un humanisme moderne.* Paris. Nil Editions. 2000. pp. 12-13.

529 *Op. cit.* p. 68.

mentales potentielles, il faut au moins le contact « humanisant » avec une autre personne ».[530]

Deuxième conclusion : cette essence de l'homme se produit et se reproduit dans l'histoire grâce à la société. Elle n'est donc pas donnée de manière fixiste et éternitaire. Il y a désormais primauté (axiologique) de la socialité.

Troisième conclusion : la dimension de la pratique est fondamentale. L'hominisation, le devenir de l'homme, doivent être saisis dans une perspective éclatée, plurielle. Cette perspective est tout d'abord naturaliste et historique : elle prend en compte les résultats scientifiques relatifs à l'évolution dans l'histoire, de cet « animal » progressivement « raisonnable »[531], résultats qui mettent en lumière certes l'animalité de l'homme, mais surtout la rupture critique qui fait de cet homme une nouveauté absolue[532] caractérisée essentiellement par la transcendance. Une telle transcendance indique, elle aussi, « que l'évolution cosmique a réussi à se dépasser sur un mode, en quelque sorte, infini »[533], que ce mode est créativité illimitée[534], intériorité, conscience et finalisation de la pratique[535] et de l'histoire.[536]

---

[530] *Ibidem.* p. 68.

[531] Sans la récupérer dans son intégralité, nous pensons ici à la linéarité teilhardienne de l'évolution, qui est évolution vers un But Ultime (croissance de l'unité à partir du chaos, marche de l'univers vers la plus grande unité possible, un univers de structure ascendante et croissante, au travers des étapes et médiations ci-dessous *Chaos* → *Cosmos* (cosmogenèse) → *Bios* (Biogenèse) → *Anthropos/Noos* (Noogenèse) → Christ (Christogenèse et point Oméga de l'évolution).

[532] Et l'on pense ici à Bergson, établissant entre l'animal et l'homme, non pas seulement une différence de nature, mais essentiellement une différence de degré.

[533] Emile Rideau. *Teilhard, oui ou non ?* Paris. Fayard, 1967. p. 49.

[534] D'où la conquête et la transformation de la nature.

[535] Une pratique qui n'est pas seulement réaction réflexe aux stimulations du milieu intérieur ou extérieur.

[536] Au-delà de la détermination aveugle et de la transcendance du destin, individuel et collectif. C'est à ce niveau que la perspective tout à fait optimiste de la pensée de Teilhard, qui pense *a priori*. que le mouvement qui porte l'humanité en avant s'achemine, avec tous les risques, vers le Point Oméga, peut peser problème. Comme on le lit sous la plume d'Emile Rideau : « Nulle autre solution viable et valable au problème de l'homme que d'affirmer la possibilité d'atteindre au-devant de nous, un stade à la fois humain et ultra-humain où l'homme sera entièrement satisfait et comblé, où il accédera à une plénitude. Appelons-le Omega, car il apparaît comme la dernière

Cette perspective est ensuite **anthropologique et culturelle :** elle intègre les diverses médiations par lesquelles cette virtualité s'actualise, c'est-à-dire les cultures, multiples dans leurs formes, mais exprimant de manière identique la spiritualité essentielle de l'homme. Cette perspective est enfin **éthico-axiologique,** avec insistance sur les caractéristiques fondamentales de l'homme, (liberté et raison), caractéristiques qui deviennent les valeurs auxquelles se référer dans le cadre de la transformation pratique du réel et dans les choix individuels et collectifs d'existence.

C'est dire que notre intérêt pour la diversité des médiations (cultures et civilisations) en tant que diversité des réalisations concrètes dans l'histoire, d'une humanité génériquement identique[537] renvoie au constat de la lourde hypothèque qui pèse désormais sur cette diversité. Une telle diversité, on le sent bien, serait non à réduire, mais à cultiver.[538] Or, que nous offre le visage actuel du monde ?

II.1. La mondialisation technoscientifique

II.1.1. La résorption tendancielle de la diversité

La diversité des cultures et civilisations est un fait premier, lié à la différenciation spatio-temporelle du processus de l'hominisation. Cette diversité a un caractère diachronique, pour autant que chaque culture, prise en elle-même, recèle une évolution liée aux impératifs de création nécessaire de solutions nouvelles, entendues comme réponses appropriées aux problèmes et défis imposés par l'histoire de la collectivité.

---

lettre de l'alphabet de l'histoire, le terme non seulement final mais insurpassable ». *Idem.* p. 54. Peu de cas est donc fait des menaces d'échec de cette évolution.

[537] Une telle affirmation recèle une critique acerbe des idéologies de type impérialiste de l'unilinéarité de l'évolution historique appelant, de soi, à une uniformisation du visage de la planète selon le modèle occidental dominant. Axel Kahn montre d'ailleurs à cet effet que : « La diversité culturelle est apanage du cerveau humain et le métissage culturel a toujours été, dans l'histoire, l'instrument de cette diversification, c'est-à-dire le facteur du progrès des civilisations. Ici la diversité doit être considérée comme un don, puisqu'il faut être divers pour échanger, et échanger pour progresser ». *Op. cit.* p. 63.

[538] Cultiver la diversité ne renvoie pourtant pas à l'enfermement désormais impossible de chaque particularité en elle même. Ne parle-t-on pas d'ailleurs désormais de l'inéluctabilité de la trajectoire vers l'universel ?

Pour prendre le cas de l'Occident, quoi de commun par exemple, entre la volonté d'accès à ce qui est stable, permanent, au Vrai, dont l'horizon se situe au nivèau de l'intelligible[539], telle que cette volonté apparaît chez Platon, lorsqu'il définit le dialecticien, comme « celui qui atteint à la connaissance de l'essence de chaque chose », et la reconnaissance actuelle, imposée par les avancées de la science, du désordre et de l'instabilité comme constitutifs de la texture, de l'essence même de toute réalité, qu'elle soit naturelle[540], qu'elle soit historique ou sociale ?[541]

Quoi de commun encore entre la conception métaphysique de l'essence du sujet humain telle que Descartes la découvre dans la *Méditation seconde,* dans laquelle l'homme est présenté, de manière essentielle, comme « une chose qui pense »[542], et l'affirmation notoirement marxienne de l'essence humaine comme ensemble de rapports sociaux ?[543]

Quoi de commun enfin, entre l'ataraxie épicurienne, saisie simultanément comme affranchissement par rapport à la nécessité, autosuffisance du sage, absence de trouble, accord avec la nature, retrait

---

539 Nous pensons ici au refus platonicien de l'apparence sans être et à sa recherche sous le multiple, de l'unité qui est raison d'être de cette multiplicité, unité (Idée) découverte à l'issue du processus de la dialectique ascendante tel qu'il est analysé dans la célèbre allégorie de la caverne, dans le livre VII de la *République.* De même renvoyons-nous à une affirmation platonicienne contenue dans le *Cratyle,* (386), et où Platon fustige le relativisme de Protagoras : « Il est clair que les choses ont par elles-mêmes un certain être permanent *(ousia),* qui n'est ni relatif à nous, ni dépendant de nous. Elles ne se laissent pas entraîner çà et là au gré de notre imagination, mais elles existent par elles-mêmes, selon leur être propre et conformément à leur nature ».

540 Edgar Morin note : « L'ordre, le désordre, la potentialité organisatrice doivent être pensés ensemble à la fois dans leurs caractères antagonistes bien connus et leurs caractères complémentaires inconnus ». *La méthode I. La nature de la nature.* Paris. Le Seuil. p. 45.

541 Cette reconnaissance intègre les concepts de désordre génésique et de création. Edgar Morin le montre : « Il est donc possible d'explorer l'idée d'un univers qui constitue son ordre et son organisation dans la turbulence, l'instabilité, la déviance, l'improbabilité, la dissipation énergétique ». *Ibidem.* p. 42.

542 « Une chose qui doute, qui conçoit, qui affirme, qui nie, qui veut, qui ne veut pas, qui imagine aussi, et qui sent ». *Méditations métaphysiques.* Texte, traduction, objections et réponses présentées par Florence Khodoss, Paris. PUF. 1970. p. 200.

543 Encore qu'à ce niveau, il ne faille pas procéder à la négation de l'individu, sous peine de dérives et d'errements multiples tels que l'histoire les a connus !

par rapport au politique[544], et le rationalisme de la *praxis* chez Marx[545], soucieux de faire assumer à l'homme individualité concrète et universalité, puisque « l'homme ne peut se totaliser qu'en transformant le monde et en instaurant la société qui réalise la synthèse du particulier et de l'universel » ?[546]

Ces trois premières interrogations auront été menées sur le plan historique, diachronique, de la même société occidentale. Nous nous intéresserons maintenant au caractère spatial de cette diversité des cultures et des civilisations.

Dans une perspective comparatiste, quoi de commun entre le matérialisme de l'atomistique démocritéenne ou épicurienne où sont affirmées l'éternité de la matière et sa co-extensivité à la totalité du réel[547], et le créationnisme impliqué par la conception de l'être comme force, telle que cette conception est développée par Placide Tempels dans son ouvrage célèbre : *La philosophie bantoue ?* Quoi de commun entre l'identification à la totalité du principe vital du soi[548] que l'on rencontre dans le bouddhisme, et l'affirmation principielle de l'identité et de l'autonomie de l'individu personnel, chère à la philosophie grecque et occidentale ? Quoi de commun enfin entre la conception individualiste bourgeoise de la propriété où l'avoir risque de devenir la mesure de l'être, et le communautarisme développé dans les cultures traditionnelles

---

[544] Voir J. M. Gabaude. *Le jeune Marx et le matérialisme antique.* Toulouse, Privat, 1970.

[545] Ce rationalisme, Jean-Marc Gabaude l'analyse de manière éclairante et antithétique par rapport à la position épicurienne : « L'épicurisme avait tort d'opposer la vie individuelle de l'homme à sa vie générique. La conscience individuelle épicurienne, jalouse de sa liberté, s'isolait et par là se vouait à l'inefficacité. Faisant de l'atome le symbole de cette conscience individuelle pure, Epicure, selon Marx, n'a pas su réaliser, à travers sa conception même de l'atome, la synthèse entre forme et matière, entre essenece et existence ; il ne veut pas venir à l'universalité, trop épris qu'il est de sa particularité. Au contraire, Marx [...] veut que l'esprit s'unisse au monde et accède à l'universalité concrète ». *Ibidem.* p. 200.

[546] *Ibidem.* p. 200.

[547] Nous lisons la traduction suivante de la lettre à Hérodote, d'Epicure : « En premier lieu [...] rien ne naît du non-être, tout serait né en effet de tout et sans nul autre besoin de semence. Et si ce qui disparaît à nos yeux périssait dans le non-être, toutes les choses seraient mortes, puisque ce en quoi elles se résolvaient ne serait pas ». J. Bollack. M. Bollack, H. Wismann. *La lettre d'Epicure.* Paris. Editions de Minuit 1971. pp. 75 à 77.

[548] Ce qui fait de l'être individuel un pur épiphénomène.

africaines, où la dimension véritable de l'être se mesure à l'aune de la vertu du partage et non de la possession ?

Toutefois une telle diversité, qui est loin d'être figée, tend pour l'heure à se résorber, compte tenu des contacts, brassages et interpénétrations des cultures, le monde lui-même étant devenu, du fait des facilités de déplacement et de la prolifération des médias, un véritable « village planétaire ». C'est dire que nous assistons à l'émergence d'un monde « nouveau », à la naissance d'une nouvelle civilisation globale : c'est la **mondialisation.**[549]

II.1.2. Le triomphe mondial de la technoscience

Notre affirmation de la mondialisation technoscientifique (couplée avec le libéralisme économique et politique) se constitue en plusieurs volets.

Elle implique dans son premier volet, une vision dominante du processus de connaissance (rationalisme positiviste) d'où pointent simultanément une conception du réel, de l'objet, et une détermination du type de rapports entre sujet et objet. Cette conception mécaniste, formaliste et analytique, qui est en même temps organisation de toute pensée concernant l'homme et le social autour du complexe de manipulation, de simplification, et de rationalisation, est devenue dominante et sert de paradigme à toute scientificité possible.[550]

Elle renvoie encore, dans son second volet, à une vision unique du « faire », qui est articulation de la science et de la technique (technoscience), avec modelage de la réalité même de l'univers désormais technocosmique. « Le technocosme, note Jacques Ellul, est le milieu naturellement secrété par cette science expérimentale devenue

---

549 Peter Schwartz, Peter Leyden et Joël Hyatt nous en donnent les principes directeurs qui se situent dans le cadre de la linéarité ci-après : globalisation → ouverture totale → absence de contrôle → développement → adaptation au changement → innovation → interconnexion totale → économie en réseau → refus de l'exclusion → confiance et optimisme. Cf. *La grande croissance. Vingt ans de prospérité nous attendent. Etes-vous prêts ?* Paris. Robert Laffont. 2000.

550 Même s'il faut désormais nuancer cette dominance au regard des questions actuelles relatives à la rationalité même du rationnel et aux limites de la forme actuelle de la rationalisation.

technoscience ».[551] Ce modelage est de plus en plus intégral et semble n'obéir qu'à son impératif propre et aveugle de croissance : dans son volet économique, il déploie une trajectoire et une figure à laquelle sont désormais arrimées toutes les nations.

Revenons un instant avec Edgar Morin, sur ce complexe manipulation/simplification/rationalisation. D'une part, la société moderne n'évolue, ne se transforme et ne progresse qu'à l'intérieur du circuit science — technologie — industrie. D'autre part, l'articulation dialectique de la manipulation et de la vérification initialement orientée vers l'émancipation de l'homme, a débouché désormais sur la manipulation et sur l'assujettissement de l'homme et des sociétés à des fins ignorées par l'homme même et par les sociétés, au nom de la loi de la valeur, finalité absolue de la production et de l'économie.

Elle implique enfin dans son troisième volet, une vision unique de l'« être ensemble » (politique, démocratie pluraliste), dans le cadre d'une gestion technocratique de l'existence, ainsi qu'une vision unique du « devenir ensemble » des sujets et de la collectivité, la technicisation intégrale étant posée téléologiquement comme horizon programmatique.

Mais c'est précisément à ce niveau que vont surgir les principaux problèmes urgents auxquels il faut bien trouver des solutions : le problème du statut du sujet, le problème du sens de l'histoire dans le cadre d'une « **évolution catastrophique** » telle qu'elle est impliquée par la militarisation et la technicisation intégrales du système[552], le problème enfin de l'éthique, c'est-à-dire du besoin d'éthique dans un monde technoscientificisé.

II.2. Le réel hypothéquant l'avenir

II.2.1. Quel statut pour le sujet ?

C'est dans le cadre d'une perspective double que nous posons ici le problème du statut du sujet. Si la technoscience, milieu et règne, cesant d'être moyen, engendre des fins ou se pose comme fin, prétendant par là

---

[551] *La technique ou l'enjeu du siècle.* Pans. Armand Colin. 1957. p. 8.

[552] Même si la valeur de la liberté est reprise comme un leitmotiv : liberté vis-à-vis du gouvernement et de la bureaucratie, liberté de décision et d'initiative économique, sociale et personnelle. Mais ce leitmotiv fonctionne comme idéologie et masque la réalité de l'assujettissement.

une autorégulation sans fin, que devient le sujet humain en tant que liberté, autonomie et conscience des fins ? Et que penser d'une techno-évolution sans finalité ni sens ni fin posés par l'homme, et où le règne de la technique n'est plus rapporté à l'humanité comme à sa source et à sa fin ? Le nouveau sujet du règne de la technoscience n'est-il pas condamné à voir s'évanouir en lui la dimension de la distanciation et de la réflexivité, évanouissement dont la conséquence ultime est l'installation dans une logique de la positivité qui est légitimation du *statu quo ?*

C'est à cela que nous fait penser l'analyse marcusienne de la pensée positive et de l'unidimensionnalité. La rationalité, dans le cadre de l'analyse marcusienne, est tendance au perfectionnement technique tout autant qu'enfermement à l'intérieur de l'effectivité. Un tel enfermement est condamnation d'avance des objectifs de la **raison** et de la **liberté** (attributs essentiels du sujet humain). Marcuse le montre : « La perte de cette dimension où la pensée négative trouvait sa force — la force critique de la raison — est la contrepartie idéologique du processus matériel au moyen duquel la société industrielle fait taire et réconcilie les oppositions. Le progrès technique fait que la raison se soumet aux réalités de la vie et qu'elle devient de plus en plus capable de renouveler dynamiquement les éléments de cette sorte de vie ».[553]

Dans le même ordre d'idées, Habermas dans *Connaissance et intérêt* notamment, analyse cette conscience de la double domination des choses et des hommes opérée par le règne technoscientifique.

La seconde perspective, lorsque nous posons le problème du statut du sujet, renvoie à des préoccupations de type métaphysique : la seconde nature dont parle Jürgen Habermas, produit de la construction d'un complexe anthropologique intégrant totalement technique et société et affectant essentiellement l'être de l'homme, n'instaure-t-elle pas l'idée et la réalité d'une plasticité ontologique annonciatrice d'une véritable révolution au plan de l'être ; n'instaure-t-elle pas une « reconstruction cybernanthropologique » de l'être grâce à la technologie ? Et si, comme le montre Gilbert Hottois, « l'humanité n'est plus considérée comme nature stable, donnée, [...], mais comme une *species technica*, un noeud

[553] *L'homme unidimensionnel.* Paris. Editions de Minuit. 1968. p. 36.

plastique de possibles inanticipables parce que techniques »[554], n'y a-t-il pas là, comme conséquence inéluctable, l'écroulement de toute philosophie du sujet, centre d'intérêt, de Descartes, Kant à Sartre ?

Nos préoccupations de type métaphysique se doublent ici de préoccupations éthiques : s'il ne reste plus rien de stable (attributs ontologiques) qui puisse servir de critère distinctif du sujet[555], et de centre de référence et de jugement pour la réalité créée par la technoscience, quel sens de l'évolution historique s'ouvre désormais au sujet, dépourvu de son pouvoir de « *causa sui* » ? La technoscience n'est-elle pas désormais menace pour l'essence de l'homme, puisque : « de ce pouvoir de manipulation ontologique » qu'il reçoit, l'homme ne sait que faire parce que là où la manipulation acquiert l'ancien poids de l'être, tout fondement et tout sens se sont évanouis au profit d'une opérativité aveugle et d'une plasticité muette, sans fond, dont l'humanité n'est que le véhicule mais jamais le vecteur, l'auteur ou le sujet » ?[556] Or, de ce point de vue, l'éthique, la spiritualité, ne sauraient devenir simple complément de la science, l'éthique est nécessité première de l'existence.

II.2.2. Evolution catastrophique !

Pourtant, sur la base de cette réalité technocosmique, le monde actuel est présenté comme le meilleur des mondes possibles. Cette affirmation joue un rôle double : celui, d'une part, de nécessitariser en l'unilinéarisant (ou l'inverse), le procès de développement historique d'accès à la technoscientificité ; celui, d'autre part, face à une telle nécessitarisation ou unilinéarisation, de conjurer en les masquant les risques inhérents au système : risques de catastrophes écologiques (désertification, pollution de l'écosystème...), nucléaires, guerrières, terroristes et, bien que la confrontation militaire entre « Ouest » et « Est » ne soit plus à l'ordre du jour depuis la chute du mur de Berlin et l'effondrement du bloc soviétique, l'instauration de l'impérialisme triomphant n'en utilise pas moins une autre forme de violence, la

[554] *Le signe et la technique.* p. 100.

[555] Puisque ce qui a toujours été caractérisé comme étant la dimension essentielle de l'homme peut être transformé, voire supprimé : la conception, la sénescence, la mort (tendanciellement), l'activité symbolique, la personnalité individuelle, la capacité de décision.

[556] G. Hottois. *Ibidem.* pp. 104 - 405.

violence « arraisonnante », contre tout ce qui pourrait constituer une menace pour le système ainsi mis en place !

Mais parler d'évolution catastrophique renvoie à plusieurs idées. **La première**, c'est évidemment la dissolution tendancielle du moi, comme sujet autonome et libre, tel que nous venons de le montrer plus haut. **La seconde**, c'est la transition d'un relativisme qui fondait l'humanisme à un universalisme pour le moins réducteur, valorisant et téléologisant une figure unique du réel, cette transition étant fondée elle-même sur une négation de la liberté et de la transcendance consécutives du sujet humain. **La troisième**, c'est le fonctionnement de la totalité sous le mode de la violence qui est tour à tour économique, politique et idéologique, une violence qui s'occulte comme telle.

Dans son ouvrage *Critique de la domination. Origines et développement de la Théorie Critique,* Trent Schroyer nous donne, à partir du cas américain, une illustration claire de cet aspect : « L'ordre et la loi, affirme-t-il, est le nouvel idéal politique qui est devenu la fin instrumentale de nos systèmes légaux et judiciaires, et les idéaux de justice et de liberté paraissent tout à fait hors de propos [...] ».[557] Ici l'autoritarisme répressif des rationalisations scientistes vise une seule chose : le contrôle instrumental et total du réel.

II.2.3. Science sans conscience et besoin d'éthique

La conscience de cette virtualité de la catastrophe n'implique-t-elle pas la nécessité du renversement de l'impératif déontique traditionnel de la technoscience[558], pour lui substituer une « anticipation axiologique » qui correspondrait, bien évidemment, à une réanthropocentration fondamentale de la technoscience ? C'est cette thèse que nous développions dans un texte antérieur[559] lorsque nous affirmions : « L'impératif « déontique » de la technoscience affirmait/postulait l'an-éthicité [...] : la technoscience devait se situer au-delà de toute perspective éthique, elle était neutre. Il nous semble nécessaire de passer maintenant de l'an-éthicité à l'éthicité, éthicité en fonction de laquelle opérer la sélection des possibles technologiques à actualiser et ceux

[557] *Op. cit.* Payot. 1980. p. 16.

[558] Impératif de réalisation indéfinie de tout le possible technologique.

[559] *Positivité scientifique et positivisme idéologique. Une analyse épistémo-politique du fétichisme de la science.* Thèse de doctorat d'Etat ès-Lettres. Toulouse, Avril 1989.

auxquels renoncer. Se trouve donc résolu le problème fondamental de savoir s'il faut faire, s'il faut réaliser tout ce qui est techniquement/scientifiquement possible. Résolution par la négative. Se trouve aussi résolu, par le fait même, l'autre problème, connexe, des critères de sélection ainsi que celui du rapport entre l'éthique et la technique ».[560]Cette thèse est abondamment illustrée par les travaux de la majorité des penseurs intéressés par ce problème : Gilbert Hottois, Jean-Marc Gabaude, Edgar Morin, Dominique Janicaud, Axel Kahn, Lucien Sève...[561] Leurs travaux sont incontestablement une critique de la déshumanisation de la raison dans le cadre de la rationalisation industrielle technoscientifique et un retour à l'éthique pour transcender l'autodestruction de la raison arraisonnante.

III. AVENIR ET SENS DE L'HISTOIRE

III.1. Trajectoire historique et volonté d'Universel

De quel Universel s'agirait-t-il donc ici ? Il ne s'agit certainement pas, nous nous en doutons, de conférer un statut d'Universel à l'universalisation technoscientifique dominante. Ce serait reproduire en l'occultant la logique même de la positivité issue de l'arraisonnement du réel par la rationalité instrumentale, potentiellement négatrice d'humanité. Il s'agit, en fait, dans cette volonté d'Universel, du choix de l'Homme. Il s'agit de poser l'homme comme fin et valeur, maître du réel, créateur de l'histoire et de l'avenir.

Un tel choix de l'homme est à situer comme impératif à l'intérieur de chaque culture ; c'est dire que ce choix se constitue tout à la fois comme philosophie de l'homme-sujet (au-delà d'un subjectivisme de type individualiste) et comme philosophie de l'histoire (au-delà de toute téléologisation de l'histoire de type transcendant ou même immanent), car, le seul Universel que nous puissions poser et vouloir, c'est l'homme,

---

[560] *Op. cit.* p. 342.

[561] Dans sa préface à l'ouvrage d'Axel Kahn *Et l'homme dans tout ça ? Plaidoyer pour un humanisme moderne,* Lucien Sève montre bien l'auto-illusionnernent du scientisme ordinaire qui se croit au-dessus et au-delà de l'idéologie. « Sans la moindre complaisance envers les réquisitions à la mode contre « la science », il (Axel Kahn) ne se situe pas moins aux antipodes du scientisme pérenne : tout ce qui s'énonce dans les formes de la science n'est pas le **Vrai** comme tout ce qui s'entreprend en son nom n'est pas **le Bien** ». p. 10.

l'essence de l'homme, liberté et raison, à réaliser en contexte « humain », c'est-à-dire humanisant. Ce contexte ne peut être tel que s'il est décidé et conçu par l'ensemble, une fois la conscience éclairée du fait que tout ce qui est faisable technoscientifiquement n'est ni inévitable sur le plan social, ni forcément souhaitable sur le plan humain, puisqu'il est potentiellement déshumanisant.

III.2. Réalisation diversifiée de l'Universel

A partir de l'affirmation de l'Universel, nous pouvons alors procéder à l'affirmation d'une communauté humaine (faite d'identité générique) se réalisant tendanciellement dans l'histoire (*praxis*), avec tensions et conflits. Ces tensions et ces conflits sont liés à l'application d'une logique de l'exclusion et de la domination (impérialismes culturel/idéologique, économique, politique). L'affirmation d'une communauté humaine ne signifie pourtant pas uniformisation, mais au contraire reconnaissance de la réalisation différentielle de la même virtualité humaine en contextes spécifiques, selon des formes et accents eux aussi spécifiques (diversité culturelle). Peut-être pourrions-nous reprendre ici le concept senghorien de **Civilisation de l'Universel**, « carrefour du donner et du recevoir », à la condition certes, limitation nécessaire, de ne pas procéder à *l'universalisation d'une* seule et *même* civilisation dominante, posée comme réalisation historique unique de l'Esprit ! C'est bien cette universalisation qui est à l'heure actuelle dénommée la mondialisation et dont nous avons déployé plus haut les principes essentiels ainsi que la finalité !

III.3. Mondialisation et hominisation

Ce n'est que dans le cadre d'une démarche, faite d'ouverture et de compréhension, de créativité et d'humanisme, que peut se réaliser une histoire humaine, une histoire de l'hominisation, conçue comme réalisation, en contexte historique, de l'essence humaine, dans un sens éclaté, indéterminé (c'est la thèse de l'illimitation de l'avenir), et pourtant, finalisé (téléologisation humaniste).

Seul un tel humanisme permet, une fois posé l'homme comme acteur historique privilégié, de penser dialectiquement le type de technoscience et le type de société à faire advenir pour que cette essence de l'homme se trouve réalisée. Poser un tel humanisme, voilà la tâche actuelle de la philosophie : « La responsabilité et l'assurance du philosophe, note Jean-Marc Gabaude, consistent d'abord en ce qu'il s'institue en témoin, qu'il porte témoignage d'une exigence continuelle d'hominisation universelle. Devant l'essor prodigieux de la technoscience et devant les menaces grandissantes qui pèsent sur l'humanité, la fonction humaine et sociale, éducatrice et internationale du philosophe est plus nécessaire que jamais ».[562] Cette tâche est invitation : elle rappelle la nécessaire liaison de la science, du génie scientifique, et d'un sens aigu de la morale, de l'éthique.[563]

IV. LA NOUVELLE CIVILISATION DE L'UNVERSEL. COMMUNAUTE ET CONVERGENCE PANHUMAINES

La conscience de la communauté humaine, fondée sur l'humanisme, en un mot, sur la spiritualité même de l'homme, conscience qui est acceptation d'un destin commun et prise en compte des menaces réelles qui pèsent sur l'homme et le processus de son déploiement dans l'histoire, est désormais vécue, (sans être *encore,* tel le bon sens cartésien, « la chose du monde la mieux partagée »), aussi bien par les hommes de culture que par les responsables politiques à travers le monde.

Qu'une telle conscience oriente les pratiques de gestion des rapports interhumains et inter-sociaux, ainsi que celles de la gestion de l'histoire, voilà dans les temps actuels, l'impératif catégorique, seul apte à nous faire réaliser l'universel, qui est, non pas universalité de coercition et de résorption[564], mais universalité de convergence panhumaine. Plutôt

---

562 *« La philosophie Rassure-t-elle* ? » Conférence du 26 novembre 1986 devant le Cercle d'Etudes Philosophiques d'Annecy. Texte ronéotypé. p. 35.

563 Comme le montre opportunément ici Matthieu Ricard : « L'important [...] (dans la situation actuelle) [...] c'est l'absence de corrélation entre génie scientifique et valeurs humaines [...] Cette constatation permet de remettre la science à sa juste place, de la situer dans une perspective plus vaste de la vie et pose d'une façon encore plus aiguë la question de son utilisation ». Matthieu Ricard et Trinh Xuan Thuan. *L'infini dans la paume de la main. Du Big Bang à l'éveil.* Paris. Fayard Editions. pp. 20-21.

564 Nous pensons ici aux dominations multiples, économiques, (impérialisme des économies riches, exploitation éhontée des pays pauvres, impérialisme de l'argent) politiques et militaires (la confrontation entre systèmes et cultures, guerres, dialectique de la manipulation et de la terreur), imposition universelle de la rationalité instrumentale véhiculée par la civilisation industrielle...

que de considérer cette « impérativité » comme utopique[565], voyons-y plutôt un défi, que le présent, qui prépare l'avenir, doit relever, de toute urgence. N'est-ce-pas là d'ailleurs le fondement de cette reliance éthique, de cette éthique planétaire à laquelle nous invitent aussi bien Edgar Morin que Peirre Teilhard de Chardin ?

[565] L'utopie est pour nous, non pas construction imaginaire, mais conscience de la négativité du réel et projet de fondation d'une figure de l'avenir à réaliser, humanistement.

CHAPITRE III

L'HUMANISME, DEMAIN

« Ordonner le réel grâce à la raison, et finaliser humanistement cet ordonnancement, voilà la tâche fondamentale et permanente de la philosophie ».

Pius ONDOUA

Octobre 2004

I. INTRODUCTION

Le terme humanisme est traditionnellement rattaché à un mouvement d'esprit spécifique à la période de la Renaissance occidentale.[566] Quelques noms illustres tels que Pétrarque, Erasme Budé, peuvent être considérés comme marquants à ce sujet. Ce mouvement, porteur d'une véritable puissance de transformation du réel et de sa représentation, a mis un accent particulier sur la **dignité de l'esprit.** Cette valorisation de l'esprit humain constituait un combat idéologique et politique, à la fois contre la structure du réel et contre sa représentation dominante qui dérivait de la vision chrétienne ; et la médiation théorique aura été le retour aux antiquités gréco-latines.

Ce retour signifiait certes le goût de l'antiquité et de ses productions intellectuelles, mais ce retour signifiait également un culte poussé de cette antiquité : une antiquité à vénérer et à reproduire. André Lalande note à cet effet : « L'humaniste n'est pas que l'homme qui connaît les antiques et s'en inspire ; il est celui qui est tellement fasciné par leur prestige qu'il les copie, les imite, les répète, adopte leurs modèles et leurs modes, leurs exemples et leurs dieux, leur esprit et leur langue. Un pareil mouvement poussé à ses extrémités logiques ne tendait à rien de moins qu'à supprimer le phénomène chrétien ».[567]

Il faut pourtant cerner avec précision la signification de ce retour. S'agissait-t-il donc, pour ce mouvement idéologique, d'instaurer une linéarité régressive de l'histoire, posant comme modalité de la production historique, non pas la création illimitée d'un avenir infiniment ouvert et indéterminé, mais la reproduction indéfinie d'un mythique âge d'or situé derrière nous, et correspondant ici à cette antiquité idéalisée ? Tel ne nous semble pas être le cas. Une chose au moins est sûre : ce retour à l'antiquité aura été simultanément **rejet** et **projet : rejet d'un présent** aux limites multiples ; **projet d'un avenir** qui manifesterait la transcendance véritable du sujet humain, de l'esprit humain.

---

[566] Il faut tout de même reconnaître l'existence de véritables éléments préhumanistes autant dans l'épicurisme antique que dans le stoïcisme.

[567] André Lalande in *Vocabulaire Technique et Critique de la Philosophie.* Paris. PUF. 1968. p. 421. Pourtant cet humanisme aura récupéré certains éléments du christianisme, à l'exemple de l'insistance sur l'identité et l'égalité de tous les hommes.

Et c'est à ce niveau qu'une réflexion archéologique et fondatrice sur l'humanisme trouve toute sa signification. Une telle réflexion, au-delà de son intérêt historique et littéraire, débouche naturellement sur une réflexion aux horizons multiples : une réflexion simultanément ontologique, historique, axiologique et politique ; une réflexion qui ne se contente pas seulement de saisir, analytiquement, la totalité sociale présente, mais qui vise à penser, prospectivement, l'avenir en le définissant à partir d'une normativité spécifique.

Notre réflexion se déploiera donc selon deux axes : l'axe analytique et l'axe programmatique. L'axe analytique mettra en lumière les « figures du présent », dont les caractéristiques essentielles sont, *grosso modo*, l'unidimensionnalisation de la pensée et de l'existence ainsi qu'une réelle négation de l'humain. L'axe programmatique et prospectif, ensuite, visera, par l'impulsion de la conscience des droits et des devoirs humains, à poser aussi bien la maîtrise humanisante du social et du réel dans son ensemble, que la visée d'Universel, comme horizon téléologique d'une existence humaine véritable.

II. AUX SOURCES DE L'HUMANISME

II.1. L'humanisme et son pilier idéologique

Il convient dès le départ de resituer l'important mouvement de l'humanisme dans son cadre historique d'émergence, la Renaissance, et à partir de son pilier idéologique : **l'Homme**. Le cadre historique d'émergence, **la Renaissance**, se caractérise selon nous par **une dialectique de la rupture et de la continuité,** d'une part, et par le **bouillonnement créatif,** repérable à tous les niveaux de l'activité humaine : l'art, la technique, la science, d'autre part. Nous parlons d'une dialectique de la rupture et de la continuité : la continuité de la tradition antique est assurée par le retour aux anciens, devenus inspirateurs et modèles dans tous les domaines. Ce retour est résurrection, et aussi, rupture avec un présent et un passé proche, idéologiquement totalitaires, qui ont occulté et dévalorisé cette tradition. Cette rupture est simultanément une révolution véritable, qui induit un éclatement de la vision globale du monde puisque l'on passe de l'univers clos (cosmocentrisme) à l'univers infini (héliocentrisme), vision qu'inaugure la révolution, dans le domaine de la physique, de Nicolas Copernic, en

1543. Cette révolution copernicienne a instauré un renversement de la relation **concept-objet, sujet-monde.**

Comme autre élément et condition de la rupture, la découverte du nouveau monde, par Christophe Colomb, avec la modification conjointe de la vision de l'homme et de la vision du monde. Car, si la dimension du monde change, la dimension de l'homme et la représentation de celui-ci et de son rôle dans l'univers changent aussi.[568]

Nous retrouvons ainsi, à ce niveau, le pilier idéologique de l'humanisme : **l'anthropologie existentielle,** dans laquelle le sujet, assumant pleinement son destin, n'est pas dévalué ni sacrifié au profit des structures, qu'elles soient institutionnelles, économiques, politiques ou idéologiques, même si ces structures peuvent être déterminantes pour son existence même.

Pour Alain Renaut : « L'humanisme, c'est au fond la conception et la valorisation de l'humanité comme capacité d'autonomie [...]. Ce qui constitue la modernité, c'est ce fait que l'homme va se penser comme la source de ses représentations et de ses actes, comme leur fondement (sujet), ou encore comme leur auteur [...]» [...] « L'homme de l'humanisme est celui qui n'entend plus recevoir ses normes et ses lois ni de la nature des choses (Aristote), ni de Dieu, mais qui les fonde lui-même à partir de sa raison et de sa volonté ».[569]

Tel se présente donc l'idéal humaniste, fondé sur une valorisation absolue de l'homme. Pic de la Mirandole notait, à ce propos, dans son discours intitulé *De dignitate hominis* (1486) : « J'ai lu, dans les livres des Arabes, qu'on ne peut rien voir de plus admirable dans le monde que l'homme ».[570]

L'on pourrait croire que tout s'arrête à cette vision somme toute théorique (ontologique et axiologique) de l'homme. Loin s'en faut, car,

---

[568] Et nous pensons ici Giordano Bruno (1548-1600), qui, cherchant à reculer indéfiniment les limites de l'univers, transforme la problématique de la nature, avec l'affirmation de l'infinité de l'univers, et constitue une anthropologie nouvelle où l'homme cessant d'être reflet passif d'un macrocosme statique et définitivement clos, devient expression de sa propre volonté et de sa propre imagination créatrice.

[569] *L'ère de l'individu.* Paris, Gallimard NRI, 1989. p. 53.

[570] Cité par Jean Claude Margolin. « Humanistes » in *Encyclopaedia Universalis.* Volume VIII. p. 604.

de ce pilier idéologique fondamental dériveront aussi bien une vision du rapport théorique et pratique de l'homme au réel, à la nature (une nature à connaître dans et par la science, et à dominer grâce à la technique), qu'une conception des rapports de l'homme aux autres hommes et de l'organisation de la société. Alain Renault nous le montre à nouveau : « Ainsi, le droit naturel moderne sera-t-il un droit subjectif, posé et défini par la raison humaine (rationalisme juridique) ou par la volonté humaine (volontarisme juridique). Ainsi encore les sociétés modernes se concevront-elles, politiquement, comme auto-instituées, à travers le schème contractualiste, par opposition aux sociétés où c'est la tradition qui fonde l'autorité par le biais de la notion foncièrement antimoderne de « privilège » ».[571]

Mais il est vrai que la concrétisation de cette conception, aux niveaux politique et social, ne se fera que très lentement, très progressivement, dans l'histoire. L'histoire n'est-elle pas d'ailleurs gestation et progrès lents (avec certaines accélérations parfois !), dans les limites que les conditions offrent à l'émergence du possible et à l'actualisation des différentes latences ? Un tel progrès, on le perçoit déjà, est production, *praxis* du sujet ; incontestablement, la subjectivité est posée comme transcendance, comme valeur absolue.

Au total donc, l'humanisme introduit un entier bouleversement des rapports de l'homme à l'ensemble de la réalité. Comme le montre Claude Lefort : « C'est l'idée que le monde est le seul théâtre de l'aventure humaine, que l'homme y est auteur, acteur et spectateur de son histoire ; c'est l'idée d'une auto-intelligibilité de principe du discours humain, c'est l'émancipation de ce discours de toute autorité qui en fixerait du dehors les critères de légitimité, qui donnent à l'humanisme sa pleine signification et font reconnaître en lui la naissance de la philosophie et de la science moderne ».[572]

Nous pouvons maintenant passer à une systématisation (rapide et non exhaustive) des volets au travers desquels se traduit, pratiquement, l'humanisme.

---

[571] *Op. cit.* p. 53.

[572] Claude Lefort. *Les formes de l'histoire. Essai d'anthropologie politique*. Paris. Gallimard. 1978. p. 265.

II.2. Pratique et volets de l'humanisme

II.2.1. Le volet ontologique et axiologique

Si l'homme est, comme le disait Pic de la Mirandole, « la chose le plus admirable du monde », il faudrait encore dire à quoi cela tient. Incontestablement, cela tient à son statut de sujet, et à la raison qui le définit et le détermine. Mais, loin que cette « chose admirable » soit donnée dès le départ, toute faite, figée, cette « chose admirable » se fait, se détermine, se crée elle-même par la médiation de la socialisation, de l'intégration sociale, et ceci, progressivement ; cette « chose admirable » tend, de manière irrésistible, vers son propre accomplissement maximal.

Il y a donc là deux affirmations liées, relatives à l'essence de l'homme. Celle-ci est, d'une part, virtualité, latence, possibilité, ouverture illimitée (car elle s'enrichit de manière indéfinie dans le cadre du devenir de l'histoire). Elle est aussi, réalité, actualité, produit de l'intégration d'un patrimoine historico-social spécifique. Mais il faut immédiatement le préciser : si l'humanisme est ici valorisation de l'homme, il ne s'agit aucunement d'un homme intemporel, idéalisé, sans lien ou attaches géographiques ou sociologiques. C'est dire qu'il y a au coeur de l'humanisme une prise de conscience du temps historique, corrélative à l'idée de progrès et de *praxis* du sujet, un sujet appelé à exercer une action décisive sur le réel, au niveau proprement empirique.

C'est précisément à ces deux idées que se rattache celle de la transcendance du sujet. D'où au niveau axiologique, sa valorisation absolue, en tant que valeur et source de valorisation et de sens. Mais il convient de signaler ici un risque réel. L'affirmation de l'homme comme absolu de valeur renvoie-t-elle à une absolutisation de celui-ci qui serait clôture et enfermement en soi du sujet, négation de l'autre, négation de l'intersubjectivité, et dévalorisation de la socialité ? Nous ne le pensons pas. Pourtant, comme nous le verrons, la dérive individualiste de l'humanisme produira, antithétiquement, autant l'absolutisation du sujet individuel que son anéantissement tendanciel dans les sociétés modernes.

II.2.2. La trajectoire vers l'autonomie

Le volet ontologique et axiologique, précédemment examiné, impliquait, à travers la notion de virtualité, la notion de perfectibilité. La perfection humaine doit être affirmée, posée comme possible. Il s'agit d'une perfection-perfectibilité, et la médiation nécessaire à ce niveau est celle d'une **formation à l'autonomie**, qui vise autant les aspects esthétique et moral que les aspects liés à la maîtrise scientifique et technique du réel, dans le cadre d'une synthèse harmonieuse de la **science** (érudition) et de la **conscience** (vertu).

On le voit, il y a là l'idée d'une formation permanente de l'homme total grâce à laquelle il accède à l'autonomie : autonomie créatrice dans l'ordre de la connaissance et de l'art, autonomie pratique et décisionnelle au niveau de la foi, de la croyance, des choix multiples, éthiques ou politiques. Le tout adossé à une valorisation du sujet, valorisation à laquelle nous invite par exemple cette formulation kantienne de l'impératif catégorique : « Agis toujours de telle manière que tu traites l'humanité en toi et chez les autres, toujours comme une fin, et jamais simplement comme un moyen ».

Nous pouvons ici, pour asseoir cette idée de l'autonomie, citer un passage d'Erasme, tiré de son *Essai sur le libre arbitre* : « La volonté de Dieu en tant qu'elle est la cause principale de tout ce qui se fait semble imposer la nécessité à notre volonté [...]. Cependant, quelle origine pourrions-nous assigner aux mérites dans un monde où il n'y aurait que nécessité perpétuelle et où la libre volonté n'aurait jamais à intervenir ? »[573]

Cette citation nous resitue au coeur d'un débat ancien, mais toujours actuel : la prescience et la volonté divines éliminent-elles le libre arbitre de l'homme ? Assurément non. Et l'on connaît les réponses ultérieures de certains philosophes à ce problème. Rappelons ici Descartes, expérimentant la liberté de sa volonté dans le *cogito*. Si la volonté peut accorder ou refuser son consentement, c'est la preuve de l'existence de la liberté. L'expérience du *cogito* et l'exercice de la liberté est donc, pour Descartes, « l'expérience métaphysique principielle ».[574]

---

[573] J. C. Margolin. *Erasme par lui-même.* Editions du Seuil. « Ecrivains de toujours ». Paris. 1965. pp. 167-168.

[574] Selon la terminologie de Jean-Marc Gabaude in *Liberté et Raison. La liberté cartésienne et sa réfraction chez Spinoza et Leibniz.* Tome L *Philosophie réflexive de la volonté.* Toulouse. Imprimerie ESPIC. 1970. p. 77. Et nous pouvons signaler en quelques mots les diverses connexions internes de cette expérience du *cogito* : « Je doute, je suis certain de douter, je *connais* donc la vérité, je veux douter, je suis libre, je pense, je *suis* libre d'être libre, mais je suis limité ». *Ibidem.* p. 77.

Cette expérience du *cogito* est expérience métaphysique au sens plein du terme, « expérience tout à la fois d'existence et d'essence, expérience essentielle de ma liberté ».[575] Il convient pourtant de préciser, comme le fait Descartes, que cette liberté est consciente des limitations, même s'il faut affirmer le libre-arbitre comme étant tendanciellement infini.

Nous pourrions aussi rappeler la position de Leibniz qui affirme simultanément la liberté divine (dans la libre création du meilleur des mondes parmi la pluralité des mondes possibles) et la liberté humaine. C'est ce qui amène Jean-Marc Gabaude, commentant la pensée de Leibniz, à dire : « Pour que l'homme soit libre, il faut que sa création soit libre et que, par conséquent, Dieu choisisse entre plusieurs mondes possibles ».[576]

Comment oublier à ce niveau, Montaigne, et sa profession de foi rationaliste ? Pour Montaigne, ce qui est propre à l'homme, c'est la raison, qui permet précisément jugement et liberté. C'est cette raison qui doit, seule, conduire et orienter notre pratique, nos inclinaisons. Cette raison est par nature doutante, d'abord de soi, avant d'être doutante du monde. Cette raison est le dernier recours et la norme suprême, et c'est elle qui fonde toute science. On peut d'ailleurs dire que le doute de Montaigne se veut propédeutique : il cherche à élaborer une méthode véritablement scientifique, qui part de l'expérience, la vérifie, la soumet au crible du jugement critique. Comme le montre opportunément Etiemble ici : « Le doute chez Montaigne, se borne à condamner la raison spéculative, celle qui pose des principes abstraits, métaphysiques, et en déduit par syllogisme un ordre du monde aussi factice que celui de l'imagination ; à fonder, ce faisant, un rationalisme modeste, qui part de l'expérience, la filtre, la contrôle, y revient sans cesse pour mieux la critiquer ».[577] Un tel doute, un tel culte de la raison, ne se comprennent que portés par cet idéal d'autonomie, de liberté : liberté tendanciellement totale, qui est d'abord et surtout, **liberté de penser**.

Cette trajectoire vers l'autonomie à laquelle nous venons de consacrer les précédentes lignes se fonde autant sur l'affirmation de la liberté que sur celle, fondamentale, du progrès par l'effort. On y lit déjà

---

[575] *Ibidem.*

[576] *Liberté et raison.* Tome III. *Philosophie justificatrice de la liberté.* Toulouse. Association des publications de l'Université de Toulouse-le-Mirail. 1974. p. 315.

[577] *E.U.* Vol. II. p. 297.

l'articulation de la théorie et de la *praxis*, de même que l'affirmation nette de la réalité (celle du sujet comme celle du monde) en tant que production, résultat de la *praxis* humaine.

II.2.3. Le volet politique et social

Le sujet humain, liberté et raison, formé à l'autonomie, se déploie en contexte nécessairement social. Il n'est donc pas étonnant de retrouver dans l'humanisme toute une pensée politique, faite essentiellement de pacifisme et de cosmopolitisme, tout en étant ouverte à l'idée de contractualité. S'agissant spécifiquement de pacifisme et de cosmopolitisme, nous pensons à la condamnation de la guerre par Erasme, puisque la guerre est pour lui, le plus grand des maux.[578] Pacifisme, oecuménisme, cosmopolitisme, contractualisme, voilà ce qui, *grosso modo*, en politique, caractérise l'humanisme, qui développe le souci de faire triompher en permanence les intérêts moraux de l'homme, de l'humanité, un triomphe sans médiation de la violence, comme le rappelle avantageusement ici J. C. Margolin : « Le sens de l'histoire et la continuité du destin de l'humanité leur (les humanistes) fait préférer une réforme intérieure à un reversement brutal des institutions sociales, car ils restent persuadés du triomphe nécessaire de l'esprit. »[579] Il y a optimisme fondamental, et c'est non la *praxis* révolutionnaire, mais la pratique créatrice d'institutions, d'art, d'ouvrages théoriques, de science, qui est valorisée.

Que retenir alors, de notre brève enquête sur l'humanisme ? Assurément cette liaison nécessaire de la science et de la conscience, ce pari sur l'esprit, qui seul peut nous permettre de maîtriser et nous-mêmes et le monde, et ce parti-pris pour l'homme pour lequel il y aurait lieu de créer un contexte véritablement hominisant. Quand nous parlons de cette conjonction nécessaire de la science et de la conscience, nous renvoyons incontestablement à Montaigne, à ses *Essais*. La science, oui, mais surtout la conscience morale : voilà le propre de l'homme, pour

---

[578] D'où ses conseils ci-après, au prince chrétien : « Que le prince vraiment chrétien réfléchisse à la différence qu'il y a entre l'homme, être né pour la paix et l'amour, et les bêtes sauvages nées pour la rapine et la guerre [...]. Après cela qu'il examine combien salutaire est la paix et, par contraste, combien néfaste et dégradante est la guerre, quel troupeau de malheurs elle traîne après elle, même si elle est tout à fait juste, à supposer qu'on ait le droit jamais d'appeler une guerre juste [...] ». J. C. Margolin. p. 169.
[579] *Envclopaedia Universalis*. Vol. VIII. p. 605.

Montaigne ; et si cet homme doit évoluer en contexte hominisant, quelles autres valeurs faire triompher, hormis les valeurs morales (savoir-vivre, douceur, tolérance,[580] maîtrise de soi, modestie) ?

Que retenir encore de notre enquête sur l'humanisme, hormis ces affirmations tout à fait révolutionnaires : a) - toutes les civilisations se valent, b) - il s'agit de renoncer à l'usage de la violence dans les rapports interhumains,[581] c) - la production historique du social, de sa structure et du droit est une réalité, et la théorie de l'Etat de droit divin doit donc s'estomper et disparaître ?[582]

III. QUEL HUMANISME DU PRESENT ET DE L'AVENIR ?

Comme nous l'avons vu, le courant humaniste de la Renaissance (en ses diverses ramifications), a marqué au niveau philosophique où nous nous situons, l'avènement du **triomphe de la subjectivité** avec la position du sujet comme **valeur absolue.** Il a marqué au niveau culturel, **le surgissement de la modernité.**

Rappelons ici, à titre de synthèse introductive, trois grands axes de cette conception nouvelle, moderne, du sujet et de ses rapports avec le réel : (1) - « La dignité du moi ne réside plus dans la situation objective qui lui a été assignée une fois pour toutes au sein de l'édifice cosmique, mais dans sa capacité d'opposer à l'univers objectif sa valeur propre »[583] ; (2) - Le statut de l'homme ne consiste plus pour lui à être une simple

---

[580] Etiemble relève ici que, pour Montaigne : « La moyenne des hommes doit s'accepter telle quelle, prendre de ses imperfections quelque conscience, afin autant que possible de les réduire sinon de les cacher ». *E. U.* Vol II. *Op. cit.* p. 298.

[581] J. F. Revel le montre clairement : pour Montaigne : « Aucune transformation historique brutale [...] ne peut être tenue de façon certaine pour bénéfique étant le droit de faire bon marché du sang versé et des souffrances humaines au nom d'un résultat par essence aléatoire ». in *Histoire de la philosophie occidentale de Thalès à Kant.* Nil Editions. 1994. p. 327.

[582] Dans *De dignitate hominis,* Pic de la Mirandole fait décrire par le Démiurge la condition unique qui est celle de la créature humaine : « O Adam, nous ne t'avons donné, ni une place déterminée, ni une physionomie, ni aucun don particulier, afin que la place, la physionomie, les dons que tu aurais souhaités, tu les aies et tu les possèdes selon tes voeux. Pour les autres, leur nature définie est régie par des lois que nous avons prescrites ; toi, tu n'es limité par aucune barrière, c'est de ta propre volonté, dans le pouvoir de laquelle je t'ai placé, que tu détermineras ta nature. » Cité par A. Renaut. *Op. cit.* p. 58.

[583] Alain Renaut. *Op. cit.* p. 57

partie du **tout,** du fait d'une réelle émergence de la polarité sujet-objet-sujets ; (3) - La dimension de la liberté comme créativité permet de fonder un avenir indéterminé, illimité, ouvert.

Ce qui fait dire à Alain Renaut : « L'affirmation humaniste d'une valeur propre de l'homme, la détermination de cette valeur comme capacité prométhéenne d'être le sujet de son être et l'explication de cette subjectivité en termes d'autonomie ne sauraient être plus clairement reliés pour manifester ce surgissement du moderne - qui est venu briser l'antique représentation du cosmos ».[584] Il convient pourtant d'examiner maintenant, très brièvement, la traduction concrète de ces grands axes, de la période de la Renaissance à la période actuelle.

III.1. La dérive individualiste de l'humanisme

III.1.1. La nature de la dérive

Nous pouvons affirmer ici qu'au triomphe de la subjectivité et de l'autonomie s'est substitué, progressivement dans un premier temps, le triomphe de l'individualité, avec déplacement « d'une éthique de l'autonomie vers une éthique de l'indépendance ».[585]

Qu'est-ce à dire, sinon que l'individualisme constitue un moment, une dérive de l'humanisme ? Certes, l'homme demeure, essentiellement, valeur propre ; certes, le monde cesse d'être intrinsèquement hiérarchisé ; il reste que cet individualisme constitue précisément, une menace pour l'humanisme.

L'humanisme, tout en postulant l'autonomie du sujet, n'éliminait pas une sphère de normativité supra-individuelle, intersubjective, caractéristique de l'humanité. Dans l'individualisme, par contre, l'affirmation de l'exclusivité du moi, du point de vue de la valeur, sape fondamentalement l'intersubjectivité, en hypostasiant la singularité et l'individualité avec comme conséquences, l'atomisation du social et la destruction (potentielle) de l'espace public.

Les problèmes ici générés sont multiples. **Le premier problème** : le triomphe de l'individualité peut-il être compatible avec la

---

[584] *Ibidem.* p. 58.

[585] *Ibidem.* p. 61. Alain Renaut reprend d'ailleurs ici une formule husserlienne : « Comment penser une transcendance à l'intérieur de l'immanence » ? *Idem.* p. 61.

transcendance des normes qui, par définition, limiteraient cette individualité ? Alain Renaut formule, à nouveau et en ces termes, cette importante aporie : « Comment concilier la « liberté des Modernes », au sens de cette exigence d'indépendance [...] avec l'existence nécessaire de normes, exigence indépassable de l'intersubjectivité, qui suppose bien une limitation imposée à l'individualisme monadologique, donc, une limitation de l'individualité ? »[586]

Le deuxième problème : comment, dès lors, véritablement penser le « public », « la chose publique », l'espace public, si l'intersubjectivité est difficilement concevable, possible, et si le souci de chaque moi, c'est son propre triomphe, le triomphe de ses propres désirs ? Ce qui est dit ici de l'individu peut aussi être affirmé du groupe : la dilution effective de la transcendance de l'individualité dans le groupe entraîne la naissance de la nouvelle transcendance du groupe en rivalité avec les autres groupes au sein de l'ensemble social qu'il s'agit, comme enjeu pour chaque groupe, de normer et d'orienter en fonction d'intérêts qui, idéologiquement universalisés, n'en sont pas moins des intérêts de groupes, des intérêts de classes.[587]

Le troisième problème : sur quoi fonder un ordre quelconque de la société, si toute transcendance des valeurs par rapport à l'individualité est occultée, niée ? La nécessaire transition d'un monde clos (où triomphent sur la subjectivité **« l'altérité de la loi divine »** tout autant que « **l'extériorité de la tradition** »[588], vers un monde ouvert, infini, (où les valeurs, sens et normes ne le sont que par et pour le sujet, un sujet pourtant de plus en plus illusoire et avec une autonomie limitée) devait-elle signifier, nécessairement, l'affirmation d'un individualisme sans limites ? En un mot, comment penser des normes subjectives (c'est-à-dire posées par le sujet), mais valables non point seulement pour ce sujet, mais pour tous les sujets possibles, des normes qui soient donc non seulement subjectives, mais encore inter-subjectives et partant trans-individuelles ? L'individualisme ne pourrait-il pas, ici, passer du relativisme et même du nihilisme, à un triomphe et à une véritable

[586] *Ibidem.*

[587] Encore que tout ceci permette de percevoir la prédominance de ce que nous avons appelé, après Habermas : **la rationalité instrumentale,** qui oriente les modalités de rapports entre les individus et entre les groupes.

[588] Formulations empruntées à Alain Renaut.

dictature des «opinions», des « fins » et des « goûts » individuels[589], des goûts, opinions et fins d'individualités occultées d'ailleurs par le groupe, par la classe, et s'imposant malgré tout à eux ?

III.1.2. Repérage, chez Leibniz et Nietzsche

Nous allons maintenant invoquer ci-après l'un ou l'autre nom, à l'appui de notre affirmation de la dérive individualiste de l'humanisme, dans la période qui va de la Renaissance à l'actualité. Pour ne pas allonger indéfiniment notre propos, nous citerons deux noms seulement : Leibniz et Nietzsche.

Pour Leibniz, de la liberté du sujet à son indépendance, la transition est claire, directe, totale.[590] Cette indépendance du sujet est affirmée face à toute catégorie : celle des autres sujets, celle de la nature elle-même.

Sur cette affirmation de notre indépendance totale, de notre autonomie, Leibniz dira : « Tout esprit étant comme un monde à part, suffisant à lui-même, indépendant de toute autre créature, enveloppant l'infini, exprimant l'univers, est aussi durable, aussi subsistant, et aussi absolu que l'univers même des créatures. Ainsi doit-on juger qu'il doit toujours faire figure de la manière la plus propre à contribuer à la perfection de la société de tous les esprits, qui fait leur union morale dans la cité de Dieu [...]. Car, ce parfait accord de tant de substances qui n'ont point de communication ensemble, ne saurait venir que de la cause commune ».[591]

---

[589] Dépassant une problématique fondée strictement sur l'individu, nous pouvons appliquer notre questionnement actuel à la logique de classes, et à la lutte multiforme des classes.

[590] Dans son *Système nouveau de la nature et de la communication des substances* Leibniz montre notamment que : « Au lieu de dire que nous ne sommes libres qu'en apparence, et d'une manière suffisante à la pratique [...], il faut dire plutôt que nous ne sommes entraînés qu'en apparence, et que dans la rigueur des expressions métaphysiques, nous sommes dans une parfaite indépendance à l'égard de l'influence de toutes les autres créatures. Ce qui met encore dans un jour merveilleux l'immortalité de notre âme, et la conservation toujours uniforme de notre individu, parfaitement bien réglée par sa propre nature, à l'abri de tous les accidents de dehors, quelque apparence qu'il y ait du contraire. Jamais système n'a mis notre élévation dans une plus parfaite évidence ». Cité par A. Renaut. *Op. cit.* p. 139.

[591] *Idem.*

On le voit donc : l'individualisme leibnizien renvoie à une conception de la liberté comme indépendance totale des êtres, chaque individualité, soustraite à l'influence de toute autre extériorité, se réglant sur sa propre nature qui s'accomplit « librement », c'est-à-dire, en vertu de lois dérivant de cette nature elle-même et non en vertu des lois posées dans le cadre d'une quelconque relation intersubjective ou contractuelle. De plus, chaque individu, qui est « un monde à part », coexiste de manière auto-suffisante avec les autres dans une réelle dissolution du collectif au profit du privé et de l'individuel. D'où ce fait que la Monadologie de Leibniz soit « acte de naissance philosophique de l'individu et de l'individualisme », du fait principalement de la « dissolution parallèle de la subjectivité et de l'intersubjectivité ».[592]

Dès lors, l'individualisme, au sens **ontologique,** renverra à l'individualisme, au sens **éthique :** « C'est à travers le repli sur soi et le fait de ne se soucier que de soi-même, par la culture de son indépendance et de la soumission à la loi de sa nature [...], que chaque individu contribue à manifester l'ordre de l'univers, l'harmonie et la rationalité de tout ».[593]

Certes, cette version leibnizienne de la liberté, qui n'est point autonomie au sens Kantien et ne correspond pas à une application au sujet d'une loi qu'il s'est lui-même imposée ou qu'il a acceptée vu l'intersubjectivité, renvoie à un déterminisme ontologique révélateur de la légalité immanente au réel. Indépendance absolue des êtres et surtout, affirmation de la soustraction de l'individu par rapport à toute autre extériorité, cette liberté leibnizienne renvoie aussi et surtout à la « valorisation hyperbolique de l'autosuffisance », selon Alain Renaut, et produit, dès lors, « la décomposition de l'intersubjectivité entendue comme « communication » entre les esprits, l'« accord » subsistant entre ceux-ci ne procédant nullement d'un consensus (ou d'un contrat) entre des volontés qui résoudraient de se limiter réciproquement ».[594]

---

[592] *Ibidem.* p. 140.

[593] *Ibidem.* p. 219. Nous sommes renvoyés ici au rationalisme métaphysique leibnizien, qui affirme qu'il existe objectivement un certain nombre de vérités de base, de principes éternels, qui sont les mêmes pour Dieu, pour l'entendement humain et dans ce monde, un monde dont ils sont l'armature et les lois ». J. F. Revel. *Histoire de la philosophie occidentale. De Thalès à Kant.* NIL Editions. 1994. p. 408.

[594] Alain Renaut. *Op. cit.* p. 140.

De Leibniz, nous pouvons passer à Nietzsche. On peut l'affirmer : Nietzsche radicalise l'individualisme monadologique leibnizien, en fondant un individualisme d'un type nouveau.

Dès le départ. Nietzsche fait de l'individu une valeur absolue, qu'il n'y a pas lieu d'effacer en l'incluant dans un « genre » qui, par définition, homogénéise les différences. C'est **l'individualisme ontologique.** Pour lui, « Il n'y a pas d'espèce, il n'y a que des individus différents » :[595] les valeurs grégaires et la « civilisation **du** troupeau » sont critiquées, en tant que « **décadence** », le besoin de l'autre et la conscience de ce besoin, tout comme celle de la dépendance et de l'interdépendance, sont fustigés. Ce qui est valorisé ici, axiologiquement ou ontologiquement, c'est essentiellement l'individu en tant que « moment d'un processus d'accroissement de la volonté de puissance ».[596]

Quoiqu'il en soit, à la critique des valeurs grégaires s'ajoute celle de l'égalitarisme constitutif, selon Nietzsche, de toute démocratie, car cet égalitarisme n'est en fait qu'un faible degré de l'indépendance du sujet, la volonté de puissance ne réalisant à ce niveau que l'affranchissement très limité d'ailleurs, voire même illusoire, à l'égard de la **totalité**. L'individualisme nietzschéen est donc celui « pour lequel l'individu doit moins s'affirmer comme tel contre le **tout** que se poser comme personne dans sa différenciation d'avec tous »[597].

Dépassant l'égalisation avec tous, cet individualisme soutient simultanément deux choses : l'affirmation infinie de soi comme indépendance à l'égard de tous, d'une part ; la distance et la hiérarchie, en tant que passage de la puissance à la prépondérance, d'autre part. Lisons ici ces quelques lignes de Nietzsche tirées de *La volonté de puissance :* « Dire moi plus souvent et plus fort que la majorité des hommes, s'imposer à eux, raidir contre toute tentative qui nous réduirait au rôle d'un instrument ou d'un organe, se rendre indépendant [...] ».[598]

---

[595] In : *La volonté de puissance* II parag. 72. Gallimard.
[596] Alain Renaut. *Op. cit.* p. 215. Comme le dit Nietzsche : « Je veux fonder une caste nouvelle d'hommes supérieurs auprès desquels les esprits et les consciences désemparés pourront aller chercher conseil ; qui comme moi, vivant non seulement au-delà des confessions politiques et religieuses, auront aussi dépassé la morale ». *Par delà le bien et le mal.* (Coll. 10/18). Paris. l990. p. 18.
[597] Alain Renaut. *Op. cit.* p. 219.
[598] *Op. cit.* pp. 348-349.

Leibniz et Nietzsche pourraient nous paraître bien lointains, de même aussi que Hegel ou Heidegger auxquels nous aurions pu nous intéresser. A tort, assurément. Car, les figures du présent s'originent, comme nous allons le voir maintenant, dans cette dérive individualiste de l'humanisme de la Renaissance, de l'humanisme originel.

III.2. Figures du présent

Ce que nous pouvons dire, c'est que dans l'actualité, les valeurs de l'humanisme originel et notamment, la valeur de **l'homme**, semblent s'être plus ou moins évanouies. Non point, certes, que cette valeur de l'homme ne soit plus affirmée. N'y a-t-il pas une Déclaration Universelle des Droits de l'Homme ? N'existe-t-il pas, au niveau de l'O.N.U, comme au niveau des Etats, une Commission et des associations à envergures variables, pour la défense des droits et de la dignité de l'homme ?

En fait cette affirmation théorique de la valeur de l'homme constitue l'envers d'une réalité (de plus en plus camouflée), celle de **la négation même de l'homme** dans le contexte actuel. Et c'est au niveau des deux points ci-après que peut se lire pareille négation : le point de l'unidimensionnalisation de la pensée d'abord ; le point de la médiation de la violence comme stratégie tant du maintien de la cohésion de la totalité sociale que des transitions historiques, c'est-à-dire, du passage d'un type de société à un autre ensuite.

Figure n° 1 : L'unidimensionnalité

Pour décrypter la triple unidimensionnalisation de la pensée, de la société et du monde, il n'est que de lire les travaux d'Herbert Marcuse (et notamment *l'Homme unidimensionnel)*, de Habermas (*Connaissance et intérêt)*, et d'autres auteurs, comme Edgar Morin, Axel Kahn, Jean-Marc Gabaude. Ce qu'une pareille lecture pourrait nous livrer, c'est tout d'abord, la mise en lumière de la fusion du progrès technique et du cadre institutionnel de la société ; cette fusion a produit essentiellement la clôture de la vision de l'organisation du social et des rapports nature-individu à l'intérieur du schème opérationnaliste, du schème de la domination : domination de la nature, domination de l'homme, domination de la société et du monde.

Dans une étude sur le statut théorique de l'objectivité dans les sciences, nous avons pu démontrer « l'impossible transcendantalité de l'objet de la science »[599], ainsi que « l'impossible transcendantalité du sujet de la science », vu l'articulation de l'objet (le cosmos ou même le sujet humain) et du sujet connaissant, d'une part, et l'articulation corrélative entre le cosmos (l'univers physique) et l'univers anthroposocial, qui s'interproduisent mutuellement, d'autre part.[600] C'est dire que, de manière tout à fait ambivalente, la rationalité s'est constituée, simultanément, comme une « mesure critique de l'état de développement des forces productives, et comme une « mesure apologétique » de justification des rapports de production en tant que cadre institutionnel adéquat ».[601]

D'où notre principale conclusion, en plusieurs volets, sur ce sujet : - la liaison de la raison technique à un projet de domination de la nature ainsi que de l'homme et du social, est désormais une dimension essentielle du réel ; - cette domination est de nature politique, avec cependant occultation d'une exploitation/répression qui se présente comme rationnelle et même naturelle ; - l'opérationnalisme théorique et l'opérationnalisme pratique, liés, deviennent instruments conceptuels certes, mais aussi et surtout principes de la légitimation de la réalité établie : « Ils rationalisent l'absence de liberté de l'homme, en trancendantalisant/nécessitarisant la technique, ce qui limite *a priori* la possibilité de l'autonomie, de l'auto-détermination, du choix de l'existence ».[602]

A partir de cette lecture de Marcuse et de Habermas, nous pouvons déduire l'extension de cette domination à la totalité du monde et des sociétés. C'est à partir de cette extension d'ailleurs que l'on peut comprendre la structure actuelle du monde, faite d'une sphère dominante, centre de conception et de gestion du présent autant que d'anticipation théorique de l'avenir, et d'une périphérie maintenue sous domination et exploitée au niveau de l'économie, où l'échange inégal demeure la norme absolue, et au niveau proprement politique, où toute initiative historique

599 Puisque l'objet est devenu « ce grâce à quoi se définit et se développe un travail de connaissance et de transformation ». Français Châtelet in *Encyclopaedia Universalis.* Vol. 11. p. 1024.
600 Lire à ce sujet : Pius Ondoua. *Positivité scientifique et positivisme idéologique. Une analyse épistémo-politique du fétichisme de la science.* Thèse de Doctorat d'Etat ès-Lettres et Sciences Humaines, Toulouse-le-Mirail. 1989. pp. 143-158.
601 Pius Ondoua. *Op. cit.* p. 229.
602 *Ibidem.* p. 266.

est, virtuellement au moins, anéantie, et la transformation qualitative, catastrophique pour le système, différée.

Figure n° 2 : La violence hyperbolique

Nous pouvons aussi déduire de nos lectures, marcusiennes, habermassiennes et autres, l'instauration d'une logique de la violence : la violence idéologique d'abord, qui travestit la communication interindividuelle et impose une vision à la fois monolinéaire et unidirectionnelle de l'évolution historique ; la violence économique, repérable dans la structure d'exploitation des individus et des sociétés, au profit de quelques-uns et ce, au nom précisément d'un libéralisme brumeux hypostasiant une mythique liberté individuelle, l'individu continuant d'être objet historique et non sujet de l'histoire ; la violence politique, repérable elle aussi au sein de la réalité sociale où la compétition pour la maîtrise des appareils de gestion de la société fait l'objet d'une lutte sans merci au mépris, justement, de l'homme, de sa dignité ; violence repérable aussi dans les rapports sociaux mondiaux caractérisés par l'impérialisme.

Cette triple violence est bien l'expression de la volonté de puissance, appuyée sur l'accroissement indéfini de la puissance qu'offre la technoscience, et notamment, la technologie militaire. Elle correspond à l'enfermement de la rationalité à l'intérieur du schéma opérationnaliste et à une rationalité de l'enfermement dans la figure actuelle du monde. C'est bien cela la mondialisation, qui ne saurait être entendue au seul niveau économique de l'ouverture illimitée du monde devenu vaste marché pour les économies des pays dominants et développés essentiellement.

Figure n° 3. Absence d'éthique : l'universalisation du *statu quo*

Nous pourrions encore déduire de nos lectures marcusiennes et habermassiennes la perte du sens des valeurs et l'inscription de l'efficacité-pouvoir comme valeur, norme et principe absolu de légitimation. Cette perte est repérable au niveau de la conscience technocratique, devenue conscience idéologique dominante. Comme le montre Habermas : « La conscience technocratique ne reflète pas tellement la dissolution de telle ou telle structure morale, que le refoulement de la « moralité » en tant que catégorie dans l'existence en général ».[603]

Nous pourrions déduire enfin, de ces lectures, le reflux vers le particulier par essai infructueux d'occultation de l'Universel, et le triomphe résolu pourtant de l'Universel (mondialisation économique et culturelle) par résorption tendancielle des individualités ainsi que des particularités, la lutte continuant d'être menée par ces particularités, ces individualités, pour leur maintien, contre précisément cette « Universalité rationnelle » homogénéisante et néantisante.

Que sont donc devenues les valeurs mêmes de l'humanisme originel ? L'homme, cette valeur centrale, est-il encore posé comme valeur, lorsqu'il est manipulé, introduit malgré lui dans une histoire dont il ne détermine plus le cours, cessant par là d'être sujet de l'histoire, centre d'initiative et de choix ? A quoi renvoie la valeur du progrès, et l'homme en est-il toujours la finalité essentielle lorsque le progrès même de la science et de la technique vise à se présenter comme mû par un impératif d'accroissement ininterrompu d'où toute considération éthique serait évacuée ?

Nous pourrions reprendre ici cette question qui a fait le titre de l'important ouvrage d'Axel Kahn, Membre du Comité Consultatif National d'éthique français : *Et l'homme dans tout ça ? Plaidoyer pour un humanisme moderne.*[604] « Il y a dans cette question tous les fondements de la réflexion éthique. L'homme peut-il n'être qu'un moyen sans être toujours également sa propre fin, pour reprendre sous la forme d'une question l'un des préceptes de l'éthique kantienne ? »[605] Cette interrogation de fond concerne d'ailleurs, outre le présent, l'avenir même de l'humanité : « Les connaissances de l'homme, facteur du développement des techniques et des possibilités de maîtrise du monde extérieur, peuvent-elles se justifier sans référence à leur pouvoir de participer à l'émancipation physique et intellectuelle des personnes, celles qui vivent et vivront ici et ailleurs, aujourd'hui et demain » ?[606]

---

603 *La technique et la science comme idéologie.* Paris. Gallimard. 1973. pp. 57-58.
604 NIL Editions. Paris. 2000.
605 *Op. cit.* p. 23.
606 *Ibidem.* p. 23.

En un mot, l'absence actuelle d'éthique n'implique-t-elle pas un besoin urgent d'éthique ? Et la négation actuelle de l'humain n'implique-t-elle pas, elle aussi, de manière tout à fait urgente, la réaffirmation de l'homme, constitutive de tout humanisme ? Quel humanisme, dès lors, pour le présent et l'avenir ?

III.2.1. La « création de l'avenir »

Cette partie de notre réflexion se veut brève, indicative, programmatique. Que pourrait-elle être d'autre, puisque le philosophe que nous sommes, lisant et analysant le présent et sa gestion, son déploiement et sa légitimation, vise à orienter la réalisation de l'avenir en fonction de valeurs qui permettraient d'instaurer une socialité humanisante ? Nous nous bornerons donc à indiquer trois axes, très succinctement.

- la conscience des droits et des devoirs humains ;

- la maîtrise humanisante du réel ;

- la convergence panhumaine et la visée de l'Universel, par le dépassement du particularisme et de la limitation.

Axe n° 1 : La conscience des droits et des devoirs humains

Nous le savons : l'homme ne saurait se constituer sans rapport à la société. Société et humanité sont nécessairement conjointes, la première rendant possible la deuxième.

La valorisation de l'autonomie, principe fondamental de l'humanisme comme nous l'avons vu, ne saurait renvoyer à une désocialisation de l'homme. Au contraire ! L'autonomie en vertu de laquelle je me donne à moi-même ma propre loi implique une intersubjectivité elle aussi fondamentale grâce à laquelle je pose l'autre, non point comme simple objectivité et extériorité, mais comme subjectivité elle aussi autonome, la communication s'établissant grâce à l'identité de la raison qui définit nos deux subjectivités. Au point que, pour reprendre ici une vision kantienne, « en se soumettant à la loi et à l'exigence d'universaliser la maxime de son action, le sujet moral s'accorde idéalement à d'autres sujets possibles avec lesquels ils se conçoit solidairement comme membre du règne des fins ».

Mais il convient de revenir un instant à la problématique des droits et devoirs humains. Si l'homme est valeur, ontologiquement, on comprend qu'il ait des droits : libre expression de la personne, libre déploiement, anticipation et choix, création diversifiée dans les oeuvres de l'art et de la culture, orientation du devenir historique dans la politique... La Déclaration Universelle des Droits de l'Homme est là pour nous en convaincre. Cette Déclaration, nous le savons, se fonde sur la spécificité même de l'être humain, spécificité qui est faite de capacités intellectuelles, de créativité, d'aptitude au sens moral, de capacité de construire et de manipuler des concepts... Elle fonde une affirmation transcendantale de la dignité de l'homme et de ses droits, puisque l'homme, selon Axel Kahn par exemple, « seul parmi toutes les espèces vivantes, [...] a la capacité de se poser lui-même cette question de sa dignité et de ses droits [...] ».[607]

Axel Kahn explicitera une fois encore sa pensée, dans une perspective kantienne lorsqu'il dira : « N'est-ce pas la capacité qu'a l'humanité de se forger par la raison une loi morale définissant les devoirs à remplir dans la liberté qui donne en effet des droits aux Hommes ? Cette capacité que possède la personne humaine de se projeter comme sujet digne et doté de droits me semble fonder, en effet, une dignité telle qu'elle dépasse les conditions qui l'ont permise ».[608] Mais où est donc, codifiée dans un texte unique, à valeur normative et impérative, la Déclaration Universelle des Devoirs de l'Homme après celle de ses Droits ?[609] Une codification de ces devoirs ne devient-elle pas ici, nécessaire ? Nous pensons que oui, même s'il faut convenir que la conscience de ces devoirs évolue désormais, comme cela peut apparaître dans la tenue récurrente des sommets consacrés notamment à l'environnement. Le premier devoir à ce niveau doit être la pensée et le choix collectifs de l'avenir commun : l'avenir non seulement de tous et de chacun, mais aussi de la planète toute entière, dont nous sommes tous collectivement responsables.

---

[607] *Op. cit.* p. 69.

[608] *Ibidem.*

[609] Axel Kahn prend acte de cette évolution et insiste sur certains Droits de l'Homme, comme le nécessaire respect de la valeur de l'homme réel ou potentiel au-delà de toute éthique utilitariste ou instrumentaliste. De même le PNUD suit-il l'exécution des droits.

Axe n° 2 : La maîtrise humanisante du réel[610]

Le premier axe, qui débouche sur une éthique de la responsabilité, ouvre la voie au second axe, celui de la nécessaire maîtrise humanisante du réel. Cette maîtrise, il faut d'abord la situer au niveau théorique, dans une critique ferme de l'irrationalité d'une raison qui est désormais violence, manipulation et domination, ouvrant la voie à tous les totalitarismes : la raison technoscientifique, et dans une indication des fins panhumaines à réaliser dans l'histoire. Ici, l'homme, *causa sui*, assurerait « les droits et devoirs de l'homme devant les risques de l'auto-accroissement de la technoscience ».[611]

C'est une analyse génétique et critique qu'il s'agit de faire de la révolution scientifique et technique au regard de son impact sur la vie humaine. Comme le montre Edgar Morin : « La révolution scientifique n'entraîne [...] aucun progrès humain bien que toute avancée scientifique soit progrès. Elle peut davantage consolider les pouvoirs que favoriser les émancipations, la révolution scientifique est débile dans sa radicalité [...]. Elle réussit à dominer le monde mais, du même coup, risque de l'anéantir et de s'anéantir elle-même ».[612]

Au bout de cette analyse, il y a, nécessairement, une réintroduction de l'homme, qui correspond à une réintroduction de la problématique des valeurs et des fins. Une fois de plus, Edgar Morin peut dire, avec pertinence : « révolutionnaire, agissante, géniale, elle (la révolution scientifique et technique) est aussi aveugle, ivre, titubante. Il y a donc nécessité d'une conscience révolutionnaire qui puisse domestiquer la science ».[613]

Axe n° 3 : Convergence panhumaine et visée de l'Universel

Le troisième axe se déduit naturellement des deux premiers : c'est l'axe de la convergence panhumaine et de la visée de l'Universel. Doit donc être dépassée ici, la clôture individualiste, pour assurer l'ouverture, la tolérance, la paix, au-delà de toute terreur, de toute violence, de tout arraisonnement. Il faut dire que ce troisième axe se pose comme urgence, vu les ravages et dérives d'une mondialisation qui est tendanciellement

---

610 J. M. Gabaude. « *La philosophie ® assure-t-elle* » p. 25.
611 *Ibidem.*
612 *Science avec conscience.* Paris Fayard. 1982. p. 14.
613 *Ibidem.* p. 14.

négatrice de l'homme, négatrice de l'humain du fait qu'elle hypostasie la croissance économique, le développement exponentiel de la puissance, l'avoir illimité, au détriment de l'être et des conditions d'une existence « hominisante ». A l'unilinéarisation de l'histoire, sur le plan idéologique, s'ajoute désormais l'uniformisation d'un monde technoscientifiquement arraisonné et moulé à la fois par une économie « **libérale** » unique et triomphante. La visée d'Universel dont nous parlons renvoie donc, essentiellement à **l'homme :** elle est **humanisme** : position nécessaire de l'homme comme point de départ et aboutissement, comme sens et valeur. L'homme est le seul universel qui soit, et ne peut prétendre à l'universalisation que ce qui valorise, en la réalisant, son essence.

IV. L'URGENCE D'UN HUMANISME NOUVEAU

S'il y a donc une valeur qui doit être assurée, en permanence, c'est l'homme. Le parti pris pour l'homme, le pari sur l'homme, doivent donc être un impératif absolu, guidant toute notre pratique historico-sociale. Un tel parti pris est, nous le voyons, émergence de nouvelles valeurs, dans ce monde nouveau, celles qui, assurant la complémentarité entre les valeurs de la créativité, de la croissance, de la communication ou de l'interaction communicationnelle, et les valeurs de la solidarité, de l'équilibre, de la coopération, permettent d'atteindre une véritable **symbiose sociétale** s'ouvrant sur une vision de la vie faite de complexité et de respect des identités. Comment ne pas, d'ailleurs, revenir ici à Joël de Rosnay qui, dans *L'Homme symbiotique. Regard sur le troisième millénaire*, développe une réflexion de fond sur la **symbionomie,** comme art de gérer la vie personnelle et la vie collective de l'organisme sociétal, condition *a priori* pour réussir l'avenir, c'est-à-dire pour construire la société actuelle/future et donc préserver l'avenir de l'ensemble de la planète ? Comme le dit Joël de Rosnay, c'est d'une « **culture fractale de l'homme symbiotique** » qu'il s'agit, qui articule personnalisation et globalité, individualité et collectivité, « respectant les diversités et les densités temporelles de chacun ».[614]

Parler de l'urgence de l'humanisme, c'est affirmer, en urgence et nécessairement, la primauté des valeurs. C'est donc permettre qu'une nouvelle morale humaniste naisse et informe désormais les consciences

---

[614] *Op. cit.* p. 282.

et les pratiques. Elle impliquerait d'une part, la nécessaire responsabilisation du sujet comme liberté personnelle et d'autre part, le nécessaire aménagement de la socialité de manière à permettre la réalisation maximale de tous et de chacun, qui sont « libertés » et « raisons », dans une histoire qu'il s'agit de créer, continuellement, positivement, « pour l'homme ».[615]

---

[615] Cette position « normative » de l'urgence de l'humanisme se situe dans la même optique que celle que développe Trent Schroyer dans *Critique de la domination,* où « la recherche des modes alternatifs d'organisation sociale dans lesquels libertés et développement individuels seraient les critères de la rationalité ». *Op. cit.* p. 23, devient un impératif absolu.

CONCLUSION GENERALE

POUR UNE « ONTOLOGIE DE L'ETRE-VALEUR »

« La causalité et la finalité permettent [...] de concilier dans un ordre hiérarchique des causes efficientes et des causes finales la pluralité des êtres au sein de l'être, par une constante application du principe ontologique que c'est l'être qui fait la valeur ».

Georges Bastide

Avril 2005

I. DU PRESENT A L'AVENIR

I.1. Actualité des préoccupations bioéthiques

Comment, aujourd'hui, se situer à nouveau dans le sillage de cette recherche de la sagesse, objectif des pères fondateurs de la philosophie, sans revenir aux interrogations humaines fondamentales : la nature de l'être, sa destination, la pratique éthique et politique, la quête du sens, les rapports à la transcendance ? Comment philosopher, pour le présent et l'avenir ? Et d'ailleurs, à quoi bon philosopher ?

Pour répondre à ces interrogations urgentes, lancinantes, il s'agit de reprendre en charge, de fond en comble, le présent, avec ses défis, avec ses préoccupations, au premier rang desquelles les préoccupations bioéthiques, qui dérivent des questions éthiques posées par les technosciences en développement exponentiel, questions que traitent les divers Comités d'éthique et dont témoigne l'abondante littérature produite.

Mais lorsqu'on parle de bioéthique, de préoccupations bioéthiques, de quoi parle-t-on ? Assurément des problèmes issus de la recherche relative aux sciences de la vie, aux sciences de la santé, génératrices de pratiques qui interpellent la conscience humaine autant qu'elles peuvent être déterminantes pour l'avenir de l'espèce humaine elle-même (expérimentations menées sur l'être humain, transplantation d'organes et même, production techno-scientifique par clonage, de ces derniers, procréation médicalement assistée, réalisation potentielle de l'eugénisme...)

Il convient d'ores et déjà de le souligner : il y a dans le terme bioéthique simultanément un **rejet** et une **affirmation** : il y a le rejet de la thèse idéologique traditionnellement dominante du positivisme scientiste qui affirme la neutralité de la technologie quant au problème des valeurs ; il y a ensuite l'affirmation de la nécessaire inscription des préoccupations anthropologiques, éthiques et politiques au coeur même de la technoscience et de son activité, inscription que nous faisions il y a une quinzaine d'années dans nos travaux consacrés à l'épistémo-politique. La définition ci-après de la bioéthique met d'ailleurs clairement en lumière ce double mouvement de rejet et d'affirmation : la bioéthique désigne en effet « cet ensemble de questions à dimension éthique (c'est-à-dire mettant en jeu des valeurs et ne pouvant être résolus que par des choix) suscitées par le pouvoir croissant d'intervention technoscientifique dans le vivant (spécialement, mais pas exclusivement l'homme) ».[616]

L'évolution actuelle des technosciences, ininterrompue, illimitée, en intensification croissante, lance à l'humanité de sérieux défis, qu'il s'agit incontestablement d'assumer, de relever. Comment la réflexion philosophique ne serait-elle pas interpellée par les interventions technoscientifiques sur la procréation, sur le patrimoine génétique, les processus de sénescence et de dégénérescence conduisant à la mort, sur les manipulations du corps, celles de la personnalité, des milieux vivants humains ou non humains, les expérimentations thérapeutiques ou non thérapeutiques sur l'homme, dont les visées possiblement mercantiles, on le sait, n'échappent à personne ? Il faut d'ailleurs rappeler que cette réflexion philosophique ne se situe pas, selon la terminologie de Lucien Sève, « en position seconde par rapport à la connaissance et l'expérience »[617] ; elle occuperait au contraire, en primauté, une position première…

I.2. Au coeur d'une métamorphose radicale

Les thèmes bioéthiques nous situent ainsi au coeur d'une métamorphose radicale, à plusieurs facettes et registres, qui implique simultanément une transformation continue, grâce à la technoscience, du milieu dans lequel nous vivons, avec formation d'un cadre que Gilbert Hottois désigne comme le technocosme ou encore la réalité technocosmique, et une modification du rapport entre le sujet et la technoscience, avec le rejet de toute « extraterritorialité théorique ou culturelle » de cette dernière, et l'inscription en son coeur même de l'homme, ou mieux, des hommes, des sociétés, avec leur histoire, leurs défis et leurs projets. Cette métamorphose radicale appelle une réinterrogation tout aussi radicale autant de la métaphysique que de l'éthique traditionnelles, tout en se prolongeant en une politique. Nous le savons : la métaphysique traditionnelle structurait une ontologie, c'est-à-dire une réponse aux questions de savoir qu'est-ce que l'être, et spécifiquement qu'est-ce que l'homme ; de plus, cette ontologie et cette métaphysique débouchaient sur une certaine limitation de son horizon de

[616] *Le paradigme bioéthique*. p. 182.
[617] *Pour une critique de la raison bioéthique.* Paris. Odile Jacob. 1994. p. 14.

« connaissance », limitation fondée sur la nature/structure même de cet être, tel que nous le voyons dans la *Critique de la raison pure* ; cette métaphysique traditionnelle s'ouvrait aussi sur une détermination des conditions et formes de son « agir », c'est-à-dire de sa pratique éthique, comme nous le retrouvons aussi dans les *Fondements de la métaphysique des mœurs* et dans la *Critique de la raison pratique ;* cette métaphysique et cette ontologie débouchaient enfin sur une philosophie de l'histoire, soucieuse d'indiquer un horizon téléologique à l'existence, de lui assigner sens et signification tout à la fois.

C'est dire que de nouveaux défis sont désormais posés à l'ontologie, défis à partir desquels nous suivons la trajectoire qui va de l'essentialité des attributs (permanence et stabilité) à la production et même à la programmation de l'être, animal ou humain. De nouveaux défis interpellent la théorie de la connaissance et même l'éthique, le politique, la philosophie de l'histoire, les thématiques de l'illimitation de l'avenir et de la sur-inter-détermination se substituant ici à toutes les autres thématiques, ce qui, incontestablement, opère une véritable révolution copernicienne[618], dans la saisie et la compréhension que nous pouvons avoir du réel, de l'être, ainsi que du sens du déploiement de cet être.

I.3. Quelle humanité voulons-nous être ? Et dans quel monde ?

Notre problématique, on le voit, s'origine dans ces nouveaux défis. Si l'homme n'est plus, si sa nature n'est plus conçue comme stable, et si l'essentialité originaire fait désormais place à la production et à la programmation, nous voici responsabilisés au plus haut point, puisqu'il nous échoit la tâche de « créer l'homme », en liaison avec une sélection éthiquement guidée des « possibles technologiques », d'une part, et

---

[618] Et c'est bien d'une révolution copernicienne qu'il s'agit pour la théorie de la connaissance, lorsque Edgar Morin, dans son Anthropologie de la connaissance, *La Méthode 3. La connaissance de la connaissance*, Paris. Seuil 1986, revient sur la nature essentielle de la « **computation** », conçue comme « complexe organisateur et producteur de caractère cognitif comportant une instance informationnelle, une instance symbolique, une instance mémorielle, une instance logicielle ». *Op. cit.* p. 37. Dans ce même registre, Edgar Morin insiste aussi sur l'animalité de la connaissance et sur le fait que la connaissance spécifiquement humaine dérive du processus de l'hominisation qui est simultanément création du monde de la pensée et ouverture de la pensée sur le monde, une fois décryptées les relations d'« unidualité du cerveau et de l'esprit ».

d'autre part, de « recréer le monde à notre image », c'est-à-dire dans une forme nouvelle, autre, et dont nous avons à définir les contours.

Quelle humanité voulons-nous être ? Et dans quel monde ? Cette problématique est humaniste et profondément éthique ; elle est soucieuse de dire, non ce que serait l'homme, définitivement, puisque les évolutions technoscientifiques nous interdisent de continuer à nous situer ainsi au coeur d'une vision essentialiste et fixiste autant des choses que de la nature humaine, mais ce qu'il doit être, dans une perspective simultanément normative et éthico-axiologique. Ce choix, fondamentalement humaniste et éthique, indique clairement les défis du présent et de l'avenir, tout en étant fondé sur une vision de l'être humain que nous appelons « ontologie de l'être-valeur », pour laquelle le sujet humain est une personne (avec dignité, autonomie, valeur), siège des droits, responsable de son propre devenir autant que de celui de ses co-sociétaires (sociétaires du genre humain) et de la planète-monde dans son ensemble.

II. L'HUMANITE DE L'HOMME : DU DONNE (NATURE) AU PRODUIT (CULTURE)

II.1. L'universalité potentielle

Parler ainsi de l'humanité de l'homme, c'est dès lors rappeler, l'« ensemble des caractères communs à tous les hommes, y compris la vie, l'animalité ».[619]

De cette définition de l'humanité, nous pouvons faire dériver non seulement la permanence de la spécificité, à partir de caractères (ou caractéristiques) identifiables et globalement identiques pour l'ensemble du genre, mais encore l'opposition aux autres genres, sur la base de cette spécificité même. Cette dérivation relève d'abord d'un simple constat phénoménologique ; mais elle revêt, dans le même temps, une dimension fondamentalement normative et axiologique, dès lors qu'il y a devoir, pour l'homme, de développer son humanité.

---

[619] André Lalande. *Vocabulaire technique et critique de la philosophie*. Paris. PUF. 1968. p. 424. Cette définition se situe dans la perspective ontologique que Saint Thomas développe dans la *Somme théologique* (1, 3, 3, c). « ***Humanitas comprehendit in se ea quae cadunt in definitione hominis*** ».

Conclusion générale. Pour une « ontologie de l'être-valeur »

Parler du devoir de développer son humanité, pour l'homme c'est reconnaître que cette humanité, à développer et qui est un ensemble de caractères spécifiques, n'est pas donnée totale, figée dès le départ. Elle est ouverture, elle est en gestation. S'il y a universalité de l'humanité, cette humanité est potentielle, ou mieux elle est un ensemble de potentialités, à actualiser, en contexte humain et hominisant. Ontologie et axiologie sont donc ici, naturellement, liées[620]. Il y a une connexion dialectique et interrelationnelle entre la puissance, le processus et la socialité, le déploiement optimal de la subjectivité individuelle (aux niveaux physique, psychologique et intellectuel) impliquant la présence nécessaire d'une intersubjectivité et d'une socialité posées comme données « **transcendantales** ».

L'hominisation de la connaissance évoquée par Edgar Morin renvoyait déjà à cette effectivisation progressive et processuelle des potentialités en milieu nécessairement social. Le devenir-sujet de l'homme conjoint évolution anatomique et physiologique et évolution psychologique, affective et intellectuelle. Et ce devenir-sujet de l'homme va de pair avec le devenir même de la société :[621] le devenir-sujet de l'homme renvoie à l'auto-réflexion, (ou capacité de l'homme d'être conscient de lui-même) d'une part ; il renvoie aussi à l'auto-fondation (ou capacité des hommes, de l'humanité, à fonder le destin humain) d'autre part.[622]

---

[620] « Ce qui hominise doit devenir effectif, et ce qui est effectif doit devenir horninisant », note opportunément Jean-Marc Gabaude.

[621] De manière complémentaire d'ailleurs, Edgar Morin va insister sur la corrélation du devenir-sujet de l'humanité et celui de la société dans son ensemble. Pour Morin : « Nous sommes peut-être entrés dans une phase décisive, non seulement pour le devenir-sujet de l'individu, mais pour le devenir-sujet dans le monde ». *Ibidem*. p. 299.

[622] Alain Renaut note à ce sujet qu'il s'agit là de « deux dimensions qui définissaient l'idée classique de subjectivité conçue comme désignant l'aptitude, où se situerait l'humanité de l'homme, à être l'auteur conscient et responsable de ses pensées et de ses actes, bref : leur fondement, leur *subjectum* ». *L'ère de l'individu*. Paris. Gallimard. 1989. p. 14. L'auto-réflexion et l'auto-fondation n'impliquent d'ailleurs aucune occultation des « destructions de l'idée de sujet » repérables dans les deux thématiques de l'anti-humanisme : la thématique et l'inconscient, d'une part, et la thématique de la finitude d'autre part.

Pour Alain Renaut, la thématique de l'inconscient dénonce toute affirmation de la possibilité de transparence du sujet à soi, lorsque le sujet est pris essentiellement comme conscience. « Dans l'insistance sur la brisure du sujet, sur son incapacité à jamais coïncider avec lui-même, la volonté d'identité à soi qui anime l'auto-réflexion est alors

II.2. Les « fortuités inéluctables » et le processus d'hominisation

L'homme concret, pouvons-nous opportunément dire, est un ensemble de « fortuités inéluctables » s'actualisant dans le cadre d'un processus progressif en contexte social. Nous le savons.[623] Quelles fortuités inéluctables, donc, pour définir la « condition humaine » ? Repérons-les diachroniquement, mais pas exhaustivement.

Ces fortuités inéluctables, apodictiques, intègrent, pour l'homme, la conception, la naissance, la constitution (bagage) génétique et le sexe, les capacités (aptitudes) physiques et mentales, le destin sanitaire, la sénescence, la mort.[624]

Dans la constitution génétique, il y a inséparabilité du *genos* (origine, naissance) et du *phénon* (le paraître, les caractères somatiques apparents), inséparabilité du générique et du génétique, du générateur simultanément régénérateur d'une part, et de l'individualité singulière dans la spécificité d'un environnement d'autre part.[625] C'est donc bien à ce niveau qu'il convient de référer la stabilité, l'apparente (ou bien la réelle ?) programmation, la répétition... D'une façon antithétique mais

---

réduite à une simple illusion métaphysique que déjouent les découvertes de l'inconscient ». Alain Renaut. *Op. cit.* p. l 5.
La thématique de la finitude, « vient elle aussi ébranler profondément la notion et les valeurs de la subjectivité ». *Idem.* p. 15. C'est la finitude de notre savoir et de notre pouvoir à l'égard du réel : « Si l'on désigne par humanisme [...] la conception de l'homme qui valorise en lui la capacité d'affirmer, sur lui-même et sur le monde, sa souveraineté [...], les rappels successifs à la finitude dont, au-delà de Hegel, se sera acquittée la philosophie peuvent apparaître comme constituant autant d'ébranlements imposés à l'humanisme et à la représentation de l'homme comme sujet ». *Idem.* p. 15.

[623] Pour Marx : « C'est seulement par sa relation avec l'homme Paul son semblable que l'homme Pierre se réfère à lui-même en tant qu'homme. Mais ce faisant, le Paul en question, avec toute sa corporéité paulinienne en chair et en os, prend aussi pour lui valeur de forme phénoménale du genre humain ». *Le capital.* Livre I. Traduction de Jean-Pierre Lefebvre. Paris. Editions sociales. 1983. p. 60.

[624] Ces « fortuités » ne sont pas seulement celles de l'humanité, exception faite des « capacités mentales » ; elles caractérisent la « vie », le vivant en tant que tel, la vie étant prise comme mode d'organisation d'être, d'existence.

[625] Pour Edgar Morin : « Du côté de chez *genos*, il y a [...] la mémoire informationnelle inscrite dans l'ADN, le maintien des invariances héréditaires, la duplication reproductrice, le dispositif qui génère les décisions et instructions pour la machinerie cellulaire. C'est en somme l'organisation de l'organisation ». *La Méthode II. La vie de la vie.* Paris. Le Seuil. Points. 1980. p. 113.

complémentaire, l'articulation du générique ainsi que du spécifique montre bien cette interrelation dialectique des deux niveaux[626], et manifeste ainsi l'instabilité autant que les fluctuations nécessitées par l'adaptation à un environnement sans cesse mouvant. L'articulation dialectique du *genos* et du *phénon*, de la stabilité et de l'instabilité, peut devenir d'ailleurs turbulence sans détruire en rien l'unicité de l'individu dans le processus qui va, de métamorphoses en métamorphoses, de la naissance à la mort.[627]

La programmation organisatrice, fondamentalement différente de la programmation mécanique artificielle, est simultanément retour au passé (rétrojection) et projection vers l'avenir. Le rapport du génotype (virtualité) au phénotype (actualité), fortuité inéluctable aussi, nous convainc du fait que l'existant vivant s'affirme sous le mode de l'individualité de manière progressive et surtout relationnelle.

Ainsi, c'est bien à l'intérieur d'une dialectique que nous nous situons, en dehors de toute logique causale unilinéaire, et cette dialectique entre *phénon* et *genos* rend compte du surgissement de l'autonomie organisationnelle qui, elle-même, devient autonomie existentielle, la sphère du *phénon* acquérant alors une « nature organisationnelle et ontologique ».[628] C'est elle enfin qui permet l'émergence de l'être et de l'existence individuels.

---

[626] Edgar Morin montre aussi que : « Du côté de chez *phenon*, ce sont les activités productrices, les interactions avec l'environnement, les échanges, le métabolisme, l'homéostasie, la réaction, l'irritabilité, la sensibilité, le comportement. C'est en somme la relation et l'organisation auto-écologique ». *Op. cit.* p. 113.

[627] Comme autres « fortuités inéluctables », nous pouvons citer la « générativité vivante » : « Tout ce qui est existence, être, organisation, ordre vivant est sans cesse, non seulement généré, mais aussi régénéré [...]. La générativité produit et entretient des processus organisateurs [...] », note Edgar Morin. Cette générativité vivante, à partir du capital génétique, « suscite, oriente, déclenche, maintient, produit et constitue en phénomènes centraux nécessaires et fondamentaux de l'organisation cellulaire [...] des phénomènes physico-chimiques rares, marginaux, accidentels, associations et échanges entre macromolécules, catalyses, synthèses d'enzymes, duplications, autoreproductions ». *Op. cit.* p. 114. Edgar Morin distingue à ce niveau la **générativité physique** et la **générativité biologique** des êtres auto-organisateurs, cette dernière intégrant agencement génétique et information héréditaire. *Idem.* p. 114. Le patrimoine informationnel engrammé dans les gènes aide à « l'organisation computationnelle/informationnelle/communicationnelle » de la cellule, qui doit s'entretenir, se restaurer, se renouveler, produire, agir.

[628] *Op. cit.* p. 120.

C'est donc cette détermination génétique qui rend compte de la trajectoire vers l'homme ; c'est elle qui rend compte du processus d'hominisation.[629] Cette détermination rend aussi compte, d'une certaine manière, du destin, où s'articulent de manière imbriquée, hérédité et héritage, hasard et fatalité, l'identité personnelle s'organisant à partir de cette connexion/ imbrication même.

II.3. Du biologique au culturel : « condition humaine » et production différentielle de l'humanité

Nous venons de le voir : l'hominisation est un processus transcendant par rapport au simple plan biologique ; elle implique une appropriation par l'homme du patrimoine socio-culturel du groupe social et, d'une manière générale, de l'ensemble de l'humanité, (objets et outils, langages, pratiques et représentations, institutions). Cette transition du biologique au culturel est simultanément rupture et accumulation.[630]

La programmation organisatrice sert, à n'en point douter, de constituant fondamental du processus de l'hominisation. Toutefois, cette « hérédité », en tant que « conditions de possibilité prescrites par les réalités biologiques »[631], n'implique d'aucune façon que tout soit déjà déterminé à l'avance, puisque, précisément : « Tout [...] est à construire » :[632] l'hominisation n'est possible qu'en milieu humain, donc social, la surdétermination des processus neurophysiologiques montrant

---

[629] C'est un processus complexe qui intègre les fortuités inéluctables liées au biologique et celles, multiples et tout aussi complexes, dérivant de la culture. « Il ne s'agit pas de poser en alternative ou en pure et simple complémentarité la génétique et la culture, il faut concevoir en complexité, c'est-à-dire simultanément en chaque être humain : - l'omniprésence génétique ; - l'omniprésence des évènements du développement individuel ; - l'omniprésence culturelle ». E. Morin. *Op. cit.* p. 137.

[630] Lucien Sève peut alors faire remarquer : « L'humanité est sortie de l'animalité aux deux sens du mot « sortie » ; elle en provient et y garde racine, mais en même temps elle est devenue tout autre chose ». *Pour une critique de la raison bioéthique*. Paris. Ed. Odile Jacob. 1994. p. 45.

[631] Lucien Sève. *Ibidem.* p. 47.

[632] « L'homme est de part en part un mixte de naturalité et de socialité, mais un mixte inégal où, si la première conditionne la seconde, celle-ci à son tour, la transfigure », note Lucien Sève. *Idem.* p. 47. A l'appui de cette affirmation, on trouve les cas bien connus des enfants sauvages. Lire au ce sujet. Lucien Malson. *Les enfants sauvages.* Paris. UGE 10/18. 1964.

que : « Le développement de l'humanité en l'homme transcende [...] l'explication strictement biologique ».[633]

Parler de production différentielle de l'humanité signifie donc que l'être humain concret, l'homme empirique auquel nous avons à faire, est de manière incontestable le produit de l'actualisation, c'est-à-dire du développement de ses structures bio-neurophysiologiques, actualisation qui est qualitativement différente d'un individu à un autre d'une part, et que les acquis de la culture et de la civilisation sont immenses, différenciés, progressifs et cumulatifs dans l'histoire : leur intégration par les individus ne peut dès lors être que différentielle, d'autre part.

Cette double affirmation montre ainsi « la spécificité énigmatique du mixte humain » : la nature, l'essence de l'homme ne sont rien d'autre que l'incorporation d'éléments externes au soi pour la constitution du soi. Celle production différentielle de l'humanité, sur le strict plan biophysiologique, intègre le principe d'incertitude, valable pour toute individualité biologique (humaine ou non) : l'individualité biologique est aléa, discontinuité, hasard, incertitude, événement (tout en étant avènement, actualité, actualisation).[634]

Cette incertitude est reprise et amplifiée au niveau socioculturel, de telle sorte que l'humanité constituée de l'homme est à référer « aux rapports sociaux ». Cette humanité de l'homme, son essence, loin de se situer en dehors et au-dessus de l'être humain effectif, est ce qui le fonde : fondation et fondement tout à la fois. Elle est donc immanence certes, mais elle est surtout historique et sociale.

D'où notre ontologie de l'indétermination, de l'illimitation, de l'ouverture[635], qui permet de comprendre que la façon d'être du sujet

---

[633] Lucien Sève. *Op. cit.* p. 47.

[634] « Il nous faut [...], note Edgar Morin, rompre avec le systémisme simplificateur, et tirer une nouvelle leçon de complexité systémique où les termes de système, sous-système, élément, etc [...] sont nécessairement relativisés. Il faut d'abord situer le problème de l'individu dans l'unité récursive géno-phénoménale de l'autos, elle-même située dans l'auto-éco-organisation et éventuellement auto-socio-éco-organisation ; dès lors, l'individu est à la fois de façon complémentaire, concurrente, antagoniste, unité élémentaire, état fugitif, sous-système, unité élément/tout, appartenant à plusieurs systèmes à la fois au sein d'une poly-organisation multidimensionnelle ». *Op. cit.* p. 149.

[635] Nous récupérons là, partiellement, la position existentialiste de Jean Paul Sartre, affirmant que l'homme n'a pas d'essence !

dérive de la détermination de l'ouverture, de la détermination de l'illimitation originelle par les conditions spécifiques du processus d'hominisation, sa spécificité ou singularité se constituant dans le cadre d'une socialité « inéluctable », puisque l'hominisation du sujet se fait dans des conditions et contextes ne relevant pas du libre choix initial du sujet lui-même.

Cette humanité constituée de l'homme est, on le voit, simultanément individualité, singularité, subjectivité, ouverture autrui à et intériorité à soi, relationalité[636], conscience et intentionnalité, ouverture à la normativité éthique ou juridique, capacité de socialité et de vie « politique », personnalité, liberté.[637]

II.4. Métaphysique, éthique et politique

C'est à l'ontologie de l'indétermination qu'il va donc falloir référer l'être comme liberté, surgissement (ou mieux transcendance par rapport aux déterminations), ainsi que la valeur axiologique de la personne.[638] Nous rappelons donc ci-après les principaux axes de cette ontologie de l'indétermination.

Axe n° 1 : Métaphysique du sujet

A partir d'une production différentielle d'humanité, l'être apparaît comme conscience, comme pouvoir multiforme du sujet de se poser : face à lui-même, dans cette phase réflexive où le sujet se prend lui-même comme ce à quoi il se rapporte, fondant ainsi son auto-affirmation et sa position même comme personne ; face aux autres, dans le cadre d'une intersubjectivité et d'une relationalité qui lui sont constitutives ; face à la nature, dans laquelle il se fond, et vis-à-vis de laquelle il organise un processus permanent de maîtrise théorique et pratique ; face à la société qui le constitue et qu'il structure ; face à ce qu'il n'est pas, dans le cadre de la mise en acte de ce qu'il doit être, l'indétermination de l'avenir se superposant ici à la détermination de ce qui est, à la détermination du

[636] « Le sujet est […] d'un même mouvement clivé au dedans et jointoyé au-dehors. Inter-subjectif autant que subjectif. C'est un être non pas du tout substantiel mais relationnel », note Lucien Sève. *Op. cit.* p. 59.

[637] « La personnalité en laquelle viennent se compliquer l'individu et le sujet est […] le microcosme de l'humanité sociale », note à ce propos Lucien Sève. *Op. cit.* p. 63.

[638] Cette personne est siège des normes, des principes et des valeurs éthiques et aussi auteur de la légalité, sur le plan politique.

présent et des circonstances ; face enfin, à la transcendance, perçue comme source, possiblement, et aussi, comme modèle d'autonomie et de perfection.[639]

Nous voyons là quelle est la destination réelle de cet être qui à la fois doit être, être d'incomplétude essentielle, ne coïncidant pas définitivement avec un de ses états, un de ses moments, et invité dès lors à cette quête permanente d'authenticité, ouverte sur l'éthique.

Cette affirmation de l'être comme conscience renvoie aussi à cette définition de l'être comme devenir, au-delà de toute consistance fixe, éternitaire, le mouvement d'affirmation de l'être étant fondamentalement moment de son avènement, un avènement qui ne procède pas du néant, même si inexorablement, il culmine dans l'anéantissement de l'être.[640]

Si l'être est conscience et devenir, si ce devenir est **finalisé**, et non point seulement **causé**, et s'il y a finalisation « indéfinie» mais pas « indéterminée », puisqu'elle est référée à de la valeur, à la valeur, la fin de l'être étant la nécessaire réalisation de sa propre plénitude, nous nous retrouvons au sein d'une ontologie qui articule causalité et finalité, être et valeur.[641]

Mais que signifierait cette affirmation de l'être comme conscience, comme devenir, comme dialectique de l'être et du néant, comme finalisation ou téléologisation dans la valeur, s'il n'y avait pas corrélativement passage de l'être à la connaissance, édification de la

---

[639] « Etre une personne, c'est-à-dire, un témoin de conscience, note Georges Bastide, c'est à la fois être et avoir à être : c'est ce fait d'un devoir qui me met à la fois dans la certitude de ma nécessaire condition de personne, et dans l'obligatoire aveu que le problème n'est pas résolu ». *Méditations pour une éthique de la personne.* Paris PUF. 1953. p. 8.

[640] L'émergence à l'être est devenir : « métabolisme généralisé constitutif de la réalité ontologique tout entière, et par lequel on verrait la nature comme une parturition incessante mais aussi connue une tombe indéfiniment alimentée, comme une puissance faisant des vivants avec des cadavres, mais faisant aussi autant de cadavres avec chacun de ses vivants ». Georges Bastide. *Essai d'éthique fondamentale.* Paris. PUF. 1971. p. 287.

[641] « C'est par l'efficience et la finalité que l'ontologie peut essayer d'assurer à ses propres yeux ce fondement de la valeur dans l'être [...], note une fois de plus Georges Bastide, en définissant ce que je vaux par ce que je suis. La causalité et la finalité permettent, en effet, de concilier [...] dans un ordre hiérarchique des causes efficientes et des causes finales, la pluralité des êtres par une constante application du principe ontologique que c'est l'être qui fait la valeur ». *Ibidem.* p. 31.

vérité, une vérité qui est dans le même mouvement efficience et maîtrise ? Assurément peu de chose. Aussi faut-il articuler maintenant ontologie (être-conscience en quête nécessaire d'authenticité-valeur essentiellement) et maîtrise, réflexion sur l'être, création/composition et construction de cette connaissance maîtrisée[642] que le sujet doit mettre en oeuvre en tant que co-créateur de la nature.

Axe n° 2 : La maîtrise du réel

Comment parler de la maîtrise sans la situer au double plan de la connaissance et de la pratique ? Comment ne pas articuler ici le *logos*, raison connaissante, à une *praxis* qui opérationnalise la connaissance, dans le cadre de cette maîtrise où le sujet (finalisant) peut être aussi objet, et où l'objet de la maîtrise du réel n'est point, finalement et *a priori*, la nature extérieure, l'altérité ?

Ne voit-on pas déjà poindre le problème fondamental de notre réflexion, à savoir comment articuler l'exigence d'authenticité de la personne-valeur et l'extension exponentielle du savoir humain susceptible d'amener l'homme à sa pseudo-divinisation, ceci à partir du dépassement ininterrompu de ses pouvoirs, au nom précisément de sa propre volonté de puissance, assise sur un « savoir qui se veut possessif de son objet et thésaurisateur de puissance » ?[643] Mais n'anticipons pas. Passons plutôt maintenant au troisième axe de notre ontologie de l'indétermination : l'axe de la pratique et des valeurs.

Axe n° 3 : Pratique et valeurs

A ce niveau, l'ontologie, qui s'est ouverte sur la gnoséologie (en tant que pression de connaissance et de maîtrise), aboutit à ce qui paraît à notre sens tout aussi fondamental qu'important : l'éthique et la politique.

---

[642] Ceci dans le cadre d'une « obligation d'un devoir d'identification de la vérité dont il faudra découvrir la loi normative génératrice d'authenticité ». *Ibidem*. p. 43.

[643] *Essai d'éthique fondamentale*. Paris. PUF. 1971. p. 287. Georges Bastide appelle déjà notre attention sur ce point de l'illusoire divinisation de l'homme, lorsqu'il montre que l'homme « a détourné l'instrument rationnel de la fonction de compréhension [...] et maintenant qu'il s'est délivré par le savoir, des servitudes instinctives, non seulement il légifère du bon et du mauvais, non seulement il se considère comme la mesure des choses [...] mais encore il prétend créer par son action un monde conforme aux abstraits dans lesquels sa passion dogmatise. » *Ibidem*. p. 290.

L'intersubjectivité et la relationalité essentielles de l'être humain impliquaient l'affirmation de valeurs qui soient simultanément **individuelles** (dérivant de la conscience du sujet) et **universelles** (valant pour tout sujet possible).[644] L'indispensabilité des valeurs implique donc que se trouvent transcendés, dans le même mouvement, le subjectivisme individualiste de même que le dogmatisme universalisé abstrait, le véritable statut d'homme comme être et valeur émergeant de ce double dépassement puisque notre propre condition de personne, source des valeurs, renvoie à une dialectique de la transfiguration et de l'unification de l'individuel et de l'universel.[645]

Ainsi se trouve affirmée/fondée la transcendance de la valeur, de l'impératif, du devoir, la valeur se situant nécessairement au-delà de l'essence (déjà constituée par l'être-là du sujet) et de l'existence (dont la consistance des conditions n'est ni stable ni permanente). Ce troisième axe de la pratique éthique et des valeurs s'ouvre ainsi sur la valeur essentielle de la personne, éthique dans sa pratique et politique dans son existentialité quotidienne.[646]

Axe n° 4 : La personne-valeur

C'est l'axe culminant de notre réflexion : la personne, posée comme valeur et toujours en situation ou mieux en obligation de s'affirmer comme telle, apparaît dans son essence fondamentale de

---

[644] Kant montre l'indispensabilité de ces valeurs à un double titre : « D'abord pour satisfaire le besoin spéculatif de l'esprit qui cherche dans la raison la source des principes pratiques, ensuite pour préserver la moralité de toute corruption en montrant l'absolue nécessité de ces principes, leur entière indépendance à l'égard de tous les mobiles suggérés comme de toutes les circonstances présentées par l'expérience ». Kant. *Fondements de la métaphysique des moeurs*. Editions Victor Delbos. Delagrave. 1973. p. 36.

[645] Nous pouvons dès lors reprendre ici, comme un acquis fondamental de la philosophie pratique, cette première formulation de l'impératif catégorique kantien : « Agis uniquement d'après la maxime qui fait que tu peux vouloir en même temps qu'elle devienne une loi universelle ». Kant. *Fondements*. p. 45.

[646] Georges Bastide parle d'ailleurs de « l'obligation qui pèse sur l'être de ne pouvoir être en authenticité que dans la transparence de la connaissance et dans la consistance de la valeur, par l'obligation qui pèse sur le connaître de ne pouvoir, lui aussi, se présenter comme authentique que s'il est le connaître de l'être et de sa valeur, par l'obligation enfin qui pèse sur le valoir de ne pouvoir être tenu pour authentiquement valable que s'il vaut dans la vérité de la connaissance et dans la réalité de l'existence ». *Méditations*. p. 83.

liberté et de responsabilité, toujours à faire et à refaire, ne réalisant qu'imparfaitement sa double soif d'absolu et de perfection. Cette position de l'homme ou de l'être comme valeur renvoie au devoir de reconquête de soi, au-delà de toute auto- dissolution ou de toute aliénation, et aussi à l'obligation de liberté pour réaliser la destination (et non le destin) même de l'homme comme appel à la perfection de son être.[647]

La vocation à la perfection, par l'exercice de la liberté qui a une primauté métaphysique, et qui est nécessaire transcendance par rapport à toute aliénation et à toute négation d'être, voilà l'essence de l'être de l'homme, telle que conçue dans le cadre de cette ontologie de l'indétermination, de cette ontologie de l'être-valeur où « nous n'avons pas le choix entre être libres et ne pas l'être »[648], puisque la liberté est véritablement un absolu. Voilà donc, dans la personne, la conjonction de l'immanence et de la transcendance ; voilà donc, simultanément, l'ordre du devoir se situant au-delà de l'ordre du destin et articulé à l'ordre de l'être.

Nous pouvons passer ainsi, de cette problématique éthique-métaphysique, à la problématique politique de déploiement du sujet dans le social et de préparation de l'avenir.

II.5. Politique et problématique des droits fondamentaux

Les axes de réflexion évoqués plus haut (à savoir l'auto-affirmation de l'homme comme conscience, devenir, valeur, source et fondement des valeurs, la maîtrise théorique et praxique du réel, la vocation à la perfection grâce à la liberté dans et par le devoir) nous situent maintenant dans l'intersubjectivité qui est politique et gestion du réel ainsi que gestation de l'avenir. Nous sommes donc ramenés à la problématique (politique) des droits fondamentaux, l'affirmation de tels droits dérivant de celle de la valeur même de la personne ou mieux de celle de la personne humaine posée comme valeur. Quels sont donc ces

---

[647] Pour Georges Bastide : « Il n'y a de liberté que pour la conscience militante de la valeur qui sait en toute certitude réflexive que la rétrospection ne nous libère d'un destin que pour mieux nous montrer notre destination. Car ce qui importe, ce n'est pas de savoir de quoi l'on est libre, mais pour quoi on l'est. La conscience réfléchissante sait bien que la destination de l'homme n'est pas de se satisfaire, mais de se parfaire ». *Méditations*... p. 128.

[648] Georges Bastide. *Op. cit.* p. 138.

droits fondamentaux, à respecter pour que l'on puisse réaliser plénièrement l'homme, au-delà de toute aliénation ?

II.5.1. Le droit à la vie et à l'avenir

Il s'agit là d'un droit premier (pas seulement sur le plan archéologique) dont l'exercice permet l'avènement du je, subjectivité et conscience. Certes, le surgissement à l'existence relève des fortuités inéluctables, et non pas du libre choix initial de l'être lui-même ; de même le temps, le lieu, la manière et l'état, lors de ce surgissement. Certes, le sujet humain, avant d'être sujet de raison et de liberté, est, existe, comme être de nature, condition transcendantale pour devenir ce qu'ensuite, grâce à la socialité et à l'hominisation, il sera.[649] Il y a un itinéraire qui permet de cheminer de l'être humain (**fait**) à la personne humaine (**valeur**) se réalisant par la médiation du rapport à l'autre, imaginaire ou réel, et accédant du fait de l'émergence à la moralité, à ce statut d'homme titulaire de droits et d'obligations.

Le droit à la vie et à l'avenir implique dès lors que soit sauvegardée la potentialité d'être de l'être humain émergeant à la vie et aussi que soient développées grâce à l'hominisation dans et par la socialisation, les potentialités d'accès à l'humanité personnelle, centre de liberté et de choix autant de son essence que de son existence. Ce droit implique aussi le développement (et non l'extinction) de ce devoir de transcendance que vit essentiellement toute personne et qui est dépassement infini de la finition première. Nous réinsistons donc sur le fait que cet avenir, loin d'être un *fatum*, est une création multiforme de la liberté et de l'autonomie de la personne, responsable d'elle-même et de l'ensemble du monde, ce qui se comprend, au regard du caractère impératif de la moralité et inaliénable des droits humains.

II.5.2. Le droit au développement des potentialités

Comment être sans dans le même mouvement développer les potentialités qui permettront l'édification de la vérité à partir d'une connaissance de soi-même et du réel et aussi la réalisation et la projection

---

[649] « L'être humain est humain parce qu'il a pour point de départ l'humanité comme espèce biologique. La personne est humaine en un sens tout différent : en ce qu'elle prend pour fin l'humanité comme idéal régulateur ». *Pour une critique de la raison bioéthique.* p. 26.

de l'existence à partir d'une maîtrise des conditions ? La connaissance et la maîtrise appellent, pour leur émergence, le rapport à l'altérité, à l'intersubjectivité, bref, à la socialité. La « complexité dialogique » s'avère ainsi la condition transcendantale du déploiement des « aptitudes créatrices » de l'esprit humain ; ces aptitudes qui comprennent l'inventivité, la créativité et même le génie, stimulés à partir d'une initiation antérieure.[650]

Par ailleurs, la pression des problèmes existentiels à résoudre, origine et stimulant de la connaissance et de la maîtrise, renvoie à la présence nécessaire et sociale des conditions de prise en charge de cette pression ainsi que des conditions de déploiement des capacités d'ingéniosité et de « puissance organisatrice synthétique » de la pensée. C'est dire que c'est toute la structure sociale qu'il s'agit d'organiser et de modeler de manière à permettre le plein déploiement de cette « dialogique pensante » dont parle Edgar Morin.[651]

La connaissance et la maîtrise sont simultanément connaissance et maîtrise de soi du sujet, connaissance et maîtrise du monde dans lequel le sujet est inséré. D'où la liaison réflexive et interactionnelle homme → monde → société → vie, puisque le sujet humain, produit comme sujet de connaissance et de maîtrise dans et grâce au contexte culturel ambiant, surdétermine et finalise ce contexte.

Dans cette connaissance et cette maîtrise réside pour le sujet un danger réel, permanent : celui de devenir simple objet, déterminé et

---

[650] *Edgar Morin. La méthode 3. La connaissance de la connaissance/l* Paris Seuil. 1986. p. 189. Edgar Morin distingue « les inventions et créations qui s'inscrivent dans les principes, règles, schèmes, théories préexistants » et « les inventions (rares) qui transgressent les règles, et les créations qui les révolutionnent ». *Ibidem.* p. 182.

[651] Pour Edgar Morin : « Toute connaissance comporte nécessairement : a) une compétence (aptitude à produire des connaissances) ; b) une activité cognitive (cognition) s'effectuant en fonction de cette compétence ; c) un savoir (résultant de ces activités). Les compétences et activités cognitives humaines nécessitent un appareil cognitif, le cerveau, qui est formidablement bio-physico-chimique, lequel cerveau nécessite l'existence biologique d'un individu ; les aptitudes cognitives humaines ne peuvent s'épanouir qu'au sein d'une culture qui a produit, conservé, transmis un langage, une logique, un capital de savoir, des critères de vérité ». *Op cit.* pp. 11-12. Cette activité complexe de la pensée « doit établir les frontières et les traverser, ouvrir des concepts et les fermer, aller du tout aux parties et des parties au tout, douter et croire, [...] refuser et combattre la contradiction, mais en même temps l'assumer et s'en nourrir ». *Ibidem.* p. 182.

même tendanciellement anéanti par ce qu'il crée et détermine.[652] Désormais, le sujet, dans le rapport à lui-même comme dans le rapport avec le monde (nature-société) et avec l'histoire, passe de l'incomplétude à la complétude tendancielle, de l'ignorance au savoir, du savoir à la maîtrise, de l'indétermination source d'angoisse, à la détermination finalisante, de l'absence de sens en soi à la finalisation signifiante (qui culmine dans et par l'activité philosophique) autant du sujet lui-même que de l'histoire.

II.5.3. Le droit au sens et à la pratique politique et historique

Ce droit renvoie d'abord à l'ontogenèse du sujet humain dans et par le travail, un travail non aliéné, qui est manifestation ou mieux expression des capacités et de l'essence même de l'homme. Les lignes qui suivent systématisent la différence entre le sujet humain, « qui produit alors même qu'il est libéré du besoin physique » tout en se dressant même face à son produit, créé selon ses lois et auquel il applique sa propre mesure, et l'animal, qui « produit seulement ce dont il a immédiatement besoin pour lui et pour sa progéniture ».[653] Le sujet humain, producteur d'une « façon universelle », pour le genre, devient véritablement maître de la création.[654] L'ontogenèse du sujet, dans et par le travail, n'est possible que s'il n'y a ni aliénation de soi du sujet producteur, ni aliénation de l'objet ; cette ontogenèse implique qu'il n'y ait aucune séparation de l'homme par rapport à la nature, par rapport à son propre « moi », à sa propre fonction active, à son activité vitale ;

[652] Pour Edgar Morin : « Dans toute l'histoire humaine, l'activité humaine s'est trouvée en interactions à la fois complémentaires et antagoniques avec l'éthique, le mythe, la religion, la politique, et le pouvoir a souvent contrôlé le savoir afin de contrôler le pouvoir du savoir ». *Ibidem.* p. 12.

[653] Pour Marx : « En produisant pratiquement un monde d'objets, en façonnant la nature non organique, l'homme s'affirme comme un être générique conscient, c'est-à-dire, un être qui se rapporte à l'espèce comme à sa propre nature, ou à lui-même comme être générique ». K. Marx. *Economie -Œuvres* II. Edition établie et annotée par Maximilien Rubel. Bibliothèque de la Pléiade. Gallimard NRF. Paris. 1986. p. 63.

[654] Selon Marx : « Grâce à cette production, la nature apparaît comme son oeuvre et sa réalité. L'objet du travail est donc la réalisation de la vie générique de l'homme. L'homme ne se recrée pas seulement d'une façon intellectuelle dans sa conscience, mais activement, réellement, et il se contemple lui-même dans un monde de sa création ». *Ibidem.* p. 64.

cette ontogenèse n'est possible que si le sujet producteur n'est pas rendu étranger à sa propre essence humaine.[655]

Le droit au sens et à la pratique politique et historique renvoie, en second lieu, à l'affirmation de la transcendance humaine et à la liberté de conscience et de choix, tout autant qu'à la participation responsable à la gestion du social, grâce aux libertés politiques et dans le cadre d'une orientation humanisante des institutions.[656] Mais quelle vérité de l'être, désormais dans la réalité actuelle ; quelle vérité du monde et quelle trajectoire vers quel avenir ?

La question qui se pose est donc celle de la figure du réel, et celle de la figure de l'avenir : dans quelle mesure l'universalité potentielle de l'humanité de l'homme a-t-elle amorcé une dérive universelle vers l'inhumain ; dans quelle mesure l'affirmation de la transcendance du sujet (problématique à la fois ontologique, éthique et politique) n'a-t-elle pas cédé la place à cette unidimensionnalisation néantisante et arraisonnante du sujet ? En un mot, à quel sujet avons-nous à faire ? Quel réel, et quel avenir ?

III. AU-DELA DE LA CATASTROPHE

La condition humaine, notre condition, est un processus constant de maîtrise des fortuités inéluctables (la conception, la constitution génétique, le sexe, la naissance, les capacités diverses, physiques et mentales, la sénescence, la mort).[657]

---

[655] Mais ce droit à l'ontogenèse dans et par le travail est il encore reconnu et posé comme droit fondamental de l'homme, en cette période où la création humaine peut revêtir (et revêt) l'image d'une création de l'inhumain et d'un anéantissement tendanciel de l'homme et de la planète ? Peut-on encore parler de droit à l'ontogenèse dans et par le travail lorsque le sujet, dans le cadre de ce travail, va être attelé à des fins voulues qu'il réalisera par des moyens non choisis ; lorsqu'il existe désormais un premier intervalle, entre lui (sujet) et l'objet, et aussi, un second intervalle entre lui (sujet) et le projet qu'il réalise dans ce travail même ; lorsqu'il existe enfin le troisième intervalle, le plus tragique : entre lui (sujet théoriquement libre et créateur) et lui-même, sujet aliéné de la pratique aliénée, intervalle qui consacre l'échec de l'ontogenèse que le travail libre devait permettre ? Rien n'est moins sûr.

[656] Il y a pourtant lieu de se demander si du fait de sa dérive, l'humanisme de l'actuelle modernité place encore l'homme, comme le dirait Heidegger, « au centre de l'étant ».

[657] Parler de fortuités inéluctables revient à montrer l'inévitabilité constitutive de ces étapes, autant que le caractère hasardeux de la première d'entre elles. C'est insister sur le hasard de la naissance, « chance exceptionnelle » et « mystère ontologique» ; c'est

Conclusion générale. Pour une « ontologie de l'être-valeur »

Il y a urgence et nécessité de la maîtrise exponentielle de la vie, de l'existence et de la coexistence, de la communauté, contexte d'émergence et condition de cette émergence et du déploiement même de cette existence, de l'environnement naturel (où se déploie cette vie de besoin et de manque), de l'histoire, du destin ou mieux, de la destination.

Mais pourquoi cette maîtrise exponentielle ? Les finalités de la vie relèvent-elles d'un devoir-vivre dépassant et commandant le sujet, un devoir-vivre dérivant du « programme génétique »[658], ou relèvent-elles d'une affirmation propre de cette subjectivité ?[659]

Cette finalisation de la vie, qui est assignation de sens et de destination à la vie, à l'existence et à la coexistence du sujet et des sujets, se fait-elle encore « pour la vie », c'est-à-dire d'une manière telle que l'on puisse conjoindre la vie, l'homme, les valeurs, c'est-à-dire, de manière essentiellement bio-anthropo-éthique ? N'y a-t-il pas lieu ici de mener une méditation fondamentale sur notre vie, sur notre existence, individuelle ou collective et sur le sens et l'histoire, ou mieux, sur le sens

---

aussi insister sur l'incertitude de la vie, la fatalité, la nécessité et l'inéluctabilité d'une mort « inscrite dans la nature même de la vie », « une mort venant tantôt de l'extérieur, c'est-à-dire de sa dépendance par rapport à l'environnement (éco-dépendance), tantôt de l'intérieur ». Edgar Morin. *La Méthode II. La vie de la vie.* Points Seuil. p. 395. « La machine vivante, note Edgar Morin, secrète d'elle-même sa propre mort [...] L'être vivant produit sans cesse sa propre décomposition et sa propre intoxication. Aussi est-il condamné aux travaux forcés pour lutter contre la dégradation et, vieillissant à lutter contre le vieillissement, meurt à lutter contre la mort. » *Ibidem*. p. 395.

[658] Et dans ce cas, le sujet appartiendrait à ce vouloir-vivre aux finalités antérieures et pourquoi pas, supérieures à lui. *Ibidem*. p. 395.

[659] Nous laisserons cette question ouverte à ce niveau, non sans avoir relevé que l'urgence de vivre s'associe nécessairement au désir de survivre, qui n'est rien d'autre que le désir d'éternité. Encore que continuent de se poser ici des questions préalables, métaphysiques, sur la rationalité ou l'irrationalité de l'être et de l'existence (en tant qu'être créé, façonné à l'image de Dieu et ayant de ce fait une position prééminente dans/sur le cosmos), sur l'absurdité d'un vouloir-vivre individuel, sur l'absence de toute finalité extérieure et supérieure à la vie, à moins que cette finalité n'émerge du sujet en tant qu'assignation de finalité, en tant que finalisation ; sur l'optimisation d'une vie qui serait « la meilleure », « la vraie ». Edgar Morin éclaire notre réflexion en insistant sur les incertitudes concernant les finalités véritables de la vie. « Pourquoi vit-on ? Pourquoi ? Pour autrui ? Pour la vie ? Pour conserver la vie ? La consommer ? La consumer ? Evoluer ? Se développer ? Pour rien ? En fait, elle (la vie) a de multiples buts mais on ne saurait discerner un grand But intelligible, clair et non équivoque, qui serait le but de ces buts ». *Op. cit.* pp. 404 et 405. Ce faisant, Edgar Morin assied l'idée d'un complexe de finalités pour la vie, au-delà d'une seule finalité.

de l'histoire ? Nous reprendrons bien volontiers ici le « souviens-toi que tu es vivant »[660] d'Edgar Morin revenant sur l'examen des finalités de l'existence.[661]

C'est dire que le devenir anthroposocial est en jeu, et qu'il implique une réflexion de fond sur le pouvoir de l'homme, sur son pouvoir sur la vie. Mais alors comment (phénoménologie) se réalise désormais cette maîtrise exponentielle des fortuités inéluctables ? N'est-ce pas, tendanciellement, sous le mode de la catastrophe ?

III.1. De la maîtrise à la catastrophe

Affirmer le passage de la maîtrise à la catastrophe renvoie au moins à plusieurs interrogations, génératrices d'inquiétudes, pour le présent comme pour l'avenir. **La première** de ces interrogations est bien celle sur l'homme, désormais, sa singularité originelle[662] ainsi que sa prééminence d'être rationnel d'essence divine pouvant être remises en cause vu les conséquences de sa propre maîtrise technoscientifique du monde.[663]

---

660 *Op. cit.* p. 424.

661 « La question de notre enracinement dans le ***Lebenswelt*** (monde de la vie) avait été diversement posée en philosophie moderne, de Nietzsche et Bergson à Husserl et Merleau-Ponty [...], note Edgar Morin. Cette question ne peut trouver de réponse que par une réflexion sur les données fournies par la connaissance scientifique de la vie ». *Op cit.* p. 424. Ce retour sur l'examen des finalités de l'existence ouvre sur le choix et la production, par le sujet existant et par la communauté dérivant de la co-existence, des finalités propres, qui sont des vérités propres. On voit l'urgence désormais de la réflexion sur la vie et la mort, couplée à une réflexion elle aussi fondamentale sur les conséquences du développement exponentiel des moyens technoscientifiques de transformation (notamment l'asservissement et la destruction tendanciels de la vie), réflexions qui rappellent la responsabilité de l'homme à l'égard de la vie et de l'histoire. « La vie de l'humanité est en jeu dans son existence, sa qualité, sa finalité. L'accroissement et la multiplication des pouvoirs d'auto-anéantissement, depuis le lointain Hiroshima, la crise profonde en chaque société et à l'échelle planétaire nous posent les deux questions désormais indissociables : comment survivre ? Comment vivre ? Jamais sans doute l'homme en tant qu'homme n'a été aussi prêt de sa vie et de sa mort. Moins que jamais nous ne pouvons faire l'économie de la réflexion sur notre vie, sur nos vies, sur la vie ». *Op. cit.* p. 425.

662 En tant qu'être créé, façonné à l'image de Dieu ; et ayant de ce fait une position prééminente dans/sur le cosmos.

663 L'homme serait ainsi tombé de son piédestal originaire de créature privilégiée parce qu'à l'image de Dieu, il est devenu, du fait de l'évolution et de son indétermination, de son illimitation, un simple accident, un simple aléa. C'est d'ailleurs à partir d'ici que

Conclusion générale. Pour une « ontologie de l'être-valeur »

Cette remise en cause de la singularité originelle et de l'essence divine de l'homme aura donc modifié la considération simultanée de l'homme (dans ce qu'il est en lui-même) et du monde, avec surgissement de cette question fondamentale, à savoir : « quelle est la place de l'homme parmi les autres êtres vivants ? Quels droits a-t-il sur eux ? »[664]

La seconde interrogation : l'homme est-il encore la référence ultime, en ce qui, notamment, concerne la détermination de l'utilisation (et des conditions de celle-ci) des progrès de la technoscience sur lui et sur les générations à venir ?[665] Comment ne pas prendre acte de cette perte et aussi de la nouvelle récupération de l'inexorabilité du destin, pour autant que la modelabilité de l'homme se trouve doublement réalisée, tant dans le choix d'essence de l'homme que dans l'impact technoscientifique de la conception et de la gestion de cet homme ?

La troisième interrogation, dérivant des nouvelles peurs, des nouvelles angoisses découlant du développement exponentiel même de la technoscience :[666] comment comprendre cette transition du progrès à la barbarie, et l'éclatement concomitant de la notion de progrès ? Peut-on encore parler de progrès avec grand P, impliquant meilleure connaissance du réel, c'est-à-dire de la nature ainsi que de l'homme, meilleure maîtrise technoscientifique, épanouissement évident de l'homme et progrès des sociétés ?[667]

---

peuvent s'expliquer les débats et toute la polémique créées par l'évolutionnisme vu la dualité religieuse entretenue entre Dieu, Créateur, et l'homme, créature.

[664] Axel Kahn. *Et l'homme dans tout ça ? Plaidoyer pour un humanisme moderne.* Paris. NIL Editions. 2000. p. 31. Cette question fondamentale elle-même a pu engendrer des idéologies particulièrement nocives et réactionnaires ; « racisme, déterminisme, eugénisme, darwinisme social ». *Idem.* p. 31.

[665] Question importante, simultanément ontologique, éthique et politique, posée à l'homme, que nous concevons essentiellement comme liberté et responsabilité, responsabilité sur lui-même, sur la communauté, sur le monde et sur l'avenir.

[666] Spécifiquement la peur de l'avenir, pour le sujet lui-même, la communauté et pour les générations à venir. Mais, peur de l'avenir renvoie la peur de l'inconnu : les manipulations génétiques par exemple.

[667] Que penser dans ce sillage de Descartes dont l'affirmation de l'homme ou mieux, des hommes « comme maîtres et possesseurs de la nature » renvoie à titre de conséquences philosophiques et ontologiques au redressement de la pensée face à la nature, à la volonté inflexible d'indépendance, et recèle donc un optimisme illimité en la liberté et en la créativité elles-mêmes illimitées de l'homme, puisque, comme le montre Jean-Marc Gabaude, le projet essentiel de Descartes est la « contribution au bonheur de

Peut-on encore penser, avec Jean Paul Sartre[668] au fait que « le progrès des connaissances et des techniques tend par essence vers le bien et le bon »[669], ce qui relève d'un « progressisme ascensionnel » dont un des plus grands chantres est bien Auguste Comte ? La foi en le progrès de l'humanité est-elle toujours intacte, au regard de cet éclatement de la notion de progrès qui ne peut plus être évolution globale, continue, tant de l'homme que de la société, vers leur plénière réalisation ?[670]

III.2. Figures de la catastrophe

III.2.1. La « catastrophe ontologique »

Nous venons de situer notre condition humaine à l'intérieur de cette maîtrise exponentielle des fortuités inéluctables, une maîtrise qui se manifeste, simultanément, comme finalisation de l'existence et de la « co-existence », et comme « modification » de l'être même du sujet, de ce qui fait son essence d'homme-sujet, à savoir l'éthicité. La préservation de cette éthicité ne s'impose-t-elle pas d'ailleurs, plus que jamais, comme une urgence absolue, incontournable, quand on prend en considération la « déconstruction/reconstruction technoscientifique de l'homme »[671], puisque ce processus de déconstruction et de reconstruction constitue une menace pour l'essence éthique (ou mieux, pour l'éthicité essentielle) de l'homme, une perversion de son essence axiologique ?[672]

---

l'humanité par la médiation technoscientifique ». *Liberté et raison I. La liberté cartésienne et sa réfraction chez Spinoza et Leibniz.* p. 42.

[668] Pour Jean Paul Sartre, le progrès implique ascension indéfinie vers un idéal posé comme tenue absolu.

[669] Axel Kahn. *Op. cit.* p. 106.

[670] Axel Kahn ne montre-t-il pas à ce propos qu'aujourd'hui : « Les progrès techniques et économiques ne débouchent pas obligatoirement sur un progrès pour l'homme et, dans certains cas, semblent pouvoir mettre en péril des progrès antérieurs des conditions de vie des personnes » ? *Op. cit.* pp. 106 – 107.

[671] Pius Ondoua. *Positivité scientifique et positivisme idéologique. Une analyse épistémo-politique du fétichisme de la science.* Thèse de Doctorat d'Etat. Toulouse. Avril 1989. p. 343.

[672] Gilbert Hottois insiste avec raison sur la liaison dialectique éthicité-humanité, lorsqu'il affirme : « L'éthique est ainsi le constant secours de ce qui - l'humanité - la conditionne par ailleurs. L'éthique soutient l'humanité qui soutient l'éthique. Ce qui signifie qu'être moral et choisir l'homme ne sont pas séparables : choisir d'être moral, c'est choisir de préserver l'humanité et réciproquement ». *Le signe et la technique.* Paris, Aubier RES. p. 175.

Nous nous retrouvons donc au coeur du problème onto-éthique fondamental du rapport dialectique de l'homme-sujet et de l'homme-objet, problème consécutif d'une part au décrochage des progrès de la technoscience par rapport à des finalités qui seraient essentiellement celles du **bien**, celle de l'idéal ou terme ascensionnel de l'évolution de l'humanité, et d'autre part, à l'arrimage de ces finalités par rapport aux contraintes du progrès économique désormais posé comme but transcendant, comme fin en soi.

Ce problème éthique et aussi ontologique, illustre clairement l'éclatement de la notion de progrès ; les progrès technoscientifiques et économiques peuvent déboucher sur un anéantissement conjoint de l'homme et des sociétés, et, d'une manière générale, sur une hypothèque globale pour l'histoire et l'avenir.

Parler de la catastrophe potentielle ou tendancielle de l'ontologie ne nous ramène certes pas, de manière fondamentale, à nous appesantir sur une réflexion dont l'objet serait l'être en tant qu'être, et qui se constituerait en préalable à toute réflexion sur l'être du monde, sur l'être de l'homme, sur la nature de l'être transcendant : Dieu, sur la nature de l'âme Nous n'allons donc pas revisiter les problématiques ontologiques de Parménide,[673] de Platon, d'Aristote ou de Kant entre autres, bien que les questions ontologiques fondamentales puissent continuer de nous interpeller : la question du substrat immuable, identique à lui-même et non soumis au devenir, puisque situé au-dessus et en dehors du temps ; la question aussi du devenir de ce qui est, et spécifiquement de l'homme, au-delà de son apparaître et de l'ensemble de ses modifications, voulues ou subies.

---

[673] Même si l'on doit admettre, pour ce qui est de la nature et des sciences, le déploiement préliminaire nécessaire d'une problématique ontologique portant sur le statut de la réalité ou des réalités auxquelles s'intéressent les sciences. Toute la réflexion que développe Kant, sur l'être et ses modes (phénoménalité, chose en soi ou noumène, être de Dieu, être de l'agent moral/sujet pensant, articulation de la phénoménalité et de la nouménalité dans le sujet humain...) est d'ailleurs à situer dans ce sillage, comme le montre Gottfried Martin dans *Science moderne et ontologie traditionnelle chez Kant.* Paris. PUF. 1963. Même si l'on doit admettre aussi, dans le cadre d'une réflexion sur le discours, sur le langage, une « postulation ontologique » de ce dernier, qui correspond en réalité à l'affirmation d'un référent, d'une réalité « extralinguistique » servant de fondement à ce discours lui-même.

Conclusion générale. Pour une « ontologie de l'être-valeur »

En parlant de la « catastrophe potentielle de l'ontologie » et en ciblant notre réflexion sur l'homme, nous voulons prendre acte de toutes les hypothèques qui pèsent lourdement sur cet homme, sur la socialité et la co-existence dont il est essentiellement tributaire et, en un mot, sur l'avenir. Ces hypothèques concernent la réalité de l'homme, la place de l'homme, la socialité de l'homme, l'avenir du monde et de l'histoire.

Qu'est-ce que l'homme et que devient-il ?[674] Quelle place et quel statut pour cet homme ? L'homme[675], posé essentiellement comme liberté et raison, demeure-t-il toujours la référence ultime, et que fait-il de cet immense pouvoir, de ce pouvoir tendanciellement infini, qu'il a sur lui-même et sur le reste du monde ?

Ici se greffe sans conteste la question de l'autonomie et de l'irréductibilité de l'être, les progrès technoscientifiques permettant la « création » de l'homme par l'homme, à partir du clonage reproductif, qui nous fait voir la possibilité, peut-être pas imminente, mais réelle tout de même, que l'homme cesse d'être à l'image de Dieu, qu'il cesse d'être **divin**, pour devenir à l'image de son **« créateur »**, l'homme, l'autre homme, avec ses limites, ses projets, ses fantasmes. Quelle nature de l'homme, dès lors, dans cette « seconde création » ? Quelle conscience, quelle conscience de soi, quelle autonomie, quel choix d'essence et d'existence, quel avenir ?[676]

Certes nous n'engageons pas ici un débat de fond sur la finalité thérapeutique du clonage, porteuse d'espoirs certains pour la santé et l'amélioration de la qualité de la vie ; c'est essentiellement à la finalité reproductrice qu'il convient de s'intéresser, lorsqu'elle a pour objet, la « création » de l'homme ; l'être humain ainsi créé peut-il être une personne, au sens philosophique du terme ; peut-il être une fin en soi,

---

[674] Avec son enquête sur la nudité totale de l'être, et son affirmation que « penser et être sont le même » ce qui fait de l'homme fondamentalement un « penseur »

[675] Il y a là, articulation de l'être et du devenir.

[676] Qu'il dérive de l'évolution ou qu'il soit conçu comme créature de Dieu, à l'image de celui-ci et maître du monde.

Ces questions ont surgi, avec une acuité réelle, à partir de la naissance par clonage de la brebis Dolly : « Puisque cela était possible chez un mouton, pouvait-on le faire aussi chez l'homme, et, alors, dans quel but ? Après que Copermic a chassé l'homme de centre de l'univers, Lamarck et Darwin du centre du monde vivant, les scientifiques ne s'apprêtaient-ils pas à le chasser de lui-même ? » Axel Kahn. *Op. cit.* p. 224.

puisqu'il est le fruit de manoeuvres multiples, technico-financières essentiellement, d'une part, et aussi puisqu'il dérive, possiblement, de cette pression d'éternité dont tout homme est porteur, ce qui lui ferait échapper (idéalement) à cette fortuité inéluctable qu'est la mort d'autre part, fortuité inéluctable à laquelle n'échappe d'ailleurs pas l'auteur des autres hommes clonés ?

D'autres questions, connexes, surgissent aussi. Et d'abord celle de l'unicité et de l'identité de la personne humaine. De la procréation normale où se vit l'expérience de l'altérité, naît une personne, irréductible, c'est-à-dire se constituant certes à partir de ses géniteurs et de leurs caractères, mais aussi se réalisant au- delà de ces données génétiques fondamentales et surtout, au-delà de la volonté de ces géniteurs eux-mêmes, à partir d'une conscience et d'un choix de soi, expression de la liberté. Cette nouvelle « modelabilité » de l'être n'est-elle pas, en tous points, annonciatrice de l'anéantissement de cet attribut essentiel de l'homme qu'est la liberté ?[677] Surgit alors cette autre question connexe : que devient l'indétermination originaire, signe d'ouverture et d'illimitation du sujet, et, aussi, condition de son enrichissement tendanciellement illimité ?

Et si cette modelabilité nouvelle, fondée elle-même sur la sélection,[678] instaurait une nouvelle fatalité et débouchait sur des visées et des considérations eugénistes aux conséquences incalculables ? Et enfin, cette autre question, qui est loin d'être la dernière : ce sujet « créé » est-il

---

677 C'est le sens de cet important développement qu'opère ici Axel Kahn : « L'une de nos forces provient du fait que non seulement nous sommes uniques [...] mais surtout que nous sommes tels que nous sommes : personne ne nous a voulus ainsi, nous ne sommes pas déterminés dans nos caractéristiques par la volonté d'autrui. Peut-être avons-nous été créés à l'image de Dieu, mais certainement pas à celle d'un autre homme. De quel droit et sous quel prétexte accepter que des hommes se voient reconnaître ce privilège unique et inouï de décider que d'autres vont naître qui leur ressembleront si étroitement, dont ils auront décidé tant de traits essentiels » ? *Ibidem.* p. 237.

678 Et réalisant le paradoxe de la volonté de création de la perfection par un être lui-même fondamentalement imparfait. Et même l'eugénisme positif individuel ne peut nous être assuré par la science elle-même. Comme le montre Axel Kahn : « Améliorer l'homme » n'a de sens que si cela revient à lui donner de meilleures capacités d'épanouissement intellectuel, affectif, artistique, accroître sa créativité, son altruisme, sa bonté, toutes qualités vraiment humaines. Or, nous avons déjà expliqué pourquoi ces qualités là avaient peu de chances de dépendre d'un gène particulier ». *Op. cit.* p. 256.

siège de valeurs et de droits ? Quelle problématique des droits de l'homme, désormais... ?

III.2.2. La « socialité de l'inhumain »

Cette dernière interrogation nous introduit dès lors, presque naturellement, à ces autres, que nous regroupons dans cette section consacrée à la socialité de l'inhumain, à savoir la surdétermination de l'économique, la structuration du social (droit et démocratie), et les apories de la mondialisation.

Signalons-le pour commencer : nous voulons interroger, ici, simultanément, l'illusion scientifique ou scientiste du matérialisme historique de Marx, autant que l'absolutisation de la linéarité du développement historique dont l'orientation est la démocratie libérale et l'économie de marché mondialisée.

Le matérialisme historique de Marx, simultanément science et idéologie, prétendait produire une « conscience juste » du mouvement historique rendant intelligible le réel dans sa structuration même et la dialectique de son évolution. Il prétendait aussi impulser une « critique pratique des rapports historiques concrets », une critique scientifique, voire praxique menée par le prolétariat et dont la téléologie était l'avènement de la société sans classes, de la société communiste.

La réalité de l'histoire est là, qui nous interpelle : la transcendance du sujet historique s'est révélée pour le moins problématique, chez Marx autant que dans la mise en oeuvre de sa thématique : l'aliénation du sujet a été au rendez-vous des sociétés socialistes et communistes ; la finalisation de l'histoire, dans le communisme, réductrice des individualités et hypothèque pour l'illimitation, a généré simultanément négation tendancielle des sujets et instauration d'un totalitarisme aux conséquences désastreuses.

L'histoire aura donc, provisoirement, marqué l'échec de la téléologisation « communiste ». Mais cela signifierait-il que le triomphalisme du capitalisme libéral soit la vérité de l'histoire et qu'il faille donc admettre que ce système est l'état naturel/idéal de toute organisation sociale possible ? Loin s'en faut, et n'en déplaise à Francis Fukuyama[679], qui affirme notamment : « Rien de ce qui est survenu dans

[679] Cf. sa déclaration dans *Le Monde* du 17 Juin 1999.

la politique mondiale ou l'économie globale durant ces dix dernières années ne remet en cause, à mon avis, ma conclusion : la démocratie libérale et l'économie de marché sont les seules possibilités viables pour nos sociétés modernes ».[680]

Que penser alors de cette structure « massive et imposante » du monde économique moderne « qui tient une bonne partie de notre vie dans une poigne de fer »[681] dont l'impact le plus important nous parait être de nous amener, inexorablement, à une dédialectisation du processus historique, par un masquage des contractions internes qui pourraient laisser croire à l'illimitation de son déroulement[682], dédialectisation dont le corollaire fondamental est l'affirmation que l'histoire a atteint sa fin, sa téléologie ; cette conclusion se fonderait sur le fait que « la forme présente d'organisation sociale et politique est entièrement satisfaisante pour l'homme dans ses caractéristiques les plus essentielles » ?[683] Et le manque apparent de contradictions n'est-il pas parfaitement illusoire ?[684]

L'idéologie historiciste de Fukuyama transparaît donc clairement : pour lui, « si les sociétés humaines à travers les siècles évoluent ou convergent vers une forme unique d'organisation sociopolitique comme la démocratie libérale, s'il n'apparaît point d'alternatives viables à la démocratie libérale, et si les gens qui vivent dans les démocraties libérales n'expriment aucun mécontentement radical à propos de leur vie, on peut dire que le dialogue a atteint une conclusion finale et définitive.

---

680 Cité par Axel Kahn. *Op. cit.* pp. 169-1 70.

681 Francis Fukuyarna. *La fin de l'histoire et le dernier homme*. Paris. Flammarion. 1992. p. 165.

682 Pour Fukuyama : « Le problème de la fin de l'histoire peut [...] être défini en ces termes : existe-t-il dans notre ordre social démocratique des « contradictions qui puissent nous conduire à penser que ce processus historique va continuer et produire un nouvel ordre plus élevé ? ». *Op. cit* p. 166.

683 *Idem*. p. 166.

684 Fukuyama met parfaitement en lumière les principales articulations d'une vision historiciste de l'évolution historique. Pour cette vision : « l'histoire de l'homme [...] (est) un dialogue ou une compétition entre différents régimes ou formes d'organisation sociale. Les sociétés se « contredisent » mutuellement dans ce dialogue en triomphant l'une de l'autre ou en se survivant l'une à l'autre, dans certains cas par la conquête militaire, dans d'autres par suite de leur plus grande cohérence politique interne ». *Ibidem*. p. 167.

Le philosophe historien doit être contraint d'accepter la supériorité et la finalité que la démocratie libérale revendique pour elle- même ».[685]

Il y a là, nécessitarisation du cours de l'histoire et hypostase de la finalité de celle-ci. Mais précisément, la violence n'est-elle pas dès lors, nécessairement, au rendez-vous, puisque les individus autant que les sociétés sont intégrés au processus et sommés de faire «leur» ce processus ? Comment ne pas penser au formalisme du droit et à l'illusion de la démocratie[686], si les fondements (l'économie libérale) ne peuvent, ni être relativisés, ni être remis en cause, théoriquement aussi bien que pratiquement ?

Nous en arrivons ainsi à questionner le nouveau « sens de l'histoire», à l'heure d'une mondialisation ou d'une globalisation entendue comme « mouvement complexe d'ouverture des frontières économiques et de déréglementation, qui permet aux activités économiques capitalistes d'étendre leur champ d'action à l'ensemble de la planète »[687] et qui marque, après l'effondrement du Bloc de l'Est, le triomphe planétaire du modèle économique libéral.

Nous rappellerons certes que cette mondialisation implique :

a) une unification de l'espace mondial, b) un nouvel ordre économique mondial (un espace économique mondial intégré) dans lequel subsiste en permanence un inégalitarisme structurel des relations internationales, économiques ou politiques, c) une utilisation exponentielle des progrès de la technoscience, dans une planète unifiée, d) une internationalisation du modèle américain et un modelage « unique » de la figure du monde.

Ce nouveau « sens de l'histoire » n'avalise-t-il pas un seul et unique choix de société et de monde qui est, lui-même, une reddition totale du monde ? Ce choix est, pour nous, loin d'assurer pleine réalisation/satisfaction des sujets et plein équilibre des sociétés à l'intérieur comme dans leurs relations avec les autres, pour autant que les

---

685 *Idem.* p. 167.

686 Formalisme du droit et démocratie illusoire renvoient au constat de la simple affirmation principielle d'égalité de tous les hommes, sans que les moyens offerts et la structure mise en place puissent permettre la réalisation/effectivisation de cette affirmation principielle.

687 Jean-Luc Ferrandéry. *Le point sur la mondialisation.* Paris. PUF. 1998. p. 3.

inégalités (idéologiquement masquées) sont au rendez- vous, la solidarité et la justice ne constituant en rien les objectifs essentiels du progrès.[688] La métamorphose tendanciellement catastrophique n'appelle-t-elle pas comme urgence, une réappropriation de soi[689] de l'homme, de l'humanité, sommés de réaliser une histoire qui serait leur histoire, l'histoire de leur propre réalisation ?

III.2.3. La réappropriation de soi de l'homme et de l'humanité

1. Au-delà de la « catastrophe »

Dans un premier temps, c'est aux principes directeurs de la nouvelle civilisation globale que nous allons nous intéresser, pour les interroger, pour les remettre en cause, au nom de l'homme. Mais rappelons d'abord, brièvement, ces principes.

a) **Principe, n° 1.** Il faut globaliser, le marché et même les valeurs, pour s'intégrer dans le nouveau contexte global, puisque chaque pays, cessant d'être autonome, devient simple composante d'un système planétaire. C'est dire que : « La logique globale [...] touche tous les aspects de l'organisation humaine »[690] et que dans ces conditions, la modification de soi et de son regard sur soi-même et sur le monde s'impose. Et pourtant, est-ce « pour l'homme », cette globalisation ? Rien n'est moins sûr.

b) **Principe n° 2.** Il faut s'ouvrir à tout, puisque le seul mot d'ordre en vigueur est contenu dans l'équation : « Ouvert = bon. Fermé = mauvais ».[691] Mais cette stratégie d'ouverture, cette expansivité ne sont-elles pas porteuses à terme, de dilution de l'individu comme de la société, au-delà des effets bénéfiques postulés ou affirmés ? Cette ouverture posée comme principe, est- elle faite « pour l'homme » et même, est-elle maîtrisée par lui ? Rien n'est moins sûr.

c) **Principes n° 3, 4, 5, 6, 7, 8, et 9.** Ces sept principes qui se formulent ainsi qu'il suit : « il faut lâcher prise » (3), « il faut se

---

[688] Ce qui amène Axel Kahn à formuler cette interrogation fondamentale : « Existe-t-il un seul projet de développement qui vaille s'il ne concourt pas au bien être physique, mental et social des personnes » ? Axel Kahn. *Op. cit.* p. 363.

[689] Terminologie empruntée à Marx.

[690] Peter Schwartz, Peter Leyden et Joël Hyatt. *La grande croissance. Vingt ans de prospérité nous attendent. Etes-vous prêts ?* Paris. Robert Laffont. 2000. p. 286.

[691] *Op. cit.* p. 288.

développer» (4), « il faut s'adapter au changement » (5), « il faut continuer à se former» (6), « il faut apprécier l'innovation » (7), « il faut se connecter» (8), « il faut refuser toute exclusion » (9), renvoient à plusieurs choses, simultanément : ils invitent à la déresponsabilisation, à la démission vu l'impossibilité d'exercer un contrôle global sur le système dans lequel on est amené à s'intégrer ; c'est la confiance totale, pratiquement aveugle, qui est faite aux autres dans une société complexe.[692]

Ces principes impliquent la priorisation du développement, de la prospérité, de la croissance, investis de toutes les vertus, en rapport avec cet impératif : « se développer ou crever »[693], en rapport aussi avec l'impératif de l'adaptation, condition *sine qua non* de la croissance et de la permanence. Cette adaptation n'est possible et ne peut réussir que moyennant un apprentissage permanent dans cette société de l'innovation et du changement accéléré.[694] S'il y a globalement appréciation de l'innovation, c'est parce qu'elle renvoie au progrès et à l'ouverture vers l'avenir, dans un monde postulé meilleur, un monde issu de notre créativité. Ces principes intègrent le sujet humain à l'ensemble du monde, à l'ensemble des cultures, à partir du refus de « toute exclusion », une fois affirmé certes, *a priori*, le leadership mondial des pays occidentaux, le leadership mondial de la civilisation occidentale planétarisée, affirmation paradoxalement couplée avec la tolérance formelle et idéologique de la différence.[695] On le voit bien, ces sept principes contiennent l'essentiel de l'idéologie de la mondialisation, de la globalisation. Mais ce n'est pas tout.

d) Principe n° 10. « Il faut rester confiant ». Qu'est-ce à dire, sinon l'affirmation de la possibilité de relever l'ensemble des défis posés à l'homme, et celle, qui en découle, que notre trajectoire historique est la seule, la meilleure possible : on est bien là, en plein dans la « fin de

---

[692] « La nécessité de lâcher prise ne répond pas seulement à un élan démocratique, elle résulte des exigences mêmes d'une société de plus en plus complexe. Des systèmes extrêmement compliqués tendent à échapper à tout contrôle ». *La grande croissance*. p. 203.

[693] *Ibidem*. p. 297.

[694] « Le monde change tellement que l'individu n'a pas le choix, il doit apprendre, et vite. Le monde ne ralentira pour personne ». *Ibidem*. p. 299.

[695] A la condition certes que les différences tolérées n'impliquent en rien la remise en cause du système global.

l'histoire », où individus et nations participent pleinement «au système global en développement ».[696]

Cette grande croissance ne renvoie-t-elle pas à la catastrophe multiforme tendancielle que nous évoquions plus haut ? Dans cette grande croissance, l'individu se trouve résorbé, ravalé au rang d'élément d'un ensemble sur lequel il n'a pas prise, et dont il doit intégrer et assumer autant les valeurs que les choix stratégiques, en dépit d'une illusoire liberté (démocratique). Cet individu lui-même aura « essentiellement » été modifié/modelé à cet effet. Dans cette grande croissance, les sociétés sont amenées à se dissoudre au sein d'un ensemble « global » dont la structure et la téléologie sont postulées comme positives (le meilleur possible !).

Et le statut de l'homme, désormais ? Reste-t-il toujours la réalité centrale signifiant le cosmos dans son ensemble ?[697] Nous ne le pensons guère ou du moins, les risques sont énormes qu'il ne le soit plus, sa liberté, son autonomie, sa responsabilité consciente pouvant se trouver comprimées/réduites, au sein de cet ensemble qui consacre son effacement, à l'heure où, paradoxalement, sont affirmées les valeurs de culture et d'humanisme.[698] C'est dire qu'il s'agit, plus que jamais, d'aller « au-delà de la catastrophe ».

---

[696] *La grande croissance.* p. 318.

[697] Comme l'affirme P. Teilhard de Chardin : « La place de l'homme dans la nature [...] Pourquoi à mesure que marche la science, cette question devient-elle toujours plus importante et fascinante à nos yeux ? [...] Parce que nous commençons à réaliser dans notre esprit en fonction même des derniers progrès de nos connaissances que l'homme occupe une position clé, une position d'axe principal, une position polaire dans le monde. Si bien qu'il nous suffirait de comprendre l'homme pour avoir compris l'Univers - comme si l'univers resterait incompris si nous n'arrivions à y intégrer de façon cohérente l'homme tout entier, sans déformation - tout l'homme ». *La place de l'homme dans la nature. Oeuvres de Teilhard de Chardin.* T.8. Seuil. Paris. 1987. pp. 19-20.

[698] L'éco-citoyenneté planétaire, la bioéthique, l'infoéthique, l'écoéthique. Il conviendrait, selon Joël de Rosnay, de : « mettre en place les mécanismes de gouvernance et de rétroaction sociétale. Améliorer la symbiose entre personne et société par une complémentarité entre approche descendante (hiérarchique), ascendante (participative), et transversale (interactive) ». *L'homme symbiotique. Regards sur le troisième millénaire.* Paris. Seuil. 1995. p. 222.

2. Retour à l'homme, dans le sillage de l'illimitation

L'ontologie de l'indétermination et de l'illimitation posait le sujet humain comme liberté, siège de valeurs et de droits : elle fondait sa responsabilité, sur lui-même et sur l'ensemble du monde et de l'histoire.[699] Notre retour à l'homme renvoie donc à trois affirmations qui constituent l'essentiel de « nos convictions ».

Nous affirmons tout d'abord la transcendance du sujet humain, une transcendance en émergence. Nous l'avons vu : l'homme est essentiellement conscience de soi (intériorité réfléchissante), liberté, valeur. La problématique ontologique s'est trouvée articulée à la problématique éthico-axiologique. Cette transcendance en émergence est aussi apparue comme une transcendance en acte : c'est l'auto-facticité, l'être du sujet étant simultanément devoir-être, choix d'être, persévérance dans l'être, dans et par l'action.[700] Mais cette émergence doit s'entendre, non seulement en tant que processus d'auto-réalisation, non seulement aussi dans son rapport dialectique à l'immanence du social et de la nature qu'elle intègre en s'en dissociant/différenciant, mais encore à partir d'une téléologie qu'elle se fixe : réaliser le maximum possible de perfection de soi.

Nous affirmons, ensuite, l'articulation de la transcendance et de la créativité. La responsabilité du sujet historique est donc ici totale puisque cet homme/sujet, transcendance en émergence, réalise conjointement création de soi et re-création du monde. Double responsabilité en effet, à la condition qu'il ne soit plus, comme dans la civilisation de la grande croissance, simple élément, simple rouage, mais qu'il redevienne principe/principauté.[701] Cette double responsabilité implique dès le départ, projection dans l'avenir à partir du présent, finalisation, affectation de sens et de valeur. Il s'agit bien d'un avenir à créer, dans le processus même d'auto-création du sujet et de l'humanité. Cette double responsabilité aboutit à l'arrivée et à partir d'une conscience de l'humanité, à l'obligation de prévision des conséquences des progrès

[699] Cf. L'éco-citoyenneté évoquée plus haut.

[700] Au sens où, comme nous le montre Georges Bastide : « Il n'y a d'être que dans l'acte ». *Essai d'éthique fondamentale.* p. 163.

[701] Pour que l'humanité ne soit plus, selon la terminologie de Jean-Marc Gabaude « dépossédée de son pouvoir de *causa sui* ».

technoscientifiques : seuls les possibles technoscientifiques hominisants devraient être sélectionnés.

Nous affirmons enfin l'urgence de l'humanisme et de la solidarité ainsi que la pression des valeurs. On le voit bien : la double responsabilité du sujet historique implique pour ce dernier de se sentir solidaire de l'ensemble du genre humain et de préserver, par là, cette humanité autant que l'environnement dans lequel elle se déploie. Et ce, à partir d'une maîtrise de la nature et à partir de la conjuration des menaces de réalisation, par la technoscience et ses progrès, d'un contre-avenir.

D'où la pression des valeurs face cette « la tyrannie technicienne »[702], dans la mesure où le « systémisme techniciste »[703], s'autonomisant, pénétrant les sociétés et la planète toute entière, crée un faux universel ; il crée l'universalisation du capitalisme érigé en absolu de système économique et en but en soi, au lieu précisément de s'arrimer à des valeurs humanistes, à des valeurs hominisantes.

IV. CONCLUSION : L'URGENCE DE LA PHILOSOPHIE

Comment faire pour ne pas philosopher, c'est-à-dire méditer sur la vie, sur la trajectoire qui situe l'être de son émergence à l'existence à l'extinction de cette existence dans une fin qu'il faut concevoir non point seulement comme achèvement, mais surtout comme perfection de réalisation de soi et du monde, grâce à un arrimage aux valeurs ? N'est-il pas urgent de ramener le sujet humain à ce qu'il est essentiellement, une **transcendance**, dans le cadre de l'ontologie de l'être-valeur ? Et ce faisant, n'est-ce pas là philosopher ?[704]

Comment, à partir de ce choix de l'homme, ne pas réaffirmer sa transcendance, donner consistance à son existence autant que

---

[702] Terminologie de Jacques Ellul. On peut lire à ce sujet ses ouvrages ci-après :

a) La technique ou l'enjeu du siècle, Paris. Armand Colin. 1954.

b) Le système technicien. Paris. Calmann-Lévy. 1977.

c) *Changer de révolution.* Paris. Seuil 1982.

[703] Expression de Jean-Marc Gabaude.

[704] A l'heure où, « par technicisation des idées, par socialisation du savoir, la science qui aurait dû être le fondement assuré d'une sagesse est devenue l'outil d'une nouvelle folie ». *Essai d'éthique fondamentale.* p. 292. Comment ne pas philosopher, comment se laisser « intimider par l'usage inhumain et aliénant de ce qui peut être le suprême moyen de notre autonomie » ? *Op. cit.* p. 292.

signification[705], et redonner par là, sens et signification à la vie, à l'Histoire ? Comment, en un mot, ne pas penser la vie, ne pas vivre la pensée, et donc ne pas philosopher, c'est-à-dire redéfinir les contours de cette sagesse[706] du présent pour l'avenir, qui seule peut ramener l'homme à ce qu'il est, c'est-à-dire à son essence divine[707], et ainsi créer un avenir à partir de l'organisation d'un présent par et pour l'homme-valeur ?

---

[705] Nous reprenons ici cette affirmation de Georges Bastide : « Nul ne saurait [...] se poser légitimement au regard de l'esprit dans son être, s'il ne répond de toute son âme à un triple et rigoureux réquisit : l'authenticité de soi, c'est-à-dire l'incarnation d'une essence ou la qualification d'une existence ; la libre disposition de soi, c'est-à-dire, l'autonomie librement conquise sur son contraire ; la conscience réfléchissante de soi, c'est-à-dire la plus grande transparence intuitive dans la plus grande profondeur trouvée ». *Ibidem.* p. 373.

[706] Celle-là même que recherchaient Platon et son maître, Socrate.

[707] Nous voulons redonner ici, ce texte éclairant d'André Comte-Sponville et Luc Ferry, sur le sens et l'urgence de la philosophie à notre époque. « A quoi peut servir la philosophie contemporaine ? A la même chose que la philosophie ancienne, mais dans un monde transformé : à vivre mieux, d'une vie plus raisonnable, plus lucide, plus libre, plus heureux [...] ». *La sagesse des modernes*. p. 514.

BIBLIOGRAPHIE

Bibliographie

1. **ALTHUSSER, Louis.**
   a) *Lénine et la philosophie*. Paris. Maspéro. 1969.
   b) *Lire le Capital.* Paris, Maspéro. 1973.
   c) *Pour Marx.* Paris. Editions Maspéro.
   d) *Réponse à John Lewis*. Paris. Maspéro. 1973
   e) *Structuralisme et dialectique*. Paris. Editions Sociales. 1984.

2. **AMIN, Samir**. *La crise de l'impérialisme*. Paris. Editions de Minuit. 1975.

3. **AUBENQUE, Pierre**. *Le problème de l'être chez Aristote*. Paris. PUF. 1972.

4. **AVENAS, et BROSSAT**. *Contre Althusser*. Paris UGE 10/18. 1974.

5. **AXELOS, KOSTAS**. *Marx, penseur de la technique*. Paris. Editions de Minuit. 1969.

6. **BACHELARD Gaston**. *Le matérialisme rationnel,* Paris, PUF. 1972.

7. **BALIBAR, Etienne**. *Cinq études du matérialisme historique*. Paris. Maspéro. 1974.

8. **BASTIDE, Georges.**
   a) *Essai d'éthique fondamentale*. Paris. PUF. 1972.
   b) *Méditations pour une éthique de la personne*. Paris. PUF. 1953.
   c) *Traité de l'action morale.* Tomes I et II. Paris. PUF. 1961.

9. **BENOT, Yves.**
   a) *Indépendances africaines. Idéologies et réalités*. I. Paris. Maspéro 1975.
   b) *Qu'est ce que le développement ?* Paris. Maspéro. 1973.

10. **BOLLACK, J., BOLLACK, M.** et **WISMANN**. *La lettre d'Epicure.* Paris. Editions de Minuit. 1971.

11. **BOURGEOIS, Bernard**. *La pensée politique de Hegel.* Paris. PUF. 1969.

12. **BRAUN, Oscar** et **GA-KWAME AMOA**. *Echanges internationaux et sous-développement*. Paris. Editions Anthropos IDEP. 1974.

13. **BREHIER, Emile**. *Histoire de la philosophie*. Tome II. *La philosophie moderne*. 2. *Le XVIIIième siècle*. Paris. PUF. 7ième édition. 1968.

14. **CASTORIADIS, Cornélius**. *L'institution imaginaire de la société*. Paris. Le Seuil. 1975.

15. **CHATELET, François**. (sous la direction de). *Histoire des idéologies*. Vol. 3, *Savoir et pouvoir du XVIIIième au XXième siècle*. Paris. Hachette. 1978.

16. **CHATELET, François**. *Platon*. Paris. Gallimard. 1965.

17. **CHENU, Bruno**. *Dieu est noir*. Paris. Centurion. 1977.

18. **COLLECTIF**. *Praxis de libération et foi chrétienne*. Tours. Concilium n° 96. 1974.

19. **COMTE-SPONVILLE, André** et **FERRY, Luc**. *La sagesse des modernes. Dix questions pour notre temps*. Paris. Editions Robert Laffont

20. **COURTOIS, Stéphane et al**. *Le livre noir du communisme*. Paris. Robert Laffont. 1997,

21. **DESANTI. Jean-Toussaint**. *La philosophie du monde nouveau. XVIième et XVIIième siècles*. Paris, Hachette Littérature, 1972.

22. **DIENG, Amady Ali**. *Hegel, Marx, Engels et les problèmes de l'Afrique noire*. Dakar. Editions Sankoré. 1978.

23. **DUMAS, André**. *Théologies politiques et vie de l'Eglise*. Lyon. Chalet. 1977.

24. **DUPUY, J. P**. *Ordres et désordres. Enquête sur un nouveau paradigme*. Paris. Seuil. 1982.

25. **EBOUSSI BOULAGA, Fabien**. *La crise du Muntu*. Paris. Présence Africaine. 1977.

26. **ELLUL, Jacques.**
a) *Le système technicien.* Paris. Calmann -Lévy. 1977.
b) *La technique ou l'enjeu du siècle.* Paris. Armand Colin. 1954.
c) *Changer de révolution.* Paris. Seuil. 1982.

27. **ELUNGU. P.E.A.** *Eveil philosophique africain.* Paris. L'Harmattan. 1984.

28. **EPPLER, Ehrard.** *Peu de temps pour le Tiers-Monde.* Gembloux. Editions J. Duculot. 1973.

29. **FEUERBACH, L.** *Thèses provisoires pour la réforme de la philosophie. Manifestes philosophiques.* Textes choisis traduits par Louis Althusser. Paris. PUF. 1960.

30. **FOUDA. Basile-Juléat.** *La philosophie négro-africaine de l'existence.* Thèse de Doctorat de IIIième cycle, Lille. 1967.

31. **FUKUYAMA, Francis.** *La fin de l'histoire et le dernier homme.* Paris. Flammarion. 1992.

32. **GABAUDE. Jean-Marc.**

a) *Liberté et raison. La liberté cartésienne et sa réfraction chez Spinoza et Leibniz.*

- Tome I. *Philosophie réflexive de la volonté.* Toulouse, Imprimerie ESPIC, 1970.

- Tome II. *Philosophie compréhensive de la nécessitation libératrice.* Toulouse. Association des publications de l'Université de Toulouse-le-Mirail. 1972.

- Tome III. *Philosophie justificatrice de la liberté.* Toulouse. Association des publications de l'Université de Toulouse-le-Mirail. 1974.

b) *Le jeune Marx et le matérialisme antique.* Toulouse. Privat.1970
c) « La création de l'avenir », *Actes du XXIe Congrès de l'Association des Sociétés de Philosophie de Langue Française. L'Avenir.* Paris VRIN. 1987.

d) « La culture ». *Actes du XVIIIe Congrès des Sociétés de la philosophie de Langue Française*. Bruxelles-Paris-Louvain-Londres-Nauwelaerts. 1974.

33. **GOBINEAU, Arthur de**. *Essai sur l'inégalité des races humaines*. Paris. Firmin Didot. 1940.

34. **GRANGER. Gilles-Gaston**. *La raison*. Paris. PUF. Que sais-je ? 1967.

35. **GROS, Jacob** et **ROYER**. *Sciences de la vie et société*. Paris. Seuil. 1979.

36. **GUISSE. Y.M**. *Philosophie, culture et devenir social en Afrique noire*. Dakar. Nouvelles Editions Africaines. 1980.

37. **GUTTIEREZ, Gustavo**. *Théologie de la libération*. Bruxelles. Lumen vitae. 1978.

38. **GYORGY. Lukacs**. « Prolégomènes à l'ontologie de l'être social. Questions de principe autour d'une ontologie aujourd'hui possible ». *La Pensée*. N° 206. Août 1979.

39. **HABERMAS, Jürgen**.
   a) *Droit et démocratie. Entre faits et normes*. Paris. Gallimard NRF. 1997.
   b) *Théorie et pratique*. Paris. Payot 1975.
   c) *Théorie de l'agir communicationnel* - Tome II : *Pour une critique de la raison fonctionnaliste*. Paris. Fayard. 1987.
   d) *La technique et la science comme idéologie*, Paris. Gallimard. 1973.
   e) *Connaissance et intérêt*, Paris. Gallimard. 1976.

40. **HEGEL, F**.
   a) *Phénoménologie de l'Esprit*. Paris. Aubier. 1939-1941.
   b) *Leçons sur la philosophie de l'histoire*. Paris. VRIN. 1970.
   c) *La raison dans l'histoire*. Paris. UGE. 10/18.

41. **HEIDEGGER. Martin**. « La question de la technique » in *Essais et conférences*. Paris. Gallimard. 1958.

42. **HIPPOLYTE. Jean**. *Etudes sur Hegel et Marx*. Paris. Marcel Rivière. 1955.

43. **HOTTOIS, Gilbert**. *Le signe et la technique*. Paris. Aubier. RES. 1984.

44. **HOUNTONDJI. Paulin**. *Sur la philosophie africaine*. Paris. Maspéro. 1977.

45. **IKOKU. S.G**. *Le Ghana de Nkrumah*, Paris. Maspéro. 1971.

46. **JAKUBOWSKI, Franz**. *Les superstructures idéologiques dans la conception matérialiste de l'histoire*. Paris. Etudes et Documentations Internationales. 1976.

47. **JALEE, Pierre.**
a) *Le pillage du Tiers-Monde*. Paris. Maspéro. 1973.
b) *L'impérialisme en 1970*. Paris. Maspéro. 1973.

48. **JANICAUD. Dominique**. *La puissance du rationnel*, Paris. Gallimard. 1985.

49. **KAHN. Axel**. *Et l'homme dans tout ça ? Plaidoyer pour un humanisme moderne*. Paris. NIL Editions. 2000.

50. **KANT. Emmanuel**. *Fondements de la métaphysique des moeurs*. Paris. Editions Delbos. Librairie Lagrave. 1973.

51. **LADRIERE. Jean**. *Les enjeux de la rationalité*. Paris Aubier-Unesco 1977.

52. **LALANDE. André**. *Vocabulaire Technique et Critique de la Philosophie*. Paris, PUF. 1968.

53. **LEBRUN, Gérard**. *Kant et la fin de la métaphysique*. Paris. Armand Colin. 1970.

54. **LECLERC, Gérard**. *Anthropologie et colonialisme*. Paris. Flammarion. 1979.

55. **LEFORT, Claude**.
a) *Les formes de l'histoire*. Paris. Gallimard. NRF. 1978.
b) « Réflexions sociologiques sur Machiavel et Marx : la politique et le réel. *Cahiers Internationaux de sociologie*. Vol. XXVIII. Paris. PUF. 1960.

55. **LEEUW, Van der, G**. *La religion dans son essence et ses manifestations. Phénoménologie de la religion*. Paris. Payot. 1970.

57. **MARCUSE, Herbert.**
a) *Philosophie et révolution.* Paris Denoël/Gonthier. Bibliothèque Médiations. 1969.
b) *Eros et civilisation.* Paris. Editions de Minuit. 1970.
c) *L'homme unidimensionnel*. Paris. Editions de Minuit. 1968.

58. **MARGOLIN J.C.** *Erasme par lui-même*. Paris. Seuil. 1965.

59. **MAIRET, Gérard**. *Les doctrines du pouvoir. La formation de la pensée politique*. Paris. Idées. Gallimard. 1978.

60. **MARX, Karl** et **ENGELS, F**.
a) *L'idéologie allemande*. Paris. Editions Sociales. 1972.
b) *Oeuvres. Economie*, Tome I. Paris. Gallimard. 1965.
c) *Manuscrits de 1844*. Paris. Editions Sociales. 1968.

61. **MBITI, John**, *Religions et philosophie africaines*. Yaoundé. CLE. 1972.

62. **MERCJER-JOSA**. **Solange**. *Pour lire Hegel et Marx*. Paris. Editions Sociales. 1980.

63. **MORIN, Edgar**.
a) *Science avec conscience*. Paris. Fayard. 1982.
b) *La méthode*. Tome I. *La nature de la nature*. Paris. Seuil. 1977. Tome II. *La vie de la vie*. Paris. Seuil. 1980. Tome III. *La connaissance de la connaissance*. *I*. Paris. Seuil. 1986.
c) *La complexité humaine*. Paris. Flammarion. 1994.

64. **MOUTAUX, Jacques**. « Philosophie, ethnologie et ethnophilosophie. Certitudes et questions de la philosophie africaine ». *Cahiers philosophiques*. N° 29. Décembre 1986. Paris. Centre National de Documentation Pédagogique.

65. **NIETZSCHE. F**.
a) *La volonté de puissance*. Paris. Gallimard.
b) *Par delà le bien et le mal*. Paris. 10/18. 1990.

66. **NKRUMAH, KWAME**. *Le Consciencisme*. Paris. Présence Africaine. 1976.

67. **ONDOUA, Pius.**
a) « La conversion catégorielle au point de vue social ». *Annales de la Faculté des Lettres et Sciences Humaines »* Université de Yaoundé. Vol. II. 1984.
b) *Positivité scientifique et positivisme idéologique. Une analyse épistémo-politique du fétichisme de la science.* Thèse de Doctorat d'Etat. Toulouse. 1989.
c) *Rationalité technologique et problématique africaine du développement.* Thèse de Doctorat de IIIème cycle. Toulouse. 1977.

68. **POPPER. Karl**. *L'univers irrésolu. Plaidoyer pour l'indéterminisme.* Traduction de Renée Bouveresse. Paris. Hermann. 1984.

69. **POVARKOV, Ivan**. « Les quatre problèmes posés par l'épicurisme ». *La Pensée*. Février 1967.

70. **PRIGOGINE, Ilya**. *La fin des certitudes.* Paris. Odile Jacob. 1996.

71. **PRIGOGINE, Ilya et Stengers, Isabelle.**
a) *La nouvelle alliance. Métamorphose de la science*, Paris. Editions Gallimard Essais 1986.
b) *Entre le temps et l'éternité.* Paris. Fayard. 1988.

72. **RENAUT, Alain**. *L'ère de l'individu.* Paris. Gallimard. NRF. 1989.

73. **REVEL, Jean-François**. *Histoire de la philosophie occidentale de Thalès à Kant.* Paris. NIL Editions. 1994.

74. **RICARD Mathieu**, et **TRINH XUAN, Thuan**. *L'infini dans la paume de la main. Du big-bang à l'éveil.* Paris. Fayard. 2000.

75. **RICHARD, Pablo**. *Le christianisme à l'épreuve des théologies de la libération.* Lyon Profac. 1978.

76. **RIDEAU, Emile.** *Teilhard, oui ou non ?* Paris. Fayard. 1967.

77. **RIVELAYGUE, Jacques**. Habermas et le maintien de la philosophie. *Archives de Philosophie*. N° 45, 1982.

78. **ROSNAY, Joël** de. *L'homme symbiotique. Regard sur le troisième millénaire.* Paris. Seuil. 1995.

79. **SCHROYER, Trent**. *Critique de la domination*, Paris. Payot. 1980.

80. **SCHWARTZ, Peter** ; **LEYDEN, Peter ; et HYATT, Joël**. *La grande croissance. Vingt ans de prospérité nous attendent. Etes-vous prêts ?* Paris. Robert Laffont. 2000.

81. **SENGHOR, L.S.**
   a) *Liberté I. Négritude et humanisme*. Paris, Le Seuil. 1961.
   b) *Liberté II. Nation et voie africaine du socialisme*. Paris. Editions du Seuil. 1971.

82. **SEVE, Lucien.**
   a) *Structuralisme et dialectique*. Paris. E. S. 1984.
   b) *Critique de la raison bioéthique*. Paris. Odile Jacob. 1994.
   c) *Une introduction à la philosophie marxiste*. Paris. Editions Sociales. 1980.

83. **SPIEKER, Manfred**. L'épouvantail du communisme. *Esprit et vie*. N° 38. Septembre 1990.

84. **TEMPELS, Placide**. *La philosophie bantoue*. Paris. Présence Africaine. 1949.

85. **THEVENIN, Nicole-Edith**. La théorie de l'histoire chez Hegel et Marx. Pour une théorie du passage. *La Pensée. N°* 157. Juin 1971.

86. **THUILLIER, Pierre.** *Socrate fonctionnaire*. Paris. Editions Complexe. 1982.

87. **TILLIETTE, Xavier.** *Karl Jaspers. Théorie de la vérité Métaphysique des chiffres. Foi philosophique*. Paris. Aubier. 1960.

88. **TRESMONTANT, Claude.**
   a) *La métaphysique du christianisme et la naissance de la philosophie chrétienne. Problèmes de la création et de l'anthropologie des origines à Saint Augustin*. Paris. Le Seuil. 1961.
   b) *Les idées maîtresses de la métaphysique chrétienne*. Paris. Le Seuil. 1962.

89. **TOWA, Marcien**. *Essai sur la problématique philosophique dans l'Afrique actuelle*. Yaoundé. Editions CLE. 1971.

90. **WEIL, Eric**. *Hegel et l'Etat*. Paris. Vrin. 1950.

TABLE DES MATIERES

TABLE DES MATIERES

L'HARMATTAN, ITALIA
Via Degli Artisti 15 ; 10124 Torino

L'HARMATTAN HONGRIE
Könyvesbolt ; Kossuth L. u. 14-16
1053 Budapest

L'HARMATTAN BURKINA FASO
Rue 15.167 Route du Pô Patte d'oie
12 BP 226
Ouagadougou 12
(00226) 76 59 79 86

ESPACE L'HARMATTAN KINSHASA
Faculté des Sciences Sociales,
Politiques et Administratives
BP243, KIN XI ; Université de Kinshasa

L'HARMATTAN GUINÉE
Almamya Rue KA 028
En face du restaurant le cèdre
OKB agency BP 3470 Conakry
(00224) 60 20 85 08
harmattanguinee@yahoo.fr

L'HARMATTAN CÔTE D'IVOIRE
M. Etien N'dah Ahmon
Résidence Karl / cité des arts
Abidjan-Cocody 03 BP 1588 Abidjan 03
(00225) 05 77 87 31

L'HARMATTAN MAURITANIE
Espace El Kettab du livre francophone
N° 472 avenue Palais des Congrès
BP 316 Nouakchott
(00222) 63 25 980

L'HARMATTAN CAMEROUN
Immeuble Olympia face à la Camair
BP 11486 Yaoundé
(237) 458.67.00/976.61.66
harmattancam@yahoo.fr

www.ingramcontent.com/pod-product-compliance
Lightning Source LLC
LaVergne TN
LVHW011147061026
849535LV00003B/634